혁신적 기업교육의 **여섯 가지 원칙: 6D**

학습으로 비즈니스 성과를 창출하는 시크릿

혁신적 기업교육의 여섯 가지 원칙: 6D
학습으로 비즈니스 성과를 창출하는 시크릿

발행일	1판 1쇄 2024년 1월 15일
지은이	로이 폴락, 앤드류 제퍼슨, 칼혼 윅
옮긴이	김미정
펴낸이	박영호
기획팀	송인성, 김선명, 김선호
편집팀	박우진, 김영주, 김정아, 최미라, 전혜련, 박미나
관리팀	임선희, 정철호, 김성언, 권주련
펴낸곳	(주)도서출판 하우
주소	서울시 중랑구 망우로68길 48
전화	(02)922-7090
팩스	(02)922-7092
홈페이지	http://www.hawoo.co.kr
e-mail	hawoo@hawoo.co.kr
등록번호	제2016-000017호

ISBN 979-11-6748-116-0 13320

값 28,000원

로이 폴락 | 앤드류 제퍼슨 | 칼혼 윅 지음 | 김미정 옮김

The **Six Disciplines** of Breakthrough Learning

제 **3** 판

혁신적 기업교육의
여섯 가지 원칙: 6D

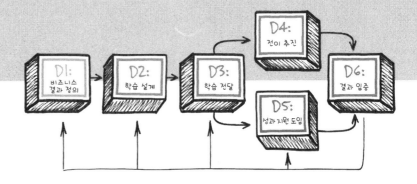

학습으로 비즈니스 성과를 창출하는
시크릿

atd
PRESS

도서
출판 眞雨

〈혁신적 기업교육의 여섯 가지 원칙: 6D〉에 대한 찬사

"ATD는 여섯 가지 원칙의 이번 판을 공동 출판하게 된 것을 자랑스럽게 생각합니다. 책의 내용은 독자가 6D의 본질을 이해하는 데 도움이 되는 사례 연구, 일러스트레이션 및 기타 설명으로 잘 구성되어 있습니다. 인재 개발 실무자들은 저자들이 업계와 공유하는 실용적인 지식과 도구로부터 도움을 얻을 것입니다."

−커트니 바이털 크리엡스Courtney Vital Kriebs, ATD 교육 담당 선임 이사

"여섯 가지 원칙의 책을 집어 들 때마다, 저로 하여금 결과를 내는 효과적인 학습을 설계하기 위해 보다 규율 있고 목적 있는 접근을 취할 수 있는 방법에 대해 다시 생각하게 만듭니다. 이 책은 학습 그 자체보다는 성과에 초점을 맞추고, 노력을 통해 더 큰 가치를 창출하고, 비즈니스 파트너로서 가치를 인정받고 싶은 학습 전문가를 위한 보물창고입니다."

−세렌느 심Serene Sim, 싱가포르 공무원 대학, 역량 및 인력 개발 부문,
학습 설계 및 기술 부서 부서장/주임 학습 설계자

"로이, 앤디, 칼이 또 해냈습니다! 그들은 학습 리더로서 우리 자신과 우리의 역할에 대해 무엇을 기대해야 하는지에 대한 기준을 계속해서 높이고 있습니다. 저는 몇 년 전에 6D 방법론을 채택했기 때문에 최근 이곳 크리그 그린 마운틴에서 프로세스를 소개하고 그 힘을 발휘하게 되어 기뻤습니다. 이 책을 통해 훌륭한 통찰력과 성공 사례를 얻을 수 있도록 준비하십시오."

−제인 존슨Jayne Johnson, 미국 버몬트 주 벌링턴 소재
크리그 그린 마운틴Keurig Green Mountain 인재, 학습 및 조직 개발 담당 부사장

"혁신적 학습의 여섯 가지 원칙은 중국 교육훈련 및 개발 분야에서 가장 인기 있는 문구가 되었습니다. 제3판에는 더 많은 도구, 모범 사례 및 성공 사례가 포함되어 있습니다. 이 책은 조직에서 교육훈련과 비즈니스 결과의 시너지 효과를 강화하기 위한 로드맵입니다."

−유보 푸Yubo Fu, 중국 베이징 소재 전자산업 출판사 부주필

"많은 교육훈련 및 개발 서적이 비즈니스 상황에서 발생하는 전문적인 개념들을 가르칩니다. 대신 이 책의 저자들은 교육에 비즈니스 개념을 적용하여 실용적인 스킬을 가르칩니다. 이 두 가지는 실질적인 가치를 더하는 데 있어 차이를 만드는 중요한 부분입니다. 이 책은 모든 교육 및 개발 전문가의 개인 툴킷에 들어 있어야 합니다. 훌륭합니다!"

–제니퍼 허섬Jennifer Hersom,
미국 일리노이주 시카고 소재 뱅크 오브 아메리카Bank of America 임원 리더십 개발 부문 수석 부사장

"지난 3년 동안 6D는 우리 학습의 모습을 바꾸어 놓았고 이제는 우리의 모든 학습 활동에 필수 프로세스가 되었습니다. 6D는 교육담당자의 역량을 개발하고 실제 비즈니스 파트너로서 교육기능의 신뢰성을 높이는 데 큰 도움이 됩니다. 이 새 판은 새로 읽은 듯한 느낌을 주었고 6D에 대한 나의 믿음을 더욱 깊게 해 주었습니다."

–헤말락쉬미 라주Hemalakshmi Raju,
인도 뭄바이 마하라슈트라 소재 타타 모토스 주식회사Tata Motors Ltd 학습 리더

"6D 프레임워크는 결과를 이끌어내는 학습을 제공하는 데 관심이 있는 모든 사람의 기초입니다. 저자들은 계속해서 학습 전이를 위해 노력하고 있으며 제3판에는 통찰력과 추가적인 실용적 도구를 포함하였습니다."

–밥 삭스Bob Sachs,
미국 캘리포니아주 오클랜드 소재 카이저 페르마넨테Kaiser Permanente
학습 및 개발 담당 부사장

"여섯 가지 원칙은 성과에 영향을 미치는 행동을 변화시키기 위한 로드맵입니다. 다른 사람을 발전시키는 데 관심이 있는 사업가이든 경험이 풍부한 인재 개발 전문가이든 관계없이 6D 프로세스는 비즈니스 성과 향상에 정확히 초점을 유지하도록 도움을 줄 것입니다."

–코니 샤트랭Connie Chartrand,
미국 뉴욕주 뉴욕 소재 모건 스탠리Morgan Stanley 인재 개발 부문 글로벌 책임자

"읽기 쉽고, 더 중요하게는, 구현하기 쉬운 6D는 의심할 여지 없이 학습을 통해 실제 비즈니스 결과를 창출하는 '방법'에 대한 가장 종합적인 가이드입니다. 더 나은 결과를 만들 수 있도록 영감을 준 로이, 앤디, 칼에게 감사드립니다."

–엠마 웨버Emma Weber,
호주 시드니 소재 레버–트랜스퍼 오브 러닝Lever-Transfer of Learning 최고 경영자

"여섯 가지 원칙 제3판이 이전 판에 비해 한층 더 개선된 것을 보게 되어 기쁩니다. 방법론의 지혜와 결합이 되어, 교육담당자가 적용할 때 진정한 실용적인 지침과 도구가 됩니다. 이 책은 학습 부서의 모든 분야에서 가치를 제공합니다."

–세릴 라이트풋Cheryl Lightfoot,
–미국 펜실베이니아주 어퍼귀네드 소재 머크 앤 주식회사Merck & Co., Inc. 학습 및 개발 담당 이사

"이 책은 교육 행사를 학습 및 개발 경험으로 전환하여 효율적이고 오래 지속되는 지식 전달을 촉진하는 것을 목표로 하는 모든 교육담당자에게 영감의 주요 원천이 되어야 합니다. 폴락, 제퍼슨, 윅은 학습이 교육을 훨씬 뛰어넘어 인적 자본 개발로 이어진다는 점을 입증함으로써 교육 영역을 단순히 HR 기능 지원이 아닌 전략적 비즈니스 파트너의 위치로 설정했습니다."

–그르제고르츠 플레치아Grzegorz Plezia,
폴란드 바르샤바에 있는 학습 및 개발 컨설턴트

"교육 설계에 관한 책은 많지만 이 책은 모두 프로세스 최적화에 관한 것입니다! 저자들은 교육훈련의 모든 측면을 비즈니스 성과 향상에 기여하는 요소로 엄격하게 살펴보는 설득력 있는 사례를 구축합니다. 세 번째 판은 이전 판만큼 읽기에 신선하고 생각을 자극하며 실습 도구 측면에서 새로운 차원을 추가합니다. 그러나 여기에 저의 경고가 있습니다. 이 책을 읽은 후에는 이러한 원칙을 일상 생활에 적용하지 않을 변명을 찾기가 어려울 것입니다."

–마커스 아센마허Marcus Assenmacher,
독일 뮌헨 소재 화이자Pfizer 글로벌 커머셜 운영 부문 커리큘럼 개발 부문 수석 이사

"교육훈련 및 정보 유지 프로세스를 개선하려는 모든 사람에게 6D 방법을 적극 권장합니다. 이 접근은 우리 팀이 기술 교육훈련을 표준화하고 효과성을 높이는 데 필수적이었습니다. 우리 조직에서 6D를 구현한 결과, 우리는 교육 방법론을 중앙 집중화하고 전개를 간소화하고 비즈니스 성과를 촉진하는 프로세스를 구현했습니다."

―숀 토마스Shawn Thomas, 미국 뉴저지주
플레인소보로 소재 브리스톨 마이어스 스큅Bristol Myers Squibb 테크놀로지 학습 솔루션 이사

"모든 강사가 꼭 읽어야 할 혁신적인 학습의 6가지 원칙은 교육을 통해 영향력 있는 결과를 달성하기 위한 혁신적인 새로운 접근 방식과 실용적인 조언을 제공합니다."

―줄리안 블레이즈Julian Blaydes, 말레이시아 셀랑고르 페탈링자야 소재
로얄 츌란 다만사라The Royale Chulan Damansara 호텔 총지배인

"혁신적 학습의 6가지 원칙은 학습 및 인간 개발 분야에 종사하는 모든 사람이 반드시 읽어야 합니다. 이는 매우 귀중한 자원이며 확실히 비즈니스 결과를 향상시킬 것입니다. 저자들은 우리 조직과 학습자에게 큰 가치를 제공하는 효과적인 학습 프로그램을 설계하는 데 도움이 되는 중요한 가이드를 제시했습니다."

―세르지오 크리브초프Sérgio Krivtzoff,
브라질 상파울루 텔레포니카 러닝 서비스Telefónica Learning Services 프로젝트 관리자

"여섯 가지 원칙 제3판은 이전 판보다 훨씬 나아졌습니다. 이는 교육담당자들에게 최적의 학습을 보장하기 위한 새롭고 단계적인 종합적 가이드와 도구 및 접근 방식을 제공합니다. 논리 모델링을 통합함으로써 이 버전은 학습 및 개발 부서가 더 큰 가치를 지닌 더 나은 결과를 달성하는 데 도움이 됩니다. 이 책은 플래닝 휠을 한 단계 더 발전시키고 학습 효과에 중요한 역할을 하는 더 넓은 범위의 요소가 포함되어 있습니다. 저는 문학을 포함한 다른 어떤 책도 이보다 더 가치 있는 책은 없다고 진심으로 생각합니다."

―센크 타사뉴렉Cenk Tasanyurek,
아랍에미리트 두바이 소재 PSQ 인터내셔널International의 매니징 파트너

역자 서문

혁신적 기업교육의 여섯 가지 원칙 6D를 2012년에 번역하여 국내에 소개한 지 십여 년이 지나는 동안 이 책의 저자들은 수년 동안 현업 교육리더 및 담당자들과의 많은 워크숍을 통해 이제 독자들이 이해하기 더 쉽고 더 유용한 교육훈련 지침서인 세 번째 판을 완성하였다.

국내에서는 첫 번째 한글 번역본이 절판되어 '비즈니스 성과를 만들어 내는 체계적인 교육훈련 설계 프로세스'를 교육담당자들이 접할 기회가 사실상 없어져서 이 세 번째 판을 소개하게 되었다.

이 세 번째 판은 국내에 소개된 첫 번째 판의 군더더기를 걷어내고 현장에서 실무적으로 사용할 수 있는 도구, 사례, 조언들을 추가하였다. 그렇다고 해서 교육 부서가 쉽게 적용하기만 하면 성과를 창출할 수 있다는 것은 아니다. 비즈니스 기능으로서 교육 부서의 성과 창출을 위한 노력이 집요해야 함을, 그리고 6D 적용을 통한 성과 창출 과정에서 헤쳐 나가야 하는 도전도 만만치 않음을 지속적으로 상기시켜 준다.

국내 기업교육에서도 학습을 통해 비즈니스 성과를 창출하고자 하는 노력은 액션러닝 등을 통해 현장에서의 부분적인 변화를 만들어내기도 했다. 하지만 교육(education) 자체에 대해 전통적으로 높은 가치를 부여하는 우리의 정서는 성과를 추구해야 하는 기업교육(training)에 대해서도 자연스럽게 남아있다. 그러다 보니 교육투자에 대해 결과를 실질적인 성과 향상으로 나타내야 한다는 기본 원칙에 대해 교육담당자들 사이에 심리적인 저항으로 여전히 있는 것 또한 현실이다.

하지만 비즈니스 세계의 끝없는 경쟁 속에서 살아남고 또 지속적인 성장을 해야 하는 기업의 냉혹한 현실 속에서 기업교육은 조직의 생존과 성장을 뒷받침하고 가속화할 수 있어야 하는 비즈니스 기능임을 부인할 수 없다.

이 책은 바로 교육에 대한 일반적인 접근이 아니라 매우 철저한 '비즈니스'적인 접근으로 기업의 본질에 다가간다. 인간주의적 HRD를 표방한다는 이유로 기업교육의 가시적인 성과를 소홀히 하게 된다면, 교육담당자 및 교육훈련 부서의 존재가치에 손상을 입히는 결과를 초래할 수 있다. 이 책은 어쩌면 교육훈련의 가치를 성과로 말하고자 하는 교육 부서 노력의 극단적인 모습이라고 여겨질 만큼 처절하다. 교육 부서가 '이렇게까지 해야 하는 것인지' 의구심이 들 정도로까지 비즈니스 지향적이다.

대한민국의 HRD 부서가 기업교육에 대한 전문성과 비즈니스 이해 두 가지 모두로 무장하여 학습의 결과를 비즈니스 성과로 바꿔주는 6D를 조직 상황에 맞춤화하여 적용함으로써 비즈니스 세계에서 성공적인 교육기능으로 거듭날 수 있기를 바란다.

2024년 1월
김미정

차례

혁신적 기업교육의 여섯 가지 원칙: 6D

우리의 꿈을 추구하도록 격려해 준 가족들에게,
고객의 우수성 추구에 우리가 동참할 수 있도록 해준 고객에게,
그리고 다른 사람들이 자신의 잠재력을 최대한 발휘할 수 있도록 돕기 위해
노력하는 학습 및 개발 분야의 동료들에게 감사드립니다.

머리말

콘라도 슐로카우어Conrado Schlochauer
브라질 상파울루 아페로랩AfferoLab 학장

여섯 가지 원칙, 6D에 대해 제가 처음 들었을 때를 생생하게 기억합니다. 플로리다에서 열린 회의에서 있었던 일입니다. 당시 GE 글로벌 러닝 크로톤빌의 리더십 교육 책임자인 제인 존슨Jayne Johnson이 연설 중이었습니다. 그녀는 GE에서 기업 학습과 비즈니스 결과를 실제로 연결하는 방법을 설명하고 있었습니다. 그녀는 프레젠테이션 중에 *혁신적 기업교육의 여섯 가지 원칙 6D*를 여러 번 언급했습니다.

그때는 2010년 4월 초였습니다. 저처럼 얼리어답터라면 그 날짜가 의미가 있을 것입니다. 첫 번째 아이패드가 막 출시되었고 저는 어렵게 하나를 얻을 수 있었습니다. *여섯 가지 원칙*에 대해 너무 궁금해져서 제인의 연설 중에 저의 새 디바이스를 테스트할 겸 책을 구입했고, 그 발표 직후에 바로 읽기 시작했습니다.

저는 마침내 기업 세계에서 학습 및 개발의 올바른 역할에 대해 제가 믿는 바를 정확히 반영하는 방법을 찾았다는 것을 깨달았습니다. 그것은 라틴 아메리카에서 가장 큰 교육 회사의 파트너로서 이 분야에서 20년 이상의 저의 경험과 일치하는 것이었습니다. 저는 쉬는 시간에, 밤에, 그리고 브라질로 돌아가는 비행기 안에서 읽고, 다시 읽고, 메모하는 데 저의 모든 자유 시간을 사용했습니다.

사무실로 돌아오자마자 두 가지 일을 했습니다. 첫 번째는 우리 팀에게 책을 사서 읽게 하고, 우리 고객과의 작업에 '여섯 가지 원칙'을 통합하는 방법을 계획하기 위해 소규모 실무 세션을 조직화하는 것이었습니다.

두 번째는 저자들에게 전화를 걸어 대화를 시작하는 것이었습니다. 그것은 잘한 것이었습니다. 앤디, 로이 및 칼은 기업교육 업계에서 가장 뛰어난 전문가일 뿐만 아니라 새로운 사람, 새로운 통찰력 및 새로운 접근 방식에 대해서도 놀라울 정도로 개방적입니다. 저는 그들 모두와 함께 시간과 베스트 프랙티스best practice 를 공유할 수 있다는 것이 행운이라고 생각했습니다. 우리는 학습과 개발을 훨씬 더 효과적이고 가치 있게 만들기 위한 아이디어와 개념에 대해 계속 논의하고 있습니다.

여섯 가지 원칙인 6D의 첫 번째 책을 다운로드한 후 5년 동안 저는 그 영향력이 전 세계적으로 증가하는 것을 보았습니다. 제 동료들과 저는 라틴 아메리카 전역에서 6D를 도입하여 큰 성공을 거두었습니다. ATD(이전의 ASTD)는 학습 전이에 더 많은 관심을 기울이기 시작했으며 로이, 앤디, 칼은 여섯 개 대륙에서 기업 교육담당자들을 위한 워크숍을 직접, 그리고 인터넷을 통해 가르쳤습니다.

여섯 가지 원칙의 이 새로운 판은 6D를 수행하는 방식이 어떻게 계속해서 성숙해지고 진화하는지를 보여줍니다. 저자들은 학자인 동시에 실무자입니다. 그들은 워크숍, 연설, 웨비나 및 컨설팅을 하면서 실제 교육담당자들의 말을 듣고 함께 작업합니다. 이 세 번째 판은 새로운 연구 통찰력과 고객 및 학생들과 논의해 왔던 최고의 아이디어와 접근들을 통합합니다. 또한 2014년에 출판된 6D에 대한 우수한 현장 가이드의 40여 가지 사례 연구에서 얻은 교훈도 반영하고 있습니다.

저는 이 여섯 가지 원칙의 세 번째 판이 교육훈련 분야가 비즈니스 세계에서 전례 없는 도전을 받고 있는 시기에 성인 학습 전문가로서 교육담당자들이 훨씬 더 유능해질 수 있도록 도울 것이라고 확신합니다.

다음은 6D가 기업학습에 대한 교육담당자들의 생각을 어떻게 변화시킬지에 대한 제 생각입니다.

- *6D*는 인사교육 부서가 사용하는 언어에서 비즈니스 언어로 대화를 전환시킵니다. 'D1: 비즈니스 결과 정의'를 염두에 두고 결과 플래닝 휠을 구조화하여 학습 프로젝트를 시작하게 되면 비즈니스 요구보다 교육의 운영방식이 더 중요했던 이전의 교육용어로 돌아가는 것은 거의 불가능합니다. 현업 관리자가 "완전한 경험", "학습 전이", "새로운 결승선"과 같은 표현을 사용하기 시작하는 것을 보니 정말 놀랍습니다.

- *6D*는 우리로 하여금 성인 학습자를 진정한 성인 학습자처럼 다루도록 합니다. 저는 성인 학습자를 연구하는 학습 심리학 박사 학위를 취득했습니다. 그래서 안드라고지 원칙과 성인 학습 도구를 실제로 사용하고 적용하는 프로그램이 얼마나 적은지 보는 것이 매우 답답했습니다. 세 번째 원칙 −현장적용을 위한 전달−은 간단하고 실용적인 방식으로, 경험 공유 및 실제 적용을 촉진합니다. 성인 전문가들에게 계속해서 새로운 내용을 가르칠 필요는 없습니다. 내용과 지식은 이미 충분합니다. 우리는 성인 학습자들이 이 새로운 학습을 자신의 성과를 향상시키기 위해 어떻게 그리고 왜 적용할 것인지에 대한 큐레이터십curatorship과 토론을 제공함으로서 성인 학습자를 도와야 합니다.

- *6D*는 기업교육 업계가 그동안 해왔던 접근 방식을 재고하도록 도전합니다. 우리 모두는 현행 운영 방식을 개선할 기회가 많다는 것을 알고 있습니다. 기업 교육 프로그램은 여전히 "학습 불량" 즉, 적용되지 않는 교육훈련을 너무 많이 생성하고 있습니다. 조직에서 교육 부서가 제공할 수 있고 또 제공해야 하는 모든 이익을 실현하려면 우리의 프로세스, 구조 및 시스템

을 다시 생각할 필요가 있습니다. 예를 들어, 비즈니스 결과를 명확하게 정의하는 데 필요한 역량은 현재 교육 부서에서 보유하고 있는 역량과는 다릅니다. 마찬가지로, 최대의 효과를 위해 학습 전이를 전문적으로 관리하려면 교육 부서 역량을 강화하는 방식에서의 변화도 필요합니다. 교육 부서에서 6D를 구현하려면 상당한 노력이 필요합니다. 우리는 오랫동안 우리가 하던 방식대로 일을 해왔고 따라서 변화하기는 어렵습니다. 그러나 다양한 조직과 함께 일한 개인적인 경험을 바탕으로 말씀드릴 수 있는 것은 학습이 어떻게 보여지고 또 평가받게 되는지에서의 혁신은 그만한 가치가 있다는 것입니다.

- *6D는 기업 학습에서의 새로운 개념들을 조직화하고, 이해하고 적용하기 위한 틀을 제공합니다.* 우리는 매일 기업 세계에서 포멀 러닝formal learning 활동들의 역할에 의문을 품는 "새로운" 개념들에 대해 듣고 있습니다. 기업 및 성인 학습 분야에서의 연구와 경험을 바탕으로 한 제 개인적인 견해는 6D를 개념적으로 이해하면 인포멀 러닝informal learning, 소셜 러닝social learning, 70-20-10 원칙 등이 그저 완전한 학습 경험(D2)의 측면들이라는 것을 이해할 수 있다는 것입니다. 다시 말해, 준비, 학습, 전이, 성취의 단계들이 인포멀 러닝과 소셜러닝을 위한 풍부한 기회이고, 70-20 학습이 일어나는 곳입니다.

이 여섯 가지 원칙에 대해 이야기할 때 저는 항상 앤디, 로이, 칼이 기업 학습 분야에 제공한 모델의 단순성과 관대함을 강조하고 싶습니다. 간단합니다. "6D는 일반적인 관행은 아니지만 상식인 거죠."라는 말을 자주 들었기 때문입니다. 그들은 바퀴를 재발명하려고 하지 않았고 그것을 지나치게 복잡하게 만들지 않았습니다. 그러나 접근 방식은 여전히 깊이와 참신함 모두에서 풍부합니다. 이 세 번째 판에는 최근에 발표된 많은 책과 연구들이 포함되어 있습니다. 실제로 참고 문헌에는 기업 학습 전문가를 위한 중요한 읽을거리 목록이 포함되어 있습니다.

제가 관대함이라고 말하는 것은 여러분이 조직에서 6D를 실행하는 데 도움이 될 수 있도록 저자들이 책을 쓰는 방식을 말합니다. 여기에는 실제 "어떻게 하는

지의 방법"에 대한 조언이 포함됩니다. 이 책을 읽기만 하면 그 과정을 시작할 수 있습니다. 워크숍에 참여하면 추가적인 통찰력을 얻을 수 있으며, 또한 저자들의 다른 저서와 가이드에서 더 많은 도움을 찾을 수 있습니다. 어떠한 질문이라도 있다면 6D 매니아들을 위한 링크드인 그룹이 있습니다. 제가 볼 때 이것은 우리 분야를 변화시키고 개선하려는 그들의 진정한 헌신을 반영하는 것입니다.

저는 박사 과정에서 평생 학습을 공부했습니다. 지난 40년 동안 많은 조직들(예를 들어, 유네스코, 유럽 연합, OECD)은 글을 읽고 쓸 줄 아는 성인들이 빠르게 변화하는 사회에서 계속 학습하도록 돕는 방법에 대해 논의해 왔습니다. 그럼에도 불구하고 실질적인 액션은 많지 않았습니다. 저는 기업 학습 분야에 있는 우리가 중요한 리더십 역할을 해야 한다고 믿습니다. 기업 학습의 질과 의미를 향상시킬 때 우리는 평생 학습과 관련된 중요하고 구체적이며 구조화된 액션을 실행하는 사람인 것입니다.

6D 접근을 취함으로써 우리는 기업이 생산성과 수익성을 높일 수 있도록 도울 뿐만 아니라 개인이 더 나은 전문가와 학습자가 되도록 도우며 결과적으로 사회 전체를 돕게 되는 것입니다.

서문: 6D

"교육기능이 잘 관리된다면, 교육 부서는 조직의 목적에 중대한
 임팩트를 미치는 필수 불가결한 전략적 파트너가 될 수 있다."
 _데이빗 밴스David Vance

———

현대 비즈니스의 반박할 수 없는 두 가지 사실이 있다. (1) 변화의 속도가 빨라
지고 있고 (2) 경쟁이 그 어느 때보다 더 글로벌하고 치열하다는 것이다. 오늘날
의 환경에서 "경쟁사보다 더 빨리 (그리고 아마도 더 낫게) 학습하는 조직의 능
력이 가장 지속가능한 경쟁 우위가 된다"(de Geus, 2002, p. 157).

이 책은 기업 학습 활동이 중요하고 진정한 가치를 더하며 경쟁 우위 창출에
도움이 된다는 우리의 확신에 대한 것이다. 동시에 우리는 그러한 학습활동이 오
늘날 가치를 더하는 것보다 훨씬 더 큰 가치를 더할 수 있고 또 더해야 한다고
확신한다. *여섯 가지 원칙*은 학습에 대한 조직의 투자와 교육담당자들의 노력에서
더 큰 수익을 창출하기 위한 프로세스와 원칙을 설명한다.

학습은 일터와 그 밖의 다른 곳에서 계획적이고 유기적으로 항상 일어난다. 기업 교육 부서는 조직이 목표를 달성할 수 있도록 필요한 시간과 장소에서 직원들이 임무 달성에 중요한 스킬을 배울 수 있도록 돕기 위해 존재한다. 실제로 "학습기능이 존재하는 유일한 이유는 비즈니스 결과를 이끌어내기 위함이다"(Smith, 2010, p. 10).

> 학습은 오늘날 가치를 더하는 것보다 훨씬 더 많은 가치를 더할 수 있고 또 더해야 한다.

안타깝게도 상대적으로 소수의 기업 교육 부서만이 "중요한 임팩트를 미치는 필수불가결한 전략적 파트너"라는 데이비드 밴스의 비전을 달성하고 있다(Vance, 2010). 그 반대를 보여주는 많은 연구들이 교육과 개발은 비즈니스 임원들에게 그다지 중요하지 않다는 것을 암시하고 있다. 예를 들어, 한 설문 조사에 따르면 "현업 관리자의 50% 이상이 학습 및 개발 부서의 기능을 중단해도 직원 성과에 아무런 영향을 미치지 않을 것이라고 생각한다"(Corporate Executive Board, 2009). 분명히, 학습의 잠재력과 현재의 인식 사이에 무언가가 잘못되어 있다.

15년 전에 우리는 대부분의 기업교육 활동이 전략적으로 기여할 수 있는 잠재력을 최대한 실현하지 못하는 이유를 이해하기 위한 탐구를 시작했다. 우리의 목표는 기업교육 활동이 전략적 기여를 할 수 있는 방법과 도구를 개발하는 것이었다. 그 이후로 우리는 전 세계 여러 산업에서 크고 작은 수백 개의 조직과 협력해 왔다. 우리는 부인할 수 없는 가치를 가진 결과를 제공하며 조직을 더 높은 수준의 성과로 이끄는 데 도움이 되는 혁신적인 기업교육 활동의 일부분으로 일해 왔다. 우리는 또한 불행히도, 많은 선의의 교육 계획이 허사이며 의미 있는 결과를 가져오지 못하는 것도 목격했다.

이 두 극단간의 차이를 비교했을 때 기업교육을 주변 부서에서 필수 부서로 전환하는 "마법의 총알"이 없다는 것을 발견했다. 대신 우리는 효과적인 교육훈련은 열정과 탁월함 그리고 지속적인 개선에 대한 약속으로 실행된 훈련된 체계적인 프로세스의 결과라는 것을 발견했다.

우리는 임팩트가 높은 교육을 추진하는 프랙티스들을 6개 원칙으로 나누어서, '혁신적 기업교육의 여섯 가지 원칙 6D(Wick, Pollock, Jefferson, & Flanagan,

2006)'에서 설명하고 4년 후 제2판(Wick, Pollock & Jefferson, 2010)에서 업데이트했다. 기억하고 적용하기 쉽도록 각 원칙을 "D"로 시작하는 이름을 선택했고, 이후에 6Ds®로 알려지게 되었다(그림 I.1).

그림 I.1 학습을 비즈니스 결과로 전환시키는 6D

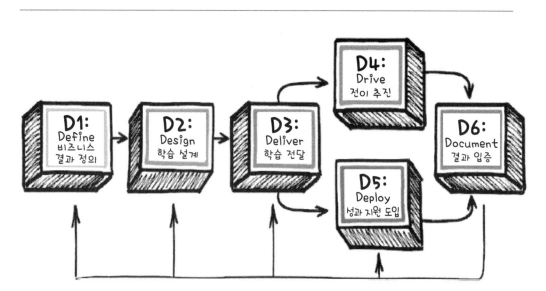

전 세계의 많은 조직들이 교육 및 개발 노력에 대한 조직화 원칙으로 여섯 가지 원칙을 채택했다. 6D는 기업 교육을 정의하고, 설계하고, 전달하고, 평가하는 강력하고 지속적인 접근임이 입증되었다. 이 '혁신적 기업교육의 여섯 가지 원칙 6D'의 제3판은 새로운 통찰력, 연구 및 베스트 프랙티스들을 통합하여 광범위하게 수정하였다. 여기에는 6D 워크숍(Pollock, Jefferson, & Wick, 2013)과 6D 현장 가이드(Pollock, Jefferson, & Wick, 2014)를 위해 개발한 체크리스트를 포함하였고, 연구와 이론을 실천으로 옮기는 데 도움이 되도록 "실천적 적용" 팁도 추가했다.

이 시점에서 용어에 대해 조금 언급할 필요가 있다.

이 책은 조직, 일반적으로 기업이 직원에게 제공하는 계획된 학습을 최적화하는 방법에 관한 것이고, 비영리 기업 및 정부 기관에도 적용된다. 단순화를 위해 "비즈니스", "회사" 또는 "기업"이라는 용어는 교육비를 지원하는 조직을 지칭하기 위해 사용한다. 독자들은 적절한 경우 다른 용어로 대체하길 바란다. 지식이 풍부하고 유능한 인력은 이익 창출 여부에 관계없이 모든 조직에 필수적이다. 실제로 비영리 조직의 일반적으로 더 제한된 자원을 고려할 때 효율성과 효과성에 대한 필요성은 훨씬 더 크다.

우리는 사람들에게 무언가를 하는 방법을 가르치려는 의도적인 노력을 지칭하기 위해 종종 "교육훈련training"이라는 단어를 사용할 것이다. 이 용어가 여전히 널리 사용되고 있기 때문이다. "교육훈련"의 모든 경우를 "학습learning"으로 바꾸려고 하면 어색하고 잠재적으로 혼란스러운 산문을 만들 수 있다. 이 책에서 "교육훈련"이란 영업, 고객 서비스, 감독, 안전한 작업 관행 등과 같은 필수적 스킬이 무엇인지 쉽게 이해할 수 있는 직무 역할을 수행하는 방법을 사람들에게 가르치려는 의도적인 노력을 의미한다. 우리가 사용하는 "교육훈련" 용어는 특정 방법론이나 테크놀로지를 전제로 하지 않고, 이러닝에서 강의실까지, 구조화된 것에서 소셜까지, 모바일에서 멘토링에 이르기까지 목적이 있는 학습의 전체 다양한 범위를 포함하려고 한다.

이와 대조적으로 교육education은 최선의 길이 미리 알려지지 않은 (그리고 종종 알 수 없는) 새로운 도전에 대처할 수 있도록 사람들을 준비시키는 것으로 우리는 정의한다. 따라서 교육은 특정 스킬보다 원칙과 이론의 적용에 훨씬 더 중점을 두는 경향이 있다. 개발development은 "학습 및 개발learning & development" 또는 "교육훈련 및 개발training & development"에서와 같이 종단적 측면이 있다. 즉, 개발은 개인이 잠재력을 최대한 발휘할 수 있도록 도움을 주기 위한 일련의 교육훈련training, 교육education 및 경험적experiential 기회를 수반한다.

    6D는 직원들에게 제공되는 의도적 학습 기회들이 언제, 어디서, 어떤 매체를 통해, 어떤 방법으로 발생하든 상관없이 비즈니스 가치를 극대화하기 위해 설계되었다.

교육훈련이 더 이상 필요한가?
Is Training Necessary Any More?

성공적인 관리자들을 대상으로 한 인터뷰를 기반으로 롬바르도와 아이킨저 (Lombardo & Eichinger)는 70/20/10 모델을 공식화했다. 이에 따르면, "성공하고 유능한 관리자들은 대략 다음과 같이 배운다.

- 70%는 힘든 업무에서
- 20%는 사람들로부터(대부분 상사)
- 10%는 교육과정과 자료 읽기에서 (Lombardo & Eichinger, 1996)

맥콜, 롬바르도와 모리슨McCall, Lombardo, and Morrison(1988)은 더 나아가 "관리자가 강의실에서 보내는 시간은 0.1%에 불과하며, 이는 나머지 99.9%가 대부분의 개발이 이루어지는 시간임을 시사한다"고 지적했다. 이러한 관찰은 오늘날 테크놀로지로 가능해진 정보 접근과 결합되어, 교육훈련에 투자하는 것이 여전히 타당한지 의문을 품게 했다. 또한 "학습 및 개발의 예산, 시간 및 자원의 10%만 직원에게 새로운 스킬을 준비시키는 일회성 학습 세션에 사용하자는 제안으로 이어졌다"(Robertson, 2014).

첫째, 70/20/10 "규칙"이 업무의 전체 범위와 업무 스킬보다는 임원 성공에 초점을 맞춘 연구에서 도출되었다는 점이 언급되어야 한다. 이 비율은 영업, 기술 지원, 품질 보증 또는 연구와 같은 다른 역할에 대해서는 거의 확실히 다를 것이다.

둘째, 이 비율은 개인의 회고적 성찰에 기초한 광범위한 일반화이다. 이 가설은 테스트하는 것이 불가능하고, 모든 다양한 학습의 상대적 기여도를 전체 경력에 걸쳐 정확하게 측정할 수 있는 방법은 없다.

셋째, 그 비율을 결정할 수 있다 하더라도 학습의 중요성을 고려하지 않기 때문에 오도될 가능성이 있다. 적은 비율이 중요하지 않거나 필요하지 않다는 것을 반드시 의미하지는 않는다. 예를 들어, 읽기를 배우는 데 소비한 시간은 인생에서 배운 총 시간의 1분의 1도 안 되는 부분–거의 확실히 1% 미만–에 불과하지만 읽기를 배우는 것은 다른 모든 것에는 절대적으로 필요하다.

따라서 70/20/10은 광범위한 일반화이지 이상적인 비율에 대한 처방이 아니다. 대부분의 학습이 교육훈련 계획 밖에서 일어난다는 사실은 누구도 놀랄 일이 아니다. 대부분의 사람들이 시간의 대부분을 보내는 곳이기 때문이다. 70/20/10은 필요한

> 대부분의 학습은
> 교육훈련 밖에서 일어난다.

사람에게 적시에 필요한 교육을 하는 가치를 감소시키지 않는다. 이 원래의 연구에서도 "형식적 교육과정formal coursework이 때때로 경영진에게 성공의 중대한 차이를 만든 행사로 포함되었다"고 언급했다(McCall, Lombardo, & Morrison, 1988, p. 180). 70/20/10 비율은 실제로 형식 교육이 효율적임을 시사한다. 평균적인 직원이 교육훈련에 1년에 약 30시간을 소비하지만 –이는 직장에서 일하는 시간의 2% 미만이다(ASTD, 2013)– 이는 성공에 10% 기여한다고 가정한다.

이 모델이 실제로 하는 것은 교육담당자들에게 사람들이 항상 배우고 있다는 사실을 상기시키는 역할이다. 교육훈련, 코칭, 문화 및 성과 관리 시스템이 모두 한 방향으로 정렬되어 있지 않는 한 기업 교육은 큰 효과가 없을 것이다.

우연적 학습의 중요성에도 불구하고 계획되고 구조화된 학습은 조직에서 여전히 중요하다(포인트 사례 I.1 참조). 전문적으로 계획되고 실행된 교육계획은 다음을 보장하는 데 필수적이다:

포인트 사례 I. 1
교육훈련은 그 어느 때보다 더욱 중요하다

비크람 벡터Vikram Bector는 인도에서 가장 큰 민간 부문 기업인 릴라이언스 인더스트리Reliance Industries, Ltd.의 최고 인재 책임자(CTO)이다. 그는 또한 타타 모터스 아카데미Tata Motors Academy 설립을 도운 타타 모터스의 최고 인재 책임자(CTO)와 인도 딜로이트의 최고 학습 책임자(CLO)를 역임했다.

비크람은 다음과 같이 말했다. "교육훈련의 필요성은 특히 인도, 중국, 브라질과 같은 고성장 시장에서 그 어느 때보다 커졌습니다. 젊은 관리자들은 급속도로 증가하는 성장의 물결에 부력을 받고 있습니다. 그들은 종종 새로운 역할에 대한 적절한 교육훈련이나 경험 없이 승진합니다. 많은 경우에 그들은 자신이 무엇을 모르는지도 모릅니다. 그것은 그들의 실패의 위험을 증가시켜서 자신의 경력, 그들을 위해 일하는 사람들, 그리고 조직 전체에 해를 끼칩니다."

"또한 우리는 사업에서 성공하기 위해 적절히 준비되어 있지 않은 점점 더 많은 젊은이들이 노동력으로 인입되는 것을 보고 있습니다. 그들은 대학 교육을 받고 기술에 정통하지만 업무에 적응할 준비가 되어 있지 않습니다. 많은 사람들이 고용주가 필요로 하는 배경 지식, 업무 습관 및 소셜 스킬이 부족합니다. 기업과 대학은 졸업생들이 첫 직장과 그 이후의 직업을 준비할 수 있도록 더욱 긴밀하게 협력해야 합니다."

"준비되지 않은 것은 직원들만이 아닙니다. 많은 기업도 또한 준비되어 있지 않습니다. 그들은 변화하는 비즈니스 환경과 경제에 보조를 맞추지 못했습니다. 조직은 일의 본질을 변화시키는 것이 무엇인지 살펴보고, 일을 재창조하고, 다음 세대의 요구와 학습 스타일에 맞게 리모델링해야 합니다. 재능있는 개인은 매력적인 일과 도전적 과제, 멘토링, 그리고 배우고 성장하고 다양한 일을 할 수 있는 능력을 원합니다. 너무 많은 회사가 여전히 평범하고 반복적인 작업을 수행하게 하고 난 다음에 최고의 인재가 떠나자 놀라고 있습니다. 그들은 '훌륭한 인재는 훌륭한 조직과 고객을 위해 일하기를 원한다'는 것을 이해할 필요가 있습니다."

"교육훈련은 기업 전체의 성공에 필수적인 핵심 비즈니스 기능입니다. 단지 또 다른 HR 프로세스가 아닙니다. 교육훈련은 비즈니스 전략과 밀접하게 연계되어야 하며 명확한 목표, 건전한 프로세스 및 의미 있는 성공 지표와 함께 비즈니스처럼 관리되어야 합니다."

"인터넷에서 사용할 수 있는 스킬과 무제한 정보의 광범위한 사용이 직원들에게 고객을 이끌고, 관리하고, 만족시키고, 업무를 수행하는 방법을 가르치는 교육훈련을 대체할 수 없습니다. 많은 직업의 경우, 이미 해당 분야를 숙달한 직원이 젊은 직원을 관찰하고 멘토링하는 견습 모델을 다시 도입해야 합니다. 그러한 경험을 대신할 수 있는 것은 없습니다."

"저는 교육훈련의 필요성이 줄어들 것이라고 보지 않습니다. 가장 성공적인 기업들은 교육훈련을 비즈니스 전략의 핵심 요소로 사용하고 필요할 때 필요한 사람들에게 필요한 교육을 제공하는 기업이 될 것이라고 확신합니다."

- **일관성** – 모든 직원들에게 동일한 접근을 가르치고 이러한 접근이 회사 가치 및 정책은 물론 법, 규제 및 안전 요구 사항과 일치하도록 한다.

- **효율성** – 제대로 수행된다면, 직원 그룹을 교육하는 것이 개별적으로 교육하거나 알아야 할 모든 것을 스스로 찾도록 하는 것보다 더 효율적이다. 계획된 학습 프로그램은 회사 및 직무 관련 지식을 갖춘 신입 사원을 신속하게 생산적으로 만드는 데 특히 중요할 수 있다.

- **품질** – 교수설계instructional design에 대한 지식과 주제 전문가에 대한 접근은 교육담당자들이 비공식 학습informal learning에만 의존하는 것보다 더 높은 품질과 더 효과적인 개입을 설계할 수 있게 해준다. "의도적인 지원이 없으면 비공식 학습은 제멋대로일 수 있고 따라서 비용이 많이 들 수 있다. 무능한 사람들은 종종 무의식적으로 다른 사람들이 똑같이 되도록 돕는다" (Gottfredson & Mosher, 2011, p. 11).

- **인식** – 사람들은 자신이 무엇을 모르는지 모른다. 따라서 정보가 있더라도 그 정보가 필요한지 모를 수 있다. 영업 사원은 새로운 제품을 배워야 하고, 오퍼레이터는 특정 행동의 위험을 인식하지 못할 수 있으며, 관리자는 사각지대를 확인하는 데 도움이 되는 360도 피드백이 필요할 수 있다.

기업은 성공과 경쟁력의 핵심 영역에서 성과(그림 I.2)를 향상시키기 위해 교육 훈련 및 개발에 투자한다. 따라서 교육 부서의 가치는 교육의 수, 제공하는 교육의 종류 또는 사용하는 테크놀로지가 아니라 교육이 더 나은 성과에 기여하는 효과성과 효율성에 의해 결정된다. 교육담당자는 교육 전달에서 향상된 성과 전달로 초점을 전환해야 한다. 프레드 하버그Fred Harburg는 다음과 같이 말했다. "우리는 강의, 학습 도구 또는 심지어는 학습 자체를 제공하는 일에 종사하는 게 아닙니다. 우리는 향상된 비즈니스 결과를 촉진하는 일에 종사하는 것입니다"(Harburg, 2004, p. 21).

> 우리는 향상된 비즈니스 결과를 촉진하는 일에 종사한다.

그림 I.2 교육훈련의 목적은 성과를 향상시키는 것이다.

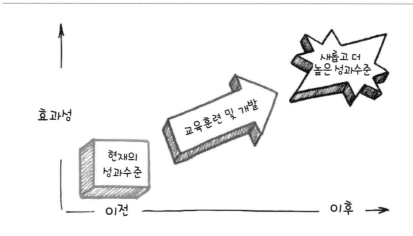

교육담당자들이 자신의 임무가 교육훈련 그 자체가 아니라 성과향상을 전달하는 것이라는 사실을 받아들이면, 다른 방법으로 성과향상의 목적을 더 효과적으로 달성할 수 있을 때에는 *교육훈련을 하지 않는 것*을 포함하는 더 넓은 범위의 방법, 미디어 및 접근을 수용하게 된다.

교육훈련이 답일 때는 언제인가?
When Is Training the Answer?

이 책은 학습과 개발을 포함하는 성과 향상 노력의 가치를 극대화하는 방법에 관한 것이다. 그렇지만 교육훈련이 성과향상을 위한 유일한 길이거나 필연적으로 최선의 길이라는 말은 아니다. 실제로 교육훈련을 개선 전략으로 오용하는 것은 상당한 시간, 비용 및 노력을 낭비하는 것이고 경영진의 교육훈련에 대한 가치를 상대적으로 낮게 인식하도록 한다. 교육훈련에 대한 어떠한 요청에 대해서도 가장 먼저 해야 하는 질문은 교육이 필요한지 또는 적절한 해결책인지 물어보는 것이다.

현업 성과는 직원, 업무, 일터라는 세 가지 수준의 요인에 의해 영향을 받는다(Addison, Haig, & Kearney, 2009, p. 6). 세 가지 모두 조직이 운영되는 정치 및 비즈니스 환경(세상)의 영향을 받는다. 각 수준의 핵심 요소는 표 I.1과 같다.

표 I.1. 성과에 영향을 미치는 네 가지 수준의 요인
(AFTER VAN TIEM, MOSELEY, & DESSINGER, 2012, p. 6)

직원(worker)	개인의 지식과 스킬, 능력, 동기, 기대
업무(work)	업무 플로우, 프로세스 및 절차
일터(workplace)	조직, 자원, 도구, 문화, 사명 및 가치
세상(world)	정치 및 경제 환경, 사회적 가치, 규범 및 문화

이것이 의미하는 바는 업무 성과는 항상 개인의 능력과 환경적 영향 간의 상호작용의 결과라는 것이다. 표준 이하의 성과는 어느 하나의 수준에서 혹은 각 수준의 어떠한 조합에서라도 있을 수 있는 장애로 인해 발생할 수 있다. 예를 들어, 직원은 일을 능숙하게 수행하는 데 필요한 지식과 스킬을 가지고 있지만 비효율적인 프로세스(업무)나 비생산적인 정책(일터)으로 인해 방해를 받을 수 있다.

교육훈련 활동(계획된 학습 개입)은 개인의 능력을 증진시켜 성과를 향상시키려는 노력이다. 이는 성과에 대한 장애가 개별 직원 수준에 있다고 가정한다. 교육훈련은 스킬 혹은 지식의 부족이 실제 성과와 원하는 성과 사이의 격차의 근본 원인인 경우에만 적절하며 잠재적으로 효과적인 대응이다.

그러나 표 I.1에 나와 있는 것처럼 성과에 (긍정적이든 부정적이든) 기여하는 다른 많은 시스템적 요인이 있다. "우리는 종종 '이 사람들은 교육훈련이 필요합니다'와 같은 직원/개인 수준의 문제로 가져온 프로젝트가 사실은 업무/조직 수준에서 해결되어야 함을 발견한다"(Addison, Haig, & Kearney, 2009, p. 56). 실제 문제가 업무나 일터 수준에 있는 경우 직원을 개선하려는 노력은 시간과 돈을 낭비하고 관련된 모든 사람에게 좌절의 원천이 된다.

문제는 많은 관리자가 실제 문제가 다른 곳에 있는 경우에도 모든 종류의 성과 문제에 대한 해결책으로 교육을 본다는 것이다(Pollock, 2013). 6D 워크숍에 참석한 교육담당자들은 그들이 수행하는 교육의 20~50%가 실패할 것이라고 추정한다. 왜냐하면 실제 문제는 교육을 받는 사람들의 스킬이나 지식 부족이 아니기 때문이다. 메이거와 파이프Mager & Pipe(1997)는 교육이 적절한 대응인지 결정하려고 할 때 물어야 할 핵심 질문으로 "만약 직원 자신의 목숨이 달려 있다면 그 일을 제대로 수행할 수 있을 것인가?"를 제안했다(그림 I.3). 만약 제대로 수행할 수 있다면, 그것은 "내가 할 것인가?"의 의지 문제이지 "내가 할 수 있을까?"의 능력의 문제는 아니다. 이것을 아는 것은 "진정한 스킬 부족이 문제가 아니라면, 잠재적인 해결책으로서의 교육훈련을 잊어버려도 되기"(Mager & Pipe, 1997, p. 93) 때문에 중요하다고 할 수 있다.

맥킨리 솔루션즈McKinley Solutions의 대표이며 최고 몰입 책임자Chief Engagement Officer인 마크 톰슨Mark Thompson은 고객으로부터 특정 교육과정을 제공해 달라는 요청을 받을 때마다 "물론 그 교육이 도움이 될 수 있습니다"라고 말한다. 그러나 그 다음 그는 고객이 해결하려고 하는 이슈에 대해 더 깊이 논의하기 위해 커피 한 잔을 마시며 만나자고 한다. 30~40%의 시간 동안 토론은 완전히 다른 해결책으로 이어진다고 말한다. "예를 들어, 우리는 전문성 개발 교육과정

그림 I.3. 교육이 성과 향상에 도움이 될 지 여부를 결정하는 핵심 질문

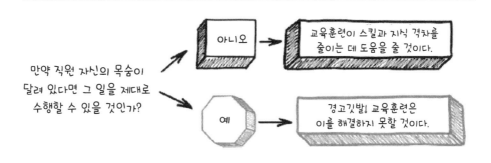

을 운영하기 위해 들어와 달라는 요청을 받았습니다. 그런데 추가 조사에서 우리는 회사가 가장 필요로 하는 것은 리더들이 더 투명해짐으로써 신뢰를 고취시키는 능력을 향상시키는 것임을 알게 되었죠. 일반적인 교육 프로그램 보다는, 스킬 강화 및 코칭과 함께 360도 피드백 검토 세션을 제안했습니다. 우리가 전달한 것은 진정한 성과 향상 솔루션이었죠. 만약 요청받은 그 주문대로, 기성품 리더십 프로그램을 그대로 전달했더라면 훨씬 덜 효과적이었을 것입니다."

요점은 가장 먼저 내려야 할 가장 중요한 결정이 교육훈련이 적절한 솔루션인지의 여부라는 것이다. 잘못된 솔루션이라면 아무리 잘 설계하고 실행해도 소용이 없다. 진정한 이슈를 규명하는 데 도움이 되도록 순서도(자료 I.2)를 사용해 보라. 스킬이나 지식의 부족이 성과 문제의 원인이라면, 6D를 사용하여 계획된 학습 개입의 결과를 설계, 전달 및 입증한다. 진정한 문제가 환경, 프로세스 또는 성과 관리 시스템에 있는 경우 경영진이 그 실제 이슈를 해결하도록 도와주고 교육훈련에 자원을 낭비하지 않도록 한다(Jaenke, 2013).

자료 I.1 적절한 성과 향상 개입을 규명하는 데 도움이 되는 순서도

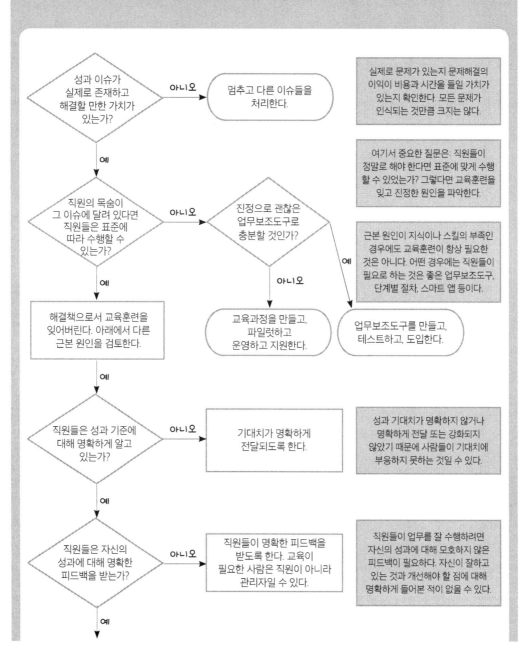

성과 이슈가 실제로 존재하고 해결할 만한 가치가 있는가? — 아니오 → 멈추고 다른 이슈들을 처리한다.

> 실제로 문제가 있는지 문제해결의 이익이 비용과 시간을 들일 가치가 있는지 확인한다. 모든 문제가 인식되는 것만큼 크지는 않다.

예 ↓

직원의 목숨이 그 이슈에 달려 있다면 직원들은 표준에 따라 수행할 수 있는가? — 아니오 → **진정으로 괜찮은 업무보조도구로 충분할 것인가?**

> 여기서 중요한 질문: 직원들이 정말로 해야 한다면 표준에 맞게 수행할 수 있었는가? 그렇다면 교육훈련을 잊고 진정한 원인을 파악한다.

진정으로 괜찮은 업무보조도구로 충분할 것인가? — 예 → 업무보조도구를 만들고, 테스트하고, 도입한다.

아니오 ↓ 교육과정을 만들고, 파일럿하고 운영하고 지원한다.

> 근본 원인이 지식이나 스킬의 부족인 경우에도 교육훈련이 항상 필요한 것은 아니다. 어떤 경우에는 직원들이 필요로 하는 것은 좋은 업무보조도구, 단계별 절차, 스마트 앱 등이다.

예 ↓

해결책으로서 교육훈련을 잊어버린다. 아래에서 다른 근본 원인을 검토한다.

예 ↓

직원들은 성과 기준에 대해 명확하게 알고 있는가? — 아니오 → 기대치가 명확하게 전달되도록 한다.

> 성과 기대치가 명확하지 않거나 명확하게 전달 또는 강화되지 않았기 때문에 사람들이 기대치에 부응하지 못하는 것일 수 있다.

예 ↓

직원들은 자신의 성과에 대해 명확한 피드백을 받는가? — 아니오 → 직원들이 명확한 피드백을 받도록 한다. 교육이 필요한 사람은 직원이 아니라 관리자일 수 있다.

> 직원들이 업무를 잘 수행하려면 자신의 성과에 대해 모호하지 않은 피드백이 필요하다. 자신이 잘하고 있는 것과 개선해야 할 점에 대해 명확하게 들어본 적이 없을 수 있다.

예 ↓

혁신적 기업교육의 여섯 가지 원칙: 6D

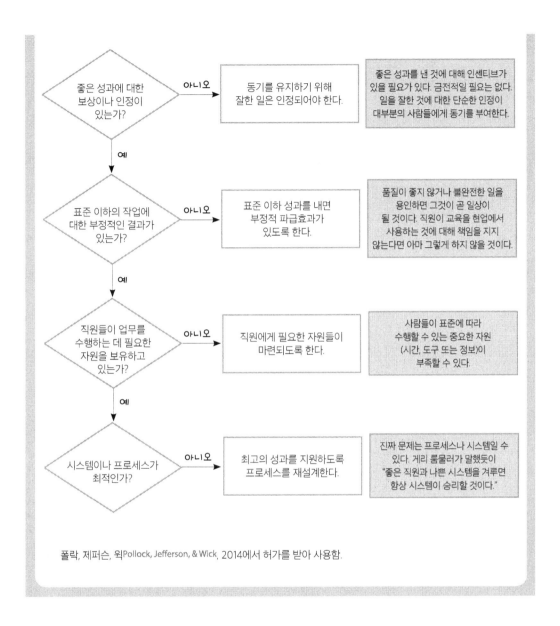

좋은 성과에 대한 보상이나 인정이 있는가?

아니오 → 동기를 유지하기 위해 잘한 일은 인정되어야 한다.

좋은 성과를 낸 것에 대해 인센티브가 있을 필요가 있다. 금전적일 필요는 없다. 일을 잘한 것에 대한 단순한 인정이 대부분의 사람들에게 동기를 부여한다.

예 ↓

표준 이하의 작업에 대한 부정적인 결과가 있는가?

아니오 → 표준 이하 성과를 내면 부정적 파급효과가 있도록 한다.

품질이 좋지 않거나 불완전한 일을 용인하면 그것이 곧 일상이 될 것이다. 직원이 교육을 현업에서 사용하는 것에 대해 책임을 지지 않는다면 아마 그렇게 하지 않을 것이다.

예 ↓

직원들이 업무를 수행하는 데 필요한 자원을 보유하고 있는가?

아니오 → 직원에게 필요한 자원들이 마련되도록 한다.

사람들이 표준에 따라 수행할 수 있는 중요한 자원 (시간, 도구 또는 정보)이 부족할 수 있다.

예 ↓

시스템이나 프로세스가 최적인가?

아니오 → 최고의 성과를 지원하도록 프로세스를 재설계한다.

진짜 문제는 프로세스나 시스템일 수 있다. 게리 룸물러가 말했듯이 "좋은 직원과 나쁜 시스템을 겨루면 항상 시스템이 승리할 것이다."

폴락, 제퍼슨, 윅Pollock, Jefferson, & Wick, 2014에서 허가를 받아 사용함.

학습 그리고 진실의 순간
Learning and the moment of truth

직원들이 새로운 스킬을 어떻게 학습하든지 상관없이, 즉 대면교육 혹은 비대면 교육으로 배우던지, 시뮬레이션을 통해 배우던지, 업무 중에 동료나 관리자로부터 배우던지에 관계없이 학습은 "진실의 순간the moment of truth"에 적절하게 적용되는 경우에만 가치를 더한다. 진실의 순간은 직원이 업무 프로세스에서 새로운 지식과 스킬을 적용할 기회를 가질 때 발생한다. 직원들은 두 가지 선택을 할 수 있다(그림 I.4): 방금 배운 새로운 방식으로 과제를 완료하거나 이전과 같이 (동일한 방식으로) 계속 수행하여, 결국 전혀 아무 것도 다르게 하지 않을 수도 있다.

그림 I.4 "진실의 순간"은 직원이 업무를 수행하는 방식을 결정할 때이다.

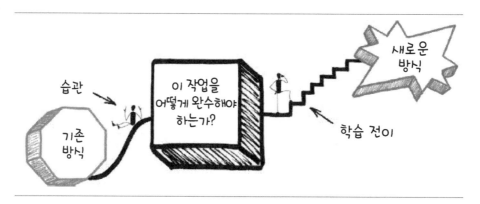

그들이 새로운 (그리고 아마도 더 나은) 방식으로 수행하기로 선택한다면, 학습은 가치를 창출한다. 그들이 이전과 같은 방식으로 수행하는 것을 지속하거나 되돌아가면 학습은 가치가 없고 성과는 향상되지 않으며 학습에 대한 투자는 시간과 자원의 낭비이다(다음의 '학습 불량' 섹션 참조).

문제는 새로운 방식으로 무언가를 하려면, 특히 처음 몇 번은 기존 방식을 고수하는 것보다 더 많은 노력이 필요하다는 것이다. 경험 곡선을 오르기 위해서는

혁신적 기업교육의 여섯 가지 원칙: 6D

지속적인 노력이 필요하고, 이것이 그림 I.4에서 계단으로 "새로운 방식"을 그린 이유이다. 더욱이, 새로운 방식을 수행하는 것은 처음에는 더 오래 걸리고 그 사람이 숙달될 때까지 더 안 좋은 결과를 낳을 수도 있다. 이와는 대조적으로 "예전 방식"은 쉽고 예측 가능하다. 그 배후에는 끌어 당기는 힘이 있어서, 오래된 습관으로 돌아가기 위해 노력할 필요가 없다. 실제로, 습관은 매우 강력해서 "의도적으로 습관과 싸우지 않는 한 —새로운 루틴을 찾지 않는 한— 오래된 패턴이 자동으로 펼쳐질 것이다"(Duhigg, 2012, p. 20).

직원이 어느 경로를 선택하는가는 "내가 새로운 방식으로 할 수 있는가?"와 "내가 노력할 것인가?"라는 두 가지 중요한 질문에 대한 답변에 따라 달라진다 (그림 I.5). 직원이 얼마나 학습했는지 또는 지식을 어떻게 얻었는지는 중요하지 않다. 그 직원이 진실의 순간에 "그래, 할 수 있어Yes, I can" 그리고 "그래, 하겠어 Yes, I will"라고 대답하지 않는 한 학습은 조직에 가치를 더하지 않는다(Pollock & Jefferson, 2012).

그림 I.5. 직원이 어느 경로를 선택하는가는 "내가 할 수 있나?"와
"내가 할 것인가?" 두 질문에 대한 답변에 달려 있다.

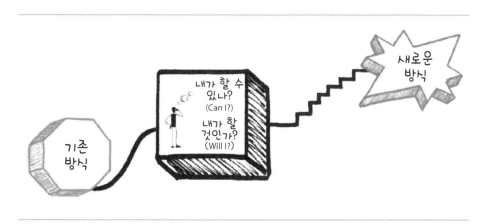

기업이 비용을 지불하는 학습은 올바른 방식으로 적시에 올바른 대상에게 "내가 할 수 있나?"와 "내가 할 것인가?" 두 가지 질문에 긍정적으로 답변이 될 수 있는 업무 환경에서 구상, 설계 및 전달되어야 한다(그림 I.6). 그렇지 않으면

그 노력은 실패이고 학습은 불량 더미에 불과하다.

그림 I.6. 학습이 가치를 더하기 위해서는 직원들이 "내가 할 수 있나?"와
"내가 할 것인가?" 두 가지 질문에 "그래"라고 대답해야 한다.

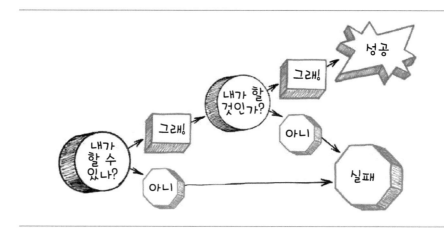

학습 불량
Learning Scrap

고객의 기대치를 충족하지 못하여 폐기하거나 재작업해야 하는 제품은 제조 불량이다. 불량품은 원자재와 노동력 낭비 측면에서 비용이 들며 결함이 있는 제품이 회사와 브랜드에 입히는 피해도 크다. 또한 자원을 동결하는 기회비용이 있고, 가치를 창출하는 대신 불량품을 생산한다(표 I.2). 데밍Deming(1986)은 다음과 같은 유명한 말을 했다. "결함은 공짜가 아니다. 누군가 그것을 만들고, 그것을 만든 대가로 돈을 받는다"(p. 11). 오늘날 어떤 제조업체도 더 나은 일관된 품질과 낮은 불량품 비용을 가진 회사들과 경쟁에서 이길 수 없다. 이러한 이유로 제조업체는 지속적인 개선 방법론을 적용하여 불량률을 낮추기 위해 부단히 노력해 왔다. 많은 기업들이 6시그마 품질 목표(300,000개당 결함 1개 미만)를 달성했다.

표 I.2. 제조 불량의 비용

유형 비용 (현금지출)	무형 비용
원자재	
노동력	고객 불만족
재작업/리콜	브랜드 평판 훼손
간접비	기회 비용
공장 자본	

제조 불량은 교육 및 개발과 어떤 관련이 있는가? 여섯 가지 원칙 초판에서 직원들이 참석하지만 성과를 향상시키는 방식으로 사용되지 않는 교육을 지칭하기 위해 "학습 불량"이라는 용어를 만들었다(Wick, Pollock, Jefferson, & Flanagan, 2006). 사용되지 않는 학습은 결함이 있는 제품과 동일한 교육인 것이다. 이는 고객의 기대치—이 경우 성과 향상에 대한 비즈니스 리더의 기대치—를 충족시키지 못한다.

제조 불량과 같이 학습 불량은 비용이 들며, 회사를 경쟁에서 불리하게 만든다. 비용은 비슷하다(표 I.3). 학습 불량은 사람들이 사용할 수 없거나 사용하지 않을 것을 배우는 프로그램에 시간을 낭비하게 하는 기회 비용뿐만 아니라 (강사와 교육생 모두의) 노동력, 출장, 자료, 테크놀로지, 업체 등의 유형 비용을 낭비한다.

> 학습 불량은 비용의 낭비이다.

표 I.3. 학습 불량의 비용

유형 비용 (현금지출)	무형 비용
자료	
노동력	고객 불만족
재교육	브랜드 평판 훼손
간접비	기회 비용
교육시설자본	

제조 불량과 마찬가지로 학습 불량도 고객 불만족이라는 비용을 초래한다. 일부 학습 활동에 직원들의 시간과 부서 자원을 투자한 관리자가 그에 뒤따라오는 개선을 보지 못하면 불만족하게 된다. 그들은 교육훈련이 실패했고 따라서 미래에 다시 투자하기를 꺼리는 결론을 내린다. 전체적으로 회사는 학습 불량을 생성하는 데 수십억 달러 어쩌면 기회손실 비용의 몇 배를 낭비한다.

오늘 얼마나 많은 교육훈련이 불량인가? 그것은 실제로 누구나 알고 있지만 말하기 꺼리는 문제이다.

누구나 알고 있지만 말하기 꺼리는 문제
The Elephant in the Room

교육훈련이 성과 향상에 종종 실패한다는 사실은 수십 년 동안 인식되어 왔다. 1950년대로 거슬러 올라가면 모젤Mosel은 "교육훈련이 직무 행동에 거의 또는 전혀 차이를 만들어내지 않는다는 것을 보여주는 수많은 증거"들을 지적했다 (Mosel, 1957, p. 56). 30년 후 볼드윈과 포드Baldwin & Ford(1988)는 문헌을 검토하고 다음과 같이 결론을 내렸다. "오늘날 기업 교육에서 '전이 문제'에 대한 인식이 커지고 있다. 미국 산업계는 교육 및 개발에 최대 1,000억 달러를 지출하지만 실제로는 이러한 지출의 10% 미만이 업무로 전이되는 것으로 추정된다. … 연구자들은 조직에서 수행되는 많은 교육이 업무 현장으로 전이되지 않는다는 유사한 결론을 내렸다."

지금은 어떤 것이라도 변화되었는가? 이를 알아보기 위해 수천 명의 워크플레이스 러닝 담당자들에게 다음의 질문을 했다.

일반적인 기업 교육 프로그램을 이수한 후, 참가자 중 몇 퍼센트가 학습한 내용을 자신의 성과를 향상시키기 위해 충분히 잘 그리고 충분히 오래 적용하는가?

대부분의 교육 제공자들은 기업 교육의 20% 미만이 실제로 성과 향상으로 이어진다고 추정한다. 비즈니스 리더들도 이에 동의한다. 맥킨지 앤 컴퍼니McKinsey and

혁신적 기업교육의 여섯 가지 원칙: 6D

Company가 실시한 설문 조사에서 비즈니스 관리자의 25%만이 교육 및 개발이 비즈니스 성과에 상당히 기여한다고 말했다(DeSmet, McGurk, & Swartz, 2010).

물론 이것은 추정치일 뿐이다. 교육담당자들은 그들의 답변이 단순히 "최선의 추측"임을 인정한다. 교육이 얼마나 자주 전달되고 성과가 향상되는지 실제로 측정한 사람은 거의 없다. 학습 전이에 대한 ESI 인터내셔널社의 연구에서도 비슷한 관찰 결과가 보고되었다. 3,000명 이상의 응답자 중 60%가 전이를 평가하는 기본 방법이 입증되지 않은 일화적인 피드백이거나 "단순한 추측"이라고 인정했다(Haddad, 2012). 가장 널리 인용된 수치인 10%도 추정치에 불과했다(Georgenson, 1982).

정확한 척도가 부족한 경우가 많지만 비즈니스 리더와 교육담당자 모두 대부분의 교육 노력이 성과 향상에 실패하고 있다는 인식이 강하다. 위에서 언급한 바와 같이 비즈니스 관리자의 절반 이상이 학습 및 개발이 완전히 사라져도 직원들의 성과가 저하되지 않을 것이라고(Corporate Executive Board, 2009) 생각하는 이유이다! 교육훈련이 성과를 향상시키지 못하고 있다는 것은 모두가 알고는 있지만 아무도 논의하고 싶어하지 않는 것이다(그림 I.7).

> 성과를 향상시키지 못하는 교육훈련은 모두가 알고 있으나 말하기 꺼리는 이슈이다.

그림 I.7 학습 전이 문제

만약 회사의 다른 프로세스가 대부분의 학습 및 개발 활동만큼 비효율적이라면 어떤 회사도 비즈니스를 오래 유지할 수 없기 때문에 이 이슈에 대한 관심 부족은 놀라운 일이다. 이에 대한 핵심을 설명하기 위해 워크숍에서 교육담당자들에게 페더럴 익스프레스Federal Express에 배달할 패키지 100개를 제공했지만 도착한 패키지가 20%에 불과한 경우 어떻게 반응할지 물었다. 그들은 페덱스FedEx가 "하룻밤"만에 사업을 중단할 것이라는 데 동의한다.

페덱스FedEx와 같은 성공적인 기업들은 고객의 기대치를 충족시키는 것이 가장 중요하다는 것을 이해하고 있다. 그들은 프로세스의 신뢰성과 효율성을 향상시키기 위해 창의력, 에너지, 테크놀로지 및 자금을 지속적으로 투자하여 실패 제로라는 목적을 끊임없이 추구한다.

이와 대조적으로, 대부분 교육활동의 총체적 비효율성에 대한 일반적인 동의에도 불구하고, 기업들은 모젤Mosel이 이 문제에 주의를 환기시킨 이래로 60여 년 동안 교육훈련의 성공률을 개선하기 위해 상대적으로 거의 노력하지 않았다. 교육 부서의 생존을 위해 또 조직의 이익을 위해 학습 및 개발 비즈니스에 종사하는 교육담당자로서 우리에게는 우리의 노력이 실질적인 개선을 이루어 내지 못하는 것에 대해 훨씬 더 큰 절박감이 필요하다. 제조 및 서비스 산업에 있는 동료들과 마찬가지로 불량을 생산하는 데 낭비되는 시간과 자원을 줄이기 위해 우리는 시간, 창의력 및 테크놀로지를 투자해야 한다.

다면적 도전
A Multi-Faceted Challenge

우리는 어떤 교육활동은 성과를 향상시키는 반면 다른 교육활동들은 불량을 만들어 내는 이유에 대한 질문을 탐색하기 시작했다. 그리고 교육이 원하는 결과를 생성하지 못할 수 있는 여러 가지 이유를 발견했다:

• 비즈니스 근거 및 원하는 결과에 대한 명확성 부족

혁신적 기업교육의 여섯 가지 원칙: 6D

- 교육을 통해 해결할 수 없고 또 해결하지 못할 문제를 교육으로 해결하려고 하는 것
- 잘못 선정된 직원들을 교육하거나 혹은 적절하지 않은 시간에 교육하는 것
- 너무 많은 내용을 너무 짧은 시간에 채우려고 하는 것
- 피드백을 받는 실습 기회 부족
- 교육을 일회성 행사로 취급
- 교육생들의 관리자 동의 및 지원 부족
- 결과 측정 및 결과에 대한 조치 실패
- 그리고 또 다른 더 많은 이유들

위와 유사한 항목들이 스피처Spitzer(1984), 필립스와 필립스Phillips and Phillips (2002), 래이썸Latham(2013) 등에 의해 수년에 걸쳐 축적되었다. 실패할 가능성이 있는 많은 잠재적 포인트들을 고려할 때 조직이 학습과 개발에 대한 투자로부터 가치를 지속적으로 실현하려면 엄격하고 규율이 잡힌 프로세스가 필요하다는 것이 분명해졌다. 이는 문제를 부분적으로만 다루는 기존의 교수설계 체계 (ADDIE, SAM 등)와는 달라야 하고 더 종합적인 프로세스여야 할 것이다. 이것이 학습공학learning technology이 제한된 임팩트를 미치는 이유이기도 하다. 실패의 지점은 보통 학습 그 자체가 아니라 전이가 미흡한 것이다.

여섯 가지 원칙은 교수 설계 체계를 보완하고 또 확장하는 비즈니스 및 프로세스 중심 접근이다. 6D는 교육훈련 및 개발이 최대 가치를 창출하는 데 필요한 원칙과 철저함을 기억하기 쉽도록 D로 시작하는 단어(Define, Design, Drive, Deploy, Document)를 제공한다. 6D는 학습 불량을 줄이고 학습 활동의 비즈니스 효과를 높이는 데 실제로 가치가 있다고 입증되었다.

6D 소개

여섯 가지 원칙 각각의 핵심 테마가 다음에 간략하게 소개된다. 이 책의 나머지 부분에서 각각의 "D"에 대해 전체 장을 할애하여 깊이 탐구하고 그 효과를 최대화하기 위한 예제, 도구 및 권장사항을 제공한다. D1에서 D6까지 직접 읽

거나 6D 적용 스코어카드Application Scorecard(p. 62)를 사용하여 어느 원칙이 조직에서 성과를 향상시킬 수 있는 가장 큰 기회를 제공할지 확인하고 거기에서 부터 시작할 수 있다.

여섯 가지 원칙 중 하나라도 그 실천을 개선하면 교육훈련의 결과를 향상시킬 것이고, 여섯 가지 모두에 주의를 기울이면 교육훈련이 조직에 전달하는 가치를 극대화할 수 있을 것이다.

비즈니스 결과 정의
Define Business Outcome

첫 번째 원칙 D1은 학습 개입의 결과로 조직이 기대하는 것이 무엇인지 명확하고 모호하지 않게 정의하는 것이다. 핵심 컨셉은 학습이 조직의 어떤 목적을 지원하기 위해 추진된다는 것이다. 목적을 더 잘 이해할수록 (교육이 목적 달성을 위한 해결책의 일부일 수도 있고 아닐 수도 있는) 효과적인 전략을 설계하기가 더 쉽다.

기업 교육의 기본 논리는 조직의 가치가 사람들의 행동(고객 서비스, 신제품 개발, 프로젝트 관리, 판매, 직원 리드하기 또는 기타 수천 가지 활동)을 통해 창출된다는 것이다. 사람들이 이러한 행동을 더 잘 수행할수록 조직은 이익을 창출하든, 생명을 구하든, 구성원에게 봉사하든 조직의 사명을 더 잘 수행할 수 있다.

그러므로, 직원들이 더 우수하고 효율적으로 수행하도록 교육하는 것은 조직의 경쟁 전략의 한 측면이 되는 것이다. 학습에 대한 투자는 생산성 향상, 고객 만족도 향상, 품질 향상, 직원 유지율 향상, 비용 절감 등과 같은 향상된 성과로 돌아올 것으로 기대해서 하는 것이다. 회사가 지원하는 모든 학습활동은 그것이 강의실 기반의 집합교육이든, 이러닝이든, OJT이든, 소셜러닝이든, 혹은 교육비 환급 등 어떤 것이라도 궁극적으로 비즈니스 목적에 기여하도록 의도된 것이다.

따라서 기업 교육은 성과 향상이라는 목적을 위한 수단이다(그림 I.2). 비즈니스 관리자는 교육이 눈에 띄게 향상된 성과를 전달하는 한 교육활동에 시간과 자원을 기꺼이 투자한다. 그렇게 한다면 학습 및 개발은 전략적 자산으로 간주될 것이고, 그렇지 않다면 교육 기능은 돈이 새어 나가는 곳이고 절감의 대상이다.

> 학습에 대한 투자는 향상된 성과로 돌아올 것으로 기대해서 하는 것이다.

이러한 이유로 모든 학습활동에 대해 명확하게 *비즈니스 결과를 정의*하는 첫 번째 원칙(D1)이 가장 중요하고 기초가 된다. 이것은 학습 목표를 의미하지 않고, 업무에서의 수행에 대한 목표를 의미한다. 교수 설계를 가이드하는 학습 목표의 가치에 대해 의문을 제기하는 것은 아니지만 투자에 대한 비즈니스 근거를 전달하는 데는 그 학습 목표가 전적으로 부적절하다고 느껴진다. 학습 목표는 사람들이 무엇을 배울지 정의하지만 그렇게 함으로써 얻을 수 있는 이익이 무엇인지 정의하지 않는다. 학습 목표는 직원과 비즈니스 리더가 관심을 갖고 있는 다음과 같은 근본적인 질문에 답하지 못한다:

- 이 학습활동이 나의 목적을 달성하는 데 어떻게 도움이 될 것인가?

학습 목표는 교육참가자들이 프로그램 종료 시 무엇을 알거나 할 수 있는지 설명하기 위해 작성된다. 이와 대조적으로 교육훈련을 위한 비즈니스 목표는 교육생들이 나중에 업무에서 무엇을 할 것이며 그것이 비즈니스에 어떤 이익을 줄 것인지를 구체화한다.

원하는 비즈니스 결과인 D1에 대해 명확히 정의하면, 학습에서 성과로 우리의 초점이 이동한다. 이는 효과적인 개입을 보다 쉽게 설계할 수 있게 하고 경영진의 동의를 확보하는 데 도움이 되며 결과를 의미 있게 입증하기(D6) 위한 전제 조건이다. 아마도 가

> 명확하게 정의된 비즈니스 결과는 학습이 성공할 수 있는 기회를 제공한다.

장 중요하게는, 명확하게 비즈니스 결과를 정의하는 것이 교육 부서를 성공할 수 있도록 해준다는 것이다. 교육 부서는 비즈니스 결과 정의를 통해 교육훈련의 성공이 의미하는 바가 무엇인지 알게 되었으므로, 교육 부서의 가치를 모호하지 않

게 보여줄 수 있을 것이다.

학습에서 성과로 전환하는 데 도전이 없는 것은 아니다. 일부 저항은 놀랍게 도 비즈니스 리더 자신에게서 나온다. 많은 이들이 교육훈련을 만병통치약으로 생각하고 마치 피자를 주문하는 방식으로 교육을 주문하는 것에 익숙해졌 기 때문이다. 결과적으로 처음에는 비즈니스 근거를 명확하게 설명하는 데 어 려움을 겪을 수 있으며 결과에 대한 책임을 공유한다는 인식을 환영하지 않을 수 있다.

조직이 교육훈련에 대해 비즈니스 결과 측면에서 생각하도록 재교육하려면 인 내와 끈기가 필요하다(Keeton, 2014). 그 보상은 그만큼 노력할 만한 가치가 있 다(Gregory & Akram, 2014). 학습 중심에서 성과 중심으로 전환한 내외부 교육 제공자들은 프로그램 참가자뿐만 아니라 경영진으로부터 훨씬 더 많은 지원을 얻고 있다(포인트 사례 I.2 참조). 직원들이 교육의 관련성을 명확하게 볼 수 있 을 때, 더 참여할 의향이 있으며 업무에 복귀할 때 "그래, 하겠어"라고 대답할 가 능성이 더 높아진다.

포인트 사례 I.2
에머슨Emerson에서 학습 확장하기

테렌스 도나휴Terrence Donahue가 에머슨의 찰스 에프 나이트 러닝센터Charles F. Knight Learning Center의 리더십 자리를 받아들였을 때, 그는 전임자가 세운 높은 기준을 충족하기 위해 열심히 일해야 한다는 것을 알았다. 이 전 디렉터는 매우 존경받아왔다. 그가 구축해 놓은 교육 부서는 에머슨 월드와이드의 리더십 교육에 책임을 지는 부서로, 경영진의 강력한 지원과 회사 전체에 걸쳐 탁월한 평판을 얻고 있으며, 학습 전이의 중요성을 열렬히 수용했다. 테렌스와 그의 팀은 어떻게 이러한 강점을 바탕으로 학습을 더 높은 수준으로 끌어올릴 수 있을까?

그들은 비즈니스와의 유대를 강화하고 학습 전이를 촉진하며 교육이 비즈니스 임팩트를 전달할 수 있도록 6D를 사용하기로 결정했다. 그들은 새로운 결승선에 대한 아이디어를 퍼뜨리기 시작했다. 즉, 리더십 개발 경험은 리더가 새로운 스킬과 지식을 전이해서 적용할 때까지 끝나지 않는다는 것이다. 학습 센터 직원들은 비즈니스 결과에 대한 메시지를 계속 반복했고 교육과정 계획 및 설명에 전이 및 성취 단계를 포함하기 시작했다.

그리고 그 메시지가 받아들여지기 시작했다. "학습을 위한 새로운 결승선의 개념은 이곳에서 그리고 우리 회사 전체에 반향을 일으켰죠. 에머슨과 같은 글로벌 제조 회사는 제조 불량의 개념을 잘 이해하고 있기 때문에 학습 불량의 개념은 일부 사람들에게 벼락친 것 같은 임팩트를 미쳤지요."라고 테렌스는 말했다.

예를 들어, 사업부 사장 중 한 명은 회사의 모든 감독자들이 현업에서 어떻게 학습 전이를 주도하고 성과 지원을 제공하는지 그리고 결과에 대해 어떻게 책임을 지는지에 대한 영상을 녹화하여 기대사항을 설명했다. 인도에서는 에머슨에서 리드하기 2.0Leading at Emerson 교육훈련에 참석하는 일선 감독자들이 실행 단계에 대해 매우 흥분하여서 퍼실리테이터들에게 자신의 성공을 공유하겠다는 요청이 쇄도하고 있다.

인적 자원 담당 수석 부사장인 마이클 로렛은 회사의 전문성 개발을 위한 2015년 학습 가이드에 다음과 같이 썼다. "우리는 여러분의 미래에 상당한 투자를 하고 있습니다. '학습 불량'의 희생자가 되지 마십시오. 워크숍에 참석하고 거기서 배운 것을 적용하지 않는 것은 낭비된 투자입니다. 여러분의 학습 투자에 대한 수익을 보장하기 위해, 우리는 '학습을 위한 새로운 결승선'을 도입했습니다."

CFO인 프랭크 델라킬라는 이 개념을 즉시 수용하여 회사의 주력 프로그램인 에머슨에서 리드하기Leading at Emerson의 "행동 촉구" 비디오를 녹화하는 데 동의했다. 비디오는 프로그램의 워크숍 단계가 끝나기 약 90분 전에 보여진다. 이 비디오에서 CFO는 참가자들을 축하하고 어떻게 해서 그 워크숍이 회사가 그들의 경력을 위한 투자인지를 설명한다. 그는 계속해서 그 투자가 큰 이익이 되려면 '할 일이 더 많다'고 강조한다. "교육훈련의 가치는 그 기반을 가지고 여러분이 무엇을 하느냐에 따라 측정될 것입니다. 즉, 업무로 돌아갔을 때 업무에 투입하는 것입니다. 앞으로 12주가 실제로 이 과정에서 가장 중요한 부분입니다." 250억 달러 규모의 글로벌 기업의 CFO가 한 말은 학습이 행동으로 전환되어야 한다는 명확하고 분명한 메시지이다.

테렌스는 "새로운 결승선과 그 주변의 모든 구성 요소는 계속해서 고위 경영진과 일선 관리자로부터 매우 강력한 긍정적인 지원을 받고 있습니다."라고 말했다. "이것은 우리가 처한 매우 유쾌한 상황인 것이죠."

D1에 대한 장에서는 교육훈련이 사업 가치를 전달해야 하는 비즈니스 기능이라는 개념이 강조된다. 비즈니스 리더와 교육담당자 간의 얼라인먼트를 이루기 위한 대화를 안내하는 프로세스와 도구가 제공된다. '왜(why)로 출발하는 것'과 사전에 성공 기준에 대해 합의하는 것의 중요성이 강조되고, 실무 적용을 위한 체크리스트와 권장사항이 제공된다.

완전한 경험 설계
Design the Complete Experience

가장 효과적인 교육 부서에서 실천하는 두 번째 원칙은 단순한 "행사"가 아닌 *완전한 경험을 설계*한다는 것이다. 강조점은 '완전한'에 있는데, 이는 그동안 교육과정 자체에 기울였던 관심과 동일하게 교육과정 전후에 일어나는 일을 적극적으로 계획하고 관리하는 것을 의미한다. 증거는 분명하다. 사전 및 사후 교육 환경은 결과에 지대한 영향을 미치기 때문이다(Salas, Tannenbaum, Kraiger, & Smith-Jentsch, 2012).

학습을 통한 비즈니스 가치 창출은 일회성 행사가 아닌 프로세스이다. BAE의 CEO인 린다 허드슨Linda Hudson은 월스트리트 저널과의 인터뷰에서 "교육과정에 가지 않으면 다음 주에 모든 것이 바뀝니다"라고 말했다(Lublin, 2014). 학습이 효과적이려면 학습을 프로세스로 간주하고 관리해야 하며 비즈니스 프로세스 리엔지니어링 및 지속적인 개선 도구를 적용해야 한다. 오늘날의 성과 지향적인 비즈니스 환경에서 조직은 학습을 비즈니스 결과로 바꾸는 데 필요한 단계에 대해 훨씬 더 명확하고 신중해야 한다. 더 이상 기적을 바라는 것만으로는 충분하지 않다(그림 I.8).

무언가를 프로세스로 관리하려면 결과의 품질에 영향을 미치는 모든 요소를 고려해야 한다. 프로세스 개선에는 현재 취약한 연결고리(가장 일반적인 실패 지점)가 무엇인지 규명하고 체계적으로 해결하는 작업이 포함된다. 교

그림 I.8. 교육훈련은 단지 기적이 일어나길 바라는 것이 아니라
완전한 경험을 설계해야 하는 것이다.

육훈련 및 개발과 관련하여 이는 학습 자체가 성과 향상으로 이어지는 일련의
이벤트 중 한 단계일 뿐임을 인식하는 것을 의미한다(그림 I.9).

그림 I.9. 학습은 성과 향상 프로세스의 한 단계일 뿐이고,
새로운 지식과 스킬은 일터로 전이되어야 한다.

어떤 프로세스에서든 최종 결과의 품질은 가치 사슬에서 가장 약한 연결 고리
에 의해 문제가 된다. 따라서 교육 프로그램은 뛰어난 학습을 산출할 수 있지만
학습 전이 단계에서 그 프로세스가 중단되면 여전히 가치를 창출하지 못한다.
사실 그런 경우가 빈번하게 있다. 학습 전이는 기업 교육 활동에서 가장 흔한 실
패의 지점이다. 대개는 우연에 맡겨져 있기 때문이다. 효과적인 조직은 이를 인식

하고 이 중요한 단계에 대한 구조, 지원 및 책임을 만들어낸다.

*완전한 경험 설계(D2)*는 교육참가자 관점에서 학습 경험이 연속체임을 인식한다. 학습은 계획된 교육과정이 있기 훨씬 전에 시작되어 그후에도 오랫동안 계속된다. 교육 참가자들은 관리자와 동료들의 행동으로부터 그리고 성과관리시스템이 무엇을 보상하는지에서 실제로 그들에게 기대하는 것이 무엇인지 배운다. 이것들이 교육 내용과 일치하지 않는 한 교육은 성과에 거의 영향을 미치지 않는다.

ADDIE와 같은 전통적인 교수설계 체계와 SAM(Allen & Sites, 2012), Agile(Islam, 2013) 및 LLAMA(Torrance, 2014)와 같은 제안된 대체 체계조차도 계획된 교육과정의 기간과 방법인 "교육과정"에만 거의 전적으로 초점을 맞추고 있다(그림 I.10). 그렇지만 교육훈련 전후에 발생하는 학습 즉, 교수설계의 전통적인 범위를 넘어서는 학습은 궁극적인 결과를 결정하는 데 있어서 최소한 형식 교육과정formal instruction 만큼 중요하다. 특히 "전이 풍토", 즉 교육참가자들이 일하는 문화와 환경은 지대한 영향을 미친다(Gilley & Hoekstra, 2003). 실제로 업무 환경은 어떠한 학습활동에서라도 그 가치를 만들 수도 깨뜨릴 수도 있다.

그림 I.10. 6D는 교수설계 체계를 확장하고 보완하여 비즈니스 연계 및
업무에서의 결과를 강화시킨다.

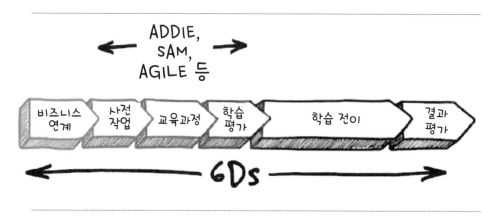

고품질 교수설계가 여전히 필수가 아니라고 말하는 것은 아니지만 오랫동안

혁신적 기업교육의 여섯 가지 원칙: 6D

학습 연구자인 프랭크 응옌Frank Nguyen이 인정한 바와 같이, "나의 교수설계 뿌리 때문에, 교수설계가 솔직히 충분하지 않다는 것을 인정하는 것은 힘들다"(Nguyen, 2011, p. 54). 6D는 학습이 비즈니스 가치를 창출하도록 교수설계 체계를 보완하고 확장한다(그림 I.10).

두 번째 원칙은 교육과정 중에 일어나는 것(라이브, 버추얼, 이러닝 또는 업무현장) 뿐만 아니라 학습자의 전체 경험을 최적화하려 한다. D2의 실천은 새롭고 흥미롭고 도전적인 방식으로 교육담당자의 역할과 책임을 확장한다. 교육담당자는 학습자의 업무 환경을 통제하지 않는 것은 분명하지만 자기 스스로와 학습자 및 조직의 이익을 위해 업무환경에 영향을 미치는 방법을 배울 수 있고 또 배워야 한다.

D2에 대한 장에서 우리는 "완전한 경험"이 무엇을 포함하고 어느 요소가 "내가 할 수 있는가?"와 "내가 할 것인가?"에 대한 답변에 영향을 미치는 가장 큰 잠재력을 갖고 있는지 검토한다. 이는 결국 교육훈련이 가치를 창출하는지 아니면 학습불량을 생성

> 학습에 대한 진정한 결승선은 향상된 성과이다.

하는지에 영향을 미친다. 우리는 결과를 최적화하기 위한 방법을 제안하고 도구를 제공하며, 그중 일부는 기존의 사고 방식에 도전한다. 우리는 전이 환경을 개선하는 것이 혁신의 돌파구를 마련하기 위한 특별히 풍부한 기회임을 제시한다. 우리는 교육 부서가 교육을 위한 "결승선"을 재정의해야 한다고 주장한다. 교육 참가자들은 업무에서의 적용과 향상을 보여준 후에만 프로그램을 이수한 것으로 인정되어야 한다. 학습의 진정한 끝(결승선)은 성과 향상이다.

교육 및 개발 프로그램에는 시간과 비용이 들기 때문에 성공 가능성을 극대화할 수 있도록 계획하고 관리할 때 모든 사람이 혜택을 받는다. 완전한 경험 설계를 통해 교육담당자들은 비즈니스 가치를 전달할 수 있는 잠재력을 최대한 실현할 수 있다.

현장 적용을 위한 전달
Deliver for Application

영향력이 큰 교육 부서를 특징짓는 세 번째 원칙은 현장에서의 적용을 촉진하는 방식으로 학습을 전달한다는 것이다. 즉, 교육참가자들이 무엇을 다르게 그리고 더 잘해야 하는지를 염두에 두고 시작한 다음 학습–실천 격차를 메우는 데 도움이 되는 학습 전략을 의식적으로 선택한다(그림 I.11). 교육참가자들이 업무로 돌아갔을 때 "내가 할 수 있을까?" 질문에 긍정적으로 대답할 수 있도록 하는 것이다.

그림 I.11. 학습과 실천 사이에는 항상 격차가 있다.
D3를 적용하면 학습자가 격차를 좁히는 데 도움이 된다.

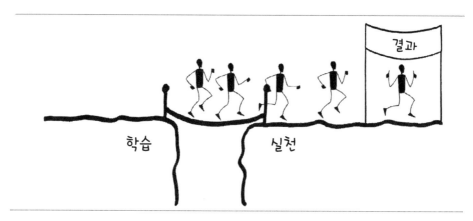

현장적용을 위한 전달(D3)은 학습 전이 및 현장 적용을 촉진하는 교육 방법, 테크놀로지 및 지원 전략을 선택하는 것과 관련된다. 성공 여부는 비즈니스 목표와 필수 스킬 및 행동이 D1에서 얼마나 잘 정의되었는지에 크게 좌우된다. 또한 현장 적용을 위한 전달은 사람들 특히 성인이 어떻게 학습하는가에 대한 이해가 필요하다. 여기에는 간격을 두는 학습, 스캐폴딩, 적극적인 참여, 준비, 성찰, 정교한 리허설 및 피드백을 통한 연습과 같은 교수설계 원칙의 적용이 포함된다. 줄리 더크슨 Julie Dirksen이 다음과 같이 지혜롭게 쓴 것처럼, "훌륭한 학습 경험은 내용에 관한 것이 아니라 내용을 가르치는 방식에 관한 것이다"(Dirksen, 2012, p. x).

세 번째 원칙 D3을 실천하는 교육담당자들은 새로운 아이디어와 접근에 개방적이지만 유행하고 있는 학습의 무비판적인 구현은 피한다. 그들은 칼 캡Karl Kapp의 조언에 귀를 기울이고 다른 사람들이 무엇을 하고 있는지보다 자신의 목적을 달성하는 데 가장 적합한 접근을 선택한다.

학습 요구를 올바른 학습설계로 연결하고 … 이 해결책이 조직을 위해 무엇을 할 수 있는지에 초점을 맞추는 교육 부서가 가장 큰 성공을 거둘 수 있습니다. 인기를 위해 시류에 편승하지 마십시오.

- 캡, 블레어 및 메쉬Kapp, Blair, and Mesch, 2013, p. 17

가장 효과적인 교육 제공자들은 종종 "적을수록 좋다"는 점을 높이 평가한다. 기업 교육에서 가장 흔한 문제 중 하나가 너무 짧은 시간에 너무 많은 내용을 제공한다는 것이다. 그들은 한 가지 교육 방법이나 매체에 얽매이지 않고 주제, 교육생 및 필요한 스킬의 특성에 따라 다양한 기법과 접근을 사용한다. 교육훈련 자체보다는 성과를 전달하는 데 초점을 맞추기 때문에 좋은 업무보조도구나 성과 지원 시스템이 충분할지 여부를 기꺼이 탐구한다.

3장에서는 무엇이 학습을 기억에 남고 실천 가능하게 만들며 "내가 할 수 있을까?" 질문에 긍정적 반응으로 이어지게 하는지 살펴본다. 또한 학습의 설계와 운영이 예를 들어, 학습자료의 업무와의 관련성을 명확하게 하고 각 요소가 실제 비즈니스 문제와 어떻게 연결되어 있는지 보여줌으로써 "내가 할 것인가?" 질문에 어떤 영향을 미치는지 검토한다. 가치 사슬을 그리고 프로그램의 유용성에 대한 인식을 모니터링하기 위한 도구와 권장사항을 제공한다.

학습 전이 추진
Drive Learning Transfer

관리가 잘 되고 있는 모든 회사에는 비즈니스 목표 달성을 설정, 측정, 모니터링 및 보상하는 시스템이 있다. 그러나 전통적으로 교육참가자가 액션플랜을 개발하도록 되어 있는 교육 프로그램에서조차도 학습의 전이를 보장하는 유사한 메커니즘이 없다. 따라서 교육참가자, 관리자 및 강사는 교육활동을 일회성 행사로 여기도록 조건화되어 왔다고 할 수 있다. 교육과정이 끝날 때 학점과 수료증을 수여하는 관행은 완전히 잘못된 메시지를 보낸다. 그것은 "다 끝내셨습니다. 더 이상 기대하지 않습니다"를 암시한다. 사실, 진정한 일, 즉 학습을 전이하고 성과를 향상시키기 위해 배운 것을 사용하는 일은 교육과정이 끝날 때에만 시작된다.

> 진짜 일은 교육과정이 끝날 때 시작된다.

"현재의 학습 및 개발 프로세스에서 무엇이 문제인지에 대해 일반인이나 전문가 그룹과 이야기해 보라. 대부분은 진지한 교육 후 후속 조치가 부족하다고 말할 것이다"(Zenger, Folkman, & Sherman, 2005, p. 30). 사람들이 교육에 얼마나 만족했는지, 얼마나 배웠는지, 심지어 액션플랜이 얼마나 훌륭한지는 중요하지 않다. 학습은 전이되고 업무에 적용되는 정도까지만 가치를 창출하며, 그 관계는 다음 방정식으로 표현될 수 있다.

$$\text{학습} \times \text{전이} = \text{결과}$$

이렇게 표현하면 훌륭한 결과를 내기 위해서는 훌륭한 학습이 필요한 것은 분명하지만 그것만으로는 충분하지 않다. 학습이 "10점 만점에 10점"인 경우에도 전이가 0이면 결과는 0이다. 비즈니스 리더의 관점에서 볼 때 성과에서 아무런 변화가 없다면 "그 교육은 실패했다"이다. 실질적인 실패가 실제로 전이 단계에서 발생했는지는 중요하지 않다. 투자가 낭비되었고(그림 I.12) 교육훈련이 비난 받았다는 것이다. 이러한 이유로 영향력이 큰 교육 부서는 D4를 실천하는 것이다.

그들은 회사의 업무 현장에서 학습 전이를 촉진하기 위한 시스템과 프로세스를 마련한다. 그것을 우연이나 개인의 주도에 맡기지 않는 것이다.

교육이 전이되거나 전이되지 않는 정도는 전이 풍토, 즉 전이가 기대되고 지원되는지 여부를 직원들에게 알려주는 일터에 있는 수많은 요인들에 따라 결정된다. 전이 풍토에 따라 "내가 할 것인가?" 질문에 대한 답이 결정된다. 어떠한 단 하나의 요인만으로 전이 풍토를 정의하지는 않지만 학습자의 직속 상사는 매우 강력한 영향을 미친다. 따라서 학습 전이 추진(D4) 실천의 중요한 측면은 전이 과정에 관리자의 적극적이고 효과적인 참여를 보장하기 위한 조치를 취하는 것이다.

그림 I.12. 전이가 없으면 학습은 불량이다.
자원을 소비하지만 가치를 생산하지 못한다.

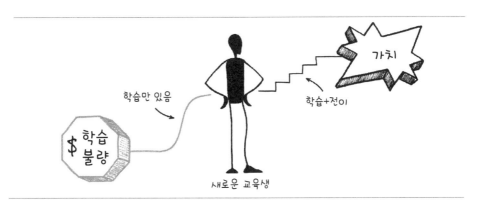

D4에 대한 장에서는 전이 풍토를 정의하고 교육훈련이 궁극적으로 전달하는 성과를 결정하는 요소들을 설명한다. 훌륭한 학습만으로는 충분하지 않은 이유와 교육담당자들이 학습 전이를 향상시키는 데 리더십 역할을 해야 하는 이유를 설명한다. 전이를 향상시키기 위해 할 수 있는 일에 대한 사례 예시 및 실질적 적용뿐만 아니라 실천을 위한 체크리스트 및 권장사항이 제공된다.

성과 지원 도입
Deploy Performance Support

새로운 것을 시도하는 것은 항상 위험 요소를 수반한다. 직원들이 배운 내용을 적용하기 위해 노력하는지("새로운 방식"으로 수행하는지) 또는 오래된 습관을 고수하는지(그림 I.4)는 부분적으로 성과 지원이 제공되는지 여부에 달려 있다. 업무보조도구, 앱app, 온라인 문의, 코치 및 기타 다른 형태의 성과 지원은 직원들의 자신감을 높이고 새로 배운 스킬을 업무에 적용하려고 시도할 개연성을 높인다. 성과 지원은 또한 직원들의 조기 성공의 가능성을 높이는데, 이는 숙련도를 달성하는 데 요구되는 지속적인 노력을 장려한다(그림 I.13).

그림 I.13. 조기 성공을 경험한 학습자는 계속할 동기가 부여된다.
조기 실패를 경험한 학습자는 포기할 가능성이 높다.

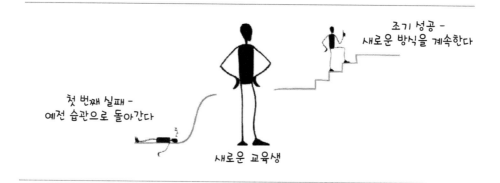

학습 및 개발 투자에 대한 수익을 진지하게 얻고자 하는 회사는 다섯 번째 원칙을 실천한다. 즉, 모든 학습활동의 필수적인 부분으로 성과 지원을 설계하고 수업 중 그리고 수업 후에 지원도구를 사용한다. 가장 효과적인 조직은 고위 리더와 협력하여 모든 사람이 학습을 지원할 책임이 있음을 이해하는 문화를 구축한다. 그들은 학습 자원의 일부를 순수 교육과정에서 성과 지원으로 재할당하여 "직접 한 말을 실제 행동으로 보여주려고 한다".

D5에 대한 장에서는 제품 지원과 성과 지원의 유사성을 비유로 사용한다. 소

비재 회사는 높은 품질의 지원이 고객 만족에 필수적이라는 것을 이해한다. 우리는 이것이 학습에도 해당된다고 주장한다. 우리는 뛰어난 성과 지원의 특성과 그것이 가장 가치 있는 때가 언제인지 탐구한다. 교육참가자의 상사도 결과에 지대한 영향을 미치므로 상사를 위한 지원을 제공하는 것의 중요성을 강조한다. 효과적인 성과 지원을 설계하고 사용하기 위한 실용적인 조언, D5를 위한 체크리스트 및 실천을 위한 권장사항이 포함되어 있다.

결과 입증
Document Results

오늘날의 초경쟁 글로벌 비즈니스 환경에서 어떤 회사도 자원, 특히 인적 자본을 낭비할 여유가 없다. 모든 투자는 궁극적으로 조직의 사명과 성공에 대한 기여도에 따라 평가되어야 한다. 리더는 회사의 장기적인 성공을 확보할 가능성이 가장 높은 방식으로 시간, 사람, 돈과 같은 회사의 자원을 투자할 책임이 있다. 그렇게 하려면 그들은 기대에 미치지 못하는 것을 수정하거나 대체할 수 있도록 다양한 추진과제들의 장점을 평가할 수 있는 믿을 만한 데이터가 필요하다.

학습에 대한 투자도 예외는 아니다. 학습 및 개발 활동에 대해 답변해야 하는 기본 질문은 다음과 같다:

- 의도한 결과를 달성했는가?
- 그만한 가치가 있었는가?

교육담당자는 이러한 질문에 답할 준비가 되어 있어야 한다. 투자를 정당화하기 위해 리더는 성과에 미친 효과를 확인해야 한다(그림 I.14).

따라서 가장 효과적인 교육 부서가 실천하는 여섯 번째 원칙은 미래 투자에 대한 의사결정에 정보를 제공하고 또 지속적인 개선을 촉진하는 방식으로 결과를 입증하는 것이다. 입증된 결과는 다음을 포함해야 한다:

- *관련성.* 즉, 애초에 교육 프로그램이 목적으로 하고 있는 행동이나 결과를 직접 평가해야 한다. 활동, 만족도 또는 학습을 측정하는 것만으로는 충분하지 않다. 교육 프로그램이 전달하려고 하는 결과를 측정해야 한다.

- *신뢰성.* 제시하는 데이터와 데이터가 생성된 방식은 신뢰할 수 있어야 한다. 즉, 이해 관계자들이 믿고 신뢰할 수 있어야 한다. 그들이 데이터를 믿지 않는다면 결론을 믿지 않을 것이고 권고사항을 이행하지 않을 것이다.

그림 I.14. 회사가 정말로 알고 싶어하는 것은 학습이
성과 향상에 도움이 되었는지 여부이다.

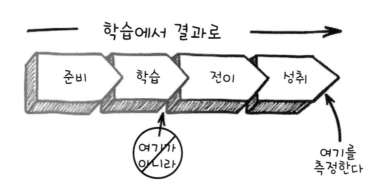

- *설득력.* 결과는 이해 관계자가 그 교육 프로그램을 계속하거나 확대하거나 개편하거나 폐기하는 조치를 취하도록 설득할 수 있을 만큼 충분히 중요해야 하고 또 흥미로운 방식으로 제시되어야 한다.

- *효율성.* 평가는 의사결정에 필요한 정보를 제공하는 데 드는 비용보다 더 많은 비용이 들지 않아야 한다. 그렇지만 효율성은 처음 세 가지 기준이 충족된 경우에만 중요하다. 잘못된 정보를 빠르고 값싸게 얻는 것은 효율적이지 않다.

마지막으로 측정은 개선을 위한 전제 조건이다. 기업은 경쟁력을 유지하기 위해 학습 및 개발을 포함한 비즈니스 프로세스의 효과성과 효율성을 지속적으로 개선해야 한다. 그러나 어떤 활동이 가치를 더하고 있고 어디에서 프로세스가

혁신적 기업교육의 여섯 가지 원칙: 6D

중단되고 있는지에 대한 관련 데이터 없이는 지속적인 개선이 불가능하다. 결과 입증(D6)의 엄격한 실천은 지속적인 학습, 혁신, 응용 및 개선의 사이클을 지원하는 데 필수적이다. 교육 프로그램의 결과는 비즈니스 결과를 정의하고, 경험을 설계하고, 전달하고,

교육 부서는 지속적 개선의 모델이 되어야 한다.

학습 전이를 추진하고, 성과 지원을 도입하고, 결과를 입증하는 그 다음 사이클을 위한 기초 자료가 되어야 한다(그림 I.15). 재창조와 갱신의 끝없는 사이클을 통해 기업 교육은 변화하는 경쟁 환경, 인력 및 비즈니스 요구에 보조를 맞출 수 있다. 교육 부서는 지속적인 개선의 모델이 되어야 한다.

그림 I.15. 한 번 운영의 결과는 다음 번의 설계, 전달, 지원 및 평가에 정보를 제공하기 위해 사용되어야 한다.

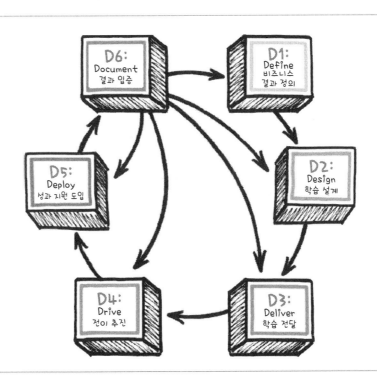

D6에 대한 장에서는 학습과 개발이 결과를 입증해야 하는 이유에 대해 논의한다. 우리는 학습 프로세스를 관리하는 데 필요한 지표—활동, 비용, 학습자의

반응, 학습된 양-와 회사가 정말로 알고 싶어하는 것, 즉 성과가 향상되었는지를 구별한다(그림 I.14). 교육 프로그램 평가를 안내하는 원칙과 무엇을 측정하고, 어떻게 정보를 수집하고 분석하는지, 그리고 어떻게 그 결과를 마케팅할 것인가에 대한 조언을 제공한다.

요약
Summary

기업은 인적 자본의 가치와 효과성을 증진시키고 따라서 기업의 목표 달성 능력을 향상시키기 위해 학습에 투자한다. 경영진은 그러한 투자가 향상된 성과와 경쟁력이라는 측면에서 수익을 창출하도록 보장하는 윤리적인 책임이 있다.

우리는 높은 가치의 혁신적인 학습 및 개발 활동들을 특징으로 하는 여섯 가지 원칙인 6Ds®를 규명했다. 6D를 채택하고 실천한 조직은 학습이 회사의 성공에 기여하는 바를 증진시켰고, 결과적으로 회사로부터 더 큰 인정과 지원을 받게 된다(Pollock, Jefferson, & Wick, 2014).

이번 제3판과 6D에 대한 현장 가이드를 준비하면서 우리는 6D 워크숍에 참석한 독자들과 교육담당자들에게 현장 사례를 요청했다. 전 세계의 교육 부서 리더들이 자신의 아이디어, 성공 및 조언을 아낌없이 공유해주었다. 우리의 경험은 사람, 학습 및 조직에 대한 우리의 낙관주의를 다시 새롭게 해주었다. 우리는 기업 교육의 진정한 르네상스의 시작에 있다고 확신한다. 여러분이 이러한 원칙들을 확장하고 훨씬 더 큰 성공을 달성할 것이라고 자신한다.

여러분의 이야기를 듣기를 기다리며.

그림 I.16. 여섯 가지 원칙

• 항상 비즈니스 목표로
  시작한다.
• 교육참가자들이 무엇을
  다르게 할 것인지 기술한다.
• 성공의 정의에 대해
  합의한다.

• 학습의 4단계 모두를
  포함한다.
• 학습 전이 프로세스를
  계획하고 관리한다.
• 현업 결과로 교육의
  결승선을 재정의한다.

• 관련성과 유용성을
  명확히 한다.
• 실습을 위한 충분한
  시간을 제공한다.
• 학습을 기억에 남기는
  방법을 사용한다.

• 전이를 프로세스의
  필수적인 부분으로
  인식한다.
• 교육참가자의 상사를
  참여시킨다.
• 책임 체제를 구축한다.

• 업무보조도구와 성과
  지원을 제공한다.
• 지원도구 사용을
  교육계획의 필수적인
  부분으로 만든다.
• 피드백과 코칭의
  가용성을 보장한다.

• 경영진이 중요하다고 여기는
  것을 측정한다.
• 인사이트를 사용하여 지속적인
  개선을 추진한다.
• 결과를 이해관계자들에게
  마케팅한다.

권장사항

Recommendations

교육 부서 리더를 위한 권장사항

- 이 책을 교육 부서의 다른 구성원들과 공유하고 읽고 토론한다. 학습에 대한 당신의 접근에 어떤 영향을 미칠 것인가?

- 현재의 프로세스 및 표준 운영 절차에 6D 원칙을 구축한다. 6D가 습관이 되고 "여기서 우리가 일하는 방식"이 될 때 가장 효과적이다.

- 공통된 이해와 언어를 확립하기 위해 6D에 대해 교육 부서 전체를 교육하는 것을 고려한다.

- 최근 각광받는 교육 프로그램의 참가자들에게 "내가 할 수 있을까?"와 "내가 할 것인가?" 질문에 어떻게 대답했는지 체크한다.

- 현재 담당하는 중요한 학습활동을 선택한다.

  - 먼저 교육이 해결책의 적절한 부분인지 확인한다. 도움이 필요하면 자료 I.1을 사용한다.

  - 교육이 올바른 해결책이 아닌 경우, 학습이 도움이 될 때와 도움이 되지 않을 때를 구분해 주는 성과격차의 원인별 유형에 대해 경영진에게 설명한다.

  - 교육이 해결책의 일부인 경우 6D 스코어카드(자료 I.2)를 사용하여 점수를 매기고 어느 원칙이 강화될 경우 가장 큰 성과 향상을 가져올 분야일지 규명한다.

- 이 책의 관련 장들과 6D에 대한 현장 안내서를 사용하여 계획을 수립한다.

- 교육 결과, 대상, 계획 및 비즈니스 근거를 관련 경영진에게 제시한다.

- 권장사항을 구현하는 데 필요한 자원과 협력을 요청한다.

- 결과를 평가하고 프로세스를 반복하여 지속적인 개선을 유도한다.

비즈니스 리더를 위한 권장사항

- 학습과 개발에 더 많은 시간과 관심을 투자한다. 학습은 현재 가치를 더하는 것보다 더 큰 가치를 제공할 수 있고 또 제공해야 하는 전략적 투자이다.
- 학습 및 개발을 통해 진정으로 원하는 것이 무엇인지, 즉 어떻게 가치를 정의하는지 적는다.
  - 그 다음, 결과에 대한 현재 만족도를 평가한다.
  - 이를 학습 책임자와 공유한다.
- 교육 부서장에게 이 책을 읽어보고 조직의 학습 전략에 어떻게 영향을 미칠 것인지 설명하도록 요청한다.
- 6D 스코어카드(자료 I.2)를 사용하여 전략적으로 중요한 교육 프로그램을 평가한다. 교육 부서장에게도 평가하도록 하여 결과를 비교한다.
- 개선 계획을 공동으로 개발한다.
- 교육을 통해 가치를 창출하는 것은 사업과 교육 부서 간의 공동 책임임을 명심한다.

자료 I.2
6D 적용 스코어카드

이 도구를 사용하여 교육 활동을 평가하고 개선을 위한 기회를 확인하십시오. 각 항목에 대해 다음의 숫자를 사용하여 현재의 교육활동을 가장 잘 설명하는 숫자에 체크하십시오:

0=전혀 그렇지 않다　　1=약간 그렇다　　2=어느 정도 그렇다　　3=대체로 그렇다　　4=매우 그렇다

			0	1	2	3	4
정의	1	비즈니스 요구 사항을 잘 이해하고 있다. 교육의 예상되는 현업 결과가 명확하게 정의되고 측정 가능하다.	☐	☐	☐	☐	☐
	2	교육과정의 목표는 기대되는 비즈니스 임팩트 측면에서 교육 참가자와 관리자에게 커뮤니케이션된다.	☐	☐	☐	☐	☐
설계	3	사전 교육 준비 단계는 설계의 필수적인 부분이다. 관리자와의 회의가 용이하다. 사전 과제는 실습 및 교육과정 중에 충분히 활용된다.	☐	☐	☐	☐	☐
	4	교육은 현업에서의 성공적인 전이 및 적용의 증거가 있는 경우에만 완료된 것으로 간주된다.	☐	☐	☐	☐	☐
전달	5	교육 프로그램의 인지적 부하는 관리가능한 수준이다. 교육참가자들이 기본적인 능숙함을 개발할 수 있도록 피드백과 함께 실습할 수 있는 충분한 시간이 있다.	☐	☐	☐	☐	☐
	6	각 주제와 실습에는 필요한 행동과 비즈니스 결과에 대한 명확한 "관점"이 있다. 교육 프로그램의 유용성과 관련성에 대한 참가자의 인식을 모니터링하고 조치를 취한다.	☐	☐	☐	☐	☐
전이	7	교육 프로그램이 끝나면 교육참가자들은 성찰, 유지, 적용을 장려하는 방식으로 학습한 내용에 대해 주기적으로 미리 알림을 받는다.	☐	☐	☐	☐	☐
	8	교육참가자들의 관리자는 교육 후 전이기간 동안 적극적으로 참여한다. 그들은 업무에서의 적용을 모니터링하고 적극적으로 지원한다.	☐	☐	☐	☐	☐
지원	9	교육 후 성과 지원은 설계의 필수적인 부분이다. 교육참가자에게 업무보조도구, 전문가 도움, 코칭, 그리고 전이를 촉진하는 데 필요한 기타 지원이 제공된다.	☐	☐	☐	☐	☐
	10	교육참가자들은 교육 프로그램 이후에도 계속해서 서로에게 배운다. 동료 코칭 및 베스트 프랙티스 공유가 촉진된다.	☐	☐	☐	☐	☐
입증	11	교육 프로그램 시작 이전에 비즈니스 리더가 합의한 비즈니스 결과를 기반으로 현장 활동 및 결과가 평가된다.	☐	☐	☐	☐	☐
	12	준비, 학습, 학습 전이의 지속적인 개선을 지원하기 위한 정보가 적극적으로 요청되고, 분석되며 조치된다.	☐	☐	☐	☐	☐

비즈니스 결과 정의

DEFINE BUSINESS OUTCOMES

D1: 비즈니스 결과 정의

"교육 부서가 존재하는 유일한 이유는 비즈니스 결과를 이끌어내기 위함이다."
-리타 스미스

—

사실을 말하자면, 비즈니스 관리자는 교육에 관심이 없다. 그들은 성과를 중요하게 생각한다. 경쟁이 치열한 시장에서 성과가 좋은 기업과 개인이 번영하고 성장하기 때문이다. 경쟁자보다 실적이 저조한 기업은 뒤쳐지고 결국 대체된다.

실제로 관리자들은 교육에 관심이 있지만 성과 향상에 도움이 되는 범위 내에서만 그러하다. 그들은 교육을 단순히 목적을 위한 수단이며, 조직의 많은 무기 중 하나의 전략으로 간주한다. 기업 환경에서 학습은 조직의 사명과 목표를 달성하는 데 의미 있게 기여하는 경우에만 중요한 것이다.

그렇기 때문에 효과적인 조직은 학습 활동을 시작하기 전에 비즈니스 *결과를 정의하는* 첫 번째 원칙을 실천한다. 이 장에서 우리는 그것이 왜 그렇게 중요한지 그리고 이 원칙을 잘 실행하기 위해 무엇이 필요한지 검토할 것이다. 주제는 다음과 같다.

- 성과가 목적이지 학습이 목적이 아니다
- "왜"로 시작해야 하는 이유
- 비즈니스 결과를 정의하는 프로세스
- 여정을 매핑하는 방법
- 학습 포트폴리오 관리
- D1 체크리스트
- 학습 및 비즈니스 리더를 위한 권장사항

학습은 모두 성과에 관한 것이다
It Is All About Performance

주식 시장에 정통한 사람이라면 누구나 현재와 미래의 성과가 투자자들의 최우선 관심사라는 것을 알고 있다. 기대를 뛰어넘는 기업은 주가 상승으로 보상을 받고, 이는 투자자의 신뢰와 투자 의지가 높아진 것을 반영한다. 실적이 저조한 기업은 투자자들이 더 매력적인 대안을 추구하기 위해 그 기업을 포기함에 따라 주가 하락으로 처벌을 받는다.

많은 요인이 회사의 성공에 기여하지만 조직의 성과는 점점 더 인적 자본의 강점을 반영하고 있다. "현금, 건물 또는 장비가 아니라 사람이 비즈니스의 결정적인 차별화 요소이다"(Fitz-enz, 2000, p. 1). 시간 경과에 따라 사람들이 만들어 낸 성과의 총합이 조직이 얼마나 잘 성과를 내는지를 결정한다.

길버트Gilbert는 *가치 있는 성과*worthy performance의 개념을 도입했는데 그는 성취의 가치가 그것을 달성하는 데 필요한 행동의 비용을 초과하는 것을 성과로 정의

한다(Gilbert, 1978, p. 17). 길버트는 단순한 활동(행동)과 성과를 신중하게 구분했다. 성과는 보다 종합적인 개념으로, 활동뿐만 아니라 그 활동의 결과와 그 가치도 포함한다. 따라서 "좋은 성과"는 비즈니스 의미에서 상대적으로 낮은 투입 비용으로 높은 가치의 결과를 산출하는 활동이다.

직원, 업무 및 일터 수준의 요인들은 성과가 궁극적으로 "가치 있는" 것인지 아닌지의 여부에 영향을 미친다(Rummler & Brache, 2012; Van Tiem, Moseley, & Dessinger, 2012). 학습 활동은 직원 수준에서 능력과 숙련도를 높여 성과를 향상시키기 위한 것이다(그림 D1.1). 궁극적으로 성과 향상에 성공할지 여부는 교육훈련이 적절한 개입인지, 그것이 얼마나 잘 구상되고 전달되었는지, 그리고 다음 장에서 더 깊이 논의할 업무 프로세스와 일터 분위기에 달려 있다.

그림 D1.1. 성과는 직원, 업무, 일터의 상호작용의 결과이다.
교육훈련은 직원에게만 영향을 미친다.

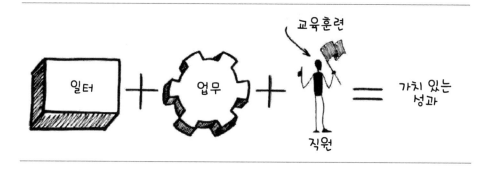

여기서 핵심은 기업이 비용을 지불하는 학습이 성과 향상을 목적으로 추구하는 비즈니스 활동이라는 것이다. 이코노미스트紙의 인텔리전스 부서에서 수행한 조사에서 전 세계 295명의 경영진이 인력 개발에 대한 투자의 주요 근거로 "생산성 증가"를 선택했다(CrossKnowledge, 2014). 비즈니스 리더는 워크플레이스 러닝 담당자가 교육과정, 도구 및 학습을 제공하는 것뿐만 아니라 비즈니스 목표를 달성하는 데 도움이 되기를 기대하고 있는 것이다. 학습에 대한 투자는 성과 향상의 결과에 따라서 돌아오는 보상의 정도가 달라진다(그림 D1.2).

그림 D1.2. 교육훈련은 향상된 성과로 보상받을 것으로 기대하는 투자이다.

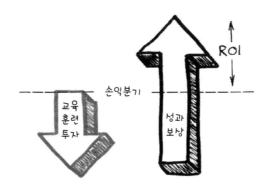

모든 비즈니스 활동과 마찬가지로 교육 부서의 성과는 "가치 있는" 것이어야 한다. 즉, 비즈니스 목표와 일치하고 이를 달성하는 데 필요한 활동에 드는 비용보다 더 큰 가치가 있는 결과를 생성해야 한다. "교육 부서는 교육훈련에 대한 부서가 아니다. 교육 부서는 성과에 대한 부서이다"(Trolley, 2006, p. 101). "전략적 영향력을 행사하려면, [학습] 리더들은 회사의 목적을 이해하고 회사와 고객을 위한 결과를 전달하기 위한 계획을 실행해야 한다"(Wik, 2014).

> 교육 부서는 교육훈련에 대한 부서가 아니다. 교육 부서는 성과에 대한 부서이다.

Practical Application

- 우리의 초점을 교육훈련 전달에서 개선된 성과전달로 전환한다.
- 성과는 직원 개인만으로 달성하기 어렵다는 점을 명심한다. 업무 프로세스 및 일터 정책의 영향을 간과하지 않는다.

"왜"로 시작한다
Star with why

사이먼 사이넥Simon Sinek의 TED 강연 "위대한 리더들은 어떻게 행동하도록 영감을 주는가How Great Leaders Inspire Action"(Sinek, 2009b)는 가장 많이 시청된 TED 강연 중 하나이다. 그의 메시지는 간단하다. 사람들이 행동하도록 고무하려면 왜why부터 시작해야 한다는 것이다. 왜는 그가 "골든 서클golden circle"이라고 부르는 것의 중심에 있다(그림 D1.3). 왜 회사가 무엇을 하고 어떻게 하는지를 알려야 한다. 사이넥은 위대한 리더와 위대한 회사는 항상 왜에서 시작한다고 주장한다(Sinek, 2009a). 그들은 사람들에게 액션을 취할 이유를 제공한다. 덜 효과적인 조직은 무엇을 혹은 어떻게 하는지부터 시작한다.

그림 D1.3. "왜"는 사이넥의 "골든 서클"의 중심에 있다.

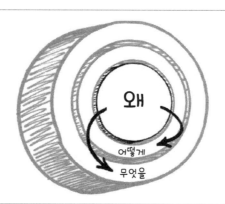

교육훈련에도 동일하게 적용된다. 만약 사람들이 학습하고 배운 내용을 적용하기 위해 액션을 취하도록 영감을 주고 싶다면, 만약 관리자로 하여금 직원을 교육에 보내도록 영감을 주고 싶다면, 만약 감독자로 하여금 업무상에서 학습을 이끌어내는 시간과 노력을 투자하도록 영감을 주고 싶다면, "왜?"에 답하는 것부터 시작해야 한다. 기업에서 이는 비즈니스 결과를 정의하여 학습이 목적 달성에 도움이 될 수 있도록 하는 프로세스를 시작하는 것을 의미한다(그림 D1.4).

그림 D1.4. "왜?"(비즈니스 결과)로 시작하는 것은 '무엇을'과 '어떻게'에 대한 답을 제공한다.

 ## 목적을 염두에 둔다
The end in mind

가치를 창출하는 첫 번째이자 중요한 단계는 가치의 의미를 이해하는 것 혹은 스테판 코비Stephen Covey의 유명한 문구인 "목적을 염두에 두고 시작하라" (Covey, 2004, p. 96)를 사용하는 것이다. 그런데 무엇이 가치를 정의하는가? 기업 학습의 경우 가치는 조직의 비전과 미션 측면에서 정의된다.

조직이 목적을 달성하는 데 도움이 되는 학습은 가치가 있으며 투자할 만하다. 조직의 목적과 무관한 학습은 여전히 개인이나 사회에 큰 가치가 있을 수 있지만 조직을 위한 가치를 창출하지 못한다면 투자를 보장하지 못한다.

위대한 경영학의 구루인 피터 드러커Peter Drucker는 핵심을 이렇게 요약했다.

경영진은 항상 모든 결정과 행동에서 경제적 성과를 최우선으로 생각해야 한다. 경영진은 경영진이 창출하는 경제적 결과에 의해서 그 존재와 권위를 정당화할 수 있다. 기업 구성원의 행복, 지역사회의 복지나 문화에 대한 기여 등 비경제적 성과가 클 수 있지만 경제적 결과를 내지 못하면 경영진은 실패한 것이다. … 자신에게 맡겨진 경제적 자원의 부를 창출하는 능력을 향상시키거나 최소한 유지하지 못한다면 실패한 것이다.

- 드러커Drucker, 1974, p. 37

드러커의 핵심 포인트는 경영진이 "자신에게 맡겨진 경제적 자원의 부를 창출하는 능력을 향상시키거나 최소한 유지"할 책임이 있다는 것이다. 영업사원에게 신제품의 장점을 설명하는 방법을 가르치는 것과 같이 때로는 학습의 기대 가치가 즉각적이고 명백할 때가 있다. 관리자들에게 직원 유지율을 높이고 직원 교체 비용을 줄이기 위해 보다 효과적인 피드백을 제공하는 방법을 가르치는 것과 같이 때로는 비즈니스 이득이 덜 직접적이고 장기적일 때도 있다. 이와 상관없이, 조직에서 후원하고 비용을 지불하는 학습은 기대되는 조직의 이점에 대한 시야를 가져야 한다.

Practical Application

- 비즈니스 요구라는 목적을 염두에 두고 시작한다.
- "왜? 조직에 기대되는 이점은 무엇인가?"를 항상 묻는다.

비즈니스 결과 정의가 주는 이점

학습활동에서 기대되는 비즈니스 결과를 정의함으로써 얻을 수 있는 이점은 많다.

1. 기업이 학습을 통해 어떻게 가치를 창출하고자 하는지를 명확하게 이해하는 것은 보다 효과적인 개입을 설계할 수 있도록 해준다. 학습자가 업무에서 무엇을 수행할지를 알면 학습 방법, 매체, 타이밍, 순서 및 지원을 선택하는 데 필요한 정보를 얻을 수 있다. 또한 단지 "만족도 높은" 또 다른 교육훈련 프로그램을 만드는 것을 피하는 데 도움이 된다(Banerjee, Wahdat, & Cherian, 2014).

2. 교육훈련과 조직의 사명 간에 명확하고 설득력 있는 연결이 이루어지면, 교육참가자들의 관리자로부터 더 큰 지원과 참여를 확보할 수 있다. D4에

서 더 자세히 논의하겠지만, 관리자는 학습활동의 성공에 지대한 영향을 미친다. 학습에 대한 비즈니스 가치를 이해하는 관리자는 산하 직원들을 더 기꺼이 교육훈련에 보내고 직원들이 배운 내용을 적용하려는 노력을 지원할 가능성이 더 크다.

3. 가장 중요한 비즈니스 목표가 무엇인지 진술할 수 있으면 "그 교육이 나에게 무슨 도움이 되는가?"라는 교육참가자들의 질문에 답하는 데 도움이 된다. D3에서 논의하는 것처럼, 애초에 교육내용을 배우려는 참가자의 의지와 나중에 "내가 할 것인가?"에 "그래"라고 대답하는 것은 비즈니스 근거가 명확할 때 향상된다.

4. 기대되는 이득은 학습 활동의 우선순위를 정하기 위한 타당한 근거를 제공한다. 그런데 교육 부서 담당자의 수와 배정된 예산보다 교육훈련 요청이 더 많은 것이 보통이다. 어떤 것을 진행하고 어떤 것을 포기할지에 대한 결정은 단순히 프로그램의 인기나 특정 접근에 대한 교육 부서의 열정이 아니라 이득의 규모와 전략적 중요성을 기반으로 해야 한다.

5. 경영진이 교육훈련에서 기대하는 결과가 교육훈련 성공의 기준이다. 이 결과가 바로 교육훈련의 노력이 실제로 목표를 달성하고 있는지 확인하기 위해 측정되어야 하는 것이다(D6 참조).

6. 비즈니스 결과에 대한 초점은 교육 부서와 비즈니스 간의 파트너십의 기초이다(포인트 사례 D1.1 참조). 이는 교육담당자들을 "주문 수령자"에서 전략적 비즈니스 파트너로 전환하여 "의사결정에 참여하는 자리"를 제공한다.

포인트 사례 D1.1
마라톤 파이프 라인社에서 교육 부서의 파트너십 갱신

스티브 로드조스Steve Rodzos가 마라톤 파이프 라인 엘엘씨Marathon Pipe Line LLC(MPL)의 인적 자원 및 학습과 개발 관리자 역할을 수락했을 때 그의 상사인 MPL 회장 크렉 피어슨Craig Pierson은 그에게 시간제 직원 교육을 최우선 순위로 검토하도록 지시했다.

마라톤 파이프 라인은 매일 수백만 갤런의 석유 공급원료와 완제품을 수천 마일의 파이프라인을 통해 이동시킨다. 이를 안전하게 연방 및 주 규정에 따라 수행하려면 잘 훈련되고 지식이 풍부한 직원이 필요하다. 피어슨은 회사가 파이프라인을 안전하고 안정적으로 운영하고 주주의 최대 이익을 위해 비즈니스를 성장시키겠다는 약속을 유지하기 위해 MPL을 "최고의 학습 조직"으로 전환하기를 원했다.

피어슨은 정기적으로 현장을 방문하여 MPL의 전략적 비즈니스 계획과 모든 계층에서 수행되는 업무 간의 연결에 대한 직접적인 피드백을 받는다. 현장 직원 및 관리자와 교육훈련에 대해 논의할 때 그는 교육 프로그램에 개선이 필요하다고 느끼는 일부 사람들이 있다는 것을 알게 되었다. 그들은 교육이 시대에 뒤떨어져 있고 요구에 부응하지 못하고 있으며 또는 강의 및 파워포인트 프레젠테이션에 너무 의존적이라고 지적했다. 피어슨은 이러한 문제를 신속하게 해결해야 한다고 판단했다.

스티브는 강사들과 일대일 미팅을 통해 그들의 인식을 수렴했는데, 이는 당연하게도 교육생들의 인식과 달랐다. 대부분의 강사들은 콘텐츠를 개편하는 데 더 많은 시간을 할애할 수 있다고 하였고, 대체로 그들의 관점에서 심각한 문제는 없었으며 강사들의 목적 및 기법과 현장 직원들의 교육훈련에 대한 기대 사이의 단절만 있었다.

강사들이 좋은 의도를 갖고 있으며 숙련되었다는 것을 알고서, 스티브는 가장 시급한 문제를 "균열된 파트너십"이라고 진단했다. 그는 한 달 동안 교육을 중단하는 대담한 조치를 취하여 이 균열을 복구하는 데 도움이 되도록 현장의 시간급 기술자, 감독자 및 관리자를 두 번의 "점검 및 조정 포럼"에 참석하도록 했다.

"한 달 동안 교육훈련 센터를 폐쇄함으로써 우리는 교육이 더 이상 '평소와 같은 교육'이 되지 않을 것이라는 강력한 메시지를 회사에 보냈습니다. 우리는 현장과의 강력한 파트너십을 개발하여 의미 있고 지속 가능한 변화를 만드는 데 진지하다는 것을 모두가 알기를 원했죠."

혁신적 기업교육의 여섯 가지 원칙: 6D

"포럼 기간 동안 강사들과 현장 대표자들에게 기본적인 ADDIE 모델을 사용하여 현재 교육 자료를 함께 검토하도록 요청할 계획이었습니다. 그러나 '여섯 가지 원칙'을 읽은 후 저는 6D 모델이 MPL 조직에 더 적합하다고 판단했죠. 기본적인 ADDIE는 현장의 요구를 학습모델에 포함시키는 경우가 거의 없습니다. 대신 우리는 비즈니스 목표부터 시작하여 이 목표를 달성하기 위한 교육훈련 계획을 공동으로 만듭니다."

첫 번째 포럼은 주로 D2 및 D3 원칙에 대한 내용 및 교육전달의 현재 상태를 평가하는 데 중점을 두었다. 스티브는 파트너십을 복구하는 가장 중요한 단계가 비즈니스 결과에 집중하고 비즈니스 리더와 교육 부서 간의 합의를 구축하는 것임을 알고 있었다. 두 번째 점검 및 조정 포럼에는 사장 및 운영 부사장과 그리고 각각의 스탭과 교육 부서 직원들이 참석했다. 포럼은 D1: 비즈니스 결과 정의 및 최고의 학습 조직으로서의 MPL에 대한 비전에 중점을 두었다. 다음과 같은 도전 목적이 규명되어 합의한 결과는 이례적일 정도로 매우 우수했다:

1. 18개월 이내에 시간제 기술자의 숙달 시간을 25% 이상 단축한다.

2. 직원들이 교육을 지속적으로 가치 있고 긍정적이며 실용적이라고 인식하고 있어서 교육 참석을 고대하도록 학습 센터의 평판을 변화시킨다.

3. 사고가 반복되지 않도록 안전 사고 조사에서 얻은 교훈을 즉시 교육에 통합한다.

4. 24개월 이내에 컴퓨터 기반 교육 시간을 50%까지 단축한다.

스티브에 따르면 "교육 부서에 대한 피드백은 갱신된 파트너십 이후 180도 바뀌기 시작했으며 계속해서 개선되고 있습니다. 사업담당자와 교육담당자 간의 파트너십을 강화하고 교육훈련을 비즈니스 결과에 부지런히 연결함으로써 마라톤 파이프 라인社는 최고의 학습 조직이 되기 위해 계속 발전할 것입니다."

모든 것은 D1을 제대로 하는 것에 달려 있다. 기대되는 비즈니스 결과의 정의는 학습을 위한 설계 및 전달 계획에 기반이 되어야 한다. 그 기초가 약하면 건물 전체가 무너지기 쉽다. 따라서 D1은 말할 것도 없이 여섯 가지 원칙 중에서 가장 중요하다. D1을 제대로 하지 못하면 똑똑한 설계, 뛰어난 퍼실리테이션 또는 멋진 테크놀로지로도 그 노력을 되살릴 수 없다. "해결책을 먼저 생각한다면 결코 성공하지 못할 것이다"(Israelite, 2006, p. 210).

> 해결책을 먼저 생각한다면 우리는 결코 성공하지 못할 것이다.

제너럴 밀즈General Mills의 최고 학습 책임자인 케빈 와일드Kevin Wilde는 여섯 가지 원칙 초판 서문에서 이 점을 강조했다: "저도 그런 적이 있었죠 – 학습 이벤트의 우수성을 만드는 데 너무 몰두한 나머지 모든 것을 실제 비즈니스 가치에 기반을 두지 못했죠. 그런 일이 발생하면 그 결과는 비탄에 잠기게 하고, 자신이 의도했던 학습 돌파구에 훨씬 못 미치는 결과를 낳습니다"(Wilde, 2006, p. xv).

KLA–텐콜社KLA-Tencor의 교육 부서 리더들은 비즈니스 결과를 정의하는 것이 매우 중요하다고 강하게 느낀다. 그래서 그들은 어떠한 학습 프로젝트도 주관하는 경영진과 분명하게 정의된 결과 없이는 다시 말해서, 회사의 네 가지 전략적 목표인 성장, 운영 우수성, 고객 중심 및 인재 중 최소한 하나에 관련된 결과 없이는 개설하지 않을 것이라는 정책을 수립했다. 퀄컴社Qualcomm에서 학습 및 개발 부서 직원들은 각 사업부의 경영진 및 그들의 스탭과 함께 연간 비즈니스 요구분석을 수행한다(Elkeles & Phillips, 2007). 잉거솔 랜드社Ingersoll Rand에서는 다른 투자 옵션과 마찬가지로 기대되는 비즈니스 가치에 따라 학습의 우선순위를 정한다(포인트 사례 D1.2 참조).

"세계적 수준의 교육 부서를 만드는 첫 번째 최고의 실천사항은 전략적 파트너가 되려는 의도를 갖고, 모든 수준의 비즈니스에 공식적인 연결을 설정하는 것이기도 하다"(Schmidt, 2013).

포인트 사례 D1.2
비즈니스 전략으로서의 학습

학습의 전략적 특성을 진정으로 이해하는 회사 중 하나는 잉거솔 랜드社Ingersoll Rand이다. 기업 학습 담당 부사장인 리타 스미스Rita Smith는 다음과 같이 말했다. "우리가 여기 있는 이유는 단 하나, 바로 비즈니스 성과 창출을 돕기 위해서입니다. 우리는 비즈니스 전략, 주요 전략적 동인, 외부 위협 및 재무 지표를 이해해야 합니다. 우리는 문자 그대로 학습과 비즈니스 언어 모두를 사용하는 이중언어를 구사할 필요가 있습니다"(Smith, 2008).

잉거솔 랜드社는 거버넌스 이사회를 활용하여 학습에 대한 투자가 비즈니스와 관련되도록 그리고 비즈니스 전략 우선 순위와 연결되도록 한다. 모든 프로그램에는 임원급 스폰서가 있어야 한다. 스폰서도 없다면 프로그램도 없다.

잉거솔 랜드社의 CEO인 허브 핸켈Herb Henkel은 학습을 핵심 전략적 수단으로 간주하여 이를 전략적 기획 프로세스의 필수적인 부분으로 만들었다. "전략적 기획프로세스를 진행할 때, 우리는 아이디어, 전략, 그리고 우리가 가려고 하는 곳에 대한 비전을 만듭니다. 그 다음에 우리가 원하는 것을 얻기 위해서 무엇을 투자할지를 결정합니다. 그래서 저는 건물 등 하드웨어에 얼마나 많은 돈을 쓰는지, 신제품 개발에는 얼마를 쓰는지, 그리고 우리의 목적을 충족시킬 수 있기 위해 얼마나 많은 교육훈련을 필요로 하는지 살펴봅니다. 이 기획 프로세스에 내재되어 있는 것은 어떤 종류의 교육 훈련이 있어야 할 것이라는 가정입니다. 그래서 우리는 투자 결정의 측면에서 학습이 다른 어떤 것과도 다르지 않다고 생각합니다"(Bingham & Galagan, 2008에서 인용).

불행히도 오늘날 너무 많은 학습활동들이 여전히 잘못된 이유로 시작되고 있다. 때때로 교육훈련이 어찌할 바 모르는 관리자가 생각할 수 있는 유일한 해결책이기 때문이거나(Pollock, 2013) 때로는 단순히 무언가를 하고 있는 것으로 보여지기 위한 것이기 때문이다(그림 D1.5). 그러한 노력은 실패할 수밖에 없다. 이는 학습 불량에 기여하고 학습 활동에 대한 합법적인 지원을 약화시킨다. 교육담당자들은 교육 부서의 목적이 "프로그램을 보유하는 것"이라는 생각에 건설적으로 도전할 필요가 있다.

그림 D1.5. "우리는 교육 프로그램이 필요합니다"는 프로그램을 만들기 위한
충분한 이유가 아니다.

"빨리하게, 내가 금요일 이사회 회의에서 발표할 수 있는 리더십 개발 프로그램이 필요하네."

학습 목표는 비즈니스 목표가 아니다

교육을 위한 비즈니스 목표 또는 성과 목표에 대해 말할 때 그것이 학습 목표를 의미하지 않는다는 점을 강조하고 싶다. 우리는 학습 목표가 효과적인 교수 설계의 전제 조건이라는 것을 알고 있다. "학습 목표는 학습자가 계획된 학습 경험을 완료할 때 알아야 하고, 행하거나, 느껴야 하는 것을 정확하게 설명함으로써 교수 설계 프로세스의 나머지 단계를 안내한다"(Rothwell & Kazanas, 2008). 그러나 거기에 문제가 있다. 학습 목표는 "수행 목표" 또는 "행동 목표"라고도 하지만 항상 "계획된 학습 경험의 완료"에 중점을 둔다. 이는 학습자가 교육이 끝날 때 무엇을 할 수 있는지 설명하지만 그것이 업무 성과 또는 창출될 비즈니스 가치와 어떻게 관련되는지 설명하지 않는다.

> 학습 목표는 필수적이다. 하지만 충분하지는 않다.

우리의 견해로는 학습 목표는 *교육 전문가 간의 의사 소통을 위해서만* 사용해야 한다. 관리자 또는 학습자와 의사 소통하는 데 사용해서는 안 된다. 학습 목표는 너무 내부적으로 집중되어 있다. 결과적으로 학습 목표는 비즈니스 이점이나 근거를 전달하지 못하고 "또한 학습자들이 교수 설계 전문 용어에 종속된다는 것을 의미한다"(Dirksen, 2012, p. 72).

우리는 비즈니스 리더, 학습자 및 그들의 관리자와 소통할 수 있는 더 나은 방법, 즉 시간과 자원 투자에 대한 비즈니스 근거를 설명하는 방법이 필요하다. 다음과 같이 비즈니스 리더에게 친숙하고 관심 있는 용어로 기대되는 비즈니스 이점(결과)을 설명할 필요가 있다.

- 매출 증가
- 개선된 고객 서비스
- 능숙해지는 데 필요한 시간 단축
- 불량 감소
- 직원 몰입도 향상
- 보다 효율적인 시간 사용
- 사고 감소

이 모두는 궁극적으로 수익 증가 또는 비용 감소에 기여한다. 이 모두는 비즈니스 리더를 늦게까지 잠들지 못하게 만드는 종류의 관심사이다.

교육훈련 활동에 대한 모든 논의는 예산 검토이던 또는 교육과정 카탈로그던지 전반적인 비즈니스 목적에 대한 참조가 포함되어야 한다. 궁극적으로 그것이 존재하는 이유이고 "왜?"에 대한 답을 제공하기 때문이다. 에머슨 일렉트릭社 Emerson Electric의 글로벌 학습 책임자인 테렌스 도나휴Terrence Donahue와 그의 팀은 이 메시지를 마음에 새기고 모든 교육과정 설명에 "비즈니스 결과(당신이 얻을 수 있는 이익)"라는 섹션을 포함시켰다(자료 D1.1). 관리자와 교육참가자 모두의 반응은 압도적으로 긍정적이었다.

비즈니스 목표로 시작한다. 기업이 비용을 지불하는 학습은 비즈니스 목표가 항상 우선이다. 기대되는 결과가 학습 목표 이전에 정의되어야 하고, 학습 목표는 비즈니스 목적 달성을 지원하기 위해서만 존재한다.

어느 정도 상세해야 하는가? 기대되는 비즈니스 결과는 얼마나 세부적이어야 하는가? 의사 소통의 목적과 대상에 따라 다르다. 경영진에게 제공하는 개요 또는 프로그램 소개에서는 앞의 글머리 기호 항목이면 충분하다. 예를 들어, "이 프로그램의 목적은 제품 X의 매출 증가를 돕는 것"이다. 새로운 프로그램을 개발하고 그 성공을 평가할 때는 언제까지 얼마를 나타내는지 더 엄밀한 정의가 필요하다. 예를 들어, "차년도 설문조사에서 직원몰입도 점수를 5점 높인다". 비용이 많이 들거나 전략적으로 중요한 프로그램에 대한 비즈니스 가치를 만들려면 예상되는 재무적 가치를 추정해야 할 수도 있다(Basarab, 2011; Smith, 2010; Vance, 2010).

개별적인 학습활동들은 영업, 마케팅, 관리, 안전 등의 특정 측면만을 목표로 하기 때문에 비즈니스 결과에 대한 진술은 일반적으로 교육훈련의 목표 작성 가이드에 맞춰서 구체적인 초점을 기술해야 한다: "이 프로그램의 목적은 교대 감독자들에게 보다 효과적인 대화를 나누도록 가르침으로써 직원 유지율을 향상시키는 것이다." 예를 들어 6D 현장 가이드의 플라스티팩社Plastipak 사례 연구 (Hinton, Singos, & Grigsby, 2014)를 참조한다.

자료 D1.1. 이득이 명시적으로 제공되는 방법을 보여주는 에머슨社의 경력 개발 가이드에서 발췌

누가 참석해야 하는가

- 부하 직원이 있는 부서를 이끄는데 책임을 지며 직원의 성과 및 개발에 책임지는 모든 감독자 또는 관리자
- 부하 직원이 없는 감독자 또는 관리자 직책을 가진 사람들도 워크숍에서 가르치는 많은 스킬로부터 도움을 받을 수 있다.
- 본 워크숍은 자신의 역할을 처음 접하는 사람들에게 적합하다. 하지만, 자신의 스킬을 향상시키고 에머슨의 베스트 매니지먼트 및 리더십 프랙티스를 배우고자 하는 경험 많은 리더들에게도 유용하다.

기간. 3일

퍼실리테이터

학습 센터 인증 퍼실리테이터.

전략적 목적

이 필수 워크숍은 일선 리더에게 에머슨의 베스트 리더십 프랙티스 및 표준을 제공하여 효과적이고 효율적으로 사람들을 이끌고 비즈니스 결과를 추진하도록 준비시킨다.

비즈니스 결과(당신이 얻을 수 있는 이익)

모든 교육훈련 투자의 궁극적인 성공은 당신의 비즈니스에 제공하는 결과로 측정된다. 배운 스킬을 적용할 때 기대할 수 있는 비즈니스 및 개인적 이익은 다음과 같다:

- 입증된 *리더십 스킬을 적용하여* 자신감과 신뢰성으로 팀을 리드한다.
- *직무 역할과 기대사항을 명확하게 정의하여* 팀의 생산성과 효과성을 향상시킨다.
- *효과적인 성과 관리 프로세스를 통해* 직원 몰입을 높인다.
- *열린 양방향 커뮤니케이션을 통해* 건강하고 생산적인 업무 관계를 구축한다.

학습 목표(무엇을 학습할 것인가)

이 워크숍은 이 워크샵은 에머슨의 베스트 리더십 프랙티스와 입증된 성과도구를 사용하여 리더에게 필요한 중요한 역량을 효과적으로 발휘하도록 해 줄 것이다.
당신은 다음을 할 것이다:

- *에머슨 사명에* 어떻게 기여하는지 팀에게 소통한다.
- 자신과 *직속 부하 직원을* 위한 성과 목표를 개발한다.
- *각 직원의* 동기 부여 동인을 결정한다.
- 공식적인 권한을 사용하지 않고 다른 사람에게 영향을 미친다.
- 적극적인 경청 스킬을 적용한다.
- 직원들이 자신의 업무에서 자기주도적이 되도록 코칭한다.
- 업무를 효과적으로 위임한다.
- 힘이 되며 건설적인 피드백을 제공한다.
- 직원 성과 이슈 및 문제를 해결한다.
- 성실하게 리드한다.

이 워크숍에서 다루는 로밍거Lominger 역량*

- 7 - 부하 직원에 대한 배려
- 18 - 위임
- 19 - 직원 및 타인 개발
- 20 - 다른 사람에게 지시하기
- 23 - 부하 직원에 대한 공정성
- 27 - 정보제공
- 29 - 정직과 신뢰
- 33 - 경청
- 35 - 업무 관리와 측정
- 36 - 동기 부여
- 54 - 자기개발

---

* 역자 주 로밍거 역량: Lominger는 Lombardo와 Eichinger 두 사람의 이름을 합쳐서 만든 용어로 HR팀에서 인재 관리 및 리더십 개발 관련하여 전 세계적으로 사용되고 있음.

몇몇 전문가들은 여러 수준에서 목표를 정의하는 것을 제안했는데, 예를 들어, 반응 목표, 학습 목표, 적용 목표, 임팩트 목표 및 ROI 목표(Phillips & Phillips, 2008) 또는 의도, 응용 및 임팩트 목적(Basarab, 2011)이 있다. 그 의도는 감탄할 만하지만 그러한 디테일 수준이 압도적으로 보일 수 있고 학습을 비즈니스에 보다 밀접하게 연결하려는 노력을 방해할 수 있다는 점이 우려된다. 짧고 단순하며 쉽게 소통될 수 있는 것으로 시작한다.

Practical Application

- 모든 학습 활동에는 (a) 기대되는 비즈니스 결과에 대한 명확한 설명과 (b) 이를 달성하는 데 필요한 잘 짜여진 학습 목표를 필요로 한다.
- 항상 비즈니스 목표를 먼저 만든다.
- 교육참가자 및 관리자들에게 비즈니스 이익을 커뮤니케이션한다.
- 교수설계자와 퍼실리테이터에게 커뮤니케이션하는 데에만 학습 목표를 사용한다.

불리한 면. 기대되는 비즈니스 결과를 명시적으로 하는 것에 대해 우리가 듣는 가장 일반적인 반대는 "우리는 교육훈련 환경만 통제할 수 있는데, 어떻게 그러한 결과를 약속할 수 있겠습니까?"이다. 우리는 그 주장에 동의하지 않는다. 비즈니스의 다른 모든 부문은 통제할 수 없는 프로세스로부터 결과를 약속하고 또 지켜야 한다. 예를 들어, 상품 관리자는 영업 인력을 직접 통제할 수 없더라도 1년 전에 판매를 계획하고 이를 달성해야 한다. 공장 관리자는 공급자와 생산의 다른 많은 변수를 직접 통제할 수 없더라도 생산량과 단위당 비용을 약속해야 한다.

관리자들은 목표를 달성하기 위해 자신이 직접 통제하지 않는 프로세스 요소에 영향을 미치는 방법을 배워야 한다. "조기 경고"를 받고 목표를 달성하지 못한 경우 시정 조치를 취할 수 있도록 신뢰할 수 있는 프로세스와 모니터링 시스템을 마련한다. 학습 및 개발 조직도 합법적인 비즈니스 파트너로서 존중을 받으려면 목표에 전념하고 목

> 학습 및 개발 부서는 목표에 전념해야 한다.

표를 달성해야 한다.

비즈니스 결과를 정의하는 방법
How to define business outcomes

회사가 학습을 통해 진정으로 원하는 것이 무엇인지 어떻게 찾아낼 것인가? 분명한 대답을 얻으려면 비즈니스 리더에게 물어야 할 것이다. 그러나 여러 가지 이유로 그렇게 간단하지 않다. 첫 번째는 많은 비즈니스 리더들이 햄버거를 주문하듯이 교육훈련을 주문하는 데 익숙해졌다는 것이다. 그들은 "교육훈련"을 넘어서 진정으로 원하는 것이 무엇인지에 대해 많은 생각을 하지 않았거나 그들이 정말로 찾고 있는 것을 명확히 표현하는 데 어려움을 겪을 수 있다.

교육담당자는 비즈니스 리더가 궁극적으로 달성하려는 목표를 정의하는 데 도움이 되도록 적극적 경청 및 컨설팅 스킬을 개발할 필요가 있을 것이다. 결과 플래닝 휠(p. 82)에 대한 논의에서 몇 가지 제안이 제공되었다. 데이나와 짐 로빈슨Dana & Jim Robinson의 책 퍼포먼스 컨설팅Performance Consulting(1996)에는 퍼포먼스 컨설팅 스킬에 대한 유용한 조언도 포함되어 있다.

둘째, 비즈니스 용어 및 개념에 대한 실무 지식뿐만 아니라 조직 또는 고객의 특정 비즈니스에 대한 깊은 이해를 갖추어서 지적인 후속 질문을 할 수 있어야 한다. 자료 D1.2의 셀프 테스트를 사용하여 비즈니스에 대한 이해 수준을 측정해 본다.

워크플레이스 러닝 담당자로서 우리는 교수설계, 성인 학습 원칙, 학습 테크놀로지 등에 대한 특별한 전문성을 보유해야 한다. 그러나 그것만으로는 충분하지 않다.

> 교육담당자는 조직의 비즈니스 언어를 구사할 수 있어야 한다.

해당 비즈니스에 대해 다음 질문에 답하십시오:

1. 가장 중요한 매출 원천은:

2. 당사 성장의 가장 중요한 동인은:

3. 당사 전략의 핵심 요소는(목록):

4. 우리의 주요 경쟁자는:

5. 우리가 직면한 가장 큰 위협은:

6. 우리가 직면한 가장 큰 인적 자본 도전은:

교육훈련은 궁극적으로 비즈니스 노력이므로 진정한 기여자로 간주되길 원한다면 조직의 비즈니스 언어를 구사할 수 있어야 한다. 제프 썰Jeff Thull은 *복잡한 영업 마스터하기*Mastering the Complex Sale에서 다음과 같이 썼다. "예상되는 신뢰는 당신이 해결책에 대해 알고 있다는 것이고, 특별한 신뢰는 당신이 고객과 그 고객의 비즈니스에 대해 알고 있다는 것이다"(Thull, 2010, p. 102).

비즈니스 문제에 대해 지식이 풍부하고 신뢰받을 수 있게 말하기 위해 MBA가 필요하지는 않다. 단지 건전한 호기심, 해당 비즈니스가 어떻게 가치를 창출하는가에 대해 배우는 데 대한 진정한 관심, 그리고 시간을 투자하려는 의지가 필요할 뿐이다. 이는 더 큰 효과성과 기여도 그리고 비즈니스 파트너들이 고마워하는 것으로 보상이 되는 투자가 될 것이다.

해당 사업부에 대한 비즈니스 또는 전략 계획을 읽는 것부터 시작한다. 해당 조직이 직면한 주요 기회와 위협을 논의하는 섹션에 특히 주의를 기울인다. 이것이 진행하려고 하는 학습이 상당한 기여를 할 수 있는 상황일 수 있기 때문이다. 인터넷이나 기타 참고 자료를 사용하여 익숙하지 않은 용어에 대해 도움을 받고, 이해하지 못하는 부분을 설명하는 데 도움을 줄 수 있는 멘토나 동료를 찾는다.

예산 검토 및 마케팅 논의에 참여할 수도 있도록 요청한다. 당신은 삼투 현상처럼 많은 비즈니스 용어와 개념들을 흡수할 것이다.

Practical Application

- "의사결정 자리에 참여"를 확보하기 위해 회사의 비즈니스, 당면 과제 및 언어를 깊이 있게 학습한다.
- 비즈니스 리더에게 학습이나 HR 전문 용어가 아닌 그들의 언어로 말한다.

결과 플래닝 휠
Outcomes Planning Wheel

놀랍도록 가치가 있는 것으로 입증된 간단한 장치는 6D 결과 플래닝 휠(그림 D1.6)이다. 플래닝 휠은 학습을 통해 달성하려는 결과와 성공이 어떻게 정의되는지에 대한 공통된 이해에 도달하도록 비즈니스 리더와의 대화를 구성하는 방법이다. 6D 워크숍 후 후속 통화에서 참가자들은 플래닝 휠을 사용하는 것과 비즈니스 결과에 집중하는 것이 그들이 한 가장 가치 있는 일에 속한다고 말했다.

플래닝 휠의 사용을 설명하는 수많은 사례는 6D 현장 가이드Field Guide to the 6Ds(Pollock, Jefferson, & Wick, 2014)에서 찾을 수 있다.

플래닝 휠 사용하기

조직 내부의 학습 및 개발 팀이던, 외부 컨설턴트 이전 혹은 교육 제공업체이던 교육훈련 요청을 받을 때마다 플래닝 휠의 네 가지 질문을 한다. 그 대화는 다음처럼 보일 것이다.

비즈니스 리더: "X에 대한 교육 프로그램이 필요합니다."

교육담당자: "저희가 도와드릴 수 있습니다."

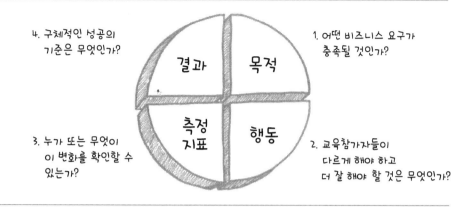

교육훈련이 궁극적으로 해결책이 아닐 것이라고 이미 의심하는 경우에도 도움을 제공할 수 있다는 긍정적인 태도를 갖는 것이 중요하다. 불필요하거나 부적절한 교육을 피하는 것은 효과적인 교육을 제공하는 것만큼이나 중요하다. 스톨로비치와 킵스Stolovitch and Keeps(2004)는 교육 요청에 대한 응답으로 "저희는 귀하가 문제를 해결하도록 도와드릴 수 있습니다"라는 문구를 사용할 것을 권장한다. 왜냐하면 그것은 "친절하고, 고무적이며 협조적이기 때문이다. 이는 관심을 보이지만 해결책으로서 교육을 약속하지는 않는 프로페셔널한 대응인 것이다"(p. 16).

그 다음 보통은 이렇게 말한다. 예를 들어, "교육훈련에는 시간과 비용이 듭니다. 우리는 귀하가 투자로부터 가치를 얻길 원합니다. 해당 사업부의 성과 문제와 귀하가 무엇을 달성하려고 하는지 더 잘 이해할수록 저희는 더 나은 개입을 제공할 수 있습니다. 몇 분만 시간을 내어서 몇 가지 질문에 대답해 주시고, 추가적인 인싸이트를 제공해 주시겠습니까?" 이런 식으로 틀을 잡으면 논의 주제를 그들의 최고의 관심사에 대한 것으로 두었기 때문에 관리자들이 거절하기 어렵다.

비즈니스 리더가 문제를 그 당시 바로 논의할 시간이 있다면 그 순간을 포착한다. 그렇지 않다면 약 30분 동안 미팅할 수 있는 시간을 정한다. 미팅 전에 숙제를 한다, 즉 인터뷰 가이드라인을 비롯하여 사업 계획 또는 기타 관련 문서들을 검토하는 것이다(자료 D1.3).

자료 D1.3
비즈니스 요구 발굴을 위한 인터뷰 가이드라인

준비
- 숙제를 한다. 연관 사업 계획, 보고서 및 관련 자료를 읽는다.
- 사전에 비즈니스 리더와의 인터뷰 일정을 잡는다. 목표, 답변이 필요한 질문 및 필요한 시간을 명시한다.
- 인터뷰를 시작하기 전에 얻고자 하는 것이 무엇인지 파악한다.

인터뷰
- 고전적인 세일즈 오프닝을 따른다. 만나서 인사하고, 가치를 설명하고, 의제를 제안하고, 동의하는지 확인한다.
- 정시에 시작한다.
- 이미 파악한 내용을 요약하고 이해도를 확인한다. "제가 읽을 수 있었던 자료에 따르면, 귀하가 달성하려고 하는 가장 중요한 것은 X, Y, Z인 것 같습니다. 제가 올바르게 요약했습니까? 제가 무엇을 놓쳤을까요?"
- 논의를 구조화하는 데 도움이 되도록 결과 플래닝 휠(그림 D1.6)을 사용한다.
- 개방형 질문을 사용한다. 답변을 재진술함으로써 이해한 바를 확인한다. 더 깊은 이슈들을 탐색한다.
- 정시에 종료한다. 여전히 확인해야 할 이슈들이 있는 경우 후속 회의 일정을 잡거나 이메일로 해결한다.

후속 조치
- 인터뷰 직후에 논의 내용을 서면으로 요약한다. 메모 샘플이 다음의 자료 D1.4에 포함되어 있다.
- 해당 관리자에게 시간을 내어 준 것에 감사하는 메모를 보내고 요약본을 첨부한다.
- 그 목적은 네 가지이다:
  - 메모를 요약하면 알게 된 내용을 되새겨보고 기억에 더 잘 남을 수 있다.

혁신적 기업교육의 여섯 가지 원칙: 6D

- 이 문서는 플래닝 휠의 프로세스가 진행됨에 따라 유용한 참고 자료가 된다.
- 요약본은 해당 리더의 시간과 의견을 소중히 여겼다는 것을 인정한다.
- 마지막으로, 요약본을 공유하면 인터뷰한 사람이 간과한 것 또는 오해한 것을 바로잡을 수 있는 기회를 얻을 수 있으며, 이는 더 나은 해결책으로 이어질 것이다.

자료 D1.4
후속조치 메모 샘플

날짜: _____

제목: 논의 요약

_____에게

교육 요구 사항에 대한 논의를 위해 어제 시간을 내어 만나 주셔서 감사했습니다.

저는 비즈니스 동인과 성공 기준에 대해 제가 제대로 이해했는지 확인하기 위해 이 글을 쓰고 있습니다.

이 교육 프로그램이 해결하려는 기본 비즈니스 요구는 _____ _____입니다.

이 교육이 성공적이라면 교육생들은 자신의 업무에서_____ 및 _____를 (더 많이/더 적게) 할 것입니다.

이러한 변화는 _____에 명백하게 나타날 것이고 _____에 의해 측정될 것입니다.

이러한 조치와 행동이 업무에서 발생하도록 하려면 관리자들이 다음 단계를 수행해야 합니다: _____; 그리고 업무환경에서는 다음의 변화들이 이루어져야 합니다:

_____.

이 프로그램은 만약 _____인 경우 성공한 것으로 여겨질 것입니다.

학습에 대한 이 투자의 보상을 극대화하기 위해 함께 일할 수 있도록 제가 우리의 논의내용을 올바르게 요약했는지 알려주십시오.

감사합니다.

_____

플래닝 휠을 사용하는 데는 과학과 예술이 모두 필요하다. 과학은 인터뷰를 구조화하는 질문을 사용하는 것으로, 고객이 해결책(교육훈련)에 집중하는 것을 멈추고 요구되는 성과와 결과로 자신의 초점을 전환하도록 돕기 위한 것이다. "성공적인 재구성 논의의 핵심은 설득력 있는 논리로 강력하며 생각을 자극하는 질문을 하는 것이다"(Robinson & Robinson, 2008, p. 172).

예술은 비즈니스 리더가 진정으로 원하는 것에 대한 생각을 명확히 하는 데 도움이 되는 후속 질문을 하는 방법이다. 인터뷰 내내 개방형 질문을 사용한다 (예 또는 아니오로 대답할 수 있는 질문이 아님). 자신이 경청하고 있다는 것을 보여주기 위해, 또한 자신이 들었다고 생각하는 것이 그들이 말한 것인지 확인하기 위해 자주 멈추고 다시 말한다.

"제가 …을 이해하도록 도와주십시오…"는 진정으로 이해를 구하는 데 사용할 수 있는 매우 유용한 문구이며 "귀하가 요청한 교육 과정이 해당 사업부의 비즈니스 요구를 해결하는 데 어떻게 도움이 되는지 이해하도록 도와주십시오." 같이 불일치나 혼란을 지적하는 우아한 방법으로도 사용할 수 있다.

네 가지 질문 각각을 사용하는 방법에 대한 구체적인 제안은 다음과 같다.

목적

1. 어떤 비즈니스 요구가 충족될 것인가? 첫 번째 질문의 목적은 특정 해결책(교육훈련)에 대한 논의에서 기본 비즈니스 동인(교육훈련 요청 이면의 실제 비즈니스 이슈 또는 기회) 탐색으로 초점을 전환하는 것이다. 비즈니스 요구에 대한 이해는 교육이 적절한 해결책인지 확인하는 데 매우 중요하다.

학습 활동을 특정 비즈니스 요구에 더 잘 연결할수록 교육 참가자와 관리자들로부터 더 많은 지원을 얻을 수 있다. 또한 학습 목표 대신 비즈니스 결과로 초점을 전환시켰던 교육 부서는 경영진으로부터 훨씬 더 큰 지원도 받는다. 오라클Oracle의 패트리샤 그레고리Patricia Gregory와 스티브 아크람Steve Akram에 따르면:

이 접근의 가치를 가장 잘 보여주는 통계는 이렇습니다: 우리의 초점을 교육과정에서 비즈니스 요구로 전환하기 위한 활동을 시작했을 때, 영업 교육 프로그램의 70%가 공개 모집 등록이었으며 임원이 주관하여 교육에 보내는 것은 30%에 불과했습니다. 이제 프로세스가 시작된 지 몇 년이 지난 지금 그 비율은 완전히 역전되었습니다. 교육과정의 70%가 임원들이 주관해서 보내고 30%만이 공개 모집 등록입니다.

또 다른 지표는 비즈니스 요구를 해결하는 일을 더 잘 한 것뿐만 아니라 현업에서의 교육훈련의 효과를 보고한 결과로 교육훈련에 대한 요청이 실질적으로 증가했다는 것입니다.

마지막으로, 교육훈련 책임자로서 우리는 이제 단순한 교육 제공자보다는 비즈니스 파트너로 훨씬 더 많이 여겨지고 있습니다. 우리는 사업 논의 초기에 참여하게 되었고, 교육훈련에 대한 더 큰 경영진 지원을 받고 있으며 우리의 의견은 더 가치있게 평가되고 있습니다.

- 그레고리와 아크람Gregory and Akram, 2014, p. 283

놀랍게도 많은 비즈니스 리더들은 비즈니스 요구에 대한 질문에 대답하는 데 어려움을 겪는다. 교육훈련을 비즈니스 요구의 용어로 생각해 본 적이 없기 때문이다. 비즈니스 요구에 대한 구체적이고 충분한 정의에 도달하려면 아마도 요구를 명확하게 하는 일련의 질문을 할 필요가 있을 것이다. 예를 들어, 비즈니스 요구에 대해 물었을 때 일부 관리자들은 교육의 필요성을 다시 주장한다. "주문 입력 시스템에 대한 교육 프로그램이 필요합니다." 이러한 경우 생길 수 있는 도전은 고객이 자신의 초점을 *재구성하도록* 돕는 것이다. 교육훈련은 비즈니스 요구가 아니라 많은 잠재적 해결책 중 하나이다. 궁극적인 목적, 즉 교육 요청 이면의 비즈니스 관련 결과에 대해 계속 탐색해야 한다. "*교육 요청 이면의 비즈니스 동인을 제가 이해하도록 도와줄 수 있습니까?*" 또는 "*교육이 성공적이라고 가정하면 조직에 어떤 이득이 있겠습니까?*"

교육에 대한 요구는 보통 되어야 할 일이 일어나지 않는다고 경영진이 믿거나 (예를 들어 "판매 점원들이 고객들에게 연관된 더 필요한 물품이 있는지 묻지 않는다.") 혹은 "너무 많은 실수", "부적절한 행동" 등 일어나서는 안 되는 일이 일어나고 있기 때문에 비롯된다. 우리의 목적은 문제에 대한 인식과 그 문제를 해결해야 하는 이유를 분명히 하는 것이다. 예를 들어 "현재 성과와 요구되는 성과 사이의 격차는 무엇입니까?" 또는 "현재 수준의 성과에서 손실은 얼마입니까?"라고 물을 수 있다.

성과 향상에 관한 책들을 보면, 예를 들어, 로빈슨과 로빈슨Robinson and Robinson(2008) 또는 굽타Gupta(1999)는 "성과 격차 채우기"라는 개념을 종종 사용한다. 그렇다고 해서 교육이 성과 문제를 해결하는 데만 유용하다는 의미는 아니다. 학습 활동은 조직이 새로운 시장에 진입하거나 신제품을 출시하는 것과 같이 새로운 기회를 포착하는 데에도 도움이 될 수 있다. 실제로 허브 헨켈Herb Henkel이 잉거솔 랜드社Ingersoll Rand의 CEO였을 때 그는 모든 사업계획은 교육과 개발에 대한 섹션을 포함하도록 하였다. 가치가 있는 계획이라면 새로운 과제를 포함하고 있을 것이고 또 새로운 과제의 성공은 직원들이 그것을 실행하는 데 필요한 지식과 스킬을 보유하는 것에 달려 있다고 느꼈기 때문이다(포인트 사례 D1.2 참조).

또는 비즈니스 리더는 "매출을 늘려야 합니다."와 같이 운용하기에는 너무 광범위하고 일반적인 용어로 비즈니스 요구를 말할 수도 있다. 이러한 경우 주의를 기울여야 하는 프로세스의 중간 단계에 대해 세부 사항을 탐색할 필요가 있다: "매출 증대의 시급한 필요성에 대해 매우 분명하게 말씀하셨습니다. 우리가 가장 우선적으로 해결하거나 개선해야 한다고 생각하는 특정 영역에 대해 좀 더 말씀해 주시겠습니까? 문제가 되는 프로세스가 있는 곳은 어디입니까?"

비즈니스 관리자가 여전히 비즈니스 요구를 명확하게 정의하는 데 어려움을 겪고 있다면 글로벌 파트너 중 하나인 브라질 아페로랩AfferoLab의 콘라도 슐로카우어Conrado Schlochauer가 바람직한 행동에 대해 하는 질문(질문 2)을 할 수 있다. 비즈니스 리더들은 종종 직원들이 무엇을 더 잘하고 다르게 하기를 원하는지에 대해 매우 명확한 아이디어를 가지고 있다. 콘라도는 다음과 같이 논의에 접근한다: "모든 직원들이 최적의 성과를 내도록 할 마법의 알약이 있다고 상상해 보십시오. 어떤 모습이 될까요?" 그런 다음 "비즈니스에 어떤 이득이 있을까요?"라고 묻는다. 그는 최적의 행동이 주는 이득에 대해 묻는 것이 리더들이 교육훈련의 비즈니스 목표를 명확히 하는 데 도움이 되는 좋은 방식임을 발견했다.

행동

2. 교육참가자들이 다르게 해야 하고 더 잘 해야 할 것은 무엇인가? 플래 닝 휠의 두 번째 질문은 원하는 결과를 달성하는 데 필요한 핵심 행 동 또는 조치를 규명하도록 설계되었다. 이것은 브링커호프Brinkerhoff(1987)가 "교 육훈련의 근본 논리"라고 부르는 것을 반영하고 있다. 다시 말해서, 학습 활동의 목적은 직원들이 새롭고 더 효과적인 방식으로 업무를 수행하도록 즉, 더 나은 성과를 내도록 돕는 것이다. 아인슈타인이 농담처럼 말한 "정신병의 한 가지 정의 는 같은 일을 계속하면서 다른 결과를 기대하는 것"이기 때문에 행동변화가 핵 심이다. 학습을 통해 결과를 개선하려면 어떤 행동이 필요한지 파악한 다음 이 를 지원하는 학습 및 전이 환경을 설계해야 한다.

고객에게 바람직한 행동 변화가 무엇인지 기술하도록 요청한다: *"교육훈련이 성 공적이서 나중에 사람들이 어떻게 업무를 수행하는지 관찰한다면, 그들이 무엇을 다 르게 그리고 더 낫게 하고 있을까요?"* 또 다른 유용한 접근은 더 나은 성과를 내 는 사람들의 행동에 대해 묻는 것이다: *"더 나은 성과를 내는 사람들이 하고 낮은 성과를 내는 사람들이 하지 않는 것은 무엇입니까? 최고의 성과를 낸 사람들이 하는 일을 더 많은 사람들이 하게 하는 것이 목적이라면, 그것은 어떤 모습일까요?"*

물론 한 번의 대화가 완전한 성과 분석은 아니다. 하지만 궁극적으로 비즈니 스 임원이 그 학습활동의 성공 여부를 판단할 것이므로 그의 관점으로 시작하 는 것이 필수적이라고 생각한다. 요구되는 성과와 필요한 지식과 스킬을 진정으 로 이해하기 위해 추가적인 인터뷰 및 관찰을 통해 후속 조치를 취해야 한다(포 인트 사례 C.1 참조, p. 354). 성과 분석에 대한 자세한 설명은 밴 티엠, 모슬리 와 데싱어Van Tiem, Moseley & Dessinger(2012), 애디슨, 해이그와 커니Addison, Haig & Kearney(2009), 커프만과 게라로페즈Kaufman & Guerra-López(2013) 및 로빈슨과 로빈 슨Robinson & Robinson(2008)을 참조한다.

측정 지표

3. 누가 또는 무엇이 이러한 변화를 확인할 수 있는가? 플래닝 휠의 세 번째 질문의 목적은 학습 활동이 원하는 결과를 창출하는지 여부 를 확인하는 방법에 대한 대화를 시작하는 것이다. 원칙은 *교육 부서가 아닌 고객*

이 성공을 정의한다는 것이다.

이탤릭체로 표시한 이유는 D6에서 자세히 설명하겠지만 학습의 성공 여부를 결정하는 것은 궁극적으로 경영진이기 때문이다. 그 평가는 성과에서의 변화가 그들의 기대치를 충족했는지 또는 미흡했는지에 따라 달라진다. 무엇이 측정되어 질 수 있는지에 대한 논의(*질문 3*)에 고객을 참여시키면 무엇이 측정되어야 하고 무엇이 성공 기준인지에 대한 논의(다음의 *질문 4*)를 촉진시킨다. 성공 기준을 논의할 적기는 프로젝트를 정의할 때이다. 성공의 정의가 프로그램 설계에서 평가 전략에 이르기까지 다른 모든 것에 영향을 미치기 때문이다.

*질문 3*의 초기 논의는 함께 하는 브레인스토밍 세션이어야 한다: "이 학습 활동이 바람직한 결과를 내고 있는지 우리는 어떻게 확신할 수 있을까요? *누가 가장 먼저 변화를 알아차릴까요? 무엇이 바뀔까요? 또는 관찰가능한 변화가 있을까요?*"

학습 개입이 효과가 있는지 여부를 가능한 한 빨리 알고 싶을 것이므로 어떤 변화가 먼저 감지될 수 있는지에 대한 논의에 집중한다(선행 지표, p. 327 참조). 질문 3에 대한 논의에서 고객이 잠재적인 결과와 이를 확인할 수 있는 방법에 대해 생각하도록 몇 가지 안을 제공하여 "펌프에 마중물을 부어야" 할 수도 있다. 예를 들면 다음과 같다:

- 교육 참가자들이 프로그램 이수 후에 업무를 수행하는 모습을 실제로 관찰한다면 우리가 그 변화를 볼 수 있을까요?
- 교육 참가자들과의 일상적인 상호작용 속에서 변화를 알아차릴 사람은 누구일까요? 예를 들어 고객, 관리자 또는 부하 직원
- 정기적으로 추적하는 비즈니스 지표(매출, 품질, 고객 만족도 등) 중 어느 하나에서라도 변화가 있을까요?

교육훈련의 종류만큼 다양한 잠재적 결과가 있는 반면 결과의 유형과 이를 평가하는 방법의 수는 상대적으로 적다. 표 D1.1은 브레인스토밍을 안내하는 데 도움을 준다.

표 D1.1. 사후 학습 결과의 주요 범주 및 이를 입증하는 방식

결과의 유형	잠재적 데이터 원천	잠재적 데이터 수집방안
행동에서의 변화	고객 동료 혹은 부하직원 교육참가자 자신 교육참가자의 상사 훈련된 관찰자	설문조사 인터뷰 관찰
핵심 이해관계자들의 개선된 의견	고객 부하직원 관리자 기타	만족도 설문조사 인터뷰 포커스 그룹
개선된 비즈니스 지표	회사 IT 시스템 독립적 데이터 트래킹 업체	데이터 추출 데이터 구매
개선된 업무결과물	업무 샘플	전문가 리뷰 표준 루브릭 비교 관찰

*질문 3*의 목적은 (a) 결과를 평가할 수 있는 다양한 잠재적 방법을 탐색하고, (b) 승인을 얻고, (c) 고객에게 가장 중요한 것이 무엇인지 파악하는 것이다.

어떤 방식은 다른 것보다 훨씬 더 쉽고 빠르게 평가할 수 있으므로 다양한 방식들을 탐색하는 것이 중요하다. 예를 들어, 프로그램의 궁극적인 목적이 직원 유지율을 강화하는 것일 수 있다. 그러나 그것이 분명해지려면 몇 달이 걸리기 때문에 교육훈련이 효과가 있는지 여부를 측정하는 최선의 방법은 아닐 수 있다. 그 시점에서 변화를 경제나 복리후생 패키지의 변화와 같은 다른 요인이 아닌 교육훈련에 기인한 것으로 돌리는 것은 거의 불가능할 것이며, 만약 기대되는 결과를 창출하고 있지 않는다 하더라도, 학습 활동을 조정하기에는 너무 늦을 것이다.

상황이 계획대로 돌아가고 있는지 확인하고 잠재적인 개선 사항을 규명하려면 산출물에 대한 "조기 확인" 방법을 찾는 것이 중요하다. 또한 초기에 변화가 있을 때 그 변화가 교육훈련에 기인한다고 말하는 것이 더 신뢰롭게 들릴 수 있다. 그 논

의는 다음과 같을 것이다:

"우리는 논의 초반에 직원유지율 향상이 장기적인 비즈니스 요구이자 목적이라는 점에 동의했습니다. 프로그램의 효과를 측정하기 위해 직원유지율에만 의존하면, 문제는 몇 달 동안 유지율에 큰 변화가 없을 것이라는 점입니다. 그때 즈음이면 그것이 교육훈련에 기인한 것인지 아닌지 파악하기 어려울 것입니다. 학습 활동이 원하는 효과를 내고 있다는 표시를 알기 위해 더 빨리 측정할 수 있는 게 무엇일까요? 설문 조사? 직원 몰입 점수? 360도 피드백일까요?"

---

4. 구체적인 성공 기준은 무엇인가? 측정할 수 있는 가능한 결과를 탐색했다면, 이제는 그 프로그램이 성공적인지 알려면 무엇을 측정해야 하는지, 언제 그리고 어느 만큼의 변화가 요구되는지 합의할 시간이다. *사전에* "만족의 조건"에 대한 합의에 도달하는 것이 중요하다. 이는 교육조직과 현장 경영진 간 계약의 산출물 조항이기 때문이다(포인트 사례 D1.3 참조). 비즈니스 리더가 성공을 어떻게 정의하는지 모른다면 목표를 놓치기 쉽다. 대성공이라고 생각하는 학습 활동의 결과를 제시했는데 그 결과가 고객이 찾고 있는 것이 아니라는 사실을 알게 되는 것보다 더 실망스러운 것은 없다.

예를 들어, ROI 연구에 100,000달러 이상을 지출했지만 CFO가 다음과 같이 말한 회사를 알고 있다. "이 데이터는 가치가 없습니다. 그것은 제가 ROI를 정의하는 방식이 전혀 아닙니다"(포인트 사례 D6.6, p.319 참조). 요점은 ROI가 가치 있는 지표인지 여부가 아니다. 그것이 핵심 이해관계자에게는 잘못된 지표였다는 것이다. *기획* 단계에서 경영진에게 어떻게 성공을 정의할 것인지 물어봤어야 했다.

*질문 4*의 논의는 주로 *질문 3*에서 규명한 가능한 선택들(누가 또는 무엇이?)을 중요한 몇몇으로 걸러내는 선정 과정이어야 한다. 여기에는 경영진이 신뢰할

혁신적 기업교육의 여섯 가지 원칙: 6D

포인트 사례 D1.3
만족의 조건

수상 경력에 빛나는 *일하는 동안 휘파람을 부세요*Whistle While You Work와 *목적있는 삶 살기* Claiming Your Place at the Fire의 공동 저자인 리차드 라이더Richard Leider에게 목표 정의의 중요성에 대해 물었을 때 그는 목표 정의가 매우 중요하다고 말했다:

"우리는 리더들에게 만족의 조건이라고 부르는 COSConditions of Satisfaction를 만드는 방법을 가르칩니다: 당신의 만족의 조건은 무엇입니까? 무엇을 언제까지 다르게 해야 합니까? 무엇이 언제까지 전달되기를 원하십니까?"

"그것을 리더의 책무성이라고 부를 수도 있겠지만, 리더들이 리드할 때 그들은 고객입니다. 리더십 개발에 대해서 현장 리더는 고객입니다. (고객이) 요청하고, 특정 만족의 조건을 제시합니다. 따라서 고객으로서의 리더라는 개념이 교육훈련에 그리고 그 뒤의 후속조치로 변환됩니다. 리더들은 교육훈련에 대한 특정한 만족의 조건을 갖고 있는 것입니다."

"리더들은 자신의 만족의 조건에 대해 분명하지 않은 경우가 많습니다. 회의, 교육훈련 및 거래가 효과적이려면 리더들이 배워야 하는 특정 언어와 엄밀함이 있습니다. 이는 정말 모든 흐릿함을 제거합니다. 그 정도는 리더들이 갖고 있어야 하는 상식이라고 사람들은 말할 수 있겠죠. 글쎄요, 사실은 리더들에게 문제가 있을 수 있습니다."

만한 증거로 여기는 것이 무엇인지에 대한 상위 수준의 논의가 포함되어야 한다. 예를 들어 자가 보고만으로 충분한가? 평가자는 완전히 독립적이어야 하는가? 이 시점에서 목적은 세부적인 평가 계획을 세우는 것이 아니라 비즈니스 리더가 무엇을 적절하고 신뢰할 수 있는 결과 지표로 고려하는지 이해하는 것이고 이는 D6의 작업이다. 그럼에도 불구하고 경영진이 성공을 어떻게 정의하는지 명확하게 이해할 때까지는 D1을 완료한 것이 아니다. 한 가지 정답은 없다. 만족의 조건은 고객이 정의하는 것이다. 교육담당자가 기준을 설정하는 데 있어 발언권이 없어야 한다고 말하는 것은 아니다. 성공의 척도를 정의하는 것은 "쌍방타협의 기브앤테이크give & take" 논의어야 한다. 불가능한 목표를 맹목적으로 받아들이는 것은 실패를 보장하기 때문이다.

특정 수준의 성취에 대한 약속을 지키는 것은 많은 교육담당자들에게 불편할 수 있다. 하지만 바사랍Basarab(2011)이 지적한 바와 같이 이는 비즈니스에서의 규범이기도 하다. 구체적인 목표를 갖는 것은 학습부서가 학습 경험을 최적화하고 전이 환경에 영향을 미치며 지속적인 개선을 구현할 수 있도록 해준다. 아마도 가장 중요한 것은 기대되는 비즈니스 결과에 대한 합의된 목표가 학습부서의 신뢰도를 높이고 의사결정의 자리에 참여하며, 오랫동안 우리가 추구해온 진정한 비즈니스 파트너로 받아들여지는 목적을 달성한다는 것이다.

Practical Application
- 제안하는 학습 활동의 비즈니스 목적에 대한 논의를 구조화하기 위해 결과 플래닝 휠을 사용한다.
- 더 자세한 성과 분석으로 플래닝 휠에서 얻은 통찰을 보완한다.

공동 오너십 창출

플래닝 휠에는 실제로 다섯 번째 질문이 있지만 처음 네 개의 질문을 탐색할 때까지 기다려야 한다. 다섯 번째 질문은 "이러한 행동과 결과를 보장하기 위해 무엇이 더 필요합니까?"(그림 D1.7)이다.

대화 내용은 다음과 같을 것이다. "찾고 있는 비즈니스 결과와 그러한 결과를 달성하는 데 필요한 행동이 무엇인지 분명히 할 수 있도록 시간을 내어 주셔서 진심으로 감사드립니다. 마지막 질문이 하나 있습니다. '이러한 행동과 결과를 보장하기 위해 또 무엇이 필요할까요?' 제가 생각할 때는, 감독자들에 의한 강화, 적용에 대한 인정, 새로운 행동을 채택하지 않았을 때 따라오는 결과적인 조치 등이 있습니다. 우리는 사람들이 교육과정을 끝내고 떠날 때 '그래, 할 수 있어'라고 대답할 수 있도록 할 것입니다. 하지만 배운 것을 사용할지 여부는 업무 환경에 달려 있습니다. 업무현장에 돌아가서 새로운 스킬과 행동이 강화되도록 하려면 우리가 함께 해야 할 것은 무엇일까요?"

그림 D1.7. 플래닝 논의를 위한 다섯 번째 중요한 질문

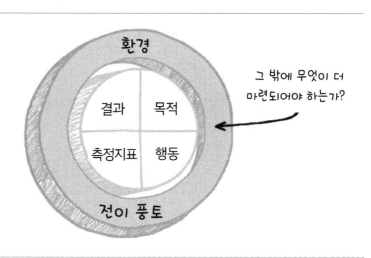

학습을 통해서 얻어야 하는 중요한 비즈니스 결과(처음 네 가지 질문)를 무엇이라고 생각하는지 관리자에게 말할 기회를 주었으므로, 학습이 성과를 향상시키는지 아닌지는 학습 자체 만큼이나 사후 교육훈련 환경에 달려 있다는 점을 지적하기에 완벽한 타이밍이다. 바람직한 행동은 경영진의 직접적인 영향력 하에 있는 업무현장에서 지원되고 강화되지 않는 한, 학습 활동은 거의 효과가 없을 것이다. 가치 있는 성과는 직원의 스킬과 노력만큼이나 업무 프로세스의 품질과 일터 정책에 달려 있다는 점을 상기시킨다(그림 D1.1, p. 66).

Practical Application

- 다섯 번째 질문인 "그 밖에 무엇이 더 마련되어야 하는가?"를 사용하여 관리자에게 학습이 이익이 되는 결과를 내는 공동 책임에 관련하여 그들의 역할에 대해 교육한다.
- 항상 학습자의 업무 환경을 고려한다. 업무환경은 어떠한 학습 활동이라도 성공시키거나 무너뜨리기 때문이다.
- 논의에 대한 서면 요약에 "그 밖에 준비해야 할 사항"의 핵심 포인트들을 언급한다(자료 D1.4 참조).

일단 학습 경험 제공에서 향상된 성과 제공으로 초점을 전환하면, 학습자가 포함된 환경인 "학습 생태계"(Frielick, 2004)의 중요성을 받아들이게 된다(표 D1.2 참조). 사람들이 학습하는 접근이 성과 관리 시스템과 인센티브 구조, 특히 관리의 관행과 스타일에 의해 지원되지 않는 한 그 접근은 부적합한 토양에 이식된 식물처럼 시들어 죽고 말 것이다. 경영진은 교육참가자들이 교육 이후 복귀하는 업무 환경을 관리하고 있으므로 해결책의 일부이거나 문제의 일부라고 할 수 있다. 학습의 효과를 최적화하려면 업무 프로세스 및 업무 환경의 변화에 대한 경영진의 지원이 필요하므로 지금 주관하는 경영진과 함께 그 씨앗을 심어야 한다.

표 D1.2. "그 밖에 무엇이 더 마련되어야 하는가?" 예시

범주	설명
피드백	사람들은 성과를 향상시키기 위해 피드백을 원하고 또 필요로 한다. 피드백은 관리자, 동료 및 자체 평가를 포함하여 다양한 출처에서 나올 수 있다.
인정	노력에 대한 인정은 강력한 동기 부여이다. 그것이 게이미피케이션이 작동하는 한 가지 이유이기도 하다. 관리자에 의한 단순한 인정은 일반적으로 물질적 보상보다 더 동기를 부여한다.
인센티브	물질적 보상에 의해 제공되는 동기는 흔히 생각하는 것만큼 크지는 않다. 하지만 교육훈련에서 배운 행동에 대해 보상한다면 인센티브는 변화를 촉진할 수 있다. 가르치는 것과 보상하는 것이 충돌하거나, 어떻게 성과를 올렸는지와 관계없이 결과만 보상되는 일이 놀랍게도 종종 일어나는데, 이는 온갖 종류의 바람직하지 않은 행동으로 이어질 수 있다.

혁신적 기업교육의 여섯 가지 원칙: 6D

성과 관리 시스템	성과 관리 시스템, 연간 고과 및 모든 직원 평가 양식은 모두 교육 내용과 일치해야 한다. 그렇지 않으면 교육훈련은 학습 불량으로 끝날 것이다.
관리의 관행	"나는 당신이 말하는 것을 듣지만 당신이 하는 것을 봅니다. 그리고 보는 것이 믿는 것입니다." 교육생들의 감독자가 교육에서 배운 내용을 적극적으로 실천하고 모델링하지 않는 한 교육훈련의 영향은 제한적일 수 있다. 모젤Mosel이 50여 년 전에 지적한 바와 같이, "실제로 교육훈련을 수행하는 것은 바로 스스로가 창출하는 조직 분위기 또는 보상 구조를 통해 보여주는 최고 경영진 자신이다. 교육 담당자들이 무엇을 하든 상관없다. 교육담당자들에 의해 시행되는 교육훈련은 최고 경영진이 매일 가르치는 것과 일치하는 경우에만 '받아들여진다'"(Mosel, 1957, 원문 강조).
배운 것을 사용하지 않은 것에 대한 결과	교육훈련을 적용하는 데 인센티브와 인정이 있어야 하는 것처럼(당근), 배운 대로 수행하려는 노력을 하지 않는 것에 대한 결과(채찍)가 있어야 한다. 흔히 말하는 것처럼, "사람들은 점검하는 것을 준수한다." 학습이 적용되는지 여부에 대해 아무도 신경 쓰지 않는다면 학습은 적용되지 않을 것이다.

여정 지도 작성
Map the Journey

학습에서 성과 향상으로 가는 것은 하나의 여정이다. 여정 지도를 만들면 설계자, 교육참가자 및 이해 관계자들이 프로세스와 그 근거를 시각화하는 데 도움이 된다. 이것은 댄 로앰Dan Roam이 저서 *냅킨의 뒷면* The Back of the Napkin(2013)에서 "비주얼 씽킹visual thinking"이라고 부르는 것이다.

비주얼 씽킹은 우리의 눈과 마음의 눈 모두로 보는 타고난 능력을 활용하는 것을 의미한다. 다른 방법으로는 보이지 않는 아이디어를 발견하고 그 아이디어들을 빠르고 직관적인 방식으로 개발하며, 그 다음 다른 사람들이 쉽게 "이해하는" 방식으로 그 아이디어들을 공유하는 것이다(p. 3).

논리 모델은 학습활동의 중요한 요소들이 어떻게 상호연결되어 있는지 그리고 원하는 결과에 각 요소가 어떻게 기여할 것으로 예상되는지 설명하기 위해 그 요소들을 연결하는 방식이다. 논리 모델은 "변화의 이론" – 즉, 학습 활동 이면의 기본 가정이 무엇인지 그리고 평가되어야 할 것이 무엇인지를 명시화하는 것이다. 이 접근은 일반적으로 프로그램을 설명하고 평가

> 논리 맵은 변화의 이론을
> 명시화한다.

하는 데 널리 사용되며(Frechtling, 2007) 특히 기업 학습 활동을 설계하고 평가하는 데 유용한 것으로 입증되었다(Parskey, 2014).

일반적인 형태의 논리 맵logic map은 그림 D1.8에 나와 있으며 기업이 운영하는 학습의 근거를 설명한다: *자원*(시간과 돈)이 *활동*(교육훈련, 액션러닝 프로젝트, 성과 지원도구 등)에 투자된다. 이는 *산출물*(훈련된 사람 수, 코칭 세션 수, 소셜 네트워크 참여자 수 등)을 만들어 내고, *결과*(고객만족도 증가, 매출증가, 싸이클 단축 등)에 기여한다. 맵은 일반적으로 왼쪽에서 오른쪽으로(자원에서 결과로) 시간 순서대로 그려지지만 효과적인 해결책을 개발하는 것은 원하는 결과를 정의하는 것부터 시작하여 반대 방향으로 진행된다는 점에 유의하는 것이 중요하다(Frechtling, 2007).

그림 D1.8. 상위 수준의 일반 논리 맵

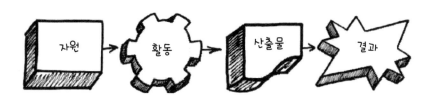

우리는 여섯 가지 원칙 전반에 걸쳐 논리 맵의 개념으로 돌아가서 논리맵을 풍부하게 하고 원하는 결과를 달성하기 위해 모든 구성 요소들이 함께 작동해야 하는 방식을 설명할 것이다. 경영진과 플래닝 휠 논의를 완료한 이 시점에서 맵은 매우 불완전할 것이다. 결과만 정의되어졌을 것이다. 그러나 목적지는 분

명할 것이다. 이는 올바른 경로를 선택하고 적절한 수준의 자원을 투자하기 위한 전제 조건이 된다.

Practical Application

- 활동, 산출물, 결과 간의 관계를 설명하는 논리 맵을 구성한다.
- 논리 맵을 계획과 평가 모두를 안내하는 데 사용한다.
- 모든 사람이 목적지에 대해서 그리고 거기에 도달하는 데 필요한 여정에 대해 명확하게 알 수 있도록 주요 관계자들과 협력하여 맵을 개발한다.

포트폴리오 관리
Manage the Portfolio

위대한 군사 전략가 클라우스비츠Clauswitz에 따르면 전략의 본질은 자원을 "결정적 지점decisive point"에 집중시키는 것이다. 비즈니스 관리자의 주요 업무 중 하나는 회사의 제품 및 서비스 포트폴리오를 관리하여 투자를 잠재력과 매칭시키는 것이다. 모든 제품이 동일하게 만들어지는 것은 아니다. 시장 규

> 전략의 본질은 결정적 지점에 자원을 집중하는 것이다.

모, 경쟁, 라이프 사이클에서의 위치 등 다양한 이유로 어떤 것들은 다른 것보다 성장과 수익성에 기여할 더 많은 잠재력을 갖고 있다. 더 큰 잠재력을 가진 제품은 더 많은 투자와 육성이 필요하고, 잠재력이 거의 없는 것들은 무시하거나 버려야 한다.

비즈니스 포트폴리오를 분류하기 위한 가장 잘 알려진 분류 체계 중 하나는 보스톤 컨설팅 그룹(BCG) 그리드로, 비즈니스 라인을 시장 성장과 시장 점유율이라는 두 가지 차원에 따라 분류한다. 이것은 4개의 사분면 또는 비즈니스/제품 유형으로 나뉜다(그림 D1.9).

그림 D1.9. 보스턴 컨설팅 그룹의 성장률-시장점유율 매트릭스

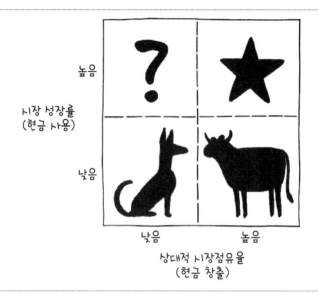

- 스타 Stars. 빠르게 성장하는 산업 또는 부문에서 시장 점유율이 높은 항목. 스타는 성장을 유지하고 잠재력을 극대화하기 위해 높은 비율의 자금이 필요하다.

- *캐쉬 카우 Cash cows*. 느리게 성장하는 부문에서 높은 시장 점유율을 확보하고 있다. 이것은 스타항목과 새로운 벤처에 대한 투자를 지원하기 위한 현금을 짜낼 수 있기 때문에 캐쉬 카우라고 불린다. 성장 잠재력이 낮기 때문에 제한된 투자가 필요하지만 굶어 죽어서는 안 된다. 캐쉬 카우는 모든 회사에 중요하며 적절하게 평가되어야 한다.

- 도그 Dogs. 성숙하고 느리게 성장하는 산업에서 낮은 시장 점유율을 갖고 있다. 일반적으로 적은 현금을 보태고 성장 잠재력이 제한적이며 다른 곳에 더 수익성 있게 배치할 수 있는 시간과 자원을 소비하기 때문에 실질적인 전략적 가치가 없다. 마이클 포터Michael Porter는 자신의 에세이 "전략이란 무엇인가?"에서 하지 말아야 할 것을 선택하는 것이 해야 할 것을 선택하는 것만큼이나 중요하고 거기에는 항상 장단점이 있다고 지적했다 (Porter, 1996). 도그 유형에 있는 것은 팔거나 처분하고 자원을 재배치해

혁신적 기업교육의 여섯 가지 원칙: 6D

야 한다.

- *퀘스천 마크 Question Marks* (*문제 아동*problem children이라고도 함). 고성장 시장에 포지셔닝되었지만 상당한 시장 점유율을 달성할 잠재력을 발휘하지 못한 제품 또는 비즈니스이다. 이 유형에 있는 것들은 관심이 필요하다. 방향을 바꿀 수 있다면 스타 제품이 될 수 있고 궁극적으로 캐쉬 카우가 될 수도 있다. 그렇지 않으면 도그로 변하여 조직의 지속적인 방해물이 될 것이다.

비즈니스 관리자의 임무는 포트폴리오를 지속적으로 평가하고 투자 수준을 조정하여 잠재력이 가장 큰 비즈니스 라인에 시간, 에너지, 돈, 창의성이 사용되도록 하는 것이다.

이 컨셉이 학습 포트폴리오에 적용되어야 한다. 모든 학습 활동이 조직의 성공에 기여할 수 있는 동일한 잠재력을 가지고 있는 것은 아니다. 가장 효과적인 학습 부서는 포트폴리오 관리를 실행하여 스타 프로그램에 대한 투자를 극대화하고 가치가 낮거나 비효율적인 프로그램을 제거한다. BCG 그리드를 사용하여 교육훈련 잠재력/실제Training Potential/Actual 또는 TP/A 그리드(그림 D1.10)를 만들어 축을 "잠재적 비즈니스 기여(전략적 중요도)" 및 "현재 효과성 수준"으로 수정하여 학습 활동 관리로 응용할 수 있다. 그렇다면 교육 프로그램은 다음의 정의에 따라 동일한 네 가지 범주로 분류되어질 것이다.

- *스타*. 리더십 효과성, 신제품 소개, 신규 시장 침투 전략 등과 같이 비즈니스에 전략적으로 중요한 핵심 영역에 있는 매우 효과적인 프로그램들이다. 최고의 인재와 창의성 및 가장 높은 수준의 투자를 받을 자격이 있다.

- *캐쉬 카우*. 멋지거나 화려할 필요는 없지만 안전 교육, 입문교육 및 컴플라이언스 교육과 같이 조직 효과성에 필수적인 매우 효과적인 프로그램이다. 캐쉬 카우 제품이나 비즈니스처럼 투자를 하지 않아 굶주려서도 안 되지만 과도한 투자를 해서 과식해서도 안 된다.

- *도그*. 단순히 효과적이지 않거나 최소한의 기여를 하는 프로그램들이다. 더 이

그림 D1.10. 학습 포트폴리오 평가를 위한 TP/A (Training Potential/Actual) 그리드

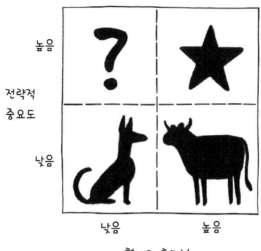

상 관련이 없게 된 문제를 해결하기 위해 한참 전에 만들어졌거나 처음부터 교육이 올바른 해결책이 아니었을 수 있다. 이와 관계없이 도그 유형에 있는 프로그램들은 중단되어야 한다. 조직의 자원, 에너지 및 사기를 약화시키기 때문이다.

• *퀘스천 마크.* 현재보다 훨씬 더 큰 기여를 해야 하는 교육훈련 활동들이다. 문제가 잠재력의 과장인지, 문제에 대한 잘못된 진단인지, 비효과적인 교육인지, 전이 지원 부족인지를 확인하기 위해 조사할 필요가 있다. 스타나 캐쉬 카우가 될 가능성이 있다면 고쳐져야 한다. 그렇지 않다면 중단하고 자원을 보다 생산적인 영역에 재배치해야 한다.

학습은 비즈니스 지원 기능이므로 학습 포트폴리오를 효과적으로 관리하려면 비즈니스 리더와 교육담당자를 포함하는 주기적인(분기별 또는 연간) 우선 순위 지정 프로세스가 필요하다. 많은 조직이 이러한 목적을 위해 학습 자문 위원회를 운영하고 유지한다. 교육담당자는 그 프로세스에 적극적인 공헌자가 되어야 한다. 관점을 가지고 앞으로 나서야 하고 새롭거나 더 유망한 교육 계획에 투자할 자원을 확보하기 위해 없애야 할 특정 프로그램들을 추천해야 한다.

혁신적 기업교육의 여섯 가지 원칙: 6D

여기에서 교육 투자의 책임 있는 우선 순위 지정은 비즈니스 결과에 대한 잠재적 및 실제 기여도를 기반으로 하는 것이지, 학습 목표, 반응 평가 또는 최근 유행하는 교육인지 여부가 아니라는 점에 유의해야 한다. 교육훈련은 이와 같이 관리되어야 하는 비즈니스 기능이다. 비즈니스처럼 학습을 관리하는 첫 번째 단계는 기대되는 결과를 분명하게 정의하는 것이다(D1).

Practical Application
- 모든 교육훈련 프로그램이 동등하게 가치 있는 것은 아님을 기억한다.
- 보상의 가능성이 가장 높은 교육훈련에 투자하여 기여도를 극대화한다.
- TP/A(Training Potential/Actual) 그리드를 사용하여 스타와 도그를 규명한다. 무엇을 유지하고 무엇을 제거할지에 대한 전략적 결정을 내린다.

요약
Summary

성공적인 학습 및 개발이 되기 위해 가장 중요하며 또한 아직까지는 발달되지 않은 첫 번째 원칙은 원하는 결과를 비즈니스 용어로 정의하는 것이다(D1). 성공적인 교육조직이라면 성과에 초점을 맞추고 항상 왜Why로 시작한다. 주요 이해 관계자와 협력하여, 달성할 학습 목표가 아니라 제공할 비즈니스 이득 측면에서 프로그램의 근거를 정의한다. 노력과 자원의 우선순위를 정하고 가장 큰 영향을 미치고 성공 가능성이 있는 학습 활동에 집중한다. 경영진과 함께 교육과정에 대한 설계를 시작하기 전에 성공의 기준에 대해 미리 합의한다.

비즈니스 결과를 정의하는 것은 모든 학습 활동의 성공을 위한 핵심이다. 교육담당자가 기대되는 비즈니스 결과를 명확히 하기 위한 노력을 기울이지 않으면 학습 활동의 성공을 위험에 빠뜨리고 아마도 회사 자체도 위험에 빠뜨릴 수 있다.

아래 체크리스트를 사용하여 교육훈련이 올바른 해결책인지 그리고 학습 활동의 목표가 비즈니스 성과로 명시되어 있는지 확인하십시오.

전체

- ☐ 제안된 학습활동은 지식 또는 스킬 부족과 관련된 성과 문제를 해결한다.
- ☐ 비교육적 해결책을 탐색하거나 시도했지만 적절하지 않았다.
- ☐ 요구 분석은 성과를 향상시키기 위해 필요한 특정 지식과 스킬을 규명했다.
- ☐ 성공적인 실행에 영향을 미칠 환경적 요인(예: 책무성, 필연적 결과, 코칭 등)들이 확인되고 논의되었다.
- ☐ 학습 활동과 기대되는 결과 간의 관계성을 보여주는 상위 수준의 논리 맵이 작성되었다.
- ☐ 경영진은 전이 환경이 학습 활동의 성공 또는 실패에 미치는 영향을 이해하고 있다.
- ☐ 경영진은 학습 전이를 위한 긍정적인 환경을 조성하는 책임과 역할을 받아들인다.
- ☐ 경영진의 "만족의 조건"이 명시되어 있다.

각 프로그램 목표

- ☐ 우선 순위가 높고, 가치가 높은 비즈니스 요구 또는 기회와 명확하게 연결되어 있다.
- ☐ 달성되어질 수 있는 실질적인 성과를 명시하고 있다(지식, 능력 또는 역량과 대조됨).
- ☐ 충족되어야 하는 성과 표준 및 달성 시기를 지정하고 있다.
- ☐ 비즈니스 용어, 개념 및 언어를 사용하고 있다.
- ☐ 성공을 측정할 수 있는 방법을 명확하게 나타낸다.

권장사항
Recommendations

학습 리더를 위한 권장사항

- 비즈니스 계획을 읽고 이해한다. 학습 및 개발이 기여할 수 있는 영역을 적극적으로 규명한다.
- 교육 프로그램 제공을 요청받았다는 이유만으로 교육훈련을 실행하지 않는다.
  - 항상 다음과 같이 질문한다: "왜? 회사에 제공할 기대되는 이익은 무엇인가?"
- 비즈니스 목표와 성공을 어떻게 평가할 것인지에 대해 미리 지정하는 분명한 "계약"을 경영진과 협의하는 데 도움을 주는 플래닝 휠을 사용한다.
- "그 밖에 무엇이 더 마련되어야 할까요?" 질문을 사용하여 비즈니스 리더들이 관리자 및 인센티브 등에 의해 지원되지 않으면 교육훈련이 실패할 것임을 이해하는 데 도움을 준다.
- 담당하고 있는 모든 프로그램을 검토하여 각 프로그램이 비즈니스 추진과제들과 확실하게 연결된 목표를 가지고 있는지 검토한다.
- 학습 포트폴리오를 적극적으로 관리한다.
  - TP/A(Training Potential/Actual) 그리드를 사용하여 전략적 중요도와 효과성에 따라 학습 활동을 분류한다.
  - 가치를 극대화하기 위해 적절한 자원 재분배를 제안한다.

비즈니스 리더를 위한 권장사항

- 교육담당자에게 해결책(예: 1일 워크숍)이 아니라 원하는 결과를 말한다. 최상의 해결책을 제안하는 것이 그들의 업무이기 때문이다.

- 자신이 담당하는 사업부의 학습 및 개발 활동의 포트폴리오를 검토한다.
  - 비즈니스의 가장 긴급한 요구와 분명하게 부합되어 있는가?
  - 해결되고 있지 않은 중요한 요구가 있는가?
  - 더 높은 가치를 가진 학습 활동으로 전환할 필요가 있는 저가치 프로그램에 자원이 낭비되고 있는가?

- 현재 학습 활동이 비즈니스 요구와 부합되지 않는다면 교육 부서장과 협력하여 일치시키도록 한다.

- 학습 및 개발 포트폴리오의 균형을 재조정하여 비즈니스에 대한 잠재적 보상이 가장 큰 학습활동으로 자원을 재배치한다.
  - 교육훈련이 필요하다고 생각되는 비즈니스 요구가 무엇인지 규명한다.
  - 교육훈련이 적절한 해결책의 일부인지 확인한다.
  - 학습 및 개발 파트너와 함께 결과 플래닝 휠을 통해 작업한다.
  - 목표를 달성하는 데 필요한 행동 변화와 이를 확인할 수 있는 방법에 대해 합의한다.
  - 당신의 "만족의 조건", 즉 학습 활동을 성공적이라고 말하려면 어떤 결과가 나와야 하는지 명확히 한다.

- 이 결과를 달성하기 위한 계획을 제안해 달라고 학습 및 개발 부서에게 요청한다.
  - 6D 스코어카드를 사용하여 비판적으로 검토한다(자료 I.2, p.62).

완전한 경험 설계

DESIGN THE COMPLETE EXPERIENCE

D2: 완전한 경험 설계

"하고 있는 일을 프로세스로 설명할 수 없다면,
무엇을 하고 있는지 모르는 것이다."
-W. 에드워드 데밍W. EDWARDS DEMING

프로세스는 "주어진 정보를 원하는 산출물로 변환하는 일련의 계획된 활동"이다(Rummler, 2007, p. 197). 제2차 세계대전 이후 데밍Deming, 주란Juran 등에 의해 소개된 프로세스 사고는 비즈니스를 변화시켰고 더 낮은 비용으로 지속적으로 더 높은 품질의 상품과 서비스를 창출했다. 프로세스 사고는 또한 경쟁의 본질을 재구성하였고, 그리하여 오늘날 "경쟁은 사람, 제품 또는 회사 간의 경쟁이 아니라 프로세스 간의 경쟁"이라고 한다(Tenner & DeToro, 1997, p. 15). 최저 비용으로 가장 안정적이고 가장 큰 가치를 창출하는 프로세스를 갖춘 조직이 승리하는 것이다.

기업이 비용을 지불하는 학습은 프로세스의 정의에 딱 들어맞는다. 즉, 사람, 시간 및 자료의 투입을 향상된 성과라는 가치가 더해진 결과로 변환하려면 일련의 단계가 필요하다(그림 D2.1). 다른 비즈니스 프로세스와 마찬가지로 결과의 품질은 인과 관계·사슬에서 가장 약한 고리 수준 만큼만 좋을 뿐이다. 따라서 학습 자체가 훌륭하더라도 적용 단계가 약하면 조직을 위해 창출하는 가치는 미미할 것이다. 이것이 바로 가장 효과적인 학습 부서들이 단지 "행사"(교실, 시뮬레이션, 이러닝 등) 동안에 무엇이 일어나야 하는지가 아니라 6D의 두 번째 원칙인 완전한 경험 설계하기를 실천하는 이유이다.

그림 D2.1 교육훈련은 프로세스이다.

완전한 경험을 설계하는 것은 회사가 의도적으로 가르치지 않는 것까지도 직원들이 항상 배우고 있기 때문에 중요하다. 직원들은 교육훈련이 설계되고 실행되는 방식에서, 관리자가 반응하는 방식에서, 다른 참가자들이 그것에 대해 말하는 것 등에서 배운다. 예를 들어 직원들은 퍼실리테이터가 교육과정에서 사전 과제와 동일한 자료를 제시하기 때문에 사전 과제를 완료하지 않고도 안전하게 무시할 수 있다는 것을 배웠다. 그들은 교육훈련에 대한 어떠한 후속조치도, 교육훈련을 사용해야 하는 책임도, 혹은 사용하지 않은 것에 대한 부정적 결과도 거의 없다는 것을 배웠다. 기업 교육의 효과성을 향상시키려면 프로그램이 가르치는 *모든* 내용에 묵시적으로나 명시적으로 주의를 기울여서 *완전한* 경험을 설계하고 관리할 필요가 있다.

우리는 기업 교육의 전통적인 경계 이전과 이후에 일어나는 일을 적극적으로 계획하고 영향을 미쳐야 한다. 이를 위해서 학습 프로세스를 전체적이고 체계적으로 설계하고 관리하는 것이 무엇을 의미하는지, 그리고 그렇게 함으로써 발생하는 이득이 무엇인지 본 장에서 검토한다.

주제는 다음을 포함한다:

- 학습은 행사가 아니다
- 많은 요인들이 결과에 영향을 미친다
- 학습을 결과로 전환하는 4단계
- 기업 교육의 결승선 재정의
- D2 체크리스트
- 학습 및 비즈니스 리더를 위한 권장사항

학습은 행사가 아니다
Learning Is Not an Event

누구나 "학습은 프로세스이지 행사가 아니다"라는 말을 들어봤고 대부분의 워크플레이스 러닝 담당자들은 이에 동의한다. 그러나 행사 사고방식은 우리의 사고에 너무도 확고하게 자리 잡고 있어서 학습에 대해 논의할 때 무의식적으로 "행사"라는 언어를 사용한다. 그 결과 우리는 "일단 완료" 패러다임을 계속해서 강화하고 있다. 예를 들어 *ADDIE*를 떠나서 *SAM*으로Leaving ADDIE for SAM(Allen & Sites, 2012)에서도 "효과적인 학습 행사 분석"과 "간결하고 효과적인 학습 행사"의 필요성에 대해 이야기한다(pp. 21-22).

간결하고 효과적인 학습 경험은 학습에서 성과로 이어지는 프로세스의 필수적인 부분이다. 그러나 D2의 메시지는 학습 부서가 "행사"에 모든 관심과 자원 및 에너지를 집중할 때 이는 학습의 잠재력을 제한하여 학습 불량 더미에 추가하고 있다는 것이다. 전문가로서 우리는 행사로서의 학습 패러다임을 넘어서야 한다.

패러다임의 개념(수용된 "진리")과 사람들의 사고를 형성하는 패러다임의 힘은 토마스 쿤Thomas Kuhn의 고전 *과학혁명의 구조*The Structure of Scientific Revolutions (Kuhn, 2012)에 의해 대중화되었다. 패러다임은 쿤이 말하는 "정상과학normal science"과 매일의 문제해결에 필수적이지만 지배적인 패러다임이 진보에 역효과를 낳아서 폐기해야 하는 시점이 온다. 그 시간이 학습과 개발에

> 우리가 교육훈련을 행사로 취급할 때 교육훈련의 결과는 최적화되지 못하고 제한적이 된다.

왔다. 학습 효과성에서의 진정한 진보는 교육담당자들이 "행사로서의 학습" 패러다임을 포기할 때까지는 일어날 수 없다.

애질런트 테크놀로지스社의 CLO인 테레사 로슈Teresa Roche는 *조직 수월성 저널*Journal of Organization Excellence에 다음과 같이 설명했다: "애질런트社에서 모든 부서는 혁신하고, 계속적으로 학습하고, 결과를 전달하도록 기대되고 있다. 글로벌 학습 및 리더십 개발 부서는 과정 종료시 만족도 점수가 아무리 높아도 전통적인 방식으로 전통적인 프로그램들을 전달하는 것만으로는 이러한 기대치를 충족시킬 수 없다는 것을 알았다. 기업 교육 투자의 수익을 극대화하려면 학습이 언제, 어디서, 어떻게 발생하는지에 대한 부서의 관점을 확대할 필요가 있었다"(Roche, Wick, & Stewart, 2005, p. 46).

비즈니스 문제는 본질적으로 유기적이기 때문에 고립된 추진과제는 비즈니스 문제를 거의 해결하지 못한다(Senge, 2006). "기본적으로 모든 조직은 인간 성과 시스템이다. 조직은 이해관계자인 인간에게 가치를 전달한다는 유일한 목적을 위해 인간에 의해 설립되고, 인간에 의해 운영된다. … 조직을 향상시키기 위한 종합적인 접근은 이러한 전제로 시작되어야 한다"(Tosti, 2009).

국제성과향상협회인 ISPIInternational Society for Performance Improvement는 창립 이래 인적 자원 개입에 대해 총체적이고 체제적으로 생각할 필요성을 강조해 왔다. ISPI의 성과 표준은 다음과 같이 명시한다: "조직은 매우 복잡한 개방형 시스템이기 때문에 시스템 관점을 취하는 것이 중요하다. … 체제적 접근은 프로세스 및 기타 업무에 영향을 미치는 더 큰 환경을 고려한다. 환경에는 투입이 포함되지만 더 중요한 것은 압박감, 기대치, 제약사항 및 따라오는 결과가 포함된다는

것이다"(Van Tiem, Moseley, & Dessinger, 2012, p. 591).

행사 패러다임의 문제는 다양하며, 그중 가장 중요한 것은, 축구 경기나 극장 프로덕션에 대해 생각하는 방식으로, 즉 단순한 관중으로 학습활동을 생각하도록 직원들을 가르치는 것이다. 행사 패러다임은 직원들이 무대에 등장함으로써 자신의 역할을 다했음을 암시한다. 행사가 끝났을 때, 학습이 종료되고 더 이상 기대되는 것은 아무것도 없다. 기업 학습 활동은 매우 달라야 한다. 교육참가자들은 자신의 학습에 적극적인 역할을 하고 교육 기간이 끝난 후에도 오랫동안 그 프로세스를 계속할 것으로 기대해야 한다. 그것이 실제로 가치를 창출하는 것이다. 이 주제는 아래에서 그리고 D4: 학습 전이 추진에 대한 논의에서 다시 다룰 것이다.

Practical Application
- 교육담당자 및 사업담당자들이 교육훈련에 대해 이야기하는 방식에 "행사로서의 학습" 패러다임이 얼마나 깊이 포함되어 있는지 주목한다.
- 학습 활동을 "행사"로 묘사하는 것을 피한다.

많은 요인들이 결과에 영향을 미친다

행사 패러다임에서 체제적 접근으로 이동하면 학습이 진공 상태에서 발생하지 않는다는 현실을 인정하게 된다. 각각의 사람이 학습 경험을 통해 무엇을 가지고 가느냐는 많은 것에 의해 형성되는데, 그 사람의 태도, 이전 경험, 적성, 정서적 상태 등을 포함한다. 마찬가지로 많은 요인들이 사람들이 이후에 자신이 배운 지식을 전이하고 적용하는 정도에 영향을 미친다. 여기에는 기회, 격려, 강화, 초기 성공 또는 실패가 포함된다(그림 D2.2).

실제로, 연구에 따르면 공식적인 교육 기간 전후에 일어나는 일이 교육과정 자체에서 일어나는 일만큼 중요하다(Broad, 2005;

> 교육과정 전과 후에 무엇이 일어나는가는 학습 자체만큼 중요하다.

Broad & Newstrom, 1992; Saks & Belcourt, 2006; Salas, Tannenbaum, Kraiger, & Smith-Jentsch, 2012). 따라서 워크플레이스 러닝 부서는 책임 범위에 대한 새로운 패러다임이 필요하다. 즉, "행사 전달"을 넘어 "성과 전달"로 넘어가는 것이다. 향상된 성과를 전달하려면 결과에 영향을 미치는 모든 요인들과 학습에서 결과로 이행하는 프로세스 4단계 모두에 주의를 기울여야 한다(아래 참조).

그림 D2.2. 많은 요인들이 학습자의 경험에 영향을 미치고
학습 전이에 영향을 미치며 결과에 영향을 미친다.

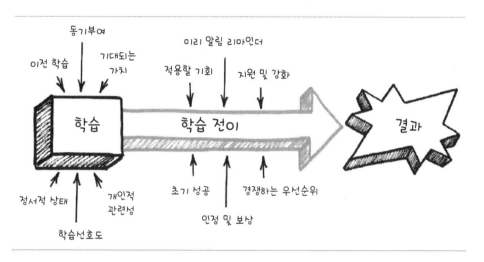

크로지어Crozier는 몰입 매니페스토Engagement Manifesto(2011)에서 다음과 같이 잘 설명했다:

학습 개입이 성공하려면 시스템내의 다른 곳에서 지원이 있어야 한다. 프로세스의 목적과 목표, 원하는 결과, 그리고 모든 사람이 어떻게 혜택을 받을 것인지에 대한 커뮤니케이션이 있어야 한다. 리더들은 성과 관리 시스템에서 새로운 행동과 그 행동이 어떻게 평가될 것인지에 대해 초점을 맞추어야 하고, 바람직한 행동을 성공적으로 보여주는 사람들에게 보상을 제공해야 한다. 이러한 작업을 수행하면 변화가 뿌리내리게 되고 지속 가능해진다(p. 58).

4단계 프로세스
A Four-Phase Process

학습을 비즈니스 결과로 전환하는 프로세스에는 4단계가 있다(그림 D2.3).

    Ⅰ. 준비: 학습계획, 학습자, 학습환경

    Ⅱ. 학습

    Ⅲ. 전이 및 적용

    Ⅳ. 성취

그림 D2.3. 학습을 향상된 성과로 전환하는 4단계

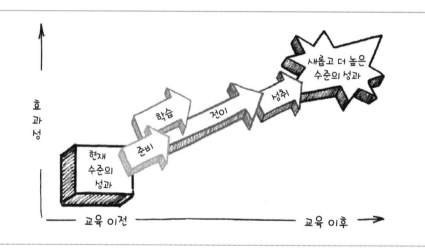

각 단계는 교육참가자들이 "내가 할 수 있을까?"와 "내가 할 것인가?"의 질문에 어떻게 대답하는가에 영향을 미치고 더불어 그 학습활동의 효과성에 기여한다. 네 가지 모두 성과를 개선하고, 기업 학습 자산을 활용하고, 조직 전략을 실행하는 데 필수적이다(포인트 사례 D2.1 참조).

포인트 사례 D2.1
UBC에서의 완전한 학습 경험

미국 목수 및 창호공 연합 브라더후드United Brotherhood of Carpenters and Joiners of America(UBC)는 건설 산업에 생산적이고 경쟁력 있는 전문적인 작업을 제공하는 50만 명 이상의 남성과 여성을 대표한다. UBC 회원들의 경쟁력을 보장하고 시장 점유율을 높이기 위한 더글라스 맥캐런 Douglas McCarron 총재 전략의 핵심은 학습이다.

UBC의 최고 학습 책임자인 랜디 엡파드 박사Randy Eppard는 학습이 그 약속을 이행하고 브라더후드의 전략적 자산이 되도록 하는 임무를 받았다. 라스베이거스에 있는 UBC의 120만 평방피트 교육 센터의 가치를 극대화하기 위해 랜디는 그의 팀이 행사 중심 접근에서 벗어나 학습을 비즈니스 프로세스로 다시 개념화하는 데 집중했다. 그는 UBC의 시장 전략을 지원하는 데 필요한 모든 요소들을 포함하는 완전한 학습 경험을 제공하도록 그들에게 도전의식을 북돋았다.

랜디는 자신의 팀을 6D에 몰두시키는 것으로 시작했다. 그들은 새로운 대표 프로그램인 직공 리더십 프로그램을 최우선 순위로 선택했다. 이 프로그램이 UBC의 미래에 가장 큰 차이를 만들 수 있는 가장 많은 잠재력을 가진 사람들, 즉 직공에 관련되기 때문이었다. 프로그램의 목표는 직공들이 변혁적 리더십의 원칙을 실천에 옮기도록 하는 것이었다.

랜디와 그의 팀은 학습의 4단계를 모두 포함하도록 프로그램을 설계했다. 교육 참가자들에게 6개월 학습 활동에 참석하게 될 것이고 교육과정은 현장에 돌아가서 실제 작업을 하기 위한 촉매역할일 뿐이라고 명시적으로 알려주었다. UBC 학습 팀은 학습 전이를 촉진하고 성공을 보장하는 데 도움이 되도록 새로운 특수 목적이 내장된 LMS와 코칭 및 도구를 사용하여 일터에 지원도구를 배치했다.

6D와 프로세스 사고를 적용하기 전에는 평가에서 전이 비율은 35%로 드러났었다. 학습의 4단계 모두에 중점을 두고 프로그램을 수정한 이후 현재 전이 비율은 80%이다. 직공 리더십 프로그램 참가자들의 두 배 이상이 UBC의 전반적인 전략과 부합하는 방식으로 업무에 학습을 적용하고 있다.

랜디에 따르면 "UBC 교육 센터에서의 학습은 이제 프로세스 사고와 비즈니스 결과에 중점을 둡니다. 모든 새로운 프로그램들은 현장 적용을 최적화하고 임팩트를 창출하는 완전한 학습 경험을 만드는 관점에서 설계됩니다."

단계 I: 준비
Preparation

첫 번째 단계는 준비이다. 이는 전통적인 사전 작업보다 훨씬 더 많은 것을 의미한다. D2 맥락에서 준비에는 다음이 포함된다.

- 학습 계획 준비
- 학습자 준비
- 환경 준비

학습 계획 준비

학습을 행사가 아닌 프로세스로 개념화할 때 학습 계획을 준비하는 것은 전통적인 교수 설계보다 더 많은 것을 포함한다. 4단계 모두에 대한 계획을 세워야 한다. 즉, 학습 활동 *이전에* 수행해야 하는 작업과 *이후에* 지속적인 학습 및 전이를 지원하기 위해 수행해야 하는 작업을 포함한다.

학습 활동의 논리 맵은 학습−성과 프로세스 4단계 각각의 활동을 포함하도록 확장되어야 한다(그림 D2.4). 계획을 실행하기 전에 학습 설계를 검토하여 4단계가 모두 고려되었고 각 단계에 대한 계획이 있는지 확인한다.

> 학습 4단계 모두에 대한 계획을 세워야 한다.

학습자 준비

대부분의 학습 활동은 자료 읽기, 이러닝 프로그램 이수, 진단 수행 등과 같은 일종의 "사전 작업"을 지정한다. 우리는 단계 I 학습에 "사전 과제"라는 용어 사용을 피하려고 한다. 따라야 할 "실제" 작업보다 덜 중요하다는 것을 암시하기 때문이다. 사실, 단계 I은 학습 작업의 일부이며 뒤 따라오는 모든 단계만 큰 중요하다.

그림 D2.4. 학습 활동의 논리 맵에는 학습-성과 프로세스의
4단계 각각에 필요한 활동이 포함되어야 한다.

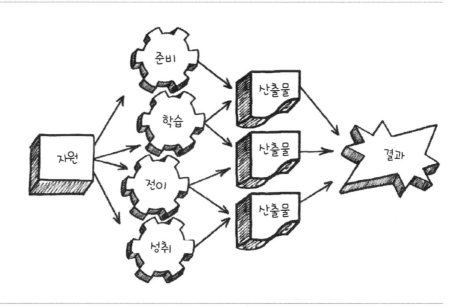

단계 I 학습 과제의 가장 일반적인 목적은 지식의 공통 기반을 마련하는 것이다. 그러나 잠재적인 용도는 훨씬 더 광범위하다. 즉, 흥미를 자극하고 학습 및 결과에 대한 의도성을 창출하며, 교육과정 맞춤화를 위한 데이터 수집을 포함한다(Pollock, Jefferson, & Wick, 2014, p. 189).

지식의 공통 기반을 구축하는 것은 중요하다. 모든 학습은 새로운 아이디어와 스킬을 기존의 정신적 틀에 연결하는 프로세스로 정의될 수 있기 때문이다(Sousa, 2011). 교육참가자들이 학습을 이해하는 데 필요한 관련 배경(교육 및 경험)을 가지고 있는지 확인하는 것은 효과성과 효율성 모두를 향상시킨다. 그것은 교육과정 중에 다른 사람들을 지루하게 하면서 일부에게만 이야기하게 되는 것을 피하는 데 도움이 된다.

교육훈련을 할 때마다, 교육생들이 교육훈련 당시 알고 있는 수준에서 시작해야 한다. 그들이 모든 기본 사항을 알고 있다고 가정하면 그 가정이 매번 튀어나와서 교육과정 진행을 수월하지 않게 만들 것이다.

- 콘클린Conklin, 2012, p. 103

단계 I의 훨씬 더 중요한 목적은 참가자들이 올바른 태도와 기대치를 갖도록 하는 것이다. 직원들이 기업학습 프로그램에 들어올 때 아무 것도 채워지지 않은 흰 종이처럼 들어오지 않는다. 대부분은 프로그램이 제공할 수 있는 가능한 가치에 대한 의견을 이미 형성했으며, 따라서 그들이 시간과 에너지를 학습에 투자할 것인지 아니면 그냥 "따라갈 것인지" 여부를 결정한다.

트버스키와 칸맨Tversky & Kahneman은 2002년 노벨상을 수상하는 데 기여한 훌륭한 일련의 실험에서 "점화 효과priming effect"(역자주: 시간적으로 먼저 떠오른 개념이 나중에 제시되는 자극의 처리에 영향을 주는 현상)의 힘을 입증했다. 아마도 가장 오싹한 예는 단순히 한 쌍의 주사위를 굴리는 것이 판사의 후속 선고 결정에 영향을 미친다는 발견일 것이다(Kahneman, 2013, p. 125). 좀 더 가벼운 예는 아리엘리Ariely의 시연(2010, p. 202)으로, 맥주에 추가한 "비밀 성분"의 정체를 미리 들었는지 여부에 따라 학생들이 선호하는 맥주가 달라진다는 것이다(그림 D2.5).

그림 D2.5. 같은 자극이 기대에 따라 다른 결과를 낳는다.

혁신적 기업교육의 여섯 가지 원칙: 6D

MIT에서 켈리Kelley가 수행한 고전적인 실험은 교육훈련에 직접 적용할 수 있는 예를 제공한다. 교육과정 전에 배포된 강사에 대한 설명에서 단 두 단어만 변경해도 학생들이 경험을 평가하는 방식에 상당한 영향을 미쳤다(Kelley, 1950).

흥미롭게도 미 육군 사관학교의 바나드 뱅크스Barnard Banks 대령은 기대에 영향을 미치는 단 두 단어의 힘에 대한 유사한 연구결과를 보고했다.

2011년 가을학기에 PL 300 [군사 리더십]의 두 가지 주요 목적 중 하나의 표현을 다음처럼 변경했다: "사관생도들은 관련 프레임웍, 개념 및 이론을 현재 리더십 상황에 적용할 것이다"('적용할 수 있다'로 표현하기 보다는). 우리가 교육 목적에서 두 개의 단어만 변경했지만, "적용할 수 있다can apply"에서 "적용할 것이다will apply"로 옮기고 리더십 상황에 "현재current"를 추가한 것은 강사와 학생 모두가 교육과정에 접근하는 방식을 변화시켰다.

- 뱅크스Banks, 2014, p. 413

단 두 단어가 학습자의 경험을 좌우할 수 있다면 기업 학습 활동에 참여하는 참가자의 태도가 그들의 경험과 궁극적인 결과 모두에 영향을 미칠 것이 분명하다. 타레누Tharenou(2001)는 특히 프로그램의 실질적인 유용성에 대한 기대가 직원의 참여 결정에 강력한 영향을 미친다는 것을 보여주었다. 점화 효과가 이렇게 강력한데 학습 및 개발 기획자는 위험을 무릅쓰고 이를 무시하고 있는 것이다. 참가자들이 교육과정에 오는 태도를 결정하는 것은 무엇인가? 그중 가장 중요한 것은 다음과 같다:

- 학습에 대한 이전 경험(학교와 직장에서의 경험 모두)
- 의도적이든 아니든 관리자가 보내는 신호
- 프로그램 설명 방법
- 동료로부터 프로그램에 대해 들은 내용

이전 경험. 참가자가 이전에 훌륭한 학습 경험이 있는 경우 학교나 이전 기업 프로그램에서 경험이 나빴을 때보다 더 긍정적인 태도로 교육과정에 올 것이다. 불행히도 일반적으로 나쁜 경험은 좋은 경험보다 더 큰 영향을 미치고 더 오래 기억된다(Amabile & Kramer, 2011). 이는 교육 및 개발 조직이 잘못 구상하거나 제대로 실행되지 못한 학습을 제공하지 않도록 해야 한다는 것을 의미한다. 지겨운 이러닝, 잘못 계획된 교육과정 또는 실제 이슈를 해결하지 못하는 교육 훈련의 부정적인 영향은 그 구체적인 경험 이후에도 오래 지속된다. 그것은 미래의 학습 활동에 대해 "우물을 오염시키고" 그 학습활동의 가치와 효과성에 부정적인 영향을 미친다.

또한 대학 교육을 받은 교수설계자와 퍼실리테이터들이 모든 사람이 학교생활을 즐겼던 것은 아니라는 사실을 염두에 두는 것은 쉽지 않다. 캐나다에 있는 전력 회사의 교육훈련 부서장이 다음과 같이 말했다: "우리의 송전선 작업자들은 작업을 안전하고 잘 수행하기 위해 많은 것을 알아야 하는 매우 숙련된 직원들입니다. 그러나 많은 이들이 교육 시스템에 대해 좋지 않은 경험을 했고 특히 학교를 좋아하지 않았습니다. 그들을 전형적인 교실 환경으로 되돌리면 많은 부정적인 감정과 방어적인 태도를 불러일으킵니다. 그래서 우리는 이러한 근로자들을 위해 교실을 피합니다. 우리는 현장에서의 실습 교육 및 학교와 다른 접근 방식에 중점을 둡니다."

Practical Application
- 학습자의 배경을 고려하고 그들이 선호하는 방식으로 가르친다.
- 모든 학습 활동이 관련성 있으며 유용하도록 한다. 나쁜 경험은 향후 프로그램에서 가치를 창출하는 것을 더 어렵게 만든다.

관리자의 신호. 직원은 관리자로부터 무엇이 중요한지에 대한 신호를 받는다. 만일 어떤 직원의 관리자가 다가오는 학습 기회에 대해 폄하하는 말을 하면("또 일을 쉬어야 합니까?") 그것은 학습의 가치를 훼손시키는 것이다. 그 직원은 참여할 의향이 적어질 것이다. 관리자가 교육훈련에 대해 아무 말도 하지 않으면 직원들은 그것이 관리자의 우선순위 목록에서 하위에 있다고 가정하므로 자신의 우선순위에서도 하위에 둔다. "정보를 숨기거나, 대화에 참여하지 않거나, 능동적이지 못한 것도 여전히 메시지를 보낸다. 이것이 올바른 메시지가 아닌 것은 분명하다"(Crozier, 2011, p. 52). 반대로, 관리자가 교육이 중요하다고 신호를 보내면("자네가 정말로 교육에 주의를 기울이길 바라네. 돌아오면 배운 것을 어떻게 사용할 계획인지 듣고 싶네.") 직원들은 학습하고 적용하려는 의도를 가지고 교육훈련에 참석할 가능성이 더 크다.

예를 들어, 브링커호프와 몬테시노Brinkerhoff & Montesino(1995)는 교육 전후에 관리자와 논의하는 시간을 가진 교육참가자들이 훨씬 더 많이 스킬을 적용했다는 것을 발견했다. 펠드스타인과 부쓰맨Feldstein & Boothman (1997)은 고성과 학습자를 특징짓는 요인의

> 직원들은 관리자로부터 무엇이 중요한지에 대한 신호를 받는다.

절반이 관리자의 영향력과 관련이 있음을 발견했다. 성과가 높은 학습자의 75%는 감독자가 성과 향상에 대한 기대를 표명했다고 보고한 반면, 성과가 낮은 학습자의 경우 25%만이 그렇다고 보고했다. 관리자와의 교육 전후 상호작용을 늘리기 위한 프로세스를 시행했을 때 학습자와 관리자 모두 훨씬 더 높은 전이율을 보고했다. 뉴튼Newton(2014)은 사전 교육 논의와 3개월 후 교육효과에 대한 관리자의 의견 사이에 강력한 상관관계가 있음을 발견했다.

학습에 대한 궁극적인 책임은 물론 직원에게 있다. 피터 드러커는 다음과 같이 유명한 글을 썼다. "개발은 항상 자기 개발이다. 기업이 책임을 떠맡는 것은 … 쓸데없는 자랑이다. 책임은 개인에게 있다"(1974, p. 427). 동시에 관리자가 학습이 중요하지 않다는 명확한 신호를 보낼 때 개인이 학습에 노력을 기울일 것을 기대하는 것은 불공평하고 현명하지 않다. 관리자가 학습자의 태도 형성에 미치는 영향을 감안할 때 가장 효과적인 조직은 관리자와 부하 직원 간의 교육 전 논의를 활성화한다. 어떤 조직은 그러한 논의를 참석의 전제 조건으로 요구하기도 한다.

Practical Application

- 교육참가자의 관리자가 교육 전에 직속 부하 직원과 짧고 집중적이며 도움이 되는 논의를 하도록 권장한다.
- 사전 논의를 하는 것의 가치에 대해 관리자를 교육하고 논의 프로세스를 촉진하기 위한 간단한 지침과 대본을 제공한다.

교육 프로그램 설명 방법. 교육참가자들이 어떻게 학습 기회를 인식하는지는 커뮤니케이션하고 포지셔닝하는 방식에 의해 형성된다. 마케팅 부서는 고객이 제품 이름을 들었을 때 생각하기를 원하는 각 제품의 포지셔닝과 브랜드 약속을 관리하는 데 많은 시간과 비용을 소비한다. 브랜드와 고객이 원하는 것 사이에 긍정적인 연관성을 만들고 그 연관성을 고객의 정신 깊숙이 심어주는 것이 목적이다.

그런데 직원들이 교육훈련에서 원하는 것은 무엇인가? 노울즈Knowles의 성인 학습 원칙과 교육훈련 참석 이유에 대한 연구에 따르면, 성인들은 자신의 삶과 경력에 실질적인 도움이 될 것이라고 믿는 것을 배우는 데 동기부여된다 (Knowles, Holton, & Swanson, 2011). 이것이 바로 D1: 비즈니스 결과 정의에서 프로그램의 이점, 즉 프로그램이 참가자와 조직에 어떻게 도움이 되는지 명확히 하는 것의 중요성을 강조한 이유이다. 학습 프로그램에 대한 동의를 확보하고 지원을 받으려면 단순히 기능이나 속성이 아니라 이점(참가자에게 도움이 되는 것)을 설명하여 "이유"(참가자에게 발생하는 이익)를 명시해야 한다. 우리의 동료인 파워업석세스PowerUpSuccess의 레이 푼Ray Poon은 "특징features은 알려주지만 이익 benefits은 팔리게 합니다."라고 즐겨 말한다. 그럼에도 불구하고 "너무 많은 사람들이 자신이 제공하는 제품의 특징을 언급하고 구매자가 흩어져 있는 점들을 연결하여 가치나 이익을 이해하기를 기대한다"(Dugdale & Lambert, 2007, p. 163). 많은 사람들이 점을 연결할 수 없거나 혹은 연결하지 않을 것이며 결과적으로 이익을 얻을 기회를 과소평가해 버리고 만다.

이익 설명의 중요성은 모든 영업 교육 커리큘럼의 일부여야 한다. 그런데 대부분의 교육 과정 설명은 거의 전적으로 특징(기간, 퍼실리테이터, 학습 목표)에 초

혁신적 기업교육의 여섯 가지 원칙: 6D

점을 맞추고 개인 및 기업에게 제공하는 이익에 대한 언급은 거의 또는 전혀 하지 않는다. 다음은 온라인 과정 카탈로그에서 가져온 일반적인 예이다.

전략적 원가 관리는 사례 연구를 통해 강의 및 실습 기법을 결합한 2일 과정이다. 수강생들은:

> 특징features은 알게 해주고
> 얻게 될 이익benefits은 팔리게 해준다.

- 원가 모델 구축을 위한 데이터 소스를 식별하는 방법을 학습할 것이다.
- 구매한 서비스 및 자료의 원가 구조를 이해할 것이다.
- 가격 관리와 원가 관리를 구분할 것이다.
- 일련의 원가 관리 도구를 이해하고 적용할 것이다.
- 협상에서 원가 모델을 효과적으로 적용하는 방법을 학습할 것이다.
- 장기 계약 협상에서 가격책정 원칙을 실행하는 방법을 학습할 것이다.

이 특징들을 이익으로 변환시키는 것은 읽는 사람들의 몫이다. 이와는 대조적으로, 다음은 나한테 주는 이익은 무엇인가? 측면에서 참석해야 하는 이유를 훨씬 더 잘 설명하는 예이다.

모든 종류의 문서를 작성하는 부담에서 벗어나십시오! 편지, 메모, 보고서, 제안서, 업적고과 등의 문서를 정리된 형식으로 빠르고 쉽게 작성하고 싶습니까? 이 세미나는 모든 종류의 글쓰기 작업을 처리하고 문서를 읽는 당사자들에게 알아야 할 사항을 전달하기 위한 기본 형식과 공식을 제공합니다. 어떻게 쓰느냐가 아니라 무엇을 써야 하는지에 집중함으로써 글쓰기 프로세스를 간소화하고 시간을 절약할 수 있습니다. 현재 수행중인 프로젝트를 가져와서 일대일 피드백을 받으십시오.

이익이 어떻게 명확하게 기술되었는지, 그와 같은 프로그램에 참여함으로써 수강생들이 얻을 수 있는 혜택에 수긍하도록 유도하기 위해 질문이 어떻게 사용되었는지 주목하라. 이익에 초점을 맞추는 것의 힘은 우리가 진행한 워크숍 참가자 중 한 명에 의해 입증되었다. 토론 후 그녀는 단지 특징(활동, 산출물)이 아니라 비즈니스 및 개인 이익(결과)을 강조하기 위해 부서의 모든 교육과정에 대한

설명서를 다시 작성했다. 프로그램 자체는 전혀 변경되지 않았지만 프로그램이 포지셔닝되고 기술되는 방식만 변경했음에도 불구하고 잠재적인 참가자 및 관리자들의 프로그램에 대한 관심이 극적으로 증가했다.

여기서는 과목 설명에 중점을 두었지만 교육 프로그램에 입과 안내하는 경우에도 마찬가지이다. 우리가 본 기업 학습 활동에 대한 대부분의 "초대장", 특히 학습 관리 시스템에 의해 자동으로 생성된 입과 안내는 가치 있는 학습 경험에 참여할 기회라기보다는 감옥형 선고처럼 읽힌다(그림 D2.6). 첫인상이 중요하다. 학습 활동의 첫인상이 긍정적이 되도록 한다.

> 교육훈련에 대한 대부분의 "입과 안내"는 감옥형 선고처럼 들린다.

그림 D2.6. 교육훈련 프로그램에 대한 "입과 안내"가 감옥형 선고처럼 읽혀지지 않도록 한다.

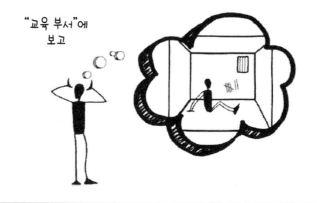

특히 전략적으로 중요한 프로그램의 경우 입과 안내를 커뮤니케이션하는 더 매력적인 방법을 고려한다. 일부 회사는 임원의 개인적인 입과 안내를 사용한다. 더 창의적인 조직들도 있다. UBS 뱅크는 마케팅 동영상의 용도를 변경하여 핵심 리더십 프로그램에 대한 열정적인 초대로 다시 더빙했다. 에모리 대학Emory University의 학습 및 조직 개발 책임자인 완다 헤이스Wanda Hayes는 에모리 대학의 리더십 프로그램에 대한 시간적 헌신과 기대뿐만 아니라 이익을 효과적으로

혁신적 기업교육의 여섯 가지 원칙: 6D

커뮤니케이션하기 위해 이전 참가자들의 비디오 사용 후기를 사용한다(Hayes, 2014). 프로그램이 그냥 또 다른 지루한 과제로 보여지는 것을 원하지 않는다면 그렇게 보이는 방식으로 프로그램을 홍보하지 말라.

Practical Application

- 교육과정 설명 및 입과 안내를 검토한다.
- 교수설계의 특징뿐만 아니라 참석자에게 주는 이익을 강조하도록 한다.

다른 사람들이 말하는 것. 우리는 모두 다른 사람들의 의견에 영향을 받는다. 동료와 친구들이 영화에 대해 긍정적으로 이야기하면 우리는 영화를 보려고 노력할 것이고, 여러 사람들이 마을의 새로운 레스토랑에 대해 혹평을 하면 그곳에서 식사하려고 시도할 가능성이 적을 것이다. 제품 및 서비스에 대한 온라인 리뷰는 구매 결정에 점점 더 많은 영향을 미치고 있다. 기업 학습 활동에 대한 학습자들의 태도도 이와 유사하게 형성된다.

소셜 미디어 시대에 직원들은 그 어느 때보다 더 많이 연결되어 있으며 "소문"에 더 잘 적응하고 있다. 과거에는 개인 대 개인의 영향력이 대부분 대화를 나눌 가능성이 있는 동료들에게만 국한된 반면, 요즘에는 의견이 "입소문이 나고" 몇 시간 만에 전체 조직에 빠르게 퍼질 수 있다.

사람들이 프로그램에 대해 듣는 내용은 그들의 기대에 영향을 미친다. 기대는 다시 배우고 적용하려는 동기("내가 할 것인가?")에 영향을 미친다. 교육담당자로서 우리는 "거리에 떠도는 말"에 더 많은 관심을 기울여야 한다. 특정 프로그램이 "쓸모 없다", "지루하다" 또는 "시간 낭비"라는 나쁜 평판을 얻고 있다면 근본 원인을 이해하고 해결하는 것이 중요하다. 이러한 이슈들을 무시하는 것은 제품 결함을 무시하는 것이 즉각적인 리콜과 수정보다 회사에 더 큰 피해를 주는 것과 마찬가지로 학습 브랜드와 학습에 대한 전망을 손상시킨다.

Practical Application

- 학습 활동에 대한 "거리에 떠도는 말"에 주의를 기울인다. 그 말들이 효과성에 영향을 미치기 때문이다.
- 소문이 긍정적이지 않다면 문제를 이해하고 해결하기 위한 조치를 취한다.

기대 재설정하기

교육담당자들은 학습을 "행사"의 관점에서 생각하도록 세뇌되었다. 학습자도 마찬가지였다. 직원들이 참석한 기업 교육 프로그램은 얼굴을 비추고 그리고 어쩌면 시험에 합격하는 것 이상의 요구 사항이 거의 없었다. 있다 하더라도, 참석자들은 "액션플랜"

> 지금까지 수집한 가장 많은 정보는 내가 강사를 어떻게 평가했는지였습니다.

을 작성한 프로그램에서조차도 적용에 대해 책임을 지는 경우가 거의 없다. 스위스 아미 브랜드 주식회사Swiss Army Brands, Inc.의 전 회장인 피터 길슨Peter Gilson은 전형적인 사례를 다음과 같이 설명했다. "젊은 임원으로서 저는 수십 개의 개발 프로그램에 참석했지만 어느 누구도 제가 배운 내용으로 무엇을 했는지 또는 어떻게 사용했는지 확인하기 위해 후속 조사를 한 사람은 한 번도 없었습니다. 지금까지 수집한 가장 많은 정보는 내가 강사를 어떻게 평가했는지였습니다."

학습자를 준비시키는 6D 접근의 중요한 부분은 회사가 비용을 지불하는 학습의 "결승선"을 업무에 성공적으로 적용하는 것으로 재정의하여 기대치를 재설정하는 것이다(그림 D2.7). 단순히 모듈, 게임, 시뮬레이션 또는 워크숍을 종료하는 것이 아니다(Wick, Pollock, & Jefferson, 2009). 학점, 수료증, 기념품 및 기타 "수료"의 표시들은 궁극적인 목적이 향상된 성과라는 메시지를 강화하기 위해 현업 적용의 가시적인 증거가 있는 후에만 수여되어야 한다(포인트 사례 D2.2 참조).

그림 D2.7. 학습의 진정한 결승선은 향상된 성과이다.

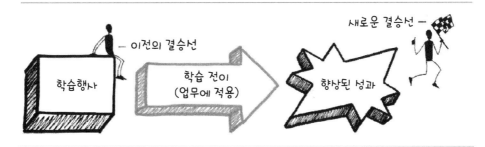

포인트 사례 D2.2
결승선 재설정하기

홈 디포Home Depot는 매장 관리자가 보다 효율적이고 효과적으로 운영할 수 있도록 일련의 대규모 학습 행사를 시행했다. 3일간의 포럼이 끝날 때는 참가자들에게 매우 멋진 크리스탈 트로피가 수여되었다. 그 당시 홈 디포 캐나다 회장인 아네트 버슈런Annette Vershuren은 그렇게 하는 것이 완전히 잘못된 메시지를 보낸다는 것을 깨달았다. 이 어워드는 단지 교육에 참석한 것이 아니라 실제로 매장 운영을 개선한 아이디어를 실행한 것에 대해 주어져야 했다. 따라서 적어도 그녀의 사업부에서 매장관리자들은 매장 관리자 포럼에 참석한 결과로 자신이 취한 최소한 한 가지 행동이 매장 성과를 눈에 띄게 개선한 것을 입증할 수 있을 때에만 트로피를 받았다. 이것은 학습 과정을 완료하는 것이 무엇을 의미하는지 재정의하는 좋은 예이다.

　새로운 결승선을 정의하고 평가할 수 있는 방법에는 여러 가지가 있다. 적절한 시기와 기준은 프로그램의 성격과 목표에 따라 다르다. 표 D2.1은 기업이 학습 활동에 대해 결승선을 재정의한 방식에 대한 몇 가지 예시를 제공한다.

표 D2.1. 결승선 재정의의 예시

프로그램의 목적	새로운 결승선	조직 및 참고문헌
파워포인트 슬라이드의 사용을 개선한다.	교육 후 90일 내에 3개의 재설계된 슬라이드를 제출하십시오. 슬라이드가 "글랜스 테스트"(표준 채점 체계)를 통과한 경우에만 참가자는 인증서를 받습니다.	KLA-텐코 (Hughes, 2014)
리더십 효과성을 향상시키기 위해 코칭 스킬을 증진시킨다.	주요 개념들을 강화하고 코칭 원칙에 대한 지식을 테스트하는 컴퓨터 기반 교육 모듈을 완료하십시오. 그리고 그 교육모듈의 적용 목적 및 진척상황에 대해 교육 동기생들과의 SharePoint 토론에 참여하십시오.	메써디스트 보뇌르 헬쓰케어 (Keeton, 2014)
Lean 제조 원칙을 적용하여 품질을 높이고 원가를 낮춘다.	Lean 원칙을 적용해야 하는 개선 프로젝트를 완료, 평가, 보고합니다.	하이퍼썸 주식회사 (Jaccaci & Hackett, 2014)
더 효과적인 리더십	지원 조치 및 가장 자랑스러워하는 개선 사항을 포함하여 리더십 개발에 대한 성취 스토리를 들려주십시오.	웨스트포인트 미육군사관학교 (Banks, 2014)

교육과정 설명 및 교육참가자에 대한 커뮤니케이션은 무엇이 기대되는지에 대해 명시적이어야 한다. 교육생들은 교육 프로그램에 참석하는 특권에는 성과를 향상시키기 위해 그것을 적용할 *책임*이 수반되며 배운 내용을 업무에 적용할 때까지는 업무가 완료되지 않는다는 분명한 이해를 해야 한다. 모든 학습활동의 일정에는 적용에 필요한 시간이 포함되어야 한다(그림 D2.8). 단지 수업 활동뿐만 아니라 완전한 학습 경험을 포함하도록 아젠다가 작성되어야 한다.

Practical Application

- 학습 과정을 이수한다는 것이 무엇을 의미하는지에 대한 참가자의 기대치를 재설정한다.
- 모든 자료와 커뮤니케이션은 학습의 적용을 강조하고 "행사"를 암시하는 표현을 피하도록 한다.

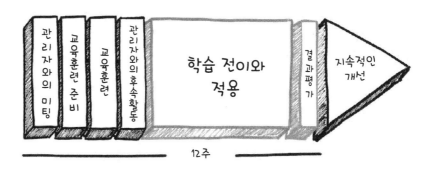

변화에 대한 준비도. 프로챠스카와 디클레멘테Prochaska & DiClemente(1983)는 행동 수정 분야에서 가장 영향력 있는 개념 중 하나가 된 변화 단계 모델을 제안했다. 그들은 행동 변화가 숙고 전, 숙고, 준비, 실행 및 유지의 5단계로 발생한다고 제안했다(DiClemente & Prochaska, 1998). 재발은 과정의 모든 단계에서 발생할 수 있다(그림 D2.9).

그림 D2.9. 변화 모델 단계

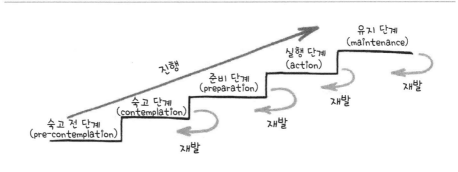

변화 노력은 프로세스에서 단계를 건너뛰려고 하면 실패한다. 예를 들어, 변화에 대해 생각조차 하지 않는(숙고 전 단계) 사람들이 바로 실행으로 옮기도록 하는 것과 같다. 변화 노력은 또한 변화를 유지하고 재발을 방지하는 데 도움이 되는 지원 메커니즘(D5)을 마련하는 것을 소홀리하면 실패한다. 기업 학습 활동들이 어느 수준에서는 모두 직원들의 행동을 변화시키는 데 도움을 주는 노력이므로, 이 모델은 기업 학습 활동과 관련있다고 할 수 있다. 따라서 단계 I의 중요한 측면은 직원들을 숙고 전 단계에서 숙고와 준비 단계로 이동시키는 것이다.

요점. 기업은 교육참가자의 "참석" 태도를 형성하는 데 더 많은 노력과 관심을 기울임으로써 학습 활동의 효과를 개선할 수 있다. 이러한 태도는 자기 충족적 예언이 되는 경향이 있기 때문이다. 교육참가자들은 프로그램에서 그들이 기대하는 것과 거의 동일한 결과를 얻는다. 즉, 높은 가치의 학습 경험이 될 것으로 기대한다면 그들이 경험하는 대부분은 높은 가치가 있게 된다. 그들이 시간 낭비라고 기대한다면, 적어도 그들에게는 보통은 시간낭비가 된다(그림 D2.10).

그림 D2.10. 교육참가자의 기대에 따라 동일한 학습 경험이라도
개인이 얻는 이익은 달라진다.

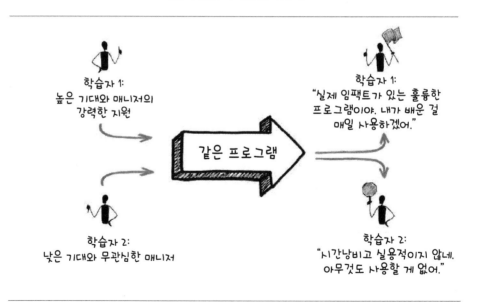

혁신적 기업교육의 여섯 가지 원칙: 6D

환경 준비

D4에서 더 자세히 논의하겠지만, 전이 풍토, 즉 직원들의 업무 환경은 "내가 할 것인가?"에 대한 답변에 강력한 영향을 미친다. 따라서 학습이 가치를 창출하는지 불량을 창출하는지에 영향을 미친다. 게리 룸블러Geary Rummler는 "좋은 성과자와 나쁜 시스템을 싸움 붙이면 시스템이 거의 항상 승리할 것이다" (Rummler & Brache, 2012, p. 11)라고 유명한 농담을 했다.

전이 풍토에 대해 생각하고 준비하기에 가장 좋은 시기는 분석 및 설계 단계이다. 그것이 D1 플래닝 휠 논의의 일부로 "그 밖에 무엇이 더 마련되어야 하는가?"라고 묻는 목적이다. 학습 활동을 둘러싼 환경(인센티브, 언어, 보상, 파급되는 결과, 리더십 행동 및 문화)이 바람직한 행동과 부합하지 않는 한 학습활동은 실패할 가능성이 높다.

> 전이 풍토는 강력한 영향력을 발휘한다.

해야 할 핵심 질문은 다음과 같다.

- 고위 경영진이 말과 행동 모두에서 학습을 눈에 띄게 지원하고 있는가?
- 교육참가자의 직속 상사들은 적용을 지원하는 데 있어서 자신의 역할을 알고 있는가?
- 관리자들은 효과적으로 코칭하는 데 필요한 스킬과 도구를 가지고 있는가?
- 관리자들은 적용을 지원하는 것에 대해 책임을 지고 있는가?
- 성과 관리 시스템은 추구되는 행동에 대해 보상을 하는가?
- 배운 방식대로 수행하는 것에 대한 인센티브가 있는가?
- 새로운 방식으로 수행하지 않은 것에 대해 파급되는 부정적인 결과가 있는가?

이러한 질문들 중 어느 것에라도 대답이 "아니오"인 경우 학습 개입의 효과성을 약화시키거나 어떤 경우에는 완전히 무효화시킨다. 교육담당자들은 환경을 명확하게 평가한 다음 진행에 방해가 되는 요소를 줄이기 위해 경영진과 협력해야 한다. 이러한 이슈들은 고치는 데 시간이 걸린다. 따라서 환경 준비는 단계 I에서 시작해야 한다.

Practical Application

- 분석 및 설계 단계의 일부로 학습 프로그램 참가자가 교육 후 돌아갈 업무 환경을 비판적으로 평가한다.
- 경영진과 협력하여 학습 전이에 도움이 되는 환경을 준비한다.

단계 II: 학습
Guided Learning

단계 II에 대해서는 다음 장(D3: 현장 적용을 위한 전달)에서 자세히 설명한다. 방법이나 매체(강사 주도 수업, 이러닝, 액션 러닝, OJT, 발견 학습 또는 다양한 블렌디드)에 관계없이 중요한 이슈들은 다음과 같다:

- 학습 경험과 달성하려는 궁극적인 비즈니스 결과 간의 일치를 확보한다.
- 단계 I 준비를 위한 학습 과제를 마련하고 강화한다.
- 요구되는 행동과 스킬에 적절한 교수적 접근을 사용한다.
- 성인 학습의 원칙을 존중한다.
- 교육참가자들이 배운 내용을 업무에 적용할 수 있도록 한다("내가 할 수 있나?").
- 그렇게 함으로써 얻을 수 있는 이점을 그들에게 납득시킨다("내가 할 것인가?").
- 단계 II와 단계 III(전이 및 적용) 사이의 전환을 강력하고 원활하게 만든다.

단계 II는 기업 학습에서 가장 잘 연구된 단계이다. 교수 설계에 관한 수많은 책, 교육과정 및 연구 논문이 있다. 그렇더라도, 비즈니스 목적에 더 집중하고, 요구되는 성과와 일치하는 교육 방법을 선정하고, 실습을 위한 적절한 시간을 보장하고, 교육참가자들이 학습내용과의 연관성과 유용성을 이해하도록 함으로써 이 단계에서의 학습은 향상될 수 있다. 특히 연관성이 중요한데, 성인은 배우는 내용의 연관성이 명확할 때 학습 동기가 유발되고 학습을 보다 효과적으로 수행하기 때문이다(Knowles, Holton, & Swanson, 2011).

학습을 위한 가치 사슬(p. 183 참조)인 확장된 논리 모델은 내용 및 교수 방법론이 바람직한 비즈니스 결과와 논리적으로 일치시키는 데 도움이 될 수 있다. 무엇을 포함하고 무엇을 남겨둘지 결정하기 위한 기준으로 비즈니스 목표를 사용하라. 학습을 구조화하는 최선의 방법을 결정하려면, 요구되는 성과를 사용하라.

> 성인은 연관성이 명확할 때 학습하려는 동기가 부여된다.

학습 활동들이 이러한 방식으로 항상 비즈니스 결과를 고려하여 설계되면 교육참가자들이 자신과의 관련성을 확인하고 "내가 할 것인가?" 질문에 "그래"라고 대답하기가 훨씬 더 쉬워진다.

단계 III: 전이 및 적용
Transfer and Application

단계 III 학습 전이는 "바로 실제로 일이 일어나는 핵심"이며 대부분의 프로그램이 좌초되는 곳이기도 하다. 프로세스의 이 단계에서 어떤 일이 일어나는지(또는 일어나지 못하는지)는 학습이 가치를 창출하는지 아니면 불량을 창출하는지를 결정하는 주요 심판자이다. 단계 II에서 아무리 많은 학습이 발생하더라도 성과를 향상시키는 방식으로 사용되지 않는 한 조직에게는 비용일 뿐이다(그림 D1.2, p. 67). 학습의 가치는 그리고 그에 따른 학습부서의 가치는 전이의 효과성에 달려 있다. 따라서 교육담당자들이 단계 III에 대한 더 큰 오너십 ownership을 갖고 교육과정 이후 환경에 영향을 미칠 것을 강력히 권장한다.

학습 전이 및 적용은 학습-성과 프로세스의 세 번째 단계로, 오늘날 기업 학습 활동에서 가장 취약한 연결 고리이다(그림 D2.11). 따라서 전이를 개선하는 것은 기업 교육의 전반적인 효과성을 높일 수 있는 가장 큰 기회가 될 것이다. 학습 전이를 강화하는 것은 개인, 학습 및 개발 조직, 교육참가자의 관리자, 회사 전체 모두에게 가장 큰 이득이 된다. 전이는 과거에 받아왔던 관심보다 훨씬 더 큰 관심을 받을 만하다.

그림 D2.11. 단계 III 학습 전이는 대부분의 학습 프로그램에서 가장 약한 연결 고리이다.

전이가 그렇게 중요하다면 학습 부서가 이 중요한 단계를 관리하기 위해 더 많은 노력을 기울이지 않은 이유는 무엇인가? 세 가지 주요 장애물이 있다고 생각한다.

1. 지배적인 패러다임이 교육을 행사로 취급하고 교수 설계자를 행사 기획자 그 이상이 아니라고 격하시킨다.
2. 교육행사 이후 기간은 교육 조직과 일상적인 관리 사이의 "무인지대"이다. 어느 쪽도 학습 전이 및 결과에 대한 오너십을 받아들이지 않았다.
3. 기업교육 역사에서 이 프로세스를 관리하기 위한 시스템이 부재했다.

문제는 D4: 학습 전이 추진과 D5: 성과 지원 도입 장에서 자세히 다룰 것이다. 여기서 요점은 단계 III 학습 전이 및 적용을 위해 계획하는 것이 완전한 경험 설계 원칙의 결정적인 프랙티스라는 것이다. 실제로 전체 학습 활동의 성공은 여기에 달려 있다. 현명한 교육 부서에서는 학습을 결과로 전환하는 이 중요하면서도 간과되는 단계에 자원을 투입한다.

단계 IV: 성취
Achievement

단계 IV는 학습을 위한 새로운 결승선이다. 교육참가자들이 이루어 놓은 진전을 인정함으로써 학습 사이클을 완료하는 것이다. 완전한 학습 경험의 일부로 성취에 대한 인정을 포함시키는 세 가지 확실한 이유가 있다.

1. 강력한 동기부여가 된다.
2. 명확한 결승선을 설정한다.
3. 평가는 그 자체로 학습 경험이다.

인정 및 "내가 할 것인가?"

자신의 노력을 인정받는 것이 강력한 동기 부여가 된다는 것이 밝혀졌다. 교육참가자들이 "그래, 변화를 위해 노력하겠어"라고 대답하고 시간이 지남에 따라 노력을 지속하려면 자신이 발전하고 있다고 느끼고 또 이것이 확인될 필요가 있다. 아마빌레와 크래머Amabile & Kramer(2011)는 수천 건의 일일 업무 일지를 분석했을 때 업무에서 의미 있는 진전을 이루고 있다는 느낌이 더 큰 생산성과 창의성 및 업무에 대한 헌신과 관련이 있음을 발견했다.

반대로 직원들이 진전을 보이지 않거나 업무가 무의미하다고 느끼면 의욕이 떨어지고 창의적이지 않으며 생산성이 떨어진다. 불행하게도 아마빌레와 크래머는 다음과 같은 사실도 발견했다: "너무 많은 관리자들이 진전의 중요성을 인식하지 못하기 때문에 그것에 대해 걱정하거나 지원하기 위해 행동하지 않는다"(p. 158).

> 진전되고 있다는 느낌은 생산성과 창의성 및 헌신을 증가시켰다.

진전을 이루고 있다는 느낌은 행동 변화를 지속하는 데 필수적이다(그림 D2.12). 예를 들어, 국립 체중 관리 등기소의 연구에 따르면 정기적으로 체중을 측정한 사람들이 그렇지 않은 사람들보다 체중 감량 및 유지에 더 성공적이었다(National Weight Control Registry, n.d.). "0.5파운드라도 감량하는 작은 승리는 우리가 다이어트를 고수하는 데 필요한 추진력을 제공할 수 있다. 우리는 긴 전투에서 승리할 것이라고 믿으려면 작은 승리들을 볼 필요가 있다"(Duhigg, 2012, p. 278).

그림 D2.12. 진전에 대한 느낌은 행동 변화를 지원하는 데 필수적이다.

직원들이 업무에서 계속 학습하도록 동기를 부여하려면 직원들이 진전하고 있으며 학습을 적용하는 일이 의미가 있다는 느낌을 주어 내재적 동기를 활용할 수 있는 방법을 찾아야 한다. 다니엘 핑크Daniel Pink는 드라이브: 우리를 동기부여하는 것에 대한 놀라운 진실Drive: The Surprising Truth About What Motivates Us(2008)에서 동기에 관한 문헌들을 조사하고 대부분의 사람들에게 돈이나 지위와 같은 외적 보상보다 자기효능감과 자기만족을 달성하려는 내재적 추진력이 더 동기부여가 된다고 결론지었다.

댄 아리엘리Dan Ariely는 그 반대도 사실이라는 증거를 제시했다: 노력이 무시되면 동기 부여가 크게 저하된다는 것이다(Ariely, 2011). 그는 세 집단을 비교했다: 일이 인정된 집단, 일이 무시된 집단, 일이 완료되자마자 문서 파쇄기에 넣어진 집단을 비교했다. 놀라운 발견은 일이 무시된 집단이 일이 파쇄되어 버린 집단만큼 빨리 그만두었다는 것이다. 다른 말로 하면, 인정의 부족은 일이 폐기된 것만큼이나 내재적인 동기를 파괴한다.

혁신적 기업교육의 여섯 가지 원칙: 6D

교육담당자들을 위한 핵심 교훈은 사람들이 배운 것을 적용하기 위해 노력하기를 원한다면 그들의 노력에 대한 인정과 성취에 대한 인정이 있도록 해야 한다. 그것은 자기 평가나 혹은 현업 적용에 기반한 학점이나 수료증을 주는 것처럼 간단할 수 있다. 또는 자신의 노력과 성취를 임원에게 보고하도록 하는 것과 같은 더 강력한 인센티브가 포함될 수 있다(포인트 사례 D2.3 참조).

> 직원들이 배운 것을 적용하기를 원한다면 그들의 노력을 인정해 주어야 한다.

포인트 사례 D2.3
듀폰에서 학습의 가치 전달하기

듀폰社DuPont Company는 200년 이상 동안 혁신적인 제품, 재료 및 서비스를 통해 세계적 수준의 과학 및 엔지니어링을 세계 시장에 선보였다. 듀폰은 농업, 영양, 통신, 건설, 운송 및 안전과 같은 다양한 시장에서 매년 수천 개의 신제품을 출시한다.

듀폰은 전략적 마케팅 접근 방식인 듀폰 마케팅 엑설런스DuPont Marketing Excellence(DMX)를 적용하여 성공적인 제품 출시와 글로벌 시장 도달을 보장한다. DMX의 책임자인 랜드 멘데즈Rand Mendez는 DMX의 기본 원칙이 현장 적용과 비즈니스 효과로 이어지도록 가르치는 책임을 맡고 있다.

프로젝트 팀을 위한 DMX 프로그램은 경험 학습 및 프로젝트 기반 학습을 활용하는 능력 개발 활동이다. 우선 순위가 높은 4개의 성장 프로젝트가 승인되었으며, 각 프로젝트는 성공을 위한 전략적 마케팅 계획이 필요하다. 이 프로젝트들의 실제 작업은 프로젝트 팀을 위한 DMX 프로그램의 교육 과정에서 학습을 위한 기초가 된다.

6D 원칙이 프로세스를 설계하는 데 사용되었다. DMX 팀은 먼저 기대되는 결과에 대한 명확성을 보장하기 위해 견고한 D1 기반을 구축했다. 또한 D1 프로세스를 사용하여 각 프로젝트 헌장을 규명하고 개발한다. 각 프로젝트는 엄격한 비즈니스 리뷰 프로세스를 통과해야 DMX 액션 러닝 경험의 주제가 된다.

교육 모듈 및 세션 간 과제는 학습 전이 및 적용을 지원하도록 설계되었다. 교차 기능 참가자들은 6개월에 걸쳐 세 개의 3일 프로그램에 함께 모여 전략적 마케팅의 기초를 배우고 진행 중인 작업의 일부인 우선 순위가 높은 프로젝트에 학습 내용을 적용한다. "참가자들의 학습과 우선 순위 업무가 분리될 수 없을 때 학습 전이를 달성하는 것이 훨씬 쉬웠습니다."라고 랜드는 말했다. 전이를 더욱 확실하게 하기 위해 DMX 팀은 프로세스 전반에 걸쳐 코칭 및 리더 지원도구를 배치한다. 프로그램의 "결승선"은 전략적 마케팅 계획을 경영진에게 제시하고 듀폰 판매 프로세스의 가치 흐름에 통합하는 것이다.

"프로그램 성공의 한 가지 지표는 경영진이 투자 수익의 계량적 분석을 요구하지 않는다는 것입니다. 그들은 이미 프로그램에서 작성된 계획을 성공적으로 실행하여 창출된 가치를 이미 확인해온 것입니다." 랜드는 프로그램의 성공요인을 프로그램을 만들 때 여섯 가지 원칙과 중요한 성공요인들을 모두 고려하고 계획하도록 한 팀의 철저함, 그리고 지속적인 개선에 대한 팀의 노력 덕분이라고 생각한다.

기업교육 역사에서 교육 부서는 교육생들이 배운 내용을 현업에 적용하려고 노력할 때 인정함으로써 생기는 내재적 동기를 충분히 활용하지 못했다. 이것이 우리가 완전한 학습 경험의 필수적인 부분으로 단계IV 성취의 인정을 고려하는 이유이다.

Practical Application

- 직원들이 새로운 스킬을 응용하려고 노력할 때 단지 자기 평가일지라도 발전하고 있다는 느낌을 갖도록 하는 프로세스를 개발한다.

학습자에게 자신을 스테이플러로 고정시키기
Staple Yourself to the Learner

마지막으로 학습의 네 단계 모두에서 교육참가자들의 경험이 일관성이 있는지 확인해야 한다. 우리는 "학습자에게 자신을 스테이플러로 고정시킨다"(그림 D2.13)라는 개념이 유용한 연습임을 발견했다.

그림 D2.13. 전체 과정에서 학습자에게 스테이플러로 고정된 자신을 상상하여 프로그램 설계를 점검한다.

이 아이디어는 하버드 비즈니스 리뷰에 실린 샤피로, 랜건, 및 스비오클라 Shapiro, Rangan & Sviokla(1992)의 기사에서 비롯되었다. 그들은 고객의 경험을 진정으로 이해하는 유일한 방법(및 이를 개선하는 방법)은 비유적으로 "주문에 자신을 스테이플러로 고정시키는 것"이라고 주장했다. 그들의 경우, 그것은 한 개의 주문이 얼마나 많은 횟수로 처리되는지, 얼마나 자주 다른 일들로 해서 옆으로 제쳐 두는지, 주문 상태를 찾는 게 얼마나 어려운지, 어디서 실수가 일어나는지 등을 확인하기 위해 회사의 모든 단계들을 거치면서 한 주문을 따라가는 것을 의미했다.

이 아이디어를 학습 및 개발에 적용하는 것은 네 단계 모두에서 자신이 학습자에게 스테이플러로 고정되어 있다고 상상하는 것이다. 처음 학습기회에 대해 들었을 때부터, 구조화된 학습을 경험하는 것, 그후 며칠 동안 그리고 몇 달 동안 그리고 동안의 현장 적용, 더 나은 성과를 성취하는 것에 이르기까지 상상하는 것이다. 각 단계에서 자신을 학습자로 상상하고 다음과 같이 질문한다:

- 나에게 기대되는 바가 무엇인지 이해할 수 있는가?
- 기대되는 비즈니스 결과가 명확하고 설득력이 있는가?
- 이 학습 활동이 다른 모든 시스템, 슬로건 및 기업 추진과제들과 어떻게 관련되어 있는

지 이해할 것인가?

- 이 학습 활동이 내 업무와 어떻게 관련되어 있는지 분명한가?
- 교육과정은 내가 "그래, 나는 새로운 방식으로 수행할 수 있어."라고 말할 수 있도록 할 것인가?
- 도움이 필요하면 어디에서 도움을 구할 것인가?
- 개인적으로 나를 위한 이익을 알 수 있는가?
- "그래, 나는 하겠어!"라고 대답하고 그렇게 하기 위해 노력할 것인가?
- 내가 이것을 사용하는지 아닌지 누구라도 알거나 관심을 가질 것인가?
- 나의 관리자는 어떻게 생각하는가? 그것을 지원하는가? 내가 어떻게 알까?
- 내가 업무에서 평가받는 방식이 내가 배운 것을 강화할 것인가, 아니면 반대일 것인가?

고객과 함께 이 작업을 수행할 때마다 고객은 전반적인 경험과 영향을 강화하는 개선 기회를 발견했다. 자료 D2.1의 체크리스트는 설계가 완전한 경험을 포함하는지 확인하는 데 도움이 된다.

Practical Application

- 완전한 학습 경험을 검토하고 모든 요소가 함께 어우러져서 "그래, 할 수 있어"와 "그래, 하겠어"가 모두 보장되도록 한다.

요약
Summary

가장 효과적인 교육 부서들이 실행하는 두 번째 원칙은 완전한 학습자 경험을 설계하고 관리하는 것이다. 프로그램이 입과 안내에 포지셔닝되는 방식부터, 단계 I에서 예상되는 준비, 단계 II의 교수 설계, 단계 III의 책무성과 지원, 단계 IV에서 진행 상황을 평가하고 인정하는 방법에 이른다. 이 계획에는 전이 환경의 요소들이 어떻게 개선되고 조정될 것인지도 포함된다.

완전한 경험을 설계하는 것은 기업 교육담당자의 전통적인 범위를 훨씬 뛰어넘는다. 이는 새로운 스킬을 학습하고 오랜 패러다임을 버려야 한다는 의미이다. 경험상 이것이 진정한 혁신의 돌파구를 달성하는 유일한 방법이다.

> 완전한 경험은 기업 학습의 전통적인 범위를 훨씬 뛰어넘는다.

학습 및 학습 전이에 대한 이러한 총체적 접근을 채택하면 교육 부서의 노력에 대한 사람들의 인식 그리고 그 노력이 조직에 제공하는 실질적인 가치가 크게 증가한다. 결승선을 교육과정의 마지막 날이 아닌 향상된 성과로 재정의하는 것은 상당한 보상을 제공하는 상쾌한 도전이 될 것이다.

자료 D2.1
D2 체크리스트

아래 체크리스트를 사용하여 학습 활동 설계가 "완전한 경험"을 염두에 두고 있는지 확인하십시오.

	단계 I: 준비	
	요소	기준
❏	선발	선발 또는 등록 프로세스는 "올바른 사람이 버스에 탑승"하도록 한다. 즉, 프로그램에서 이익이 될 경험과 책임이 있는 사람을 의미한다.
❏	초대 (입과 안내)	입과 안내는 명확하고 설득력이 있다. 교육참석의 이익을 설명하고 현장 적용에 대한 기대치를 설정한다.
❏	준비 (교육참가자)	학습 프로그램 자체에 소요되는 시간의 가치를 극대화하는 데 도움이 될 의미 있는 준비 작업이 있다(자료 읽기, 체험 학습, 시뮬레이션, 피드백 등).
❏	준비	참가자와 관리자 간의 사전 미팅을 적극 권장한다(이상적으로는 필수화한다). 가이드라인과 워크시트가 제공된다.
❏	준비 (관리자)	관리자에게는 프로그램 개요, 목표, 비즈니스 요구, 가치 극대화를 위한 지침이 제공된다.

	단계 II: 안내되는 학습 (D3 참조)	
	요소	기준
☐	사전과제 사용	준비 과제는 프로그램에서 광범위하게 활용되므로 완료하지 못한 사람들은 불이익을 받는다(또는 이상적으로는 참석할 수 없음).
☐	논리 모델	교수설계자와 퍼실리테이터는 각 활동이 원하는 행동, 역량 및 기대되는 비즈니스 결과와 어떻게 관련되는지 명확하게 이해하고 있다. 이러한 연관성이 학습자에게 커뮤니케이션된다.
☐	관련성	관련 예시, 스토리, 시뮬레이션, 토론 등이 포함되어 있어서 학습자들이 그 자료가 자신의 업무에 어떻게 적용되는지 아는데 도움이 된다. 현재의 실무자 및/또는 이전 수료자들이 교육과정의 유용성을 강조하는 데 사용된다.
☐	실습	학습아젠다는 학습자들이 감독 및 피드백을 통해 바람직한 스킬과 행동을 실습할 수 있는 적절한 시간을 제공한다.
☐	프로세스 점검	과정 종료 평가에는 학습자들이 프로그램의 유용성과 관련성을 인식했는지 여부와 업무에 활용할 준비가 되었는지에 대한 평가가 포함된다.

	단계 III: 전이 및 적용 (D4 및 D5 참조)	
	요소	기준
☐	성과 지원	학습자가 필요로 할 때 도움을 받을 수 있도록 업무보조도구 또는 기타 자료 및 시스템이 학습 계획의 일부로 포함한다.
☐	관리자 참여	교육참가자와 관리자에게 교육과정 이후의 미팅이 강력히 권장된다. 해당 미팅에 대한 지침이 제공되고, 지속적인 관리자 참여가 촉진된다.
☐	책임	교육참가자들에게 그들의 의무를 주기적으로 상기시키고, 진척상황에 대한 책임을 지게 하며, 우수한 노력과 성취를 인정하는 프로세스가 마련되어 있다.
☐	프로세스 관리	교육담당자들이 학습 전이 프로세스를 모니터링, 지원 및 관리할 수 있는 프로세스와 시스템이 마련되어 있다.

	단계 IV: 진척사항 인정	
	요소	기준
☐	수료	학습활동에 대한 "결승선"이 현장 적용으로 정의되어 있다. 평가 계획이 마련되어 있으며 교육참가자들은 그것이 무엇인지 알고 있다.
☐	진척사항	이 계획에는 참가자가 진척 상황을 이해하도록 돕는 프로세스가 포함된다.
☐	인정	우수한 노력과 성과를 인정하는 프로세스가 있다.

혁신적 기업교육의 여섯 가지 원칙: 6D

권장사항
Recommendations

교육 부서 리더를 위한 권장사항

- 담당하는 프로그램을 검토하여 학습자 관점에서 설계가 진정으로 완전한 경험을 포함하는지 확인한다.
- 학습의 네 단계 모두에서의 활동을 포함하는 논리 맵을 그린다.
- 프로그램에서 가르치는 내용과 비즈니스에서 실행되는 내용이 일치하지 않거나 서로 지원하지 않는 혼합 메시지에 주의한다.
  - 그러한 불일치는 교육참가자들이 자신의 지식을 전이하려는 시도를 단념시키고 노골적일 경우 냉소주의로 이어지게 한다.
- 교육과정 설명과 입과 안내를 검토하여 특징뿐만 아니라 이익을 강조하는지 확인한다.
- 비즈니스 관리자에게 프로그램의 네 단계 모두에서 최적의 투자 수익을 달성하기 위한 지원의 중요성을 강조한다.
- 결승선을 재정의한다. 학점, 수료증 등은 학습이 적용된 후에만 부여한다.
- 교육과정 설명, 아젠다 및 기타 커뮤니케이션이 "행사로서의 학습" 패러다임을 부주의하게 강화하지 않도록 한다.
- 적용 단계에서 참가자들에게 진전이 이루어지고 있다는 느낌을 제공하며 개선된 성과를 인정하는 메커니즘이 있는지 확인한다.
- 참가자들에게 일터에서 "내가 할 수 있는가?"와 "내가 할 것인가?"에 어떻게 대답했는지 그리고 그 이유가 무엇인지 다시 점검한다.

비즈니스 리더를 위한 권장사항

● 교육 부서 리더들에게 전략적으로 중요한 프로그램에 대한 논리 맵을 그리도록 요청한다.

　-학습의 네 단계 모두에 대한 계획이 있는지 확인한다.

　-비즈니스 목적이 분명한가? 그 활동들이 일리가 있는가?

● 자신과 관리자들이 학습에 대해 말하는 방식에 귀를 기울인다. 어떤 메시지를 보내고 있는가? 행사 사고 방식을 무심코 강화하고 있는가?

● 산하 관리자들에게 역량개발 프로그램이 강화되어서 효과가 발휘되도록 무엇을 하고 있는지 물어본다.

● 학습 및 개발에서 결과를 얻는 데 있어서 현업 관리자들의 역할에 대해 책임을 지도록 시스템을 고안한다.

　-그 프로세스에서 관리자들의 적극적인 참여를 측정하고 보상한다.

　-"비디오가 오디오와 일치"하는지 확인한다. 즉, 경영진이 말하는 것, 관리자들이 행동하는 것, 시스템이 보상하는 것이 일치하도록 확인한다. 그렇지 않다면 교육훈련에 시간과 돈을 낭비하고 있는 것이다.

・성과를 평가, 인정, 보상하는 프로세스가 있도록 확실히 한다.

　-'한 아이를 키우는 데 온 마을이 필요하다'는 것을 기억한다. 성공적인 학습 활동에 대해 관리자들과 및 교육참가자들 뿐만 아니라 교육담당자들의 기여를 인정한다.

현업적용을 위한 전달
DELIVER FOR APPLICATION

D3: 현업 적용을 위한 전달

"교육생이 배운 것을 적용하지 않으면 학습이 일어나도 프로그램은
실패한 것이다"
-돈 커크패트릭과 짐 커크패트릭Don & Jim Kirkpatrick

모든 기업 학습 활동의 근본적인 이유는 직원들이 업무를 보다 효과적으로 수행하도록 지원하여 비즈니스 결과를 향상시키는 것이다(그림 D3.1). 교육생이 처음에 얼마나 잘 배우고 새로운 방법을 활용하느냐에 따라 교육훈련의 궁극적인 가치가 결정된다. 투자에 대한 수익을 얻으려면 효과적일 뿐만 아니라 효율적인 학습이 필요하다.

기업 환경에서 학습의 *효과성*은 학습의 *적용가능성*과 동등하다고 간주된다. 학습 및 개발 프로그램은 새로운 지식과 스킬을 단순히 전달하는 것 이상을 해야 한다 즉, 조직 목적을 향한 프로그램의 *적용*을 촉진하는 방식으로 해야 한다.

교육과정이 어떻게 전달되는가-순서, 방법, 구조, 타이밍, 평가, 피드백, 매체 등-는 교육참가자들이 "내가 할 수 있는가Can I?"와 "내가 할 것인가Will I?"에 어떻게 대답하는지에 따라서 학습 활동이 가치를 창출하는지 아니면 학습 불량인지에 영향을 미친다. "모든 교육적 해결책은 학습자가 정보를 처리하는 방식에 기반을 두어야 한다. 그렇지 않으면 작동하지 않을 것이다"(Hodell, 2011, p. 64).

학습은 적용될 때만 가치를 더하기 때문에 혁신적인 학습의 세 번째 원칙(D3)은 현업 *적용을 위한* 전달이다. 즉, 개인 혹은 회사의 업무에 대한 학습의 적용가능성(전이가능성)을 최대화하는 교육전략을 활용하는 것이다.

그림 D3.1. 교육훈련을 위한 기본 논리:
성과는 직원들이 새로운 지식과 스킬을 배우고 적용할 때 향상된다.

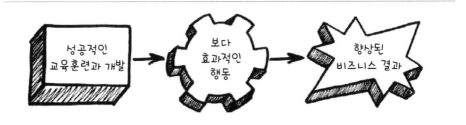

이 장에서는 직원들이 새로운 자료를 배우고 이를 학습-실천 격차를 넘어가도록 적용하는 데 도움이 되는 교육과정 측면에 초점을 맞춘다. 기업 학습 및 개발 프로그램에서 가장 자주 발생하는 문제들을 강조하고 해결책을 제안한다. 다루는 주제는 다음과 같다.

- 학습은 목적을 위한 수단이다.
- 인간은 어떻게 학습하는가
- 학습 프로세스의 애로사항 및 장애물
- "그래, 난 할 수 있어" 보장하기
- "그래, 난 하겠어" 독려하기
- D3 체크리스트
- 학습 및 비즈니스 리더를 위한 권장사항

수단으로서의 학습
Learning as a Means

성과를 보장하는 기업교육 여섯 가지 원칙 특히 D3의 핵심 테마는 회사가 비용을 지불하는 학습이 성과 향상이라는 목적을 위한 수단이라는 것이다. 학습은 성과 향상 프로세스에서 필수적인 단계이지만 궁극적인 목적은 아니다(그림 D3.2). 이런 점에서 기업 교육은 예를 들어 대학 교육과 다르다. 기업이 비용을 대는 학습은 이론적인 통찰이나 이해가 아니라 적용을 극대화해야 한다.

그림 D3.2. 학습은 성과향상에서 필수적인 단계이지만 목적을 위한 수단일 뿐이다.

적용에 초점을 맞추려면 스킬 개발과 실습을 강조하는 실용적인 교수적 접근이 필요하다. 또한 평가도 단순히 사실과 이론을 기억할 수 있는 능력이 아니라 업무 환경에서 새로운 스킬과 지식을 *적용하는* 학습자의 능력을 평가해야 한다.

새로운 지식과 스킬을 효과적으로 적용하는 것은 3단계 프로세스이다(그림 D3.3). 첫 번째 단계는 관련 기회를 인식하는 것이다. 직원들이 업무를 수행하는 상황은 교육에서 제시되는 상황과 정확히 일치하는 경우는 거의 없다. 따라서 직원들은 현재 상황의 두드러진 특징(단서)을 파악하고 이를 배운 내용과 올바르게 연관시킬 수 있어야 한다. 그런 다음 적절한 정보와 스킬을 인출해서, 마침내 새로운 상황에 응용할 수 있어야 하는데, 이는 학습 이론가들이 "원전이far transfer"라고 부르는 프로세스이다(Royer, 1979).

그림 D3.3. 새로운 지식과 스킬을 효과적으로 적용하는 3단계

관련 상황
인식

정보나 스킬
인출

특정 상황에
응용

정보를 학습하는 방식은 이 세 단계 각각을 수행하는 직원의 능력에 영향을 미치고, 결국 학습이 성공적으로 적용될 지 아닌지에 영향을 미친다. 교육훈련의 효과성을 최적화하려면 인간이 어떻게 학습하고 기억하며 수행하는지에 대한 연구에 기반을 둔 교수 방법과 전략을 선택해야 한다. 기업 교육의 많은 관행은 사람들이 가장 잘 배우는 방법에 대해 현재 알려진 것에 못미치는 차선책이거나 심지어는 정반대의 방법을 사용하고 있다. 이 주장을 설명하기 위해 아래에 학습의 신경과학에 대한 간략한 검토가 제시된다.

사람들은 어떻게 학습하는가
How People Learn

사람들이 어떻게 학습하는지 그리고 어떤 교육적 접근이 가장 효과적인지에 대한 이해가 계속 발전하고 있다. *뇌는 어떻게 학습하는가*(Sousa, 2011), *메이크 잇 스틱: 성공적인 학습의 과학*(Brown, Roediger & McDaniel, 2014), *인지 심리학 및 그 시사점*(Anderson, 2010), *증거 기반 교수법*(Petty, 2009) 및 *증거 기반 교육훈련 방법*(Clark, 2015) 등 수많은 연구와 시사점을 찾아볼 수 있다. 불행하게도 이러한 연구의 통찰력 중 많은 부분이 아직 기업 학습 활동에 통합되지 않았다.

메디나Medina(2014)는 매력적인 책인 *뇌가 지배한다*Brain Rules에서 학습과 뇌에

관한 문헌을 검토하면서 자신의 발견을 다음과 같이 요약했다. "종합해 볼 때, 이 책에서의 연구들이 무엇을 보여주는가? 대부분은 이것이다. 즉 뇌가 잘 하는 것과 정반대의 교육환경을 만들고 싶다면, 아마도 교실과 같은 것을 설계하면 될 것이다"(p. 5).

이것이 적어도 일반적으로 실행되는 이러닝이 해결책이라고 말하는 것은 아니다. 마이클 알렌Michael Allen에 따르면, "심지어 이러닝도 … 페이지를 넘기는 형태로 전달되는 텍스트 중심 프리젠테이션으로 되어 있다. 이런 유형의 학습은 짜증스러우며 지루하다. 그런데 슬프게도 이것이 최악의 부분은 아니다. 지루한 교육은 비용이 많이 들고 피해를 주고 비효율적이며 낭비적이다"(Allen & Sites, 2012, p. 4). 학습이 라이브이든, 디지털이든 또는 가상이든 지루함이 뭐가 그렇게 문제인가? 우리가 주의를 기울이지 않는 것(다음의 '애로사항 1' 참조)은 학습할 수 없고 또 지루한 것에는 우리가 주의를 기울이지 않기 때문이다.

> 지루한 교육은 비용이 많이 들고 피해를 주며 비효율적이고 낭비적이다.

사람들이 어떻게 지식을 배우고, 기억하고, 전이하고, 적용하는지를 이해하면 보다 쉽게 업무에 적용되고 더 큰 가치를 창출하는 방식으로 학습을 제공할 수 있다. 따라서 다음 섹션에서는 학습 프로세스에 대한 개요와 교육 및 개발에 대한 시사점을 제공한다.

학습 프로세스 개요

어떻게 사람들이 학습하는지에 대한 단순화된 모델이 그림 D3.4에 나와 있다. 이 프로세스는 어떤 입력 자극(1)이 뇌의 주의를 끌 때 시작된다. 자극은 오감 중 하나를 포함하는 외부적일 수도 있고 배고픔, 고통, 욕망 또는 심지어 뇌의 다른 부분에서 생성된 상상과 같이 내부적일 수도 있다.

우리가 주의집중하려고(2) 선택한 입력은 단기 작동 기억으로(3) 전달되어 뇌가 이해하려고 시도하는 동안 잠시 보관한다. 충분히 의미 있고 흥미로운 경우 부호화(인코딩)되어서(4) 장기 저장으로 통합된다(5). 나중에 어떤 특정한 계기가 제공되었을 때 뇌는 (종종 절차적, 선언적 지식, 심지어 감정까지 포함하는) 관련 정보를 인출하여(6) 응용하고 적용한다(7).

학습이 가치를 더하려면 적절한 인출 및 적용을 포함하여 전체 순서를 차례대로 완료해야 한다. 불행하게도 그 프로세스에는 여러 가지 애로사항이 있으며 수많은 잠재적인 실패 지점이 있다. 세 번째 원칙인 현업 적용을 위한 전달의 효과적인 실천을 위해서는 교수설계자와 퍼실리테이터가 가장 일반적인 실패 지점이 어디에 있는지를 인식하고 이를 우회하기 위한 조치를 취해야 한다.

연구를 통해 얻은 통찰력이 기업교육 및 개발에 실제 어떻게 적용될 수 있는지와 함께 프로세스 각 단계의 중요한 측면들이 아래에서 논의된다.

그림 D3.4. 학습과 적용의 핵심 단계에 대한 모델

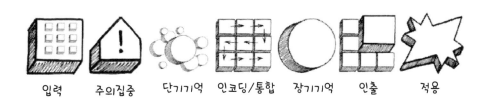

입력　　주의집중　　단기기억　　인코딩/통합　　장기기억　　인출　　적용

애로사항 1: 주의집중

우리의 주의집중 범위는 폭과 지속 시간에서 모두 엄격히 제한적이다. 주어진 순간에 뇌는 주의를 기울일 수 있는 것보다 훨씬 더 많은 정보의 입력을 받는다(그림 D3.5). 들어오는 정보의 대부분은 그것이 위협이 되거나 특별히 흥미로운 경우가 아니면 무시되고 더 이상 처리되지 않는다. 간단한 예는 발의 감각

뉴런으로부터 정보의 지속적인 흐름을 24시간 수신한다는 것이다. 하지만 신발이 불편하거나, 발이 차가워지거나, 발목을 삐지 않는 한, 발에서 들어오는 입력은 의식적 사고 수준까지 올라가는 경우는 거의 없다(지금은 우리가 발에 주의를 환기시키자마자 그랬지만).

우리가 보고 듣는 것의 대부분은 의식적으로 주의를 기울이기로 선택하지 않는 한 무시되거나 아니면 우리의 잠재의식이 그 정보를 위협으로 지각하여 인식 수준까지 끌어올리게 된다. 우리는 원하든 원하지 않든 아기 울음과 같은 특정한 소리에 주의를 기울이도록 천성적으로 프로그램되어 있다. 이는 비행기에서 아기 옆자리에 앉는 것이 왜 그렇게 스트레스받는지 설명이 된다.

D3.5. 뇌는 처리할 수 있는 것보다 더 많은 입력을 받고,
그 대부분의 입력은 필터링되어 무시된다.

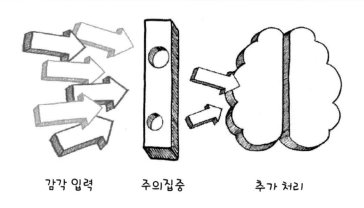

감각 입력   주의집중   추가 처리

주의집중은 전체 학습 프로세스에서 가장 중요한 애로사항이다. 교육과정은 학습자의 주의를 끌고 유지해야 한다. 그렇지 않으면 처리되지 않고 거의 학습되지 않는다. 그것이 가녜Gagné가 그의 9단계 수업 중 첫 번째로 "주의 획득하기"를 만든 이유이다(Gagné, Wager, Golas, & Keller, 2004). 표 D3.1을 보라.

혁신적 기업교육의 여섯 가지 원칙: 6D

표 D3.1. 기업 학습을 위해 주석이 포함된 가녜의 수업 9단계

1. 주의 획득	교육과정의 첫 번째이자 매우 중요한 단계는 사람들의 주의를 집중시키는 것이다. 기법에는 질문 제기, 놀라운 사실로 연결, 시연, 비디오 재생, 퀴즈 제공 등이 포함된다.
2. 목표 설명	특히 성인은 기꺼이 참여하기 전에 무언가를 배워야 하는 이유를 알고 싶어 한다. 프로그램의 목표를 청중을 위해 "나에게 도움이 되는 것은 무엇인가?"를 설명하는 방식으로 진술한다.
3. 사전 지식의 회상 자극	모든 학습은 사전 학습을 기반으로 한다. 학습자들이 새로운 자료를 이미 알고 있는 내용과 더 잘 연결할수록 배우기가 더 쉬워지고 학습 내용이 더 오래 지속된다. 이미 알고 있는 것을 기억하게 하거나 친숙한 개념이나 개인적인 경험을 확장하는 것으로 시작한다. 비유는 이와 관련하여 특히 가치가 있다.
4. 새로운 내용 제시	청중의 사전 지식과 경험을 기반으로 새로운 정보나 접근을 제시한다. 새로운 용어와 개념을 친숙한 용어와 연결한다. 자료를 관리 가능한 세그먼트로 "묶음화(chunking)"하고 너무 많은 정보를 너무 빨리 제공하여 발생하는 인지 과부하를 피한다.
5. 학습 지침 제공	학습자에게 기억법 장치, 비유, 멘털 모델, 토론 및 질문의 기회 형태로 지침을 제공하여 자료를 장기 기억으로 옮기도록 돕는다.
6. 연습/수행 유도	학습자가 새로운 자료나 스킬을 사용하여 연습할 시간을 제공하고 그렇게 하도록 요구한다. 숙달하려면 연습이 중요하다. 반복하면 기억력이 높아진다. 간단한 시나리오부터 시작하여 더 복잡하거나 어려운 시나리오로 작업한다. 연습 기회에는 자가 점검 질문, 게임, 역할극, 해결해야 할 문제, 시뮬레이션 등이 포함된다.
7. 피드백 제공	교육훈련과 업무 모두에서 성과를 개선하려면 피드백이 필수적이다. 연습 세션에서 학습자가 답변/성과에 대한 피드백을 받을 수 있는 적절한 시간과 메커니즘이 있는지 확인한다. 루브릭이나 체크리스트를 사용하여 일관성을 유지한다.
8. 수행 평가	교육참가자가 학습 목표를 달성했는지 확인하기 위해 몇 가지 형태의 평가를 사용한다. 질문이나 연습이 목표와 부합되어야 하는 원칙을 충족하는지 확인한다. 즉, 학습 목표와 실제 요구 사항을 모두 반영한다. 기계적 암기의 단순한 회상만 요구하는 질문은 피한다.
9. 보유 및 전이 증진	교육참가자가 학습한 내용을 업무에 적용하는 데 도움이 되는 업무보조도구, 템플릿 및 기타 형태의 성과 지원을 제공한다. 보유 및 전이를 강화하기 위한 구체적인 계획 및 활동을 관리자에게 제공한다.

Practical Application

- 학습자의 주의집중을 즉시 끌 수 있는 프로그램을 설계한다. 길고 지루한 소개에 시간을 낭비하지 않는다. 학습자들을 놓치게 될 것이다.
- 학습자들에게 개인적으로 얻는 이익을 설명함으로써 (또는 더 낫게는, 삽화 등으로 보여줌으로써) 주의를 포착한다. "나에게 도움이 되는 것이 무엇인가?"라는 질문에 답해 본다.

기업 학습에 대한 특별한 도전. 주의집중의 두 가지 측면이 기업 학습 프로그램에 대한 특별한 도전을 제시한다. 첫째, 인간은 주어진 시간에 매우 제한된 수의 입력에만 주의를 기울일 수 있다. 둘째, 주의를 기울이는 것은 힘든 일이고 무한정 지속될 수 없다.

멀티태스킹은 신화이다. 첫 번째 문제는 주의집중의 제한된 대역폭이다. 효과적으로 멀티태스킹을 할 수 있다는 젊은이들 사이의 광범위한 믿음에도 불구하고 멀티태스킹은 신화이다. 사람들은 작업과 직업 간에 빠르게 전환할 수 있지만, 작업을 수행할 때마다 순간적이지만 어느 쪽에도 주의를 기울이지 못하는 측정 가능한 블랙아웃 기간이 있다(Medina, 2014, p. 117). 그렇기 때문에 운전을 하고 문자를 보내거나 심지어 휴대전화로 통화하려고 하면 사고 가능성이 몇 배로 증가한다(Seppa, 2013). "멀티태스킹은 한 번에 한 가지 이상을 망치는 기회에 불과하다"(Steve Uzzell, 인용: Keller & Papasan, 2013, p. 44).

기업 학습과의 관련성은 교육참가자들이 이메일을 읽고 있거나 문자 메시지를 보내고 있다면 프로그램에 진정으로 주의집중할 수 없다는 것이다. 웨비나 중에 "멀티태스킹"하려는 유혹("이메일을 간단히 살펴보겠다")은 효과성을 떨어뜨린다. 스탠포드 대학에서 자주 인용되는 연구에서 스스로를 멀티태스커로 특징지은 학생들은 다양한 테스트에서 더 나쁜 성적을 거두었다. 이 연구의 저자 중 한 명인 클리포드 나스Clifford Nass는 뉴욕 타임즈에 "멀티태스킹을 하는 사람들은 모든 일에 형편없었습니다"라고 말했다(Pennebaker, 2009). 불행하게도 멀티태스킹의 신화는 명백히 해로운 영향에도 불구하고 비즈니스 세계에서 여전히 건재하며 널리 실행되고 권장되기까지 한다.

사람들이 한 번에 두 개 이상의 입력에 진정으로 주의를 기울일 수 없다는 수많은 증거가 있다. 문제는 감각 기관 자체가 아니라 처리의 애로사항인 것으로 보인다 (Anderson, 2010, p. 63). 예를 들어, 재미있는 대화를 하고 있을 때 혼잡하고 시끄러운 방에

> 멀티태스킹은 한 가지 이상의 일을 동시에 망칠 수 있는 기회이다.

서 다른 목소리를 "차단"할 수 있다. 다른 대화가 명확하게 들리더라도 자신의 이름을 엿듣거나 분노에 찬 목소리와 같은 무언가가 주의를 끌 때까지 진정으로 대화에 주의를 기울이는 한 거의 알아차리지 못한다. 물론 그런 일이 발생하면 원래 대화의 맥을 잃게 된다.

많은 교육담당자들에게 친숙한 "게이트키퍼로서의 주의집중"의 또 다른 예는 사이몬과 챠브리스Simons & Chabris(1999)의 고전적 저작물이다. 사람들에게 비디오의 특정 동작에 주의를 기울이도록 요청했을 때 고릴라 옷을 입은 남자가 그 행위의 가운데로 걸어가 그의 가슴을 두드리는 것을 절반은 알아차리지 못했다! 요점은 우리가 한 가지에 주의를 기울이기로 선택할 때마다 필연적으로 다른 것을 무시한다는 것이다.

Practical Application

- 교육훈련 중에 멀티태스킹, 특히 스마트폰과 이메일 사용을 자제시킨다.
- 멀티태스킹의 단점을 "우리 가운데 있는 고릴라" 또는 이와 유사한 동영상으로 설명하여 요점을 보여준다.
- "연락되지 않음"이 많은 사람들에게 스트레스의 원인임을 인식한다. 사람들이 이메일 등을 확인할 수 있는 충분한 휴식과 시간을 제공한다.

주의를 기울이는 것은 힘든 일이다. 주의집중은 제한적일 뿐만 아니라 수명이 짧고 쉽게 딴 데로 전환된다. 예를 들어, 휴대폰 벨이 울리는 한 번의 사례

가 학습의 양을 눈에 띄게 줄였다(McDonald, Wiczorek, & Walker, 2004). 흥미롭게도 읽기를 통한 학습은 듣기를 통한 학습보다 우위에 있다. "새로운 정보를 들을 때 낯선 소리가 뇌의 주의를 딴 데로 돌릴 수 있기 때문이다. 그러나 읽기는 훨씬 더 집중적인 활동이므로 산만함의 영향을 줄인다"(Sousa, 2011, p. 121).

사람들이 강렬하게 동기 부여되어 작업에 몰두하면 몇 시간 동안 생각하고 작업할 수 있다—칙센미하이의 "몰입Flow" 개념(Csikszentmihalyi, 2008). 그러나 대부분의 작업에 있어서, 주의를 기울이는 것은 힘든 일이고, 뇌의 전두엽 피질에 의한 실행제어인 의지력을 필요로 한다.

단기적으로 의지력이 소진될 수 있다는 수많은 실험들이 있다. 예를 들어 갓 구운 초콜릿 칩 쿠키 한 그릇 앞에 앉아 무를 먹어야 하는 경우이다(Baumeister, Bratslavsky, Muraven, & Tice, 1998). "그 이후로 이 아이디어에 대한 200건 이상의 연구가 있었고 모두 같은 것을 발견했다. 의지력은 단순히 스킬이 아니라는 것이다. 그것은 팔과 다리의 근육과 같은 근육이며, 더 열심히 일할수록 피곤해지기 때문에 다른 일을 할 힘이 덜 남게 된다"(Mark Muraven, Duhigg, 2012, p. 137에서 인용).

> 기업 교육에서는 사람들이 가능한 것보다 더 오래 주의를 기울일 것을 기대한다.

프레젠테이션이 덜 매력적일수록 학습자들 주의를 유지하기는 더 어려워진다. "일반적인 파워포인트 프레젠테이션을 쭉 앉아서 본 적이 있다면 의심할 여지없이 눈치채듯이, 사람들은 지루한 내용에 주의를 기울이지 않는다"(Medina, 2014, p. 2). 안전 교육에 대한 광범위한 메타 분석에 따르면 "교육 방법이 보다 몰입하게 만들수록, 예를 들어, 교육생의 적극적인 참여를 요구하는 등, 직원들은 더 많은 지식습득을 보여주었고 사고, 질병 및 부상이 감소했다"(Burke, Sarpy, Smith-Crowe, Chan-Serafin, Salvador, & Islam, 2006). 성인들도 또한 매우 실용적인 경향이 있어서, 자신과 관련이 없거나 업무에 즉시 적용할 수 없는 것으로 보이는 교육에는 주의를 기울이지 않는다.

> 학습 방식에 관계없이 뇌는 때때로 휴식이 필요하다.

대부분의 기업이 비용을 지불하는 학습은 교육참가자들이 사람이 할 수 있는 것보다 더 오래 주의를 기울일 것을 기대한다. 주의 집중 범위에 따른 제약은 "한입 크기" 학습－수업을 90분 혹은 더 짧은 에피소드로 나누는 것－으로 이동하려는 관심을 불러일으켰다. 연구에 따르면 짧은 세그먼트로 접근하는 방식이 하루 또는 며칠 프로그램보다 더 효과적이지는 않지만, 최소한 그 프로그램만큼은 효과적이라고 한다(MindGym, 2013).

전체 기간에 관계없이 메디나Medina(2014)는 모든 교육과정을 10분 단위로 나누고－대부분의 학습자의 주의가 산만해지기 시작하는 시점이기 때문에－"후크hook"를 사용하여 주의를 다시 끌 것을 권장한다. 효과적인 "후크"는 주제와 관련이 있으며 웃음, 불안, 반신반의하게 만드는 것, 놀라움 등과 같은 일종의 감정을 불러일으킨다. 잘 선정된 스토리와 일화는 이와 관련하여 특히 효과적일 수 있다.

중요한 점은 사람들이 학습하기 전에 주의를 기울여야 한다는 것이다. 따라서 교육과정의 핵심 과제는 주의를 포착하고, 유지하고, 주기적으로 다시 포착하는 것이다. "배우려면 몰입되어야 한다"(Kapp, Blair, & Mesch, 2013). 티아기Thiagi의 학습 게임(Thiagarajan, 2006)과 보다 최근에 게이미케이션의 지속적인 인기는 게임 요소가 학습의 전제 조건인 주의집중, 몰입 및 관심을 유지하는 데 도움이 된다는 것을 시사한다.

Practical Application

- 학습자들에게 약 10분마다 정보 제공의 흐름에 휴식을 준다. 주의를 다시 집중시키기 위해 일종의 "후크"를 사용한다.
- 학습자들을 몰입시키기 위해 게임 요소를 신중하게 사용한다.

애로사항 2: 작업 기억

주의를 기울인 정보는 용량이 매우 제한된 작업 (단기) 기억으로 전달된다. 너무 많은 내용이 너무 빨리 전달되면 적절하게 처리하고 이해하는 작업 기억의 용량을 압도한다. 누구나 한 번쯤은 개리 라슨Gary Larson의 *파 사이드 Far Side* 만화에 나오는, "머리가 꽉 찼기" 때문에 교육과정에서 제외

> 핵심포인트, 관계 및 주제 원칙들이 너무 많은 세부사항들에 의해 흐릿해 질 수 있다.

해 달라고 요청하는 학생처럼 느껴본 적이 있을 것이다. 그것은 인지 과부하이다. 너무 많은 정보가 너무 빨리 들어와서 뇌가 압도되어 적절하게 처리할 수 없는 것이다. 제프 페티Geoff Petty에 따르면 "교사의 말은 학습할 수 있는 것보다 적어도 20배 빠르게 자료를 전달할 수 있다. 내용이 너무 빨리 전달되면 작업기억과 단기기억이 곧 포화 상태가 된다. 핵심포인트, 관계 및 주제 원칙들이 세부 사항에 의해 흐릿해진다"(Petty, 2009, p. 25).

다시 말해서, 추가적인 내용을 포함하는 것이 실제로 총 학습량을 감소시키는 시점이 온다(그림 D3.6). 학습자가 "알아두면 좋은 것nice-to-know"을 기억하지 못하는 것뿐만이 아니다. 너무 많은 내용이 너무 빨리 전달되면 기본을 학습하는 데 방해가 된다. 이는 또한 피상적 학습으로 이어진다. 교육참가자들에게 자료를 처리하는 데 필요한 시간이 주어지지 않으면 자료의 기본 구조를 파악하지 못할 것이다. 기업 교육에서 우리가 보는 가장 일반적인 오류는 교육생들에게 "점 연결"에 충분한 시간을 할당하지 않고, 정보를 너무 많이 채우는 경향성이다. 내용에 대한 지나친 강조는 또한 학습 과정의 필수 요소인 적극적인 참여와 연습에 사용할 수 있는 시간을 줄이는 것이다.

그림 D3.6. 일정 시점을 넘어서서 더 많은 내용을 추가하는 것은 학습의 양을 감소시킨다.

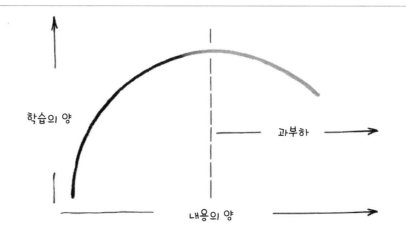

인지 과부하의 또 다른 일반적인 원인은 이러닝 프로그램에서 너무 많은 동시 정보 스트림(그래픽, 텍스트, 오디오)이다. 두 가지 정보 스트림이 동일한 처리 용량을 놓고 경쟁할 때 인지 부하가 심해진다. 예를 들어 슬라이드의 텍스트를 읽으면서 발표자의 말을 동시에 들으려 할 때 두 가지 모두 언어 처리가 필요하다. 반대로 이미지와 단어는 이미지가 관련이 있는 한 별도로 처리되기 때문에 보완적일 수 있다. "흥미를 위해" 추가된 불필요한 이미지는 핵심적인 내용에서 주의를 분산시켜 실제로 학습을 감소시킨다(Clark & Mayer, 2011, p. 161).

Practical Application
- 학습 활동에서의 인지 부하에 주의를 기울인다.
- 관련 없는 오디오, 그래픽 등을 사용하려는 유혹을 피한다. 이해에 도움이 되지 않는 것이 있으면 생략한다.
- 지나치게 장황한 "슬라이드 문서"를 피한다. 이것은 언어 처리 용량을 놓고 발표자와 경쟁하기 때문이다.

애로사항 3: 부호화 및 통합

부호화 혹은 인코딩은 정보와 경험을 의미 있는 기억의 흔적으로 변환하는 과정이다. 통합은 이러한 새로운 기억 흔적을 기존 지식 구조에 연결하여 나중에 인출할 수 있도록 하는 것이다(Brown, Roediger, & McDaniel, 2014, p. 73). 이것이 학습의 본질이다. 새로운 정보가 견고하고 정교하게 부호화되고 연결될수록 나중에 접근하기가 더 쉽다. 사람마다 삶의 경험이 독특하기 때문에 각각의 정신 구조도 독특하고 따라서 새로운 학습을 인코딩하고 통합하는 방식도 독특하다. 그것은 각 개인이 스스로 해야 하는 일이고 강사가 이미 만들어진 것으로 제공할 수는 없다.

자극에 반응하는 프로세스는 여러 지점에서 기억에서의 인출을 필요로 하기 때문에 풍부한 부호화와 연결성이 중요하다(그림 D3.7). 학습 경험에서 얻은 단서, 통찰 및 스킬을 회상하는 능력은 배운 것을 응용하고 적용하려면 필수적이다. 따라서 현업 적용을 위한 전달(D3) 실천의 중요한 부분은 부호화를 강화하고 장기 기억을 촉진하며 후속적인 인출을 용이하게 하는 교수 방법을 활용하는 것이다. 주제는 나중에 업무에서 행동 지침으로 기억할 수 있으려면 기억하기 쉬운 방식으로 제시되어야 한다.

그림 D3.7. 자극에 적절하게 반응하려면 여러 다른 종류의 기억이 요구된다.

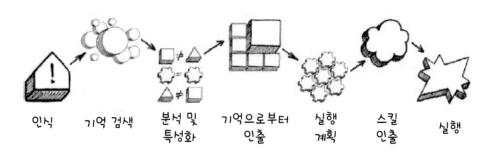

인간은 장기 기억에 이미 저장된 아이디어, 패턴 및 지식에 새로운 정보가 관련되고 연결될 때 가장 잘 기억할 수 있다(Buzan & Griffiths, 2013). 기존 지식을 확장하거나 풍부하게 하는 개념들은 독립적이거나 단절된 개념보다 며칠, 몇 주 또는 몇 달 후에 회상하기가 훨씬 더 쉽다. 새로운 지식과 기존 지식 간의 연결 네트워크가 풍부하고 관련성이 높을수록 회상하고 사용하기가 더 쉬운 것이다. 그러므로, 학습자들이 배운 것을 더 깊이 인코딩하고 통합할수록 더 잘 인출하여 업무에서 사용할 수 있다.

인코딩 및 통합 프로세스는 "선행조직자advance organizers"를 통해 향상될 수 있다(Petty, 2009, p. 197). 선행조직자는 구체적인 내용에 앞서서 그래프 형태로 제시되는 자료의 개념적 개요와 같다. 이는 새로운 정보와 인사이트가 속해 있는 프레임웍을 제공한

> 배운 것이 더 잘 인코딩될수록 인출하기가 더 쉽다.

다. 예를 들어 업무 흐름의 시각적 묘사는 직원들이 특정한 스킬과 노하우가 어디에 관련된 것인지 알 수 있게 하는 효과적인 멘탈 모델을 구축하는 데 도움을 준다(Gottfredson & Mosher, 2011, p. 65).

인코딩 및 통합은 학습자가 방금 배웠거나 경험한 것에 대해 다른 사람과 이야기할 때도 풍부해진다. 그것이 "전파교육"(상호 가르침)이 효과적인 교수 방법인 이유 중 하나이다. 사건이나 개념을 설명하는 것은 연결을 강화하며 나중에 회상할 수 있는 능력을 상당히 강화시킨다(포인트 사례 D3.1 참조). 다른 사람에게 정보를 전달할 때마다(정교한 리허설로 알려진 프로세스임) 기억 흔적을 강화하고 풍부하게 한다(Medina, 2014, p. 149).

각 개인이 스스로 생성하는 연결은 강사가 제공하는 연결보다 훨씬 강력하고 의미가 있다(Petty, 2009). 이것이 바로 스스로 만든 연결을 의미하는 "생성Generation"이 학습 보유를 향상시키기 위한 AGESAttention, Generation, Emotions, Spacing 기억법의 하나로 포함되는 이유이다(p. 168). 또한 주제에 대해 질문하고 대답을 시도하는 생성적 학습이 단순히 텍스트를 다시 읽는 것보다 훨씬 더 효과적인 학습 전략인 이유이기도 하다(Brown, Roediger, & McDaniel, 2014, p. 94).

포인트 사례 D3.1
정교한 리허설

글렌 휴즈Glenn Hughes는 반도체 및 마이크로 전자공학 산업을 위한 공정 제어 및 수율 관리 솔루션의 세계적인 공급업체인 KLA-Tencor의 학습 및 개발 선임 이사이다. 글렌에게 어떤 학습 전략이 가장 큰 보상을 주는지 물었을 때 그는 즉시 정교한 리허설을 생각했다.

"이것이 제가 선호하는 학습 도구라는 것을 깨달았습니다. 사람들은 종종 내 기억력과 내가 20년 전에 갔던 일본식 절의 이름을 어떻게 기억할 수 있는지 대해 언급합니다. 저는 교육과정, 행사 및 대화를 거의 같은 방식으로 기억하는데요, 정교한 리허설에 대해 읽을 때까지 제가 어떻게 기억하게 되는지를 이해할 수 없었죠. 정교한 리허설을 알게 되었을 때 학습 경험을 마치고 나올 때 제가 가장 먼저 하는 일은 누군가에게 가서 설명하는 것임을 깨달았습니다."

"집에 와서 아내에게 말합니다. '있지! 오늘 내가 이 교육과정에 참석했는데, 이게 내가 배운 거야.' 그리고 그것을 쭉 설명합니다. 그 주말에 부친에게 전화를 걸 때, '이게 정말 재미있는 교육과정인데요'라고 말한 다음 방금 배운 내용에 대해 이야기합니다. 사무실에 출근해서는 펜을 꺼내서 칠판에 다이어그램으로 그리고 동료들에게 이것이 내가 방금 배운 것이라고 말할 것입니다."

"그러면 사람들이 나에게 도전하고 질문하겠죠. 그들이 내 생각에 대해 명확해지도록 강요하는 거지요. 그들도 또한 자신이 할 현장 적용을 추가합니다. 그리고 물론, 이야기하는 내내, 예를 들어 제가 우리 두 사람이 함께 했던 경험을 다시 생각하게 하는 것이죠. 그래서 이렇게 말할 거예요. '이봐, 3개월 전에 우리가 이 리더와 이야기했을 때를 기억해?' 그러자 그는 말합니다. '이런, 내가 답을 찾은 것 같아.'"

"이것이 중요한 학습 경험 후 48시간 이내에 제가 짜는 일종의 그물망입니다. 많은 다른 사람들과 그리고 심지어 각기 다른 매체와 도구, 그리고 그것이 어떻게 한 아이디어를 다른 것에 관련시키는지를 포함하는 그물망을 짜는 것이죠. 그리고 흥미로운 점은 사람들과의 그 네트워크에서 수많은 적용 포인트들이 기하급수적으로 증가한다는 것이에요. 왜냐하면 그들도 모두 그것이 사용될 수 있는 방법을 보기 때문이죠. 그러면 무언가를 적용하는 것이 매우 쉬워집니다."

"이것이 아마도 제가 교육과정을 끝내고 나와서 하는 가장 중요한 일 같네요. 저는 전체적인 정교한 리허설 프로세스를 거치는 것이죠."

강력하고 쉽게 인출되는 학습을 만드는 일종의 정교한 인코딩은 학습자 입장에서 적극적인 참여를 필요로 한다. 학습자는 자료의 의미와 자신의 경험 및 사전 지식과의 연결에 대해 생각해야 한다. 학습활동을 설계할 때, 사람들이 학습경험을 적극적으로 처리할 수 있도록 적절한 시간과 격려를 포함해야 한다. 기억을 통합하는 것은 뇌의 세포들 사이에 새로운 물리적 연결을 형성하는 것과 관련이 있다. 그러려면 시간이 걸리고 흥미롭게도 충분한 수면이 필요하다(Maas & Robbins, 2011, p. 36).

마지막 고려 사항은 인코딩이 선택적이지 않다는 것이다. 꼭 관련이 있는 것이 아님에도 불구하고 많은 정보가 인코딩되기 때문에 제대로 기억하는 것을 방해할 수 있다(Thalheimer's review, 2009 참조). 이는 수중 훈련을 받은 스쿠버 다이버들이 근처 육지에서 테스트했을 때보다 수중에서 테스트했을 때 더 잘 수행하는 이유를 설명해 준다(Godden & Baddeley, 1975).

기업 학습과의 관련성은 학습자가 업무 환경에서 접하게 될 단서가 새로운 지식이나 스킬과 함께 인코딩될 때 업무 관련 학습의 인출이 향상된다는 것이다(Gottfredson & Mosher, 2011, p. 82). 상황을 인식하고 올바르게 범주화하는 방법을 배우는 것은 적절한 적용을 위한 전제 조건이다. 인디애나 대학의 한 연구에 따르면, 매니지먼트 교육은 내용과 스킬 개발에 너무 많이 초점을 맞추고 있으며 관리자들이 이를 적용할 상황을 인식하도록 가르치는 데는 충분하지 않다(Baldwin, Pierce, Joines, & Farouk, 2011).

요점은 두 가지이다. (1) 업무현장에서의 교육은 관련된 주변 환경적 신호들이 학습에 이미 포함되어 있다는 이점이 있다. (2) 교실 환경에서 가르치고 나서 동일한 교실환경에서 테스트하는 것은 실제 능력을 과대 평가할 수 있다(Thalheimer, 2009).

Practical Application

- 학습자에게 자신의 예시, 연결 및 유추를 생각해 내거나 다른 사람들에게 개념을 설명하도록 요청하여 심도 있고 정교한 처리를 장려한다.
- 생각할 시간을 충분히 제공한다. 개인적인 의미를 구성하는 데는 시간이 걸리기 때문이다.

장기 기억

장기 기억은 며칠, 몇 주 또는 몇 년 후 인출을 위해 데이터를 저장한다는 점에서 때때로 컴퓨터의 하드 드라이브와 비교된다. 그러나 비유를 너무 문자 그대로 해석해서는 안 된다. 기억은 하드 드라이브에 있는 것과 같은 말 그대로의 파일이나 이미지로 저장되지 않는다. 오히려 인간의 기억은 뇌 전체에 분산된 데이터의 서로 맞물려있는 방대한 웹이다(Davachi & Dobbins, 2008). "자동차" 또는 "관리자"와 같은 한 단어를 생각하여 이를 증명할 수 있다. 엄청난 다른 연합들을 즉시 알게 된다. 예를 들어, 자신의 첫 차, 첫 사고, 자신이 가장 좋아하는 상사 또는 극도로 싫어했던 관리자를 기억할 수 있다. 주어진 개념이나 사건에 대한 각 개인의 연관성은 고유하다. 연결망이 두껍고 가지가 많을수록(정보에 연결된 진입점이 많을수록) 나중에 기억을 되살리기가 더 쉽다.

기억은 실제로 "구성된다." 즉, 회상하는 순간에 조각과 부분들로 조립되는 것이지, 단순히 비디오 녹화처럼 재생되는 것이 아니다(우리에게 그렇게 보이긴 하지만). 뇌는 맞다고 가정하는 누락된 조각들을 채우는데, 그것이 실제 맞는지 아닌지와 상관없다. 이것이 바로 목격자의 증언이 분명히 신뢰할 수 없는 한 가지 이유이다. 이는 또한 긴 구절이나 시를 그대로 암기하는 것이 매우 어려운 이유이기도 하다. 뇌는 거기에 있을 것으로 "예상하는" 단어를 채우는 경향이 있다. 반드시 저자가 쓴 것일 필요는 없는 것이다. 일반적으로 사람들은 정확한 세부

사항보다 사물의 "골자"를 더 잘 기억한다. 이에 대해서는 D5에서 다시 설명하겠다.

아이템들이 인코딩되어 장기 기억으로 통합되는지 여부는 "이것이 나에게 말이 되는가?"와 "이것이 나에게 유의미한가?"라는 두 가지 질문에 대한 대답에 달려 있다(Sousa, 2011, p. 52). 사람들이 배운 내용을 기억하기를 원한다면 그들에게 이해하기 쉬운 (의미가 통하는) 방식으로 설명해야 한다. 우리는 동시에 학습자들에게 개인적인 관련성이 있도록 해야 한다(이것이 그들에게 유의미하다).

> 말이 되게 타당하고 유의미한 것만이 장기 기억으로 옮겨진다.

말이 되는 것과 유의미한 것은 독립적이고 시너지 효과가 있다(그림 D3.8). 즉, 어떤 것이 나에게 말이 되더라도 개인적인 관련성이 없다면, 그것을 보유할 가능성이 없다(자료 D3.1: 성인 교육의 관련성 원칙 참조).

그림 D3.8. 학습이 개인적으로 유의미하고 또 말이 되게 타당할수록 더 많이 기억될 것이다.

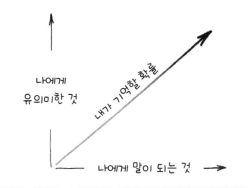

인출 (retrieval)

이전 경험을 기억하고 행동하는 능력은 엄청난 생존의 가치가 있다. 어떤 종류의 과일을 먹었는데 독성이 있는 것으로 판명되어 거의 죽을 뻔했다면, 그 경험을 기억하고 그 식물을 다시 인식할 수 있는 것이 매우 유용하다. 미래에 같은 실수를 하지 않도록 하기 때문이다. 모든 것은 "다시 인식하는 것"에 달려 있다. 즉, 적절한 때에 관련된 기억을 인출할 수 있어야 한다. 필요할 때 그 기억에 접근할 수 없다면 무언가를 "아는" 것이 그렇게 도움이 되지 않는다.

> 학습한 것이 더 많이 사용될수록 회상하기가 더 쉽다.

따라서 인출은 학습 프로세스에서 또 다른 잠재적인 실패 지점이다. 사람들이 필요한 순간에 정보를 얼마나 잘 인출할 수 있는지가 그 가치를 결정한다. 물론 정보를 인출해야 하는 상황은 정보를 학습한 상황과 정확히 같지는 않을 것이다. 독이 있는 과일의 예를 들자면, 실제 가치는 그 경험에서 얻은 정보를 *일반화하여* 그 특정 식물의 모든 경우들을 피할 수 있다는 것이다. 아프게 했던 한 나무만이 아니라. 동시에 독이 있는 과일과 먹을 수 있는 과일을 *구별해야* 한다. 너무 많이 일반화하면("모든 과일은 나쁘다") 굶어 죽을 것이다. 구별을 하려면 관련 없는 측면(예를 들어 특정 위치 또는 요일)을 무시하면서 (잎, 식물 및 과일 모양과 같이) 두드러진 특징을 학습해야 한다.

기업 환경에서의 학습도 비슷하다. 사람들은 효과가 있었던 것과 그렇지 않은 것을 기억할 수 있어야 하며(직접 경험이든 대리 경험이든) 그 지식을 인출하여 동일하지는 않아도 유사한 미래의 상황으로 전이할 수 있어야 한다. 이는 다양한 예시들을 통해 구별을 연습하는 것이 모든 학습 활동에 포함되어야 함을 시사한다. 이는 또한 오류를 범할 가능성이 있는 연습이 거의 항상 성공하는 연습과 비교하여 더 우수한 학습 결과를 가져오는 이유를 설명할 수 있다(Keith & Frese의 메타 분석, 2008 참조).

인출 프로세스의 몇 가지 중요한 특징들은 잘 알려져 있으며 기업 교육과 관련이 있다. 첫 번째는 위에서 언급한 것으로, 인코딩이 정교할수록 인출이 더 쉽고 안정적이다. 두 번째는 인출 시 고려되는 특징이 학습 중의 특징과 일치할 때 인출이 더 쉽게 일어난다는 오랜 확립된 원칙이다(Morris, Bransford, & Franks,

혁신적 기업교육의 여섯 가지 원칙: 6D

1977). 세 번째는 기억이 더 자주 인출될수록 나중에 인출하기가 더 쉬워진다는 것이다. 실제로 반복적인 인출 연습은 자료를 다시 읽거나 컨셉 맵을 만드는 것보다 몇 배 더 효과적이다(Karpicke, 2012). "장기 기억에서 작업 기억으로 정보를 회상할 때마다 우리는 그것을 다시 학습하는 것이다"(Sousa, 2011, p. 134).

Practical Application

- 나중에 더 쉽게 회상할 수 있도록 조직 및 비즈니스와 관련된 스토리, 사례, 시뮬레이션 및 역할극을 사용한다.
- 구별하는 연습을 포함한다. 즉, 학습자에게 적절한 예시와 아닌 예시를 구별하도록 한다. 언제 특정 접근 방식을 사용해야 하는지를 아는 것만큼 언제 사용하지 말아야 하는지를 아는 것이 중요하기 때문이다.

적용

배운 것을 사용하는 프로세스에서 마지막 단계는 관련된 통찰이나 방법을 당면한 상황에 적용하는 것이다. 보통은 학습자가 그 접근을 어느 정도 응용해야 하는데, 이 프로세스는 수많은 상황과 시나리오를 경험함으로써 그리고 놀랍게도 한 번에 하나씩 공부하는 것보다 다른 주제들을 섞어 넣음으로써 크게 도움이 된다(Brown, Roediger, & McDaniel, 2014, p. 49).

적용은 그 프로세스가 "내가 할 수 있나?"라는 질문에서 "내가 할 것인가?" 질문으로 전환되는 지점이다. 비록 그 사람이 상황의 중요한 요소들을 인식하여 적절한 행동의 목록들을 인출하는 데 능숙하더라도, 그 사람은 정보에 따라 행동하려는 자발적인 결정을 내려야 한다.

Practical Application

- 다양한 맥락에서 정보를 인출하는 연습을 제공하여 학습자들의 원전이와 응용에 도움을 준다.
- (실수할 개연성과 같은) "바람직한 어려움"을 만들어서 학습자들이 더 열심히 공부하게 하여 더 효과적으로 배우게 한다.

유용한 기억법

뉴로리더십 연구소Neuroleadership Institute의 다바치Davachi와 그 동료들은 학습에 영향을 미치는 네 가지 주요 변인인 주의집중(Attention), 생성(Generation), 감정(Emotions) 및 간격 두기(Spacing)를 기억하기 위해 기억에서 중심 역할을 하는 뇌의 구조인 해마에 영향을 미치는 유용한 기억법으로 AGES(표 D3.2)를 제안했다(Davachi, Kiefer, Rock, & Rock, 2010).

우리는 위의 일반적인 학습 모델에서 주의집중(AGES 모델의 A)의 중요한 역할에 대해 논의했다. 생성(AGES 모델의 G)은 학습자가 새로운 정보와 기존 지식 구조 사이에 자신만의 연결을 생성하도록 하는 것을 의미한다. 예를 들어 학습자들에게 "자신의 개인적인 경험들을 표현하고, 조직화하고 혹은 추가"하도록 요청한다. 이와 같이 스스로 만든 관계는 다른 사람(강사, 이러닝 등)이 제공한 연결보다 더 의미 있고 오래간다. 딥 러닝은 "학습자가 의식적으로 주의를 기울일 뿐만 아니라 궁극적으로 장기 저장 네트워크로 통합하기 위해 말이 되며 유의미한 개념적 프레임워크를 구축하도록 한다"(Sousa, 2011, p. 91).

AGES 약어의 "E"는 감정(Emotion)이 직간접적으로 학습에 ─긍정적 또는 부정적으로─ 강력한 영향을 미친다는 것을 교육담당자들에게 상기시키기 위한 것이다. 예를 들어 사람들이 학습 상황에 대해 어떻게 느끼는지는 학습 상황에 쏟는 주의집중의 양에 영향을 미친다(Sousa, 2011, p. 48). 유머나 사회적

표 D3.2. AGES 모델의 핵심 요소들

주의집중 Attention	- 사람들은 자신이 주의를 기울이는 것만 배울 수 있다. - 멀티태스킹(주의 분산)은 학습을 감소시킨다. - 주의 집중 범위는 제한되어 있다. 따라서 사람들이 꾸준한 속도로 장기간 동안 주의를 기울일 것 이라고 기대하지 않는다.
생성 Generation	- 학습은 새로운 정보를 기존 지식과 연결하는 프로세스이다. - 각 학습자는 자신의 의미를 생성해야 한다. - 정교한 리허설은 보유를 돕는다. - 학습자가 스스로 만드는 연결은 강사에 의해 제공되는 연결보다 더 의미 있고 오래 지속된다.
감정 Emotions	- 감정은 학습에 강력한 직간접적 영향을 미친다. - 약간의 스트레스(불안)는 학습을 향상시킨다. 높은 스트레스는 학습을 방해한다. - 기쁨, 유머, 만족감과 같은 긍정적인 감정은 학습에 도움이 된다. - 부정적인 감정, 특히 두려움과 스트레스는 창의적 사고, 정교한 처리 및 학습을 일반적으로 억제 한다.
간격 두기 Spacing	- 간격을 두고 주제를 다시 살펴보면 "일단 완료"보다 더 많은 학습 효과를 얻을 수 있다. - 반복적인 인출 연습(자료에 대한 질문에 답하려고 노력하는 것)이 다시 읽는 것보다 우위에 있다. - 간격 두기는 장기 보유가 목적이라면 특히 유용하다.

Davachi, Kiefer, Rock, and Rock(2010)에서 응용

유대감과 같은 긍정적인 감정은 학습을 향상시킨다(Medina, 2014). 두려움이나 인지된 위협과 같은 부정적인 감정은 주의력을 높이지만 초점을 좁히고 창의성과 혁신을 억제하며 정교한 인코딩에 필요한 성찰을 억제한다(Subramaniam, Kounios, Parrish, & Jung-Beeman, 2009). 불행하게도 긍정적인 감정보다 부정적인 감정을 생성하는 것이 더 쉽고 일반적으로 부정적인 감정은 더 크고 오래 지속되는 영향을 미친다.

스트레스가 어느 지점까지는 … 학습에 모두 나쁜 것은 아니다. 헌터Hunter (2004)는 적당한 "우려의 수준"이 최적의 학습을 자극한다고 제안했다. 학습자가 어떠한 수준의 걱정도 없다면 학습 자료를 숙달하는 데 거의 또는 전혀 노력을 기울이지 않는다. 척도의 다른 쪽 끝에서 우려의 수준이 너무 높으면 학습이 저

하된다(그림 D3.9). 실수에 대한 두려움이 높은 학습자는 작업 기억의 상당 부분을 자기 모니터링에 할애하는데, 이는 학습과 성과를 모두 방해한다(Brown, Roediger, & McDaniel, 2014, p. 91).

그림 D3.9. 학습의 양 VS. 우려의 정도

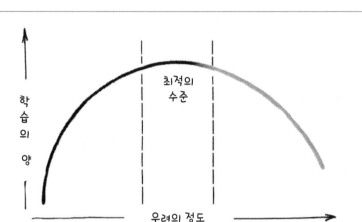

이것이 기업 학습에서 의미하는 바는 직원들에게 주제나 행동이 그들의 성공이나 개인 안전에 얼마나 중요한지를 보여줌으로써 관심의 수준을 높여야 한다는 것이다. 동시에, 우리는 사람들이 너무 "스트레스를 받아" 학습에 집중할 수 없어서 자료를 숙달하지 못하게 하는 결과를 만들어서는 안 된다.

AGES 기억법의 "S"는 간격 학습Spaced learning을 의미한다. 즉, 중간에 휴식으로 간격을 두어 주제를 재방문하는 것이다. 시간이 지남에 따라 학습에 간격을 두는 것은 인지 부하를 줄이고, 더 정교한 인코딩을 장려하며, **총 소요 시간이 동일하더라도** 주제가 한 번만 제시될 때보다 더 오래 지속되고 더 풍부한 학습을 창출한다(탈하이머Thalheimer, 2006 리뷰 참조). 예를 들어 카피케Karpicke(2012)는 하나의 큰 단위의 범위를 한꺼번에 공부한 학생들에 비해 간격을 두고 다시 읽기와 인출을 연습한 학생들 중에 회상하는 비율이 4배 더 높다고 보고했다. 대부분의 기업 교육 프로그램은 이러한 접근이 비효율적이라는 증거에도 불구하고 계속해서 하나의 큰 단위로 정보를 제공한다. 매우 짧은 독립형 교육과정을 제공하는

"마이크로러닝"의 이론적 근거 중 하나는 간격을 두는 효과를 활용하는 것이다.

Practical Application

- AGES 기억법을 교수 설계에 대한 품질 검사로 사용한다.
- 참가자에게 개인적으로 의미 있는 연결을 생성하는 데 필요한 시간과 격려를 제공한다.
- 스트레스 수준에 주의를 기울인다. 적당한 스트레스(예: 평가가 있을 것이라는 것을 아는 것)는 학습에 도움이 된다. 두려움이나 위협은 역효과를 낳는다.
- 보유(retention)를 돕기 위해 학습 간격을 두고 한 번 이상 주제를 다시 방문한다.

추가적인 성공 요인들
Additional Success Factors

현업 적용을 위한 전달(D3)의 실천에서 특히 중요한 세 가지 다른 요인들이 기업 교육 프로그램에서 종종 발전되지 않고 있다:

1. 노하우 제공
2. 적절한 연습과 피드백 보장
3. 정신뿐만 아니라 마음을 사로잡는 것

노하우 제공

학습을 통해 성과가 향상되려면, 직원들이 "내가 할 수 있나?" 질문에 "그래"라고 대답해야 한다. 이는 단지 정보와 이론 이상의 것을 얻어가야 한다. 그 정보를 *어떻게(how)* 사용하는지 그리고 새로운 스킬을 어떻게 업무에 적용하는지를 *알아야(know)* 하는 것이다. 적용을 위해 전달하는 것은 노하우를 제공하는 것을 의미한다.

기업 학습 프로그램은 종종 사실과 개념에 대해서는 긴 시간을 할애하지만

"그 일을 어떻게 실제로 수행하는가"에 대해서는 짧다. 이는 부분적으로 프로그램들이 내용 전문가의 조언에 의존했기 때문일 수 있다. 전문가들은 종종 자신이 문제를 통해 어떻게 생각하는지 또는 과제를 실제로 수행하는 방법을 설명하는 데 어려움을 겪는다. 반면에 그들은 자신이 좋아하는 분야의 사실과 이론에 대해서는 유창하고 길게 말하는 데 열정적이 될 수 있다.

국제성과향상협회(ISPI)에 오랜 기간 공헌해온 작고한 조 할리스Joe Harless는 "제 경력 초기에는 '사람들이 무엇을 알기를 원하는가?'라는 질문을 바탕으로 무엇을 가르칠지 결정하는 일을 착수했습니다. 그런데 내용 전문가(SME)들에게 그 질문을 하는 것의

> 내용 전문가에게 "사람들이 무엇을 알기를 원하십니까?"라고 결코 묻지 않는다.

문제는 그들이 알고 있는 모든 것을 나에게 말할 것이라는 것입니다."(Harless, 1989). 그리고 그들이 알고 있는 것은 보통 예를 들어, 위젯 이론, 위젯의 역사, 18세기의 가장 위대한 위젯 제작자, 위젯 정책 등을 포함했죠. "제 어리석음을 깨닫고 나서 저는 … 내용 전문가에게 '사람들이 업무에서 무엇을 *하기*를 원하십니까?'라는 질문을 고수하기 시작했습니다."

*지식*이 아닌 성과에 학습 활동의 초점을 유지하는 것은 "직원들이 정말로 …에 대해 알아야 합니다"라는 전문가들의 주장에 대해 완충역할을 한다. 또한 교수 방법의 적절한 선택도 알려준다. 예를 들어, 자녀에게 수영하는 방법에 대한 파워포인트 강의를 한 다음 수영장 깊은 곳으로 던져 넣지 않을 것이다. 노하우를 제공하는 것은 교육참가자들이 업무에서 사용해야 하는 종류의 사고와 행동을 연습할 수 있는 기회를 주는 교수방법을 필요로 한다. 교육목표가 화난 고객을 다루는 능력을 향상시키는 것이라면 교육참가자들은 프로그램 중에 화난 고객 처리 스킬을 연습하고 수행에 대한 피드백을 받을 기회가 필요하다. 강사가 스킬에 대해 이야기하는 것만으로는 충분하지 않다.

하지만 오늘날과 같이 시간에 쫓기는 비즈니스 환경에서 상호작용하는 연습과 실습은 "시간이 너무 많이 걸리기" 때문에 가장 먼저 포기하는 경우가 많다. 러닝 안드라고Learning

> 학습을 통해 성과가 향상되려면 교육참가자들은 어떻게 하는지를 알아야 한다.

Andrago의 회장인 마크 랄란데Marc Lalande는 그러한 생각이 비경제적이라고 강하게 느끼고 있다. 빠르지만 효과가 없는 일을 하는 것이 시간을 절약하는 것이 아니다. 그가 제약 회사의 교육 책임자로 프로그램을 단축해 달라는 요청을 받았을 때, 해당 경영진에게 "교육아젠다에 있는 무엇이라도 원하는 것을 제거할 수 있습니다. 단 실습과 롤플레이는 예외입니다. 그것을 제거하면 차라리 프로그램을 취소하는 것이 낫습니다."라고 말했다.

적절한 연습 및 피드백 보장

교육 및 개발에 관한 약 200개의 연구 논문을 검토한 후 살라스Salas와 동료(2012)들은 다음과 같이 결론을 내렸다: "우리는 수많은 연구를 통해서 학습이 연습과 피드백을 통해서 일어난다는 것을 알게 되었다." 예를 들어 자기주장 교육훈련이 정보와 시연만 통합했을 때는 행동에서의 효과를 내지 못했다. 그러나 참가자들이 자신의 성과에 대한 피드백을 받는 일련의 역할극 연습이 교육훈련에 포함되었을 때 참가자들은 훨씬 더 상황에 적합한 자기주장 행동을 보여주었다(Smith-Jentsch, Salas, & Baker, 1996).

하티Hattie(2008)는 800개의 메타 분석 결과를 종합한 후 "성취를 향상시키는 가장 강력한 단일 영향력은 피드백"이라는 결론에 도달했다(p. 12). 건설적 피드백 기회를 제공하려면 연관된 연습 활동이 필요하다.

> 피드백은 가장 강력하게 성취에 영향을 미치는 요소이다.

실습에 좀 더 소중한 교육시간을 할애하고 내용 전달에 덜 할애해야 할 필요성이 "거꾸로 교실flipped classroom" 개념의 원동력이다. 거꾸로 교실 접근에서는 "전형적인 강의 및 과제 요소가 반대로 된다"(Educase, 2012). 즉, 교육시간을 이용해 강의를 하고 과제를 숙제로 내주는 것이 아니라, 이러닝과 녹화 강의 등을 통해 강의실 밖에서 내용을 전달하고 교육 시간은 학생들이 강사와 다른 학생들의 도움을 받아 문제와 사례를 해결하는 데 할애된다.

이 접근이 얼마나 가치가 있는지에 대한 경험적 연구는 제한적이긴 하지만 대부분의 연구에서 학생 성취도가 크게 향상되었으므로 유망하다는 것을 보여준다(Hamdan, McKnight, & Arfstrom, 2013). 성공은 강사와 학생 모두의 신중한 준비에 달려 있다. 학습자가 수동적으로 강의를 들으면서 교육 시간을 보내는 데 익숙하다면 거꾸로 교실 활동을 통해 완전한 이득을 얻는 데 필요한 준비를 하지 않을 수 있다. 이것은 "사전 작업"의 완료가 전통적으로 제대로 이루어지지 않았던 비즈니스 환경에 이 개념을 적용하는 데 특히 중요하다.

일부는 "거꾸로 교실"이 실제로 새로운 것이 아니며 교육에서 항상 수행되어야 하는 방식이라고 주장했다. 다른 사람들은 그것이 교육에서의 적용에 훨씬 더 중점을 두고 있지만 실제로는 블렌디드 러닝의 확장일 뿐이라고 지적했다. 논쟁은 차치하고라도 거꾸로 교실 운동은 효과적인 학습이 되려면 더 많은 실습을 하고 수동적인 듣기는 적게 하는 것이 필요하다는 인식이 커지고 있음을 강조한다.

스킬 개발을 위해서, 실제 작업과 유사한 환경에서의 실습이 포함되어야 한다. 택배회사UPS United Parcel Service의 글로벌 학습 및 개발 부사장인 앤 슈왈츠Ann Schwartz는 다음과 같이 말했다. "우리는 젊은 세대가 모든 것을 컴퓨터로 배우고 싶어 한다고 생각했어

> 모든 사람은 실습 경험을 할 때 가장 잘 배운다.

요. 실제로 알아낸 것은 그들이 실습으로 배우는 것을 선호한다는 것입니다"(Margolis, 2010에서 인용). 따라서 UPS는 실제 트럭 차체를 갖춘 교육훈련 시설을 갖추고 있어 운전자가 체험을 통해 학습할 수 있도록 한다. 그들은 실습을 통해 혜택을 받는 것은 젊은 직원들에게만 해당되는 것이 아니라 "모든 사람이 실습 경험을 하고 나서 시연하고 그리고 돌아가서 적용할 수 있다면 가장 잘 학습한다"(p. 27)는 것을 발견했다. 실습에 대한 투자는 UPS가 업무에서 눈에 띄는 더 나은 성과를 거두게 하였다.

여기서 중요한 점은 사람들이 행함을 통해 가장 잘 배운다는 인식이 커지고 있다는 것이다. 기업이 비용을 지불하는 학습의 맥락에서, 이는 가르치는 내용의 양을 줄이고 실제 작업 환경에 최대한 가까운 상황에서 직접 수행하도록 하여, 그 수행에 대한 의미있는 피드백을 제공하는 실습에 더 많은 시간을 쓰는 것을 의미한다.

마음을 사로잡다

지금까지 현업적용을 위한 전달(D3)에 대한 논의는 주로 "내가 할 수 있나?" 질문에 긍정적인 반응을 보장하는 데 중점을 두었다. 그러나 서문(p. 35)에서 논의한 것처럼 학습이 성과에 영향을 미치려면 교육참가자들이 "내가 할 것인가?" 질문에도 "그래"라고 대답해야 한다. 성과를 향상시키는 것은 행동을 변화시키는 것이 필요하며 십대 자녀를 둔 사람이라면 누구나 알고 있듯이 단순히 이야기하는 것은 행동에 거의 영향을 미치지 않는다. "사람들이 변화하기를 원한다면 … 언어적 설득을 버리고 개인적인 경험을 창출하는 혁신적인 방법을 찾아내야 한다"(Patterson, Grenny, Maxfield, McMillan, & Switzler, 2008, p. 53). 다시 말해, 학습자의 정신뿐만 아니라 마음까지 사로잡아야 한다.

커리어 시스템즈 인터내셔널Career Systems International의 창립자이자 직원 개발 및 유지 분야의 선구자적 리더인 비벌리 케이Beverly Kaye는 이렇게 말했다:

> 사람들이 학습과 개발에서 최대한의 가치를 얻을 수 있도록 하려면, 우리는 사람들의 머리뿐만 아니라 마음까지 사로잡아야 합니다. 교육참가자들이 문 밖으로 나갈 때 "할 수 있다"는 태도로 행동할 준비가 되어 있다고 느끼도록 모든 프로그램을 설계하고 제공합니다. 우리는 참가자들의 아드레날린이 솟구치도록 의도적으로 노력합니다. 그들이 배운 것을 적용하려는 열정을 갖도록 그들의 마음을 사로잡는 겁니다. 그들은 자신 외에는 누구도 자신의 개발과 업무 만족을 책임질 수 없다는 것을 이해하고 떠납니다. 따라서 자기 자신의 개발을 책임지는 것에 대해 배우는 것은 인지적 학습 그 이상인 것입니다.
>
> - 케이Kaye, 2005

싱가포르 ROHEI 社의 수석 컨설턴트인 프레이즈 목Praise Mok은 "지속적인 변화를 일으키기 위해서는 교육참가자들의 지성뿐만 아니라 감정까지도 몰입시키는 체험적 학습 환경을 만들어야 했습니다"(Mok, 2014)라고 말했다.

Practical Application

- 학습이 지적인 활동 이상이 되도록 한다. 학습자의 사고뿐만 아니라 감정을 몰입시키는 경험을 포함한다.

학습 동기 부여하기
Motivate Learning

대부분의 사람들에게 개념이나 스킬의 숙달은 그 자체로도 보상이다. 유아기부터 인간은 학습에 대한 강하고 본질적인 동기를 보인다(Pasupathi, 2013). 배움에 대한 충동은 지속된다. 즉, 성인은 평생 동안 계속해서 학습한다. 학습에 대한 상한 연령 제한이 없는 것 같다. 그렇지만, 성인은 매우 실용적인 관점에서 학습 과제에 접근하는 경향이 있다(자료 D3.1 참조). "성인은 무언가를 배우기 전에 그것을 배워야 하는 이유를 알 필요가 있다"(Knowles, Holton, & Swanson, 2011, p. 63).

예일大 매니지먼트 스쿨의 빅터 브룸Victor Vroom은 무엇이 직원에게 동기를 부여하는지 설명하는 방법으로 기대 모델을 개발했다(Vroom, 1994). 브룸은 노력이 동기 부여에 비례하며(그림 D3.10) 일터에서의 동기 부여는 다음의 세 가지 요인의 결과라고 제안했다:

- *기대감* - 새로운 접근 방식이 성과를 향상시킬 것이라는 기대
- *수단성* - 향상된 성과에 대한 보상이 있을 것이라는 기대
- *유의성* - 개인에 대한 보상의 상대적 가치

자료 D3.1
성인 교육의 원칙

"현업적용을 위한 전달"의 많은 측면들은 노울즈, 홀튼 및 스완슨Knowles, Holton & Swanson이 그들의 고전인 *성인학습자* The Adult Learner(2011)에서 요약한 성인 학습의 원칙을 반영한다. 카파렐라와 다프론Caffarella & Daffron(2013)의 *성인 학습자를 위한 프로그램 기획*Planning Programs for Adults Learners도 참조한다. 특히 기업이 비용을 지불하는 학습과 관련된 원칙은 다음을 포함하고 있다:

- 성인은 실용적이며 관련성에 높은 가치를 부여한다.
  - 학습이 자신에게 개인적으로 의미가 있을 때 학습에 기꺼이 참여한다.
  - 특히 업무 상황에서는 지식 자체만을 위해서는 관심이 없을 수 있다.
  - 무언가를 배워야 할 이유를 원한다: "나에게 도움이 되는 것이 무엇인가?"
  - 이론, 개념, 예시 및 실습의 관련성은 바로 분명하게 드러나야 한다. 적용의 구체적인 예가 도움이 된다.

- 성인은 목적 지향적이다.
  - 내용 중심 접근 보다 문제 중심 접근을 선호한다.
  - 교육과정이 개인적인 목적을 달성하는 데 어떻게 도움이 되는지 알고 싶어 한다.

- 성인은 경험을 통해 배운다.
  - 안전한 환경에서 새로운 지식을 적용하고 스킬을 연습할 수 있는 기회(시뮬레이션, 역할 놀이, 문제 해결)를 포함한다.
  - 올바른 조치를 강화하고 실수에 대한 통찰을 제공하는 피드백을 허용한다.

- 성인 학습자는 존중을 받아야 한다.
  - 성인은 삶에서 얻은 풍부한 경험과 지식을 교육과정에 갖고 들어온다.
  - 학습자들을 동등하게 대하고 교육과정에서 지혜와 의견을 공유하도록 격려한다.
  - 결코 참가자들을 조롱하거나 "얄잡아 이야기"하지 않는다.

- 성인은 자율적이고 자기주도적이다.
  - 수동적인 지식 수용자보다 학습 프로세스에 적극적으로 참여하는 것을 선호한다.
  - 강사들은 참가자들에게 사실들을 공급하기보다는 – 참가자들을 자신의 지식과 결론으로 안내하는 퍼실리테이터 역할을 할 때 가장 효과적이다.

따라서 현장적용을 위해 효과적으로 전달을 하려면 나에게 어떤 이익이 있는 가? 질문에 대한 분명한 대답이 포함되어야 한다. 이는 새로운 접근을 배우고 사용하면 우수한 성과로 이어질 것이라는, 말하자면, "영업을 해야"(기대 창출) 하는 것이다.

그림 D3.10. 브룸의 동기부여 기대 모델

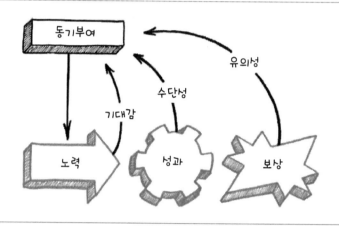

많은 기업 학습의 문제는 학습의 이점과 새로운 접근 방식을 사용하는 *이유 (why)*를 적절히 설명하지 않고 주제의 *내용(what)*과 *방법(how)*에 대해 깊이 파고든다는 것이다. 직원들에게 학습하길 원하는 동기를 부여하려면 적극적으로 참여해야 할 믿을 수 있고 개인적으로 의미 있는 이유를 제공할 필요가 있다(포인트 사례 D3.2 참조). 마찬가지로 관리자가 직속 부하 직원이 학습 활동에 참여하고 추후에 지원하도록 장려하려면 관리자와 해당 부서에 생기는 이익을 명확하고 간결하게 설명할 수 있어야 한다.

"왜?"를 이해해야 할 필요성은 교육 과정 수준에서 멈추지 않는다. 학습자들은 특히 더 도전적이거나 더 많은 일이 있을 때에는 각각의 주제와 활동에 대한 근거를 알고 싶어 한다(그림 D3.11). 마르골리스와 벨Margolis & Bell(1986)은 실습이 나에게 어떤 이득이 되는지 연결이 종종 참가자들에게는 분명하지 않다는 것을 관찰했다. 이것이 문제이다. 학습자가 실습의 관련성(나에게 도움이 되는 것은 무엇인가?)을 보지 못하면 그 실습을 진지하게 받아들여서 적극적으로 참여하고 학습할 가능성이 줄어든다.

포인트 사례 D3.2
왜(why)부터 시작한다

우리가 진행했던 크리그 그린 마운틴Keurig Green Mountain에서의 워크숍 참가자들 중 두 명은 안전 프로그램을 가르치는 도전적인 과제를 맡고 있었다. 안전이라는 주제의 명백한 중요성에도 불구하고 교육생 참여는 부진했다.

우리는 문제가 교육과정 자체의 내용이나 설계라기보다는 마케팅과 메시지 전달 중 하나일 수 있다고 제안했다. 반 농담으로 우리는 프로그램 브랜드 변경을 제안했다. 그 과정을 "안전한 작업 프랙티스"라고 부르는 대신 "출근했을 때만큼 건강한 상태로 사랑하는 사람들이 있는 집으로 돌아가기"로 리브랜딩하자는 것이었다.

그 교육과정 책임자들은 그 컨셉을 받아들여서 실행했다. 그들은 생산 근로자들이 자신의 가족에 대해 이야기하는 짧은 비디오를 만들기 시작했다. 한 명은 크리스마스 트리 주변에 있는 그의 아내와 아이들의 사진을 보여줬고, 다른 한 명은 가족 구성원 중 하나로 그녀의 개에 대해 이야기했고, 또 다른 한 명은 자신이 부양하는 어머니에 대해 이야기했다. 모든 사례에서, 그들은 진심으로 이렇게 말할 수 있었다: "이것이 제가 안전하게 일하고 사랑하는 사람들에게 제가 떠났을 때처럼 건강하게 집에 돌아가고 싶은 이유입니다."

비디오는 학습 포털에 게시되었다. 반응은 압도적이었다. 안전 교육을 채우기 위해 애쓰는 대신 프로그램이 초과 신청되었다. 퍼실리테이터들은 이제 컴플라이언스 규정 때문에만 참가하고 있는 사람들 대신에, 스스로 그리고 주변 사람들의 안전을 개선하려는 참가자들을 보게 되었다.

차이점은 "왜?"로 시작했다는 것이다. 그들은 사람들에게 머리뿐만 아니라 마음에도 호소하는 참석해야 할 이유를 제공했던 것이다.

그림 D3.11. 학습자들은 특정 주제나 스킬을 왜 배워야 하는지 알고 싶어 한다.

마르골리스와 벨은 이 단절에 크게 기여한 요인이 강의실에서든 온라인에서든 실습이 일반적으로 소개되는 방식이라고 주장한다. 이유(why)를 먼저 설명하지 않고 방법(how)부터 시작하는 "행정적 접근"을 사용하는 경향이 있다. 전형적인 예는 다음과 같다. "앞으로 10분 동안은 여러분을 소집단으로 나누겠습니다. … " 또는 "다음 각 시나리오에서 가장 좋은 다음 단계를 선택하십시오."

이런 방식으로 실습 활동을 도입할 때의 문제는 교육참가자들이 그 활동의 목적과 자신에게 도움이 되는 잠재적 보상보다는, 충분한 시간이 주어지는지, 자신이 이런 종류의 활동을 좋아하는지 싫어하는지에 대해 즉각적으로 생각하기 시작한다는 것이다. 목적에 대한 연결고리는 손실되고 교육참가자들에 대한 연결고리도 손실된다.

> 실습을 할 때는 이 실습이 어디에 도움이 될 것인지를 항상 설명한다.

마르골리스와 벨은 모든 실습활동이 근거와 업무 수행과의 관계를 먼저 설명함으로써 시작되기를 권장한다. "이 순서는 학습의 논리와 동기 부여의 논리를 따른다. … 소개/근거는 학습자를 위해 '왜 내가 이 과제 혹은 경험을 해야하는거지?'라는 근본적인 질문에 답하는 진술인 것이다. … 근거는 항상 학습자의 관점

혁신적 기업교육의 여섯 가지 원칙: 6D

에서 진술되어야 하는 것이지 강사나 조직의 관점에서 하는 것은 아니다", p. 63).

Practical Application

- 전체 학습 기회를 소개하든 특정 주제나 실습 활동을 소개하든 항상 이유부터 시작한다.
- 프로세스를 설명하기 전에 근거와 이점을 설명한다.

연결고리 매핑하기

안내되는 학습의 효과성을 최적화하려면 다음 네 가지 조건을 충족해야 한다.

1. 비즈니스 결과와 기대되는 이익이 분명하게 정의되었다.
2. 요구되는 성과(스킬 및 행동)가 결정되었다.
3. 업무를 수행하는 데 꼭 필요한 내용만 선정했다.
4. 교수 방법이 요구되는 성과와 일치한다.

이러한 사전 조건 중 첫 번째를 충족하는 것은 잘 실행된 D1에 달려 있다. 성과 분석은 두 번째 조건을 만족시킨다. 세 번째는 만족스럽게 업무를 수행하기 위해 얼마나 많은 배경 지식이 정말로 필요한지에 대해 비판적으로 사고해야 한다(내용 전문가의 열정을 정중하게 축소해야 할 수 있음 – p. 172 참조). 네 번째 기준을 만족하려면 요구되는 성과를 달성하기 위해 가장 효과적인 교수 방법을 선택해야 한다.

가치 사슬을 생성하기 위해 논리 맵(그림 D1.8, p. 98)을 확장하는 것은 네 가지 조건이 충족되고 그 조건들간에 일관성을 확보하기 위한 유용한 도구로 입증되었다. 학습에 대한 가치 사슬은 세 가지 관련 개념을 기반으로 한다:

- 포터Porter의 가치 사슬 분석(Porter, 1998)
- 브링커호프Brinkerhoff의 임팩트 맵(Brinkerhoff & Apking, 2001)
- 논리 모델링(Frechtling, 2007)

가치 사슬은 상세한 학습 활동과 바람직한 결과 사이의 관계를 설명하는 논리 맵의 "줌인zoomed-in" 보기로 생각할 수 있다(그림 D3.12). 논리 맵은 학습 경험을 계획하기 위해 일반적으로 왼쪽에서 오른쪽으로, 즉 결과로 이어지는 산출물을 생성하는 활동과 함께 시간 순서대로 그려지지만, 원하는 결과에서 계획된 활동으로 "역방향"으로 작업하는 것이 더 낫다는 것을 우리는 알게 되었다.

그림 D3.12. 가치 사슬은 특히 논리 모델의 학습 전이 활동에 대한
"줌인"된 더 자세한 보기이다.

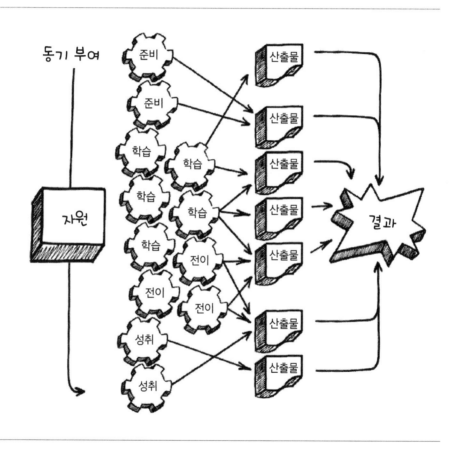

학습을 위한 가치 사슬에서 기대되는 결과는 플래닝 휠의 첫 번째 사분면인 학습활동의 비즈니스 목적이다(그림 D3.13). 기대되는 산출물은 새로운 스킬과

혁신적 기업교육의 여섯 가지 원칙: 6D

지식의 습득이다. 활동은 사람들이 필요한 스킬을 습득하고 이를 지속적으로 적용하도록 돕기 위해 고안된 구체적인 학습 경험 및 지원 메커니즘을 포함한다. 포터의 가치 사슬과 마찬가지로 사슬의 모든 연결 고리가 강력하고 각각이 가치를 더할 때 경쟁 우위가 극대화된다.

그림 D3.13. 학습을 위한 가치 사슬은 학습과 비즈니스 목표 사이의 연결을 보여준다.

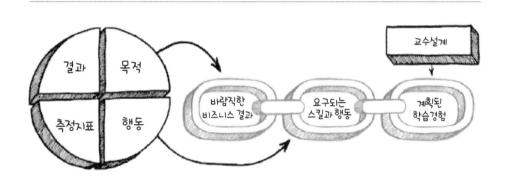

학습을 위한 가치 사슬은 네 가지 목적을 제공한다:

1. 계획된 학습 활동과 바람직한 결과 간의 논리적 연결을 명시화한다.

2. 퍼실리테이터와 교육참가자들이 개별 주제 및 실습 수준까지 학습의 관련성을 볼 수 있도록 도와준다.

3. 성과에 꼭 필요하지 않은 "알아두면 좋은nice-to-know" 내용을 추가하는 "슬금슬금 범위를 추가하는 것"을 방지하는 역할을 한다.

4. 교수 설계 팀이 "이것이 정말로 이 특정한 결과를 달성하기 위한 최선의 교수 접근방식인가?"에 대해 창의적이고 비판적으로 생각하는 데 도움이 된다.

가치 사슬을 구축하려면:

1. 학습활동을 통해 달성하려고 하는 핵심 비즈니스 결과를 열거한다.

2. 위에서 열거한 각각의 바람직한 결과를 성취하기 위해 직원들이 수행할 수 있어야 하는 결정적인 행동들을 열거한다.

3. 위에서 열거한 각각의 결정적인 행동에 대해 직원들이 필요한 성과 수준 달성을 보장하려면 어떤 학습 경험 조합이 필요한지 결정한다.

실습활동의 결과는 모든 학습 요소가 요구되는 스킬이나 행동에 연결되고 이들 각각이 비즈니스 결과 중 하나에 연결되는 꽤 큰 트리 구조가 될 것이다(그림 D3.14).

그림 D3.14. 완성된 가치 사슬은 트리 구조이다.

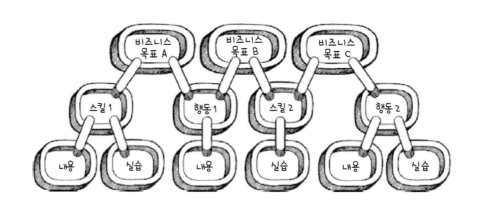

세 번째 수준(계획된 학습 경험)을 개발할 때 교육참가자들이 숙련도를 달성하여 수행하기 위해 필요한 완전한 학습 경험(준비, 교육과정, 현업 학습, 소셜 러닝, 성과 지원, 성취감 등)을 고려해야 한다. 해야 할 주요 질문은 다음을 포함한다:

- 이 학습경험이 진정으로 이 스킬들을 가르치는 가장 좋은 방식인가?
- 우리는 숙련도를 위해 필요한 완전한 경로를 진정으로 고려했는가?
- 이 주제/내용이 성과에 정말 필수적인가?
- 내용 대비 실습의 적절한 균형이 있는가?

- 성찰, 생성, 인코딩 및 통합을 위한 충분한 시간을 제공했는가?
- 우리는 적절한 스캐폴딩과 선행조직자를 구축했는가?
- 순서가 논리적인가?
- 연계가 명확하고 논리적으로 방어 가능한가?
- 간격 두기 효과를 활용했는가?

우리는 가치사슬에 대해 그룹으로 작업하는 것이 도움이 된다는 것을 알게 되었다. 이 프로세스는 그룹 구성원들의 다양한 관점과 경험에서, 서로 아이디어를 공유하는 데서, 교수설계에 건설적으로 문제를 제기하는 데서 더 나은 아이디어를 얻을 수 있게 해준다. 또한 요소들을 쉽게 이동, 추가, 삭제, 교체 등을 할 수 있도록 포스트잇 등을 사용하는 것도 도움이 된다. 에머슨Emerson은 적극적 참여와 관련된 요소와 수동적 듣기와 관련된 요소를 구별하기 위해 각기 다른 색깔로 부호화하는 혁신을 도입했다. 이는 적극적인 참여와 수동적인 듣기 간의 균형을 시각적으로 바로 알아볼 수 있도록 해주었다.

가치사슬을 그리는 것은 교육참가자, 관리자, 코치, 퍼실리테이터 등 관련된 모든 사람이 프로그램의 각 요소에 대한 목적과 근거를 이해하도록 도움을 준다. 이것은 또한 슬그머니 끼어드는 경향이 있는 추가적인 자료에 대한 좋은 보호 장치이기도 하다. 주제나 실습이 수행에 필요한 사항과 아무런 연계도 없다면 학습활동에 포함시키지 말아야 한다.

이론적으로 전체 가치 사슬은 학습 활동의 논리 모델에 통합될 수 있지만 이러한 세부 수준은 모델을 다루기 어렵게 만들고 커뮤니케이션 도구로서의 가치를 손상시킨다. 그림 D3.15에서 보여지듯이, 학습 설계를 안내하는 상세한 가치 사슬을 개발하고 그 다음 주요 구성 요소의 상위 수준 요약만 논리 모델에 통합할 것을 권장한다.

Practical Application

- 새로운 학습 활동을 설계할 때 각 요소가 가치에 기여하고 비즈니스 결과에 논리적으로 연결되는 것을 확실히 하기 위해 가치 사슬을 그린다.
- 기존 프로그램들에 대해서 모든 요소들이 필요하고 최적으로 설계되었는지 확인하기 위해 가치 사슬로 그리는 것을 시도하여 재평가한다.

그림 D3.15. 몇 가지 핵심 학습 요소가 추가된 논리 모델의 예시

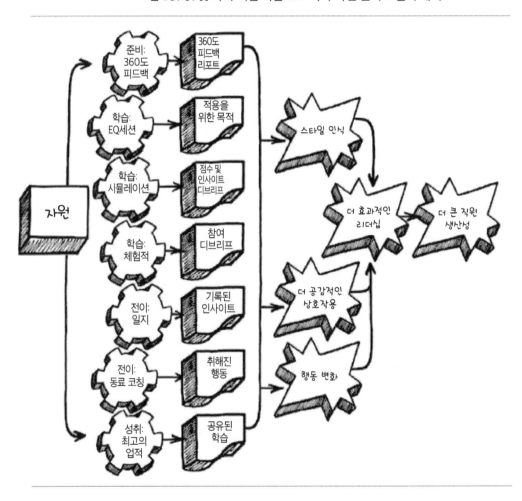

혁신적 기업교육의 여섯 가지 원칙: 6D

프로세스 점검
Check the process

현업적용을 위한 전달의 원칙(D3)은 참가자들이 안내된 학습 경험에 따라가면서 "내가 할 수 있나?" 질문에 "그래"라고 대답할 수 있도록 설계되었다. 비즈니스 연결을 명시적으로 만드는 것은 직원들이 새로운 스킬과 지식을 학습하고 적용하도록 동기 부여("내가 할 것인가?")하는 데 도움이 된다.

그런데 그 프로세스가 작동하는지 어떻게 알 수 있는가?

중요한 하위 프로세스가 예상대로 작동하는지 확실히 하려면 제조에서 사용되는 프로세스 점검in-process checks과 유사한 프로세스 점검을 구축하는 것을 권장한다. 성인 학습자와의 관련성(p. 177 참조)의 중요성을 고려할 때 교육참가자들이 학습을 관련성 있고 유용하다고 인식하는지 여부를 평가하는 것이 특히 중요하다.

교육과정이 끝날 때(단계 II 학습), 참가자들이 배운 내용을 사용하고, 그것을 적용할 수 있다고 생각하며, 그 관련성을 확인하도록 동기부여된 정도를 평가하도록 요청한다(자료 D3.2). D6: 결과 입증(p. 284)에서 자세히 논의하겠지만 대부분의 과정 후 즉각적인 반응 데이터는 가치가 제한적이다. 아무

> 직원들이 학습 내용이 적절하다고 인식하지 못한다면 사용하려고 하지도 않을 것이다.

리 긍정적인 반응을 보인다고 해도 학습이 업무로 전이될지 혹은 성과가 향상될지 예측할 수 없다. 한편, 자료 D3.2와 같은 관련성 및 유용성 질문에 대한 낮은 점수는 무언가 잘못되었다는 조기 경고를 제공할 수 있다.

왜 그런가? 직원들이 자신이 배운 내용이 유용하거나 관련이 있다고 인식하지 못한다면 이를 적용하려는 노력을 기울이지 않을 것이다("나는 안 할 겁니다"). 학습 활동은 성과 향상 측면에서 실패일 것이다. 중요한 것은 현실이 아니라 *인식*이라는 것을 나타내기 위해 인식이라는 단어를 이탤릭체로 표시했다. 사람들은 상황에 대한 *인식*에 따라 행동하며, 이는 맞을 수도 있고 그렇지 않을

수도 있다.

분명히, 조직은 적절하고 유용할 것이라고 생각하지 않는 학습 활동에 투자하지 않을 것이다. 그러나 어떤 이유에서든 교육참가자들이 그 관련성을 인식하지 못한다면 그 학습 활동은 학습 불량이 된다. 프로그램의 유용성 등급이 낮으면 프로세스 실패의 원인을 규명하여 해결하기 위한 조치를 취해야 한다. 여러 가지 이유가 있을 수 있다: 교육대상자가 적절하지 않았거나, 교육대상자는 적절했으나 교육시기가 잘못되었거나, 혹은 교수설계가 관련성을 명확하게 만들지 못한 것 등이 있다. 핵심은 주의가 필요하다는 것이다. 비난이 아니라 문제를 해결해야 한다.

자료 D3.2
프로그램의 유용성에 대한 참가자 인식 측정을 위한 질문

자신이 어떻게 느끼는지 가장 잘 나타내는 응답에 표시하여 다음 진술에 동의하거나 동의하지 않는 정도를 평가하십시오.

1. 이 학습은 내 업무와 직접적으로 관련이 있었다.

   | 매우 동의하지 않음 | 동의하지 않음 | 보통 | 동의함 | 매우 동의함 |

2. 나는 내가 배운 것을 사용할 준비가 잘 되어 있다고 느낀다.

   | 매우 동의하지 않음 | 동의하지 않음 | 보통 | 동의함 | 매우 동의함 |

3. 내가 배운 것을 사용하면 나의 성과가 향상될 것이다.

   | 매우 동의하지 않음 | 동의하지 않음 | 보통 | 동의함 | 매우 동의함 |

4. 나는 학습을 실행에 옮기고자 하는 의욕을 느낀다.

   | 매우 동의하지 않음 | 동의하지 않음 | 보통 | 동의함 | 매우 동의함 |

인지된 유용성의 척도는 종종 주로 만족했는지에 대한 질문인 일반적인 반응 데이터보다 훨씬 더 유용하다. 교육참가자들이 프로그램을 "즐겼는지" 여부는 중

요하지 않다. 중요한 것은 배운 내용이 유용하다고 확신하는지, 업무에 활용하려는 동기가 있는지, 그렇게 하는 방법을 알고 있다고 느끼는지 여부이다.

Practical Application
- 학습 후 평가에서 인식된 관련성과 유용성에 대한 질문을 아직 하지 않은 경우 그 질문들을 추가한다.
- 그 결과를 정기적으로 검토하고 낮은 등급의 원인을 조사하고 근본 원인을 해결하기 위한 조치를 취한다.

요약
Summary

본 장에서는 새로운 지식과 스킬을 개인 및 조직의 업무에 적용하는 것을 지원하도록 학습을 설계하고 전달하는 것의 중요성을 강조했다.

학습의 신경과학을 간략하게 검토하고 학습 프로세스가 궤도를 벗어날 수 있는 여러 주요 애로사항들과 관점들을 강조했다. 특히 주의집중이 얼마나 제한적이고, 쉽게 산만해지고, 빨리 소진되는지에 대한 주의집중의 중요성을 강조했다. 우리는 작업 기억의 한계와 너무 많은 내용이 어떻게 인지 과부하 및 학습 감소로 이어지는지에 대해 이야기했다. 새로운 지식이 인코딩되는 방식의 중요성과 학습자에게 자신의 연결을 생성할 시간과 격려를 제공해야 할 필요성에 대해 논의했다.

우리는 성인 학습자에게 인식된 관련성과 유용성의 중요성을 강조했고, 프로그램 설계자와 퍼실리테이터들은 교육참가자들이 자신의 업무와 "나에게 도움이 되는 것은 무엇인가?"와의 연결을 볼 수 있도록 도와야 하는 이유를 강조했다. 우리는 학습 경험의 모든 요소가 궁극적인 목표인 향상된 성과를 지원하는 방식으로 선택되고 구성되어야 한다고 주장했다. 각 주제와 실습활동은 학습을 현업에서의 행동과 궁극적인 결과로 연결하는 가치사슬에 매핑되어야 한다. 링크는 분명히 드러나야 하며 교육참가자 및 관리자와 공유해야 한다. 또한 교수방법은 현업에서 수행하는 방식을 반영하여 설계해야 한다 .

자료 D3.3의 체크리스트를 사용하여 자신의 D3 실천 수준을 평가한다.

자료 D3.3
D3 체크리스트

학습의 전이가능성을 향상시키는 데 도움을 주는 다음의 체크리스트를 사용하십시오. 가능한 한 학습 전이 및 적용을 장려하는 많은 요인들을 포함하는 것을 목표로 하십시오.

☐ 동기부여한다.　프로그램 자료 및 지침은 교육참가자들을 위해 나에게 무슨 도움이 되는가? 질문에 답하고 있다.

☐ 관련시킨다.　학습 경험과 비즈니스 요구/업무 책임간의 연계가 분명하다. 각각의 주요 실습활동/주제에 대해서도 그 연계가 분명하다.

☐ 연결시킨다.　교육참가자들에게 새로운 학습을 과거 경험과 연결할 수 있는 적절한 시간과 격려를 제공한다.

☐ 조정한다.　새로운 정보와 스킬의 양은 인지 과부하를 일으킬 정도로 많지 않다.

☐ 시연한다.　교육참가자들이 현업에서의 적용을 구체화할 수 있도록 적용과 관련된 예시들이 전반적으로 사용하고 있다.

☐ 공유한다.　베스트 프랙티스와 학습자들의 경험의 공유를 장려함으로써 성인 학습 원칙을 존중한다.

☐ 실습한다.　교수설계에는 피드백과 함께 의미 있는 실습을 위한 충분한 시간이 포함된다.

☐ 지원한다.　교육과정 중에 "업무보조도구"가 제공되고 사용된다(D5 참조).

☐ 모니터링한다.　프로그램의 관련성과 유용성에 대한 참가자의 인식을 요청하고 추적하며 조치를 취한다.

혁신적 기업교육의 여섯 가지 원칙: 6D

권장사항
Recommendations

교육 부서 리더를 위한 권장사항

- 각 학습 활동과 원하는 비즈니스 결과 사이의 연결을 보여 주는 상세한 가치 사슬을 만든다.
- 학습 활동에 대한 논리 맵에 주요 활동들을 추가한다.
- 학습 개입이 끝날 때 학습자 대상으로 설문 조사하여 자신의 수행 능력에 대한 인식을 조사한다("내가 할 수 있나?").
  - 낮은 점수의 원인을 파악하고 수정한다.
- 학습한 내용의 관련성과 유용성에 대한 참가자의 인식에 대한 질문을 과정 종료 평가에 포함한다("내가 할 것인가?").
  - 최적이 아닌 경우 근본 원인 분석을 수행하고 시정 조치를 취한다.
- 교육참가자들이 수동적으로 앉아 있는 시간과 능동적으로 스킬을 연습하고 문제를 해결하는 데 소비하는 시간의 실제 비율을 측정한다.
  - 2/3 이상의 활동적인 학습을 목표로 한다.

비즈니스 리더를 위한 권장사항

- 당신의 책임 영역에 영향을 미치는 주요 학습 활동을 검토한다.
  - 이해하기 쉬운 방식으로 구성되어 있는가, 아니면 수영장이 아닌 파워포인트로 수영을 배우는 것처럼 보이는가?
  - 그 접근의 근거를 이해하지 못하는 경우 설명을 요청하고 논리 맵을 확인한다.
- 학습자가 배운 내용의 관련성과 유용성을 어떻게 평가했는지에 대한 보고서를 요청한다(단지 좋아하는지 여부가 아님!).
  - 교육 부서가 이 정보를 수집하지 않는 경우 그렇게 하도록 요청한다.
  - 점수가 좋지 않으면 문제를 해결하기 위한 액션플랜을 요청한다.
- 당신에게 보고하는 관리자에게 직속 부하 직원이 교육을 마치고 돌아왔을 때 적절하게 준비되었다고 생각하는지 물어본다.
  - 그렇지 않은 경우 학습 팀과 인식을 공유하고 문제를 해결하기 위해 함께 작업한다.

혁신적 기업교육의 여섯 가지 원칙: 6D

학습 전이 추진

DRIVE LEARNING TRANSFER

D4: 학습 전이 추진

"학습은 업무수행의 결과를 얻기 위한 수단일 수 있다. 하지만 목적은 아니다."
-해롤드 스톨로비치HAROLD STOLOVITCH

기업 학습 활동이 가치를 창출하려면 직원들은 학습한 내용을 개인 및 조직의 성과를 향상시키는 방식으로 직무 역할에 전이해야 한다. 학습 자체가 아무리 통찰력 있고 흥미진진하며 동기 부여가 되더라도 실행에 옮기지 않는다면 학습 불량이다. 직원들이 "그래, 할 수 있어"와 "그래, 배운 것을 업무에 적용하겠어"라고 모두 대답하지 않는 한 학습에 투자한 시간, 노력 및 자원은 낭비되는 것이다.

이것이 바로 가장 효과적인 교육 부서에서 실천하는 네 번째 원칙이 학습 전이 추진인 이유이다. 우리는 육상경기 선수가 결승선까지 추진해 나가는 방식을 회사가 목표를 달성하기 위해 추진하는 방식에 비유하기 위해 의도적으로 추진이라는 단어를 선택했다. 과거에 일반적이었던 학습 전이에 대한 자유방임적 접근과는 반대로 추진은 무언가를 앞으로 나아가게 하기 위해 에너지를 투자하는 것을 의미한다(그림 I.8, p. 47).

학습 개입은 더 나은 비즈니스 성과를 창출하기 위해 보다 효과적이고 효율적인 업무상에서의 행동을 유발하기 위해 만들어진다(그림 D4.1). 그러나 지식만으로는 행동이 거의 바뀌지 않는다(Grenny, Patterson, Maxfield, McMillan, & Switzler, 2013). "행동을 바꾸고 원하는 결과를 얻으려면 구조, 지원 및 책무성이 필요하다"(Blanchard, Meyer, & Ruhe, 2007). 학습을 결과로 전환하는 데 가장 효과적인 조직들을 보면 학습 전이 및 현업에서의 적용을 보장하는 데 필요한 "구조, 지원 및 책무성"에 투자하고 있다. 직원들이 "내가 할 수 있나?"와 "내가 할 것인가?"의 질문에 어떻게 대답하는가는 학습 자체만큼이나 업무 환경("전이 풍토")의 기능이라는 것을 알고 있는 것이다. 따라서 전이율을 측정하고 진행 상황을 모니터링하며 다른 핵심 비즈니스 프로세스에 적용하는 것과 동일한 주의와 엄격함으로 전이를 지속적으로 개선하기 위해 노력하라.

그림 D4.1. 학습은 더 나은 결과에 기여할 것으로 기대된다.

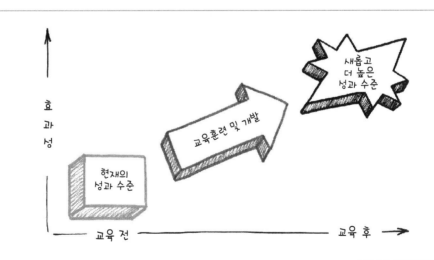

이 장의 주제는 다음과 같다:

- 학습 전이의 정의
- 훌륭한 학습만으로는 충분하지 않은 이유
- 학습 전이에 더 많은 관심이 필요하다
- 누가 전이에 책임지는가
- 무엇이 전이에 영향을 미치는가
- 전이 환경 및 개선 방법
- D4 체크리스트
- 교육 부서 및 비즈니스 리더를 위한 권장사항

학습 전이의 정의
Learning Transfer Defined

다양한 저자들이 다양한 방식으로 전이를 정의한다. 학습 전이는 강사에서 학생에게 또는 경험이 더 많은 작업자에서 견습생에게 지식을 이전하는 경우처럼 종종 지식 이전과 혼동되는 경우가 많다. 우리가 여기서 의미하는 바는 그러한 지식 이전이 아니다. 지식을 한 매체나 사람에게서 다른 매체로 옮기는 것은 비즈니스 가치를 창출하지 않는다. 가치를 창출하는 것은 바로 학습의 전이와 *비즈니스 과제에의 적용*이다.

교육관련 문헌에서 학습 전이는 "이전의 학습이 현재 교육과정의 습득을 촉진할 수 있는 방식"과 "학교에서 습득한 스킬과 지식이 실제 문제와 사건을 해결하고 처리하는 데 어떻게 사용될 수 있는지"를 말한다(Royer, 1979). 후자는 기업 교육의 주요 과제이다. 기업의 교육생들은 원전이(far transfer)로 알려진 즉 "학교에서 배운 정보가 (학교 밖) 실제 문제로 전이되는 것"(Royer, 1979)을 달성해야 한다.

우리는 기업 환경에서 학습 전이의 적절한 정의는 "성과를 향상시키는 방식으로 학습을 업무로 옮기는 과정"이라고 생각한다(Wick, Pollock, & Jefferson, 2010, p. 9). 이러한 관점에서 학습 전이는 학습이 적용되고("업무로 옮기는") 또한 애초에 교육훈련의 존재 이유인 성과가 지속적으로 향상되는 방식으로 수행되는 경우에만 성공적인 것으로 간주한다.

학습 전이는 때때로 "업무로 전이된 교육훈련의 비율"로 정의되지만(Mattox, 2010), 이는 적절한 척도가 아닌 것 같다. 첫째, 정밀하게 평가하기가 극히 어려울 것이고, 둘째, 상대적으로 짧은 교육과정이나 이러닝 프로그램에서 다루는 자료의 양을 고려할 때 가장 유능한 학생들조차도 전체 내용

> 학습 전이는 성과를 향상시키는 방식으로 학습을 업무로 옮기는 과정이다.

의 작은 부분 이상을 적극적으로 활용할 가능성은 낮기 때문이다.

우리의 관점에서 볼 때, 전이 효과에 대한 더 낫고 더 직접적인 척도는 교육 후 수용 가능한 수준의 개선을 달성한(만족의 조건을 충족하는) *직원의 비율*이다. 따라서 직원 5명 중 4명이 학습 개입 후 D1에 정의된 현업에서의 수행 목표를 달성한다면, 유효 전이율은 80%이다. 이러한 방식으로 정의하면 오늘날 대부분의 프로그램은 10~50% 범위의 전이율을 갖는 것으로 보인다.

Practical Application

- 학습 전이를 성과 향상 목표를 달성하는 직원의 비율로 정의하고 측정한다.

훌륭한 학습만으로는 충분하지 않다
Great Learning Is Not Enough

학습 개입의 결과는 학습한 양(내가 할 수 있나?)과 전이된 양(내가 할 것인가?)의 곱이다. 관계는 다음 공식으로 표현된다:

$$학습 \times 전이 = 결과$$

두 가지 결론이 즉시 명백해진다. 첫째, 훌륭한 학습은 여전히 필수적이다. 사람들은 학습하지 않은 것을 전이할 수 없다. 이것이 바로 세 번째 원칙인 현업 적용을 위한 전달이 중요한 이유이다. 둘째, 훌륭한 학습만으로는 충분하지 않다는 것이 분명하다. 학습이 "10점 만점에 10점"이더라도 전이된 양이 0이면 현업 임팩트는 0이다(그림 D4.2).

그림 D4.2. 아무리 훌륭한 학습이라도 전이가 낮으면 결과는 좋지 않다.

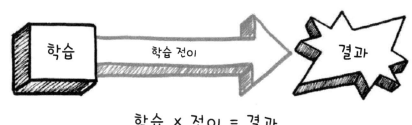

이러한 자명한 사실에도 불구하고 대부분의 기업 교육 제공자들은 교육 행사에 모든 노력을 집중하고 대체로 전이를 무시한다. 그들은 동기부여적이고 매력적인 교육 행사를 만들면 교육참가자들이 학습을 비즈니스 결과로 전환하는 힘든 작업을 스스로 헤쳐나갈 수 있는 충분한 추진력을 제공할 것이라고 기대하는 것이다. 쥴스 번Jules Verne이 1865년 공상과학 걸작인 *지구에서 달까지*From the Earth to the Moon에서 했던 것처럼 대포를 사용하여 물체를 우주로 쏘려는 것과 같다.

그림 D4.3. 지금까지 개발된 가장 강력한 대포의 발사체도 항상 다시 땅으로 떨어진다.

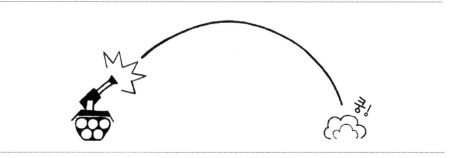

혁신적 기업교육의 여섯 가지 원칙: 6D

물론 우리는 이제 물체를 중력에서 벗어나는 데 필요한 속도로 가속시키기 위해 하나의 빅뱅으로 충분한 추진력을 생성하는 것이 불가능하다는 것을 알고 있다. 머지않아 공기 저항과 중력이 작용하여 발사체는 추진력을 잃고 다시 땅으로 떨어진다(그림 D4.3).

교육 및 개발의 문제도 비슷하다. 프로그램이 초기에 아무리 자극을 주더라도 변화에 대한 저항과 오래된 습관의 무게로 인해, 교육참가자들은 추진력을 잃고 변화 모델의 단계에서 "재발"(그림 D2.9, p. 129)인, 교육훈련 이전의 루틴으로 되돌아간다(그림 D4.4). 로켓을 발사하는 것처럼 교육참가자들이 로켓의 중력권 "탈출 속도"를 달성하도록 돕기 위해서는 시간이 지남에 따라 지속적인 에너지 투입이 필요하다.

그림 D4.4. 전이추진을 위해 에너지가 투입되지 않는 한, 변화 노력은 추진력을 잃는다.

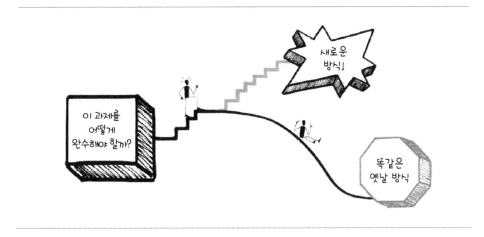

재발을 방지하기 위해 왜 그렇게 많은 에너지가 필요한가? 컨설턴트이자 베스트셀러 작가인 존 이쪼John Izzo는 다음과 같은 내용을 공유했다:

훌륭한 학습만으로는 지속적인 변화를 일으키기에 충분하지 않다.

학습은 새로 생긴 눈밭에서 썰매를 타고 언덕을 내려가는 것과 같다. 첫 번째 시도에서는 여러 경로를 선택할 수 있다. 하지만 다음에 내려갈 때 썰매는 이미 정한 경로를 따라가는 경향이 있다. 아래로 미끄러지는 횟수가 많을수록 특정 홈이 더 깊어지고 다른 방향으로 가기가 더 어려워진다. 그것은 뇌가 작동하는 방식과 매우 흡사하다. 즉, 특정 작업을 더 많이 수행할수록 더 무의식적으로 하게 되고 변경하기가 더 어려워진다. 이는 생존에 필수적이다. 우리가 모든 행동 하나하나를 항상 생각해야 한다면 우리는 마비될지 모른다. 하지만 특정 작업을 수행하는 방법이나 다른 사람에게 반응하는 방법과 같은 오랜 습관을 바꾸려면 진정한 노력이 필요하다.

신경과학자들은 이쯔의 가설을 확인했다. 뇌를 자주 사용하면 뇌에 물리적 변화가 생긴다는 것이다. 근육처럼 뇌도 운동을 하면 더 커지고 강해진다 (Deutschman, 2005). 습관이 뇌 자체의 구조에 고정되면 습관을 바꾸는 데 시간과 지속적인 노력이 필요하다. 그렇기 때문에 오래된 습관을 바꾸려고 시도하는 것보다 완전히 새로운 스킬을 배우는 것이 더 쉽다(Duhigg, 2012). 훌륭한 학습 경험은 그 자체로 참가자들에게 더 나은 업무 방식을 소개할 수 있지만 지속적인 변화를 일으키기에는 충분하지 않다.

학습 × 전이 = 결과라는 공식은 또한 교육담당자와 비즈니스 담당자 사이의 일반적인 오해를 설명한다. 교육담당자는 사람들이 얼마나 많이 배웠는지에 따라 성공을 정의하는 경향이 있다. 비즈니스는 학습과 전이를 모두 필요로 하는 성과 향상 여부로 성공을 정의한다. 비즈니스 담당자들은 학습과 학습 전이를 구분하지 않는다. 교육에 투자했지만 성과에 변화가 없다면 실제 문제는 교육훈련 이후의 전이 단계에 있을 수 있지만 "교육훈련이 실패했다"라고 평가한다. 기업 입장에서 성과가 변하지 않았는데 학습이 성공했다고 주장하는 것은 "환자가 죽었어도 수술은 성공했다"고 말하는 것과 같다.

> 오래된 습관을 바꾸는 것보다
> 새로운 스킬을 배우는
> 것이 더 쉽다.

행동 변화의 어려움을 과소평가하지 말아야 한다. 생명을 위협하는 질병은 변화를 위한 궁극적인 동기가 될 수 있다. 그러나 관상동맥 우회로 수술을 받은 사람들 중 10%만이 후속되는 잠재적인 치명적 발작의 위험을 줄이는 방식으로 생활 방식을 바꾸는 데 성공했다(Deutschman, 2005). 선택이 "변화하거나 죽거나"인 경우에도 많은 사람들은 변화할 수 없다는 것이다.

변화에 저항하는 엄청난 조직적, 개인적 관성이 있다(그림 D4.5). 그리고 뉴턴의 운동 제1법칙에 따르면 "정지한 물체는 외부의 힘이 작용하지 않는 한 정지 상태를 유지한다." 관성을 극복할 수 있는 충분한 원동력이 있을 때까지 사물은 그대로 정지해 있다. 행동을 변화시키고 성과를 더 높은 수준으로 끌어올리기 위한 충분한 동기와 추진력을 제공하는 것이 도전과제이다.

그림 D4.5. 사람과 조직은 변화에 저항하는 큰 관성을 가지고 있다.

Practical Application

- "학습 X 전이 = 결과"라는 공식을 기억하여 최적의 결과를 위해 이 두 가지 모두를 계획하고 관리한다.
- 성과를 변화시키는 일의 어려움을 과소평가하지 않는다. 학습 하나만으로는 충분하지 않다.

연습의 중요성

뉴욕시에서 경찰관에게 "카네기 홀에 어떻게 갈 수 있을까요?"라고 묻는 관광객에게 그 경찰관은 "연습, 연습, 연습"이라고 대답했다는 농담 같은 옛말이 있다. 경찰관이 옳다는 것이 밝혀졌다. 최근 연구에 따르면 체스에서 비즈니스, 스포츠, 공연 예술에 이르기까지 인간 활동의 모든 분야에서 세계적 수준의 공연자를 다른 모든 사람과 구분하는 것은 그들이 연습하는 양이다. 비즈니스 분야의 잭 웰치, 테니스 분야의 비너스와 세레나 윌리엄스, 음악 분야의 모차르트 등 최고의 성과를 거둔 사람들을 생각할 때 우리는 그들의 성공을 "타고난 재능"으로 돌리는 경향이 있다. 그 의미는 우리가 "필요한 자질"을 가지고 태어나지 않았기 때문에 결코 그들만큼 잘할 수 없다는 것이다.

> 세계적 수준의 공연자를 다른 사람들과 구별하는 것은 그들이 연습하는 양이다.

*재능은 과대평가된다*Talent Is Overrated(2008)에서 제프 콜빈Geoff Colvin이 증거를 검토한 바에 따르면 그렇지 않다. "타고난 재능"은 사람들이 생각하는 것보다 훨씬 덜 중요하다는 것이 밝혀졌다. 전 세계 연구자들이 모여 '전문가 퍼포먼스의 습득The Acquisition of Expert Performance'에 대해 논의했을 때 전문가와 다양한 분야에서 덜 성취한 사람을 구별하는 것은 연습의 양이라고 결론지었다(Ericsson, Krampe, & Tesch-Romer, 1993). 더 많이 연습할수록 더 낫다. 다른 말로 하면, 모차르트는 세 살 때부터 누구보다 더 많이 연습하고 미친 듯이 열심히 작업하면서 모차르트가 되었다. 글래드웰Gladwell(2008)은 비틀즈가 함부르크에서 일주일에 7일 밤을, 하룻밤에 8시간씩 연주한 후에야 위대해졌다고 주장한다(p. 49). 1964년 첫 히트를 쳤을 때 그들은 이미 약 1,200번의 라이브 공연을 했다.

그러나 아무 연습이나 하는 것은 아니다. 앤더스 에릭슨Anders Ericsson의 연구는 특별한 유형의 연습, 즉 그가 "신중한 연습Deliberate Practice"이라고 부르는 것이 필요하다는 것을 보여주었다(Ericsson, Krampe, & Tesch-Romer, 1993). 신중한 연습은 결과만큼이나 기법에 중점을 두는 반복이다. 그것은 강력한 집중, 수행에 대한 피드백, 성찰을 위한 시간을 필요로 한다. 무엇이 긍정적인 결과에 기여했으며 계속되어야 하는가? 무엇이 원하는 결과를 방해했으며, 줄이거나 피해야 하는가?

포춘紙 기고에서 콜빈(2006)은 연구결과를 다음과 같이 요약했다: "과학적 증거뿐만 아니라 일화적인 증거도 위대한 성과의 원천으로서 신중한 연습을 압도적으로 지지하는 것처럼 보인다." "인재 핫스팟"에 대한 다니엘 코일Daniel Coyle의 연구인 **탤런트 코드**The Talent Code(2009)에서도 유사한 결론에 도달했다. (코일이 "딥 프랙티스deep practice"라고 한) 신중한 연습은 모든 분야에서 뛰어난 성과를 거두기 위한 전제 조건이다. "딥 프랙티스는 역설에 기반을 두고 있다. 어떤 목표한 방식으로 고군분투하는 것, 즉 능력의 한계에서 작업하고 실수를 저지르는 것이 더 똑똑하게 만든다는 것이다." 이는 학습에서 "바람직한 어려움"에 맞서 고군분투하는 것이 학습을 더 풍부하고, 더 깊고, 더 다재다능하게 만드는 방식과 유사하다(Brown, Roediger, & McDaniel, 2014).

따라서 교육과정, 이러닝 및 자율 학습이 학습을 촉진할 수는 있지만 그 어떤 노력에서라도 고도로 숙달될 수 있는 지름길은 없다. 연습 그리고 많은 연습이 필요하다. 새로운 행동이 자동으로 나타나려면 1~3개월 이상의 매일의 연습이 필요하다(Lally, van Jaarsveld, Potts, & Wardle, 2010). 따라서 교육훈련이 "효과가 있는지", 즉 성과를 향상시키는지 여부는 사람들이 교육훈련 직후에 새로운 스킬을 적극적으로 연습하는지 여부에 달려 있다는 것은 놀라운 일이 아니다. 따라서 신중한 현업 실천을 촉진하는 것은 전이를 추진하고 교육훈련 투자에 대한 보상을 높이는 가장 효과적인 방법 중 하나이다.

전이는 더 큰 관심을 받을 가치가 있다
Transfer Deserves Greater Attention

프로세스 개선 관점에서 볼 때, 학습 전이를 개선하는 것은 학습 자체를 개선하려고 시도하는 것보다 전체 결과를 개선할 수 있는 훨씬 더 큰 기회를 제공한다. 이는 막대한 에너지, 창의성 및 테크놀로지가 교육과정을 개선하기 위해 그동안 사용되어 왔기 때문이고, 반면에 대부분의 조직에서 학습 전이는 대체로 운에 맡겨져 왔기 때문이다(그림 I.8, p. 47).

결과적으로 대부분의 학습 제공자들은 양질의 학습 경험을 만들고 전달하는데 상당히 능숙한 반면, 전이를 개선하는 기법에 대해서는 잘 이해하지 못하고 있고 덜 사용하고 있다. 학습 전략 및 테크놀로지에 대한 추가적인 개선이 분명히 가능하지만 전이를 개선하는 것보다 수행 결과에 미치는 영향이 훨씬 적다.

> 대부분의 조직에서 학습 전이는 운에 맡겨져 왔다.

예를 들어 웨버Weber(2014b)는 교육 프로그램 참석 이후에 일련의 체계적이고 행동 지향적인 코칭 대화에 참여한 직원의 판매가 동일한 교육 프로그램에 참석했지만 전이에 대한 지원이 없는 직원에 비해 판매가 세 배 더 증가했다고 보고했다. 제약회사 화이자Pfizer는 학습 전이에 대한 구체적인 지원을 추가하면 지원이 없는 동일한 프로그램에 비해 리더십 개발 프로그램의 ROI가 40% 이상 증가한다는 사실을 발견했다(Trainor, 2004). 라임바흐와 엠드Leimbach & Emde(2011)가 요약한 연구 조사에 따르면 학습자 준비도, 전이를 위한 설계, 조직적 얼라인먼트에 주의를 기울이면 전이가 70%까지 증가할 수 있다.

비유: 자동차 생산과 배송

제조하는 자동차 절반 이상이 조립 라인에서 나올 때는 잘 작동했지만 일단 딜러에게 도착하면 시동이 걸리지 않아서 고위급 고객 불만을 겪고 있는 자동차 공장의 총책임자라고 자신을 상상해 본다. 나쁜 평판을 받고 있고 딜러들은 제품을 빼겠다고 위협하고 있다. 분명히 생산과 배송 사이에 무언가 심각하게 잘못되고 있다. 두 가지 선택이 있다.

- 실제로 작동할 수 있는 충분한 자동차를 만들기 위해 공장 생산량을 두 배로 늘리려고

시도할 수 있다.

-또는-

- 엄밀히 따지면, 그 일이 자신의 책임밖에 있지만, 배송 중에 무엇이 잘못되었는지 조사하고 이를 수정하기 위한 조치를 취할 수 있다.

이런 방식으로 기술해보니, 생산량을 늘리기로 선택하는 것은 실제 문제를 해결하는 것보다 꽤 어리석은 것처럼 보인다. 그런데 이것은, 교육훈련이 성과를 향상시키지 못한 가장 일반적인 이유가 교육훈련 자체가 아니라 그 이후의 전이 기간에 발생하고 있는데, 직원들을 재교육하거나 교육과정을 개선하려고 하는 것과 유사하다.

Practical Application

- 교육 부서의 창의성, 에너지, 전문성 및 자원 중 일부를 학습 전이를 개선하는 방향으로 전환한다.

D4:
Drive

무엇이 문제인가?
What's the Problem?

서문에서 논의한 바와 같이 기업 교육의 상당 부분이 "학습 불량"으로 끝난다는 것은 새로운 관찰이 아니다. 이것은 50년 동안 논의되어 온 것이다. 그렇다면 왜 여전히 이슈가 되는가? 학습 전이 문제는 세 가지 주요 이유로 지속되고 있다:

1. 아무도 책임을 지지 않는다.
2. 선제적 조치 실패.
3. 프로세스를 관리하기에 부적절한 시스템.

아무도 책임을 지지 않는다

관리자들은 교육훈련을 교육 부서의 전적인 책임으로 인식한다. 교육훈련을 현업에 적용하는 데 있어서 자신의 본질적인 역할을 제대로 인식하지 못한다. 미국 보훈처U.S. Department of Veterans Affairs 최고 학습 책임자인 짐 트린카Jim Trinka는 다음과 같이 설명했다: "보통의 관리자라면 교육훈련 혹은 학습 또는 그것을 무엇이라고 부르든 그것이 중요하다고 생각합니다. 하지만 그들은 '오케이, 그게 정말 중요합니다. 그런데 분명히 제가 직접 하기에는 너무 바빠서 그 일을 교육 부서에 아웃소싱하는 거지요. 이제 그것은 교육 부서의 일이지 반드시 내 일은 아닌 겁니다."

비즈니스 관리자들은 학습 전이를 자신의 책임으로 보지 않는다. 대부분의 교육담당자도 마찬가지이다. 로즈마리 카파렐라Rosemary Caffarella가 *성인 학습자를 위한 프로그램 기획하기*Planning Programs for Adult Learners(Caffarella, 2009)에서 썼듯이, 많은 교육담당자들은 "기획할 때 자신의 책임의 일부로 학습 전이를 생각한 적이 없다"(p. 22). 대신 그들은 이렇게 생각한다. "제 일은 프로그램 참가자들이 필요한 내용을 가장 효과적인 방법으로 얻도록 하는 것입니다. 제가 나중에 일어나는 일을 통제할 수 없어요. 그것은 현업 관리자의 일입니다." 그 결과 학습 전이는 학습의 성공에 대한 어느 누구의 책임도 없는 무인지대로 떨어지고 만다.

실제로 교육 부서와 현업 관리자는 교육훈련의 성공 또는 실패를 공동으로 책임지고 있다. 그들이 학습 전이를 적극적으로 추진하기 위해 협력하지 않는 한, 학습 전이는 일어나지 않을 것이며 학습 활동은 실패할 것이다. 비즈니스 리더와 교육 부서 리더는 물에 잠긴 배에 탄 사람들처럼 누구의 가장자리가 가장 많이 새는지 논쟁하게 될 것이다(그림 D4.6). 학습-성과 프로세스가 실패하면 어디에서 고장이 발생했는지는 중요하지 않다. 모두가 배와 함께 침몰한다.

> 교육 부서와 현업 관리자는
> 교육훈련의 성공 또는 실패를
> 공동으로 책임진다.

우리는 교육담당자가 얻을 것이 가장 많기 때문에 학습 전이 문제를 해결하는

혁신적 기업교육의 여섯 가지 원칙: 6D

데 앞장서야 한다고 생각한다. 그 이유는 학습 활동 이후 성과가 개선되지 않으면 프로그램이 축소되거나 제거될 가능성이 있기 때문이다.

그림 D4.6. 교육훈련이 결과를 내지 못할 때, 누구의 잘못인지는 중요하지 않다. 모두가 침몰한다.

학습 제공자가 현업 관리자와 협력하여 학습을 전이하고 적용할 때 모든 사람이 혜택을 받는다. 전이는 대부분 조직의 학습 가치 사슬에서 가장 약한 고리이기 때문에 학습을 비즈니스 성과로 전환하는 데 있어서 가장 큰 영향력을 발휘할 수 있는 단 하나의 기회이다. 실제로 우리는 학습 전이의 도전이 비즈니스 관리자와 교육담당자 간의 협력적인 노력으로 해결될 때까지는 학습에서 진정으로 의미 있는 비즈니스 이익을 얻는 것은 불가능하다고 확신한다.

선제적 조치를 취하지 못한 경우

사람들이 오래된 습관으로 되돌아가는 경향이 있다는 사실은 학습에서 성과로 이어지는 과정에서 전이가 핵심 실패 지점이라는 발언과 마찬가지로 진부한 이야기이다. 그럼에도 불구하고 교육담당자와 비즈니스 리더, 우리는 모두 문제가 발생하기 전에 예방하기 위해 충분한 조치를 취하지 않았다.

우리는 조직 안전에서의 개념을 차용하여 "사고 전 조사"를 수행해야 한다 (Conklin, 2012). 전이가 실패할 때까지 기다린 다음 이유를 파악하기 위해 사후 부검을 수행하는 대신 "사전 부검"을 수행해야 한다.

현명하고 경험 많은 사람들에게 실제로 뭔가 잘못되기 전에 무엇이 잘못될 수 있는지 물어보는 사전 부검 회의를 하는 것은 아직 발생하지 않은 실패에 대한 새로운 데이터 세트를 제공한다. 이러한 새로운 정보를 아는 것은 연구자들이 일련의 문제를 피하도록 해주었다. 사전부검은 파악된 잠재적 실패들에 대해 돈이 적게 들고, 빠르고 간단하고 쉬우며, 가장 중요하게는 100% 효과적이었다.

- 콘클린Conklin, 2012, p. xii.

이 개념을 학습에 적용하면 경영진과 교수설계자들에게 다음과 같이 질문하는 것이다: "이 학습활동이 업무 수행 방식에서 유의미한 변화를 창출하여 유지하지 못하는 원인은 무엇인가?" 그 다음 이러한 통찰로 무장하여 사고가 생기기 전에 이를 방지하기 위한 전략과 전술을 개발한다. 학습 전이 단계는 실패 가능성이 가장 많은 지점이므로 선제적 조치가 가장 필요한 영역이다.

관리하기에 부적절한 시스템

학습 전이 문제가 지속되는 세 번째 이유는 대규모 기업 학습 프로그램에 효과적으로 적용할 수 있는 시스템과 프로세스가 부족하기 때문이다. 이러한 장벽은 리절츠엔진ResultsEngine®, 큐스트림Qstream®, 카메오Cameo®, 트랜스퍼로직스 TransferLogix™ 등과 같이 학습 전이 및 유지를 지원하도록 특별히 설계된 시스템의 출현으로 줄어들고 있다. 이 시스템들은 교육참가자들에게 학습내용을 상기시키는 프로세스를 자동화하고 자신의 학습과 적용에 대해 성찰하게 한다.

그렇지만 지원 시스템은 해결책의 일부일 뿐이며 전이에 호의적인 환경(전이풍토)에 배치되지 않으면 실패한다. 다양한 요인들이 전이 풍토의 우호성에 영향을 미친다. 따라서 학습 전이 문제를 해결할 "마법의 총알"이 하나도 없다는 것은 놀라울 일도 아니다. 다양한 기여 요인들이 있기 때문에(그림 D4.7) 여러 측면에서 공격해야 한다.

그림 D4.7. 학습 전이의 실패에 기여할 수 있는 많은 요인에 대한
원인 및 결과 다이어그램

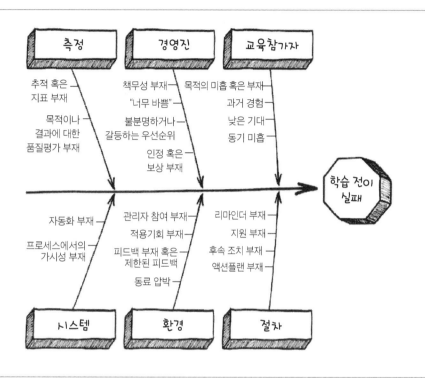

Practical Application

- 전이 단계에 대한 책임을 지며 교육과정을 계획할 때만큼 주의깊게 전이단계를 계획한다.
- 학습의 가치를 보장하기 위해 비즈니스 리더에게 그들의 공유책임에 대해 교육한다.
- 비즈니스 리더와의 초기 논의 동안에(p.95 참조). "그 밖에 더 마련되어야 할 것이 무엇입니까?"라는 질문으로 시작한다.

전이 풍토
The Transfer Climate

아메리칸 익스프레스American Express에서 수행한 연구(American Express, 2007)에서 전이 풍토의 영향이 적절하게 설명되었다. 원래 목표는 강사 주도, 블렌디드 및 이러닝의 세 가지 다른 종류의 교육과정을 비교하는 것이었다. 3개월 후에, 프로그램에 참석한 관리자들을 팀의 생산성을 기준으로 "높은 개선 리더" 또는 "낮은 개선 리더"로 분류하였다. 팀의 생산성은 개선된 사이클 타임, 전환율, 매출 영향도, 예측 정확도, 판매 수익 및 고객 만족도와 같은 지표를 기준으로 하였다.

차이는 인상적이었다. "높은 개선" 리더의 직속 직원들은 생산성을 평균 42% 증가시킨 반면 "낮은 개선" 리더의 직속 직원들의 생산성은 16% 증가에 그쳤다. 놀라운 발견은 교육 매체가 주요 차별화 요소가 아니라는 것이다. 영향력이 큰 리더와 영향력이 낮은 리더가 강사 주도, 블렌디드 및 이러닝 세 가지 접근 모두에서 발견되었다.

주요 차이점은 전이 풍토였다. 연구원들은 프로그램 이후 설문 조사에서 전이 풍토에 대한 질문을 포함했다. 그들은 높은 개선을 달성한 교육참가자들이 다음과 같다는 것을 발견했다:

> 전이 풍토는 모든 학습 활동의 성공을 좌우할 수 있다.

- 교육훈련을 어떻게 적용할지 논의하기 위해 관리자와 회의를 가질 가능성이 네 배 더 높다.
- 관리자가 그 교육훈련을 지원하고 승인했다고 인식할 가능성이 거의 두 배이다.
- 교육훈련 관련 행동 변화에 대해 인정받거나 보상을 받을 가능성이 두 배 이상 높다.

연구 저자들은 다음과 같이 결론을 내렸다:

- "교육훈련 프로그램의 진정한 영향은 교육 후 참가자들이 복귀하는 업무 환경에서 가장 잘 예측된다."
- "현업에 복귀해서 견고하고 지속적인 정보 전이를 하려면 매우 지원적인 전이 풍토가

있어야 한다."

- "조직풍토 요인은 문자 그대로 회사의 교육 투자를 성사시키거나 망칠 수 있다."
- "높은 전이 풍토를 이해하고 창출하는 것의 중요성은 모든 전략의 중심에 있어야 한다"(p.11).

다른 많은 연구에서도 유사한 결론에 도달했다. 직원이 교육훈련 후 복귀하는 현업의 전이 풍토는 엄청난 영향을 미친다(Burke & Hutchins, 2007; Saks & Belcourt, 2006; Salas, Tannenbaum, Kraiger, & Smith-Jentsch, 2012 리뷰 참조). 하버드 비즈니스 리뷰에서 인시아드INSEAD의 헤르미니아 이바라Herminia Ibarra 교수는 "최고 수준의 프로그램에 의해 촉진되는 개인 학습은 엄청날 수 있다. … 내 연구에 따르면, 문제는 교육참가자가 사무실의 일상으로 돌아올 때 발생하는 일이다"(Ibarra, 2004). 조직문화가 교육훈련에서 가르치는 내용을 지원하지 않으면 영향이 미미하거나 전혀 없게 될 것이다(포인트 사례 D4.1 참조).

포인트 사례 D4.1
조직문화는 교육을 이긴다

록시 바하르 휴어스톤Roxi Bahar Hewerston이 코넬大의 행정 책임자였을 때 그녀는 귀중한 교훈을 배웠다: 문화가 다른 모든 것을 능가한다는 것이다. "리더가 말하는 것과 교육 과정에서 가르치는 것은 문화적 규범과 지지하는 가치가 사람들이 매일 행동하고 상호작용하는 방식에 진정으로 내재되어 있지 않는 한 별로 중요하지 않습니다. 모든 훌륭한 연설, 멋진 가치 진술문, 선의의 교육훈련은 말하는 것과 행하는 것이 일치하지 않으면 거의 효과가 없거나 심지어 부정적인 영향을 미칠 수 있습니다."라고 록시가 말했다.

"리더는 문화에 대한 책임이 있습니다. 이상 끝!"이라고 그녀는 말했다. "리더의 첫 번째 역할은 의도한 문화가 번성하고 원하는 결과가 발생할 수 있는 일터 환경을 만들고, 모범을 보이고, 지원하는 것입니다."

"핵심은 지속 가능성입니다. 문화라는 의자에는 세 개의 다리가 있습니다. (1) 직원들을 훌륭한 교육훈련에 참여하도록 요구하기, (2) 분명한 기대치 및 분명한 지표 만들기와 사람들이 책임지게 하기, (3) 새로운 문화를 지원하기 위해 베스트 프랙티스, 정책 및 프로세스 구현하기. 이 세 개의 다리가 함께 잘 작동하면 문화가 바뀌고 원하는 일터의 결과가 따라옵니다."

조직의 문화를 바꾸는 것은 구조나 전략을 바꾸는 것보다 훨씬 어렵다. 시간이 걸리지만 그 대가는 엄청나다. 록시는 그녀의 동료들, 4개의 노조, 거의 2,000명에 달하는 전문가 및 지원 직원과 협력 문화를 구축하는 데 10년 이상을 보냈다. 모든 직원들은- 노조이든 비노조이든, 정규직이든 시간제이든- 리더십 및 직원 개발 프로그램에 참여해야 했다. 모두가 롤 모델이 될 것으로 기대되었다.

"내 방식 또는 위에서의 방식"의 탑다운 문화에서 협력적인 가치 기반 문화로 전환하는 데는 많은 끈기가 필요했다. 그러나 그것은 성과를 거두었다. 신뢰가 높았고 두려움이 적었다. 창의성과 혁신이 만연했다. 생산성이 급증했다. 고객 서비스는 탁월했고 수익은 훨씬 더 건전해졌다.

유사한 대학의 동료 리뷰는 코넬大의 리더십 개발 투자가 투자 수익 측면에서 슬램덩크임을 의심할 여지 없이 입증했다. 그 동료가 있는 기관은 매우 불건전한 문화로 인해 수십 건의 직원 불만을 경험했으며 정기적으로 크고 비용이 많이 드는 소송에서 패소했다. 같은 10년 동안 코넬은 단 한 건의 소송에 직면했고(코넬이 이겼다) 노조가 많은 환경에서도 중재가 거의 없었으며 모든 것이 코넬에게 유리하게 결정되었다.

핵심은 록시의 책 제목에 요약되어 있다: *그것이 중요한 것처럼 리드하라. 왜냐하면 그것은 실제로 중요하기 때문이다*Lead Like It Matters ...Because It Does(Hewertson, 2014).

그러나 무엇이 전이 풍토를 구성하고 무엇이 학습 전이에 대한 촉매제인지 장애물인지를 결정하는가? 홀튼, 베이트, 및 루오나Holton, Bates & Ruona(2000)는 전이 풍토의 상태와 학습 전이를 촉진하거나 방해할 가능성이 있는지 여부를 측정하는 데 도움이 되는 "일반화된 학습 전이 시스템 인벤토리"를 개발했다. 이 인벤토리는 또한 학습 전이 환경 개선 노력을 안내하는 진단 도구로서 유용한 것으로 입증되었다(Holton, 2003).

이름에서 알 수 있듯이 학습 전이 시스템 인벤토리는 학습 전이 환경의 *시스템* 성격을 인식한다. 즉, 전이는 많은 변인들 간의 복잡한 상호작용에 의해 영향을 받는다. 세 가지 주요 요인 군집이 전이 확률에 영향을 미친다: 사용 능력, 사용하려는 동기, 작업 환경의 촉매제 및 장애물. 세 가지 모두는 직접적으로 그리고 상호작용을 통해서 전이 효과성에 영향을 미친다(그림 D4.8).

그림 D4.8. 학습 전이에 영향을 미치는 세 가지 주요 요인 군집

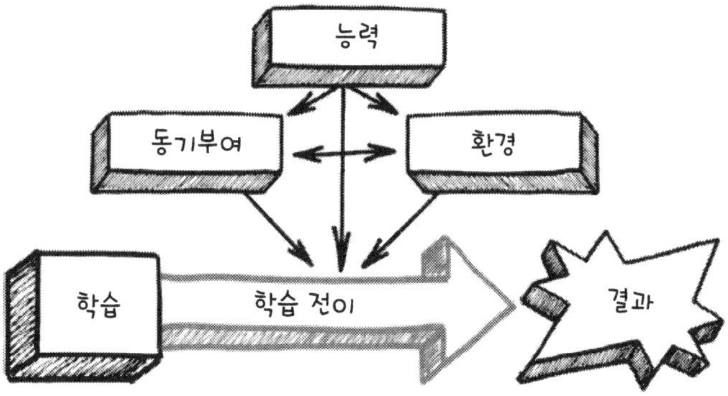

능력

다음 네 가지 요인들은 직원들이 새롭게 배운 것을 업무에 적용하는 능력에 영향을 미친다(그림 D4.8):

- 직원들은 변화를 이루어 낼 수 있는 개인적인 역량(시간, 에너지, 정신적 공간)을 가지고 있어야 한다.
- 직원들의 업무 상황은 새로운 스킬과 지식을 적용할 수 있는 기회를 제공해야 한다.
- 직원들은 어떻게(how)를 배웠다. 그리고 학습 설계 및 전달은 사실과 이론보다는 적용에 중점을 두었다.
- 직원들은 내용이 적절하고 타당하며 적용 가능하다는 것을 인식해야 한다.

동기 부여

다음 세 가지 요인들은 대체적으로 직원들이 배운 것을 전이하고 적용하도록 동기 부여하는지 여부를 결정한다:

- 직원들이 새로운 스킬을 적용하면 성과가 향상될 것이라고 믿는 정도
- 향상된 성과가 인정되고 보상될 것이라고 믿는 정도
- 잠재적인 보상과 인정을 얼마나 중요하게 생각하는지

이외에 두 가지 추가적인 요인들이 또한 동기 부여에 기여한다. 첫 번째는 적응하고 개선할 수 있는 능력에 대한 직원의 개인적인 자신감("자기 효능감")이다. 드웩Dweck(2007)이 성장 마인드셋이라고 부르는 변화 및 성장 능력에 대한 강한 내적 신념을 가진 직원들은 자신이 환경, 유전자 등의 희생자라고 느끼는 직원들보다 새로 배운 것을 적용하려고 시도할 가능성이 더 높다. 동기 부여는 또한 학습자들이 처음에 교육훈련에 참여할 준비가 된 정도에 의해 영향을 받는다.

환경

전이 풍토를 결정하는 세 번째 요인은 직원들이 일하는 직접적인 업무 **환경**에서의 전이를 위한 촉매자나 장애물을 포함한다. 환경적 요인에는 관리자, 동료 집단, 성과 관리 및 보상 시스템의 영향이 포함된다(Gilley & Hoekstra, 2003; Salas, Tannenbaum, Kraiger, & Smith-Jentsch, 2012). 이 중에서 관리자들의 영향력은 다음과 같이 더 세분화된다:

- 관리자들이 제공하는 피드백과 코칭의 양
- 관리자들이 배운 것을 사용하도록 지원하고 강화하는 것으로 인식되는 정도
- 반대로, 관리자들이 교육훈련에 대해 부정적이어서 사용을 권장하지 않는 것으로 인식되는 정도

동료 집단은 변화에 대한 일반적인 개방성 또는 저항, 그리고 새로운 스킬과 지식을 적용하려는 노력을 지원하거나 방해하는 정도를 통해 영향력을 행사한다. 보상 시스템은 다음 두 가지 메커니즘을 통해 전이에 영향을 미친다. (1) 교육참가자가 새로운 스킬을 적용하여 긍정적인 개인적 결과를 경험하는지 여부와 (2) 배운 것을 사용하지 않았을 때 부정적인 개인적 결과를 초래하는지 여부(그림 D4.9 참조).

앞의 설명 전체에서 D3의 관련성과 유용성에 대한 논의에서와 같이 "믿는"과 "인식하는"과 같은 단어를 사용했다는 점에 유의하는 것이 중요하다. 사람들은 반드시 객관적인 현실이 아니라 자신의 *인식*과 *믿음*에 따라 행동하기 때문이다. 직원이 자신의 관리자가 새로운 접근 방식에 대해 부정적이라고 인식하는 경우 해당 직원은 새로운 방식을 사용하려고 시도할 가능성이 적다. 비록 관리자가 다른 업무로 인해 너무 주의가 분산되어 있어서 자신이 지원하고 있다는 것을 명확히 하지 못한 경우라 하더라도 마찬가지이다.

그림 D4.9. 학습 전이 시스템 인벤토리의 16개 요인들

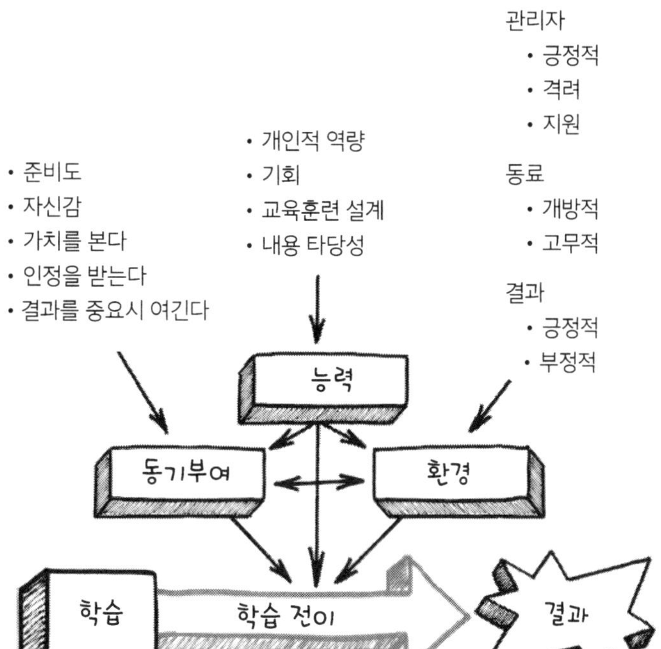

따라서 학습 전이를 증진시키기 위한 중요한 출발점은 직원들이 인식하는 현재 전이 풍토를 평가하는 것이다. 전체 학습 전이 시스템 인벤토리에는 99개의 항목이 포함되어 있다. 홀튼과 볼드원은

> 사람들은 반드시 객관적인 현실이 아니라 자신의 인식과 믿음에 따라 행동한다.

*조직에서 학습 전이 개선하기/*Improving Learning Transfer in Organizations(Holton & Baldwin, 2003, pp. 73-76)에서 더 짧은 "진단audit" 버전을 소개했다. 우리는 조직이 전이 풍토를 평가하고 개선을 위한 최상의 기회를 규명하는 데 도움이 되도록 이 진단 버전을 기반으로 하여 자료 D4.1의 전이풍토 스코어카드를 개발했다.

일반적으로 긍정적인 요인들이 많을수록, 그리고 그 요인들이 더 강하게 긍정적일수록 전이 가능성은 더 커진다(Holton, 2003, p. 68). 모든 요인들이 동일한 영향력을 미치는 것은 아니다. 관리자 참여와 같이 어떤 것은 다른 것보다 더 큰 영향력을 발휘한다. 상대적 영향력은 기업마다 그리고 학습의 종류에 따라 다르다.

Practical Application

- 업무 환경을 이해하여 긍정적으로 영향을 미치는 것은 학습 전이 및 결과를 보장하는 데 중요하다.
- 전이 풍토 스코어카드 또는 전이 시스템 인벤토리를 사용하여 조직의 전이 풍토 건전성을 평가한다.
- 개선을 위해 낮은 점수 영역을 목표 대상으로 한다.

자료 D4.1
전이 풍토에 대한 자체 평가

다음의 전이 풍토 스코어카드의 각 항목에 대해 교육 프로그램 이후의 환경을 아래와 같이 매우 비호의적/매우 건전하지 못함(-3)에서 매우 호의적/매우 건전함(+3)까지의 숫자로 평가하십시오.

-3	-2	-1	0	+1	+2	+3

매우 비호의적/
매우 건전하지 못함

매우 호의적/
매우 건전함

요인	설명	등급
인식된 유용성	업무에 복귀하는 교육참가자들은 새로운 스킬과 지식을 활용할 수 있다고 믿으며, 그렇게 할 때 더 효과적으로 업무를 수행할 것이라고 생각한다.	
기회	직원들은 교육을 받은 직후 새로운 스킬과 지식을 업무에 적용할 수 있는 기회를 갖는다. 그들은 그렇게 하는 데 필요한 자원(시간, 과제, 지원, 자료, 사람 등)을 제공받는다.	
기대/ 보상	교육참가자들은 새로운 스킬과 지식을 사용할 것으로 기대된다고 믿으며 그렇게 함으로써 긍정적인 인정을 받을 것이라고 믿고 있다. 그들은 또한 그들이 배운 것을 사용하지 못하는 것에 대해서도 부정적인 결과를 예상한다. 조직은 진행 상황을 추적하고 개선된 성과를 보상한다.	
피드백/ 코칭	학습한 내용을 사용하려고 시도할 때 교육참가자들은 관리자, 동료 및 다른 사람들로부터 건설적인 투입, 지원 및 코칭을 받는다.	
관리자 참여	관리자들은 새로운 스킬과 지식의 사용을 적극 지원한다. 그들은 교육훈련 전후에 성과 기대치를 논의하고, 새로운 스킬을 적용할 기회를 규명하고, 관련 목표를 설정하고, 피드백을 제공하며, 어려움을 극복하도록 돕는다.	
팀의 영향	교육참가자의 동료들이 새로운 스킬과 지식을 적용하도록 격려한다. 동료들은 새로운 접근을 숙달하는 데 따르는 어려움에 대해 인내심을 보인다. 또한 새로운 접근을 기꺼이 받아들이고 기존 규범에 순응하도록 강요하지 않는다.	
개인적 경험	개인은 학습한 내용을 사용하여 긍정적인 결과를 경험한다. 예를 들어 생산성 향상, 업무 만족도 증가, 추가적인 존중, 인정, 승진 또는 보상. 게다가 배운 것을 사용하려고 시도하는 것에 대한 부정적인 결과가 발생하지 않는다.	

관리자의 특별한 역할
The Special Role of Managers

관리자는 학습 전이 및 전이 풍토에 파격적인 영향을 미친다(그림 D4.10). 관리자는 학습이 결과를 창출하는 데 사용할 수 있는 가장 영향력 있으나 가장 활용도가 낮은 자원이다. 거의 100건에 달하는 연구 논문(Govaerts & Dochy, 2014)에 대한 최근 검토는 관리자가 교육 전이에 영향을 미친다는 광범위한 연구결과를 발견했다. 랭카스터, 디밀라 및 카메론Lancaster, Di Milia & Cameron(2013)은 "감독자들이 강의 수강 전, 중, 후에 무엇을 하는지가 교육 전이에 매우 중요했다"라고 결론지었다. 아메리칸 익스프레스(2007)는 한 걸음 더 나아가 "교육참가자의 직속 상사가 모든 교육훈련이 성공적인지 그렇지 않은지를 결정할 수 있다"고 했다. 브링커호프는 다음과 같이 간결하게 표현했다. "관리자가 교육훈련과 학습자를 지원하면 그것은 효과가 있다. 관리자가 지원하지 않을 때는 효과가 없다"(2006, p. xii).

그림 D4.10. 관리자의 우선 순위는
교육훈련이 적용되는지 여부에 영향을 미친다.

그럼에도 불구하고 학습 전이를 적극적이고 의미 있게 지원하도록 관리자를 설득하는 것은 대부분의 조직에서 여전히 도전으로 남아 있다. 브로드와 뉴스트

혁신적 기업교육의 여섯 가지 원칙: 6D

롬Broad & Newstrom은 1992년 저서 *교육훈련의 전이*Transfer of Training에서 다음과 같이 결론을 내렸다: "*관리자들은 일관되게 그리고 강력하게 업무 환경에서 교육 전이를 지원하고 있지 않다. 우리는 이것이 근본적인 문제이자 개선을 위한 상당한 기회를 나타낸다고 믿는다*"(1992, p. 53, 원문 강조). 그 말은 20여 년 전에 출판되었을 때 사실이었던 것처럼 오늘날에도 사실인 것처럼 보인다.

관리자가 학습 효과성에 그렇게 많은 영향을 미치는 이유는 무엇인가? 직원들이 직속 상사에 대해 어떻게 생각하든 관계없이 직속 상사가 급여 인상, 승진 및 출세의 열쇠를 쥐고 있다는 것을 인식하기 때문이다. 그래서 그들은 관리자로부터 나오는 (의도적이든 아니든) 신호에 주의를 기울인다. 관리자

> 관리자는 학습 전이에
> 파격적으로 큰 영향을 미친다.

가 무언가에 관심을 보이면 관리자가 무시하거나 혹은 중요하지 않은 것으로 묵살하는 무언가에 보다 더 높은 우선 순위를 부여한다. 이는 학습뿐만 아니라 새로운 스킬을 업무에 적용하는 데에도 적용된다.

관리자는 직원이 학습을 비즈니스 결과로 전환하도록 돕는 전체 시스템의 필수적이고 중요한 부분이다. 그것이 애질런트社의 CEO인 빌 설리반Bill Sullivan이 회사의 100명의 총괄 관리자부터 시작하여 위에서 아래로 내려오는 방식으로 애질런트의 새로운 비즈니스 중심의 현업 적용기반 학습경험을 시작하기를 원했던 이유이다: "토양을 비옥하게 만듭시다. 그래야 학습경험을 마치고 나올 때, 교육 참가자들은 현업에서 자신이 말하는 것을 받아들이는 관리자와 동료들을 만나고, 우리는 더 나은 전이와 적용을 할 수 있습니다"(Prokopeak, 2009에서 인용).

관리자 참여 범위

도날드 커크패트릭(1998)은 교육훈련에 대한 관리자들의 반응이 연속선상 어딘가에 있다고 제안했다(그림 D4.11). 범위의 가장 파괴적인 끝에는 부하 직원이 배운 것을 사용하지 못하도록 적극적으로 막는 관리자가 있다. 우리가 들어본 것 중 가장 터무니없는 사례는 캐나다의 한 석유 회사 임원이 우리에게 들려준

것이다. 그의 회사는 교육과정 비용뿐만 아니라 월급, 여행, 숙박 등 상당한 비용을 들여 그를 하버드에서 1년 동안 진행되는 임원 교육 프로그램에 보냈다. 그가 직장에 복귀한 날, 그의 매니저는 그를 사무실로 불러 이렇게 말했다. "돌아온 것을 환영하네. 나는 자네가 하버드에서 배운 그 어떤 것도 듣고 싶지는 않네."

물론 이는 극단적인 예이지만, 거의 모든 회사에는 새로운 학습의 적용을 적극적으로 차단하는 관리자가 있다. 관리자와 교육 사이의 이러한 완전한 단절은 실제 비즈니스 요구를 정의하고 경영진 지원을 미리 확보하는 데 실패했음을 시사한다.

새로운 방법이나 접근을 사용하려는 *의욕을 꺾는* 관리자들은 자원을 낭비하고 직원을 혼란스럽게 하고 좌절하게 만든다: "제가 이것을 사용하지 않아야 한다면, 왜 저에게 이것을 배우면서 시간을 낭비하게 하셨습니까?"

그림 D4.11. 부하 직원의 새로운 스킬과 지식 사용에 대한 관리자의 반응 범위

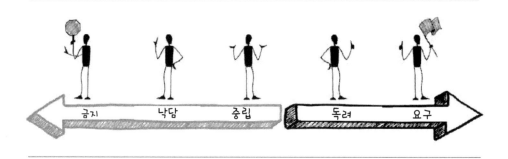

커크패트릭은 어떤 식으로든 효과가 없는 것으로 "중립" 또는 "무관심"을 척도 중앙에 배치했다. 우리는 여기에 동의하지 않는다. 무관심은 부정적이다. 직원들이 교육 프로그램에 참석하고 배운 내용을 적용하는 데 신이 났지만 상사가 이에 대해 아무 말도 하지 않는 경우 대부분은 이를 "시간을 낭비하지 마십시오"라는 의미로 해석할 것이다.

> 무관심은 부정적이다.

"당신이 정말로 직원들의 사기를 떨어뜨리고 싶은 관리자라면 그들의 눈앞에서 그들의 작업을 파괴하라. 혹은 그것에 대해 조금 더 절묘해지고 싶다면 그들과 그들의 노력을 무시하라"(Ariely, 2011, p. 76). 록시 휴어스톤Roxi Hewerston은 우리에게 다음과 같이 말했다. "일터에서의 무관심은 직원 및 그들의 일을 평가 절하하는 가장 지독한 형태입니다. 적어도 그 사람이 주목할 가치가 있다고 인정하는 비판보다도 실제로 더 나쁘죠." 무관심은 부정적이다. 관리자가 학습과 그 적용에 적극적인 관심을 보이지 않으면 내재적 추진력을 죽이고 기회를 낭비하게 된다.

그 장부의 긍정적인 측면에는 직속 부하 직원이 배운 내용을 적용하도록 독려하는 관리자가 있다. 이러한 적극적인 격려는 긍정적인 전이 풍토에 중요한 기여를 하며(그림 D4.9) 조직이 교육훈련 및 개발을 통해 돈을 투자한 가치가 있는지 여부를 결정하는 핵심 요소이다. 최소한, 관리자들은 새로운 학습의 사용을 독려해야 한다. 이상적으로는 그 학습한 것을 "우리가 여기서 일하는 방식"으로 요구해야 한다. 후자는 조직 변화에 영향을 미치는 데 있어서 매우 강력하다(포인트 사례 D4.2 참조).

Practical Application

- 직속 상사가 모든 학습 활동의 성공을 "만들거나 깨뜨릴" 수 있음을 인식한다. 그들의 지원 확보를 계획의 필수적인 부분으로 만든다.
- "적어도 경영진이 부정적이지는 않다"라는 그들의 무관심에 안주하지 않는다. 이는 "내가 할 것인가?"와 학습 전이에 큰 영향을 미친다.
- 관리자에게 적극적인 참여의 긍정적인 영향과 무관심의 부정적인 영향에 대한 증거를 보여준다.

포인트 사례 D4.2
마케팅 교육의 가치 극대화하기

호르헤 발스Jorge Valls는 스미스클라인 비참 애니멀 헬쓰SmithKline Beecham Animal Health의 리더십 자리를 수락했을 때 마케팅 품질을 개선해야 할 긴급한 필요성을 확인했다. 그는 임팩트 플래닝 그룹과 계약을 맺고 집중적인 마케팅 워크숍을 진행했다. 그는 마케팅이 모든 사람의 책임이라는 것을 분명히 보여주기 위해 마케팅 부서뿐만 아니라 모든 관리자를 포함시켰다. 모든 부서는 회사와 브랜드에 대한 고객의 인식에 긍정적 또는 부정적으로 기여하기 때문이다.

교육훈련은 뛰어났다. 하지만 이 교육을 효과적으로 만든 것은 교육이 끝날 때 협상불가한 필수 사항에 대한 발스의 선언이었다. 즉, 모든 향후 마케팅 계획은 방금 배운 원칙에 따라 준비되어야 했다. 그는 교육훈련이 활용될 것을 요구했고, 행동으로 그가 말한 것을 뒷받침했다. 이후의 모든 검토는 합의된 원칙에 따라 수행되었다. 그는 지침을 따르지 않는 모든 제안을 즉석에서 거부했다. 심지어는 그것을 읽지도 않았다.

그 결과 모두가 새로운 방법과 도구를 사용하기 시작했다. 모든 사람이 공통된 개념과 용어를 공유했기 때문에 운영 계획의 품질이 즉시 향상되었고 관리자, 부서 및 리더십 팀 간의 토론 품질도 향상되었다. 몇 달 만에 계획 및 마케팅의 개선된 품질은 심지어 신제품이 없었지만 외형 및 수익 성장 모두에서 분명했다.

발스가 새로운 방법론의 사용을 독려만 했거나 개인의 재량에 맡겼다면 일부 부서는 새로운 접근 방식을 수용하고 또 다른 부서는 이전 방식을 고수했을 것이다. 개선이 더 느려지고 결과가 덜 인상적이었을 것이다. 모든 사람이 학습한 것을 사용하도록 요구함으로써 발스는 회사가 학습 투자에 대한 수익을 실현하도록 했다.

관리자들이 더 많은 코칭을 하지 않는 이유

오랫동안 우리는 관리자들이 직속 부하들에게 학습 적용을 장려하기 위해 더 많은 노력을 기울이지 않는 이유에 대해 의아하게 여겨왔다. 그렇게 하는 것이 그들의 최선의 이익인 것은 분명하기 때문이다. 직원이 보다 효과적이고 효율적이 되면 관리자 자신의 업무가 더 쉬워지고 승진의 전망도 높아진다. 게다가 직원들은 이미 학습에 시간을 보냈다. 향상된 성과로 상당한 수익을 얻기 위해 약간의 투자를 더 하지 않는 이유는 무엇인가?

관리자들이 교육훈련 후속 조치에 실패하는 가장 일반적인 변명은 "시간이 없다"는 것이다. 오늘날의 정신없이 바쁘게 돌아가는 비즈니스 풍토에서 어떤 관리자도 자신이 할 수 있는 모든 일을 해낼 시간이 없다. 따라서 관리자들은 어떤 일에는 시간을 할애

> 관리자는 투자한 시간에 대한 보상을 받을 수 있다는 확신을 가져야 한다.

하고 또 어떤 일은 무시하는 선택을 해야 한다. 관리자들이 교육에 대한 후속 조치를 취하고 직원을 코칭할 "시간이 없다"고 말할 때 실제로 그들이 말하는 것은 그것이 그들에게 우선 순위가 아니라는 것이다.

이것이 우선 순위가 아닌 이유는 무엇인가? 두 가지 근본 원인이 있다고 생각한다:

1. 그렇게 함으로써 *얻을 충분한 가치를 보지* 못한다.
2. 그들은 이와 관련한 자신의 능력에 *자신이* 없다.

충분한 가치 보기. 너무 짧은 시간에 너무 많은 일을 해야 하는 딜레마에 직면하는 논리적 관리자라면 가장 높은 회수 가능성이 있는 활동에 시간을 할애한다. 최소한의 부정적인 결과를 가진 것들은 실행되지 않은 상태로 남는다.

관리자들이 현업에서의 학습을 적극적으로 강화하기를 원한다면 단기적으로 직속 부하 직원을 코칭하는 데 투자한 시간이 장기적으로 더 큰 효과성으로 보상받을 것이라고 확신시켜야 한다. 학습이 *해당 부서에* 되돌려 주는 이익을 증가시킬 수 있다고 설득해야 한다. 우리는 관리자의 영향력에 대한 증거를 최소한 그들과 공유해야 한다. 화이자Pfizer가 관리자 참여의 가치를 보여주는 내부 연구 결과를 배포했을 때 교육훈련 이후의 코칭이 증가했다. 관리자가 그 가치를 볼 수 있었기 때문이었다(Kontra, Trainor, & Wick, 2007).

이와 동시에 우리는 현업 관리자들이 학습의 현업 적용을 지원하지 않을 때

발생하는 낭비에 대해 고위 리더들을 교육해야 한다. 고위 리더들이 직원 개발을 위한 지원을 관리자의 효과성에 대한 연간 고과의 일부로 포함시키도록 권장하라. 관리를 잘하는 회사에서는 직속 부하 직원 개발에 대한 책임을 관리자에게 부여하고 승진을 위한 전제 조건으로 관리자의 직원개발에 대한 능력을 포함하고 있다.

학습 활동은 교육참가자들의 관리자의 상사가 적극적으로 감독하고 참여할 때 더 성공적이다. 예를 들어, 아스트라제네카AstraZeneca의 획기적 코칭 프로그램에서 교육 부서는 지방 영업 매니저들이 그들의 지역 관리자들 중 누가 코칭을 특히 잘(또는 잘못) 수행하고 있는지 파악하도록 도움을 주기 위해 전자적 학습 전이 지원 시스템인 리절츠엔진ResultsEngine®을 사용했다. 긍정적인 코칭 노력이 지역 회의에서의 논의 중에 인정되었고, 이는 바람직한 행동을 강화하는 데 도움이 되었다. 관리자 참여에 대한 고위 경영진의 적극적인 지원은 이를 더 높은 우선순위로 만들었고 프로그램의 성공에 실질적으로 기여했다.

자신감 부족. 효과적으로 코칭하는 능력에 대한 자신감 부족은 관리자들이 "시간이 없다"고 믿고 싶도록 한다. 어떤 관리자도 지식이 없거나 스킬이 부족한 것처럼 보여서 당황해하고 싶어하지 않는다. 일반적인 교육훈련에 대한 최고의 코칭 방법에 대해 확신이 없거나 혹은 특정 학습 프로그램에서 다루는 내용에 대해 잘 모르는 관리자들은 직속 부하 직원과 내용이나 적용에 대해 논의하기에는 너무 바쁜 상태를 유지함으로써 문제를 피하려고 할 수 있다.

관리자들이 교육과정 이후 의미있는 멘토링을 제공할 수 있다는 자신감을 느끼려면 그들이:

- 프로그램에서 다루는 내용을 이해할 필요가 있다.
- 자신이 필수적인 코칭 스킬을 갖고 있다고 느껴야 한다.
- 따라야 할 정의된 프로세스를 가지고 있어야 한다.

관리자들이 학습 활동에서 다루는 내용이 무엇인지 알 수 있도록 하는 이상적인 해결책은 직속 부하 직원보다 먼저 또는 가능하면 동시에 해당 프로그램에

혁신적 기업교육의 여섯 가지 원칙: 6D

참석하도록 하는 것이다. 불행히도 이것은 종종 비현실적이므로, 최소한 관리자에게 해당 학습활동이 해결하려는 비즈니스 요구, 다루는 주제, 일부 코칭 팁 및 바람직한 결과에 대한 간략한 개요를 보낸다. 의사소통은 간결하고 효율적이어야 한다. 교육과정에 대한 긴 설명보다는 간략한 소개와 함께 더 자세한 정보 및 제안에 대한 링크를 포함시킨 이메일을 읽을 가능성이 더 클 것이다.

학습 전이 컨설팅 회사인 체인지레버 인터내셔널ChangeLever International의 CEO인 제프 립Geoff Rip은 관리자의 지원이 주는 이점에 대해 매우 강력하게 느꼈기 때문에, 부하 직원 교육에 앞서 관리자를 위한 특별 과정을 마련한다. 관리자를 위한 프로그램은 일반적인 코칭 기술과 특히 향후 교육의 이점을 극대화하는 방법을 가르친다.

센토코Centocor 주식회사에서는 직속부하들이 360도 피드백 결과를 받는 동안 그들의 관리자들이 360도 피드백의 가치를 극대화하는 교육 세션을 위해 모인다. 양 당사자가 그 자료의 내용을 가장 잘 떠올릴 수 있는 동안이라고 할 수 있는 세션 직후에 바로 교육참가자들과 관리자들 간의 일대일 미팅 일정이 잡힌다.

홀심 Holcim의 북미 학습 센터 관리자인 리사 벨Lisa Bell은 리더 성과 구축 프로그램 참가자들의 관리자를 위한 "임팩트 부스터Impact Booster" 1일 세션을 개최한다. "처음에 가장 큰 우려 사항 중 하나는 관리자가 우리가 요청한 '추가적인' 단계에 참여하기 위해 자신의 귀중한 시간을 절대 포기하지 않을 것이라는 점이었습니다. 그런데, 이제는, 하~ 이것 봐요, 그들 자신이 더 많이 해달라고 요청했습니다"(2008, p. 191). 그녀는 이러한 세션이 프로그램 성공의 핵심 요소라고 강하게 느낀다.

결과에 미치는 관리자의 영향력은 실제로 그 학습 기회 이전에 가장 클 수 있다. 관리자와 직속 부하 직원이 프로그램 시작 전에 만나도록 권장하고 따라야 할 간단하고 효과적인 프로세스를 제공한다. 인슈어런스 컴퍼니의 처브 그룹Chubb Group of Insurance Companies의 리더십 프로그램 관리자인 빌 아막소포울로스Bill Amaxopoulos는 교육참가자와 관리자 모두를 위한 교육과정 전 원격 회의 일정을 잡고 그 후에 즉시 토론을 촉진하는 방식으로 회의를 구성한다(Wick, Pollock, & Jefferson, 2010, p. 241).

또한 교육참가자들과 관리자가 학습 프로그램 후에 즉시 만나서 주요 시사점과 적용 계획을 논의하도록 권장한다. 교육참가자들이 개인적인 목표나 액션플랜을 개발하는 프로그램의 경우 이를 수집하여 각 개인의 관리자에게 사본을 보내거나 온라인 학습 전이 지원 시스템을 사용하여 공유한다. 관리자들에게 교육에 대한 투자 가치를 극대화하기 위해 취할 수 있는 교육 후 조치에 대한 짧고 구체적인 지침을 제공한다(p. 264 참조).

마지막으로, 관리자들이 교육의 결과로 직속 부하 직원이 무엇을 달성했는지(또는 달성하지 못했는지) 인식하도록 한다. 이는 수많은 방식으로 수행할 수 있는데, 각 교육참가자가 자신의 목적, 성취한 것, "배운 교훈"을 검토하는 최종 세션(직접 또는 온라인)에 관리자를 포함시키거나 또는 관리자에게 성과에서의 변화를 평가하도록 요청하는 것도 있다. 예를 들어 콕스 미디어 그룹Cox Media Group은 교육참가자의 관리자에게 관찰가능한 성과 향상이 있었는지 물어본다(Schwartz, 2014). 전자 학습 전이 지원 시스템은 관리자들에게 교육참가자가 성취한 것을 요약하여 자동으로 보내도록 프로그래밍할 수 있다. 간격 학습 강화 시스템들 중 일부는 레버–트랜스퍼 오브 러닝Lever-Transfer of Learning이 하듯이 (Weber, 2014a, b) 관리자들이 해당 팀의 성과를 평가할 수 있는 대시보드를 제공한다(Lennox, 2014).

Practical Application

- 고위 리더들과 협력하여 학습 전이를 위한 지원이 모든 관리자들의 업무의 일부가 되도록 하고, 이를 모니터링하고 인정하고 보상할 수 있도록 한다.
- 각 구조화된 학습 기회 전후에 코칭하는 데 필요한 정보와 지원을 관리자에게 제공한다.

필수 요소

학습 전이에 관한 문헌들 그리고 지난 15년 동안의 우리의 작업은 전이 지원 프로세스의 여섯 가지 필수 요소를 규명했다:

- 이벤트 일정
- 미리 알림
- 책무성
- 피드백 및 코칭
- 성과 지원
- 결승선

이벤트 일정. 학습 전이를 추진하는 보다 효과적인 첫 번째 전제 조건은 교육과정 후의 분명한 이벤트 일정을 갖는 것이다. 과제, 보고서, 원격 회의 또는 기타 터치 포인트와 같은 몇 가지 결정적인 활동들을 학습의 단계 III(전이) 동안에 포함하도록 계획하는 것은 "교육과정의 끝은 학습의 끝과 같다"는 패러다임을 바꾸는 데 도움이 된다. D2에서 논의한 바와 같이 교육과정 이후의 이벤트 일정은 전체 프로그램 설계의 일부가 되어야 하며 프로그램 아젠다의 필수적인 부분으로 포함되어야 한다(그림 D2.8, p. 129).

교육과정 이후 몇 주에 걸쳐 간격을 두는 활동의 강력한 간격 두기 효과(p. 170)를 활용하면 결과적으로 더 오래 지속되고 접근 가능한 지식과 스킬이 되는 것이다(그림 D4.12). 교육참가자들이 배운 내용을 기억하고 다시 찾아보도록 요구하는 활동을 계획한다. 적용 팁, 관련 아티클 개요 또는 동료의 성공적인 적용의 예시를 보내는 것과 같은 간단한 것도 교육내용의 일부를 다시 떠올리는 데 도움이 될 수 있다.

교육참가자들의 적극적인 참여와 사고가 필요한 과제는 단순히 추가 정보를 제공하는 것보다 더 효과적이다. 하버드 메디컬 스쿨에서 수행된 일련의 연구는 간격 학습과 게이미피케이션을 결합하는 것의 가치를 보여주었다. 주기적으로 답을 해야 할 질문을 받은 학생들은 몇 달 후에 시험을 쳤을 때 훨씬 더 많은 관련 정보를 보유했다(Kerfoot & Baker, 2012). 더 중요한 것은 이 접근을 사용하여 그림 D4.12 강화가 없으면, 기억은 기하급수적으로 쇠퇴한다.

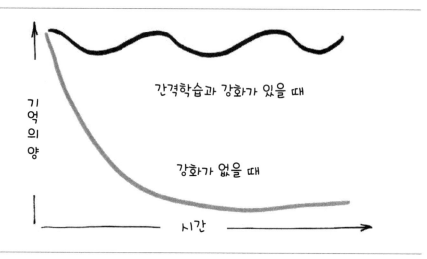

기업 학습 활동의 궁극적인 목표인 업무 습관의 지속 가능한 행동 변화(Kerfoot, 2013)를 가져왔다는 것이다. 점수 시스템 및 순위표 사용과 같은 게임 요소는 참여 동기를 높였다. 맞게 혹은 틀리게 대답했는지와 관계없이 학습자에게 설명적 피드백을 제공했는데, 이는 교정적 피드백만 하는 것보다 더 잘 학습을 촉진하는 것으로 나타났다.

"전파 교육Teach-backs"은 학습을 강화하는 간단하고 효과적인 도구이다. 일부 회사에서는 프로그램이나 컨퍼런스에 참석하기 위한 전제 조건으로 참석자가 돌아올 때 동료들에게 교육의 개요를 공유하도록 요구한다. 이는 배운 것에 대한 조직 내의 광범위한 전파 그리고 중요하게는 준비해서 가르치는 사람에 대한 강화가 이점으로 포함된다. 맥킨리 솔루션즈McKinley Solutions는 "학습 루프Learning Loops"라고 하는 프로세스에서 이러한 요소 중 몇 가지를 결합하여 학습을 유지하고 전이를 보장하도록 돕는다(포인트 사례 D4.3 참조).

교육참가자들에게 배운 것을 실행하기 위한 노력에 대해 정기적인 진척현황 리포트를 제출하도록 요구하는 것은 또 다른 강력한 전이 전략이다. 이는 다른 비즈니스 활동에 대해 기대하는 진척현황 리포트와 유사하다. 학습 전이 관리 시스템인 리절츠엔진ResultsEngine®은 이 프로세스를 자동화하는 데 도움을 주기

혁신적 기업교육의 여섯 가지 원칙: 6D

위해 개발되었다. 이 시스템은 또한 참가자들이 게이미피케이션에 사용되는 순위표와 유사하게 서로의 진행 상황을 볼 수 있도록 함으로써 "공동 경쟁"의 요소도 창출했다(Wick, Pollock, & Jefferson, 2010, p. 197). 진척현황 리포트를 요구하는 것은 사람들이 새로운 지식을 적용하고 프로그램에서 자신이 설정한(또는 할당된) 목표를 향해 진전을 이룰 것이라는 기대를 강조하는 것이다. 실제로 사람들에게 목표 설정을 하도록 요청한 다음 어떤 종류의 진척현황 보고서도 요구하지 않는 일반적인 관행은 전체 목표 설정 및 실행 계획 프로세스를 조롱하는 것과 같다.

포인트 사례 D4.3
학습의 진행 내용을 알 수 있게 하기

토론토에 본사를 둔 인재 솔루션 제공업체인 맥킨리 솔루션즈McKinley Solutions는 대규모 정부기관의 경영진을 위한 리더십 개발을 요청받았다. 평가 기반 교육에 대한 맥킨리의 약속에 따라 동료, 자기 자신, 상사 및 직속 부하 직원의 네 가지 관점에서 360도 평가로 프로세스는 시작되었다. 팀이 결과를 진정으로 탐색하고 내면화하고 자신, 팀 및 팀 다이나믹을 이해할 수 있는 시간을 가질 수 있도록 결과를 디브리핑하는데 세번의 반나절이 소요되었다.

내용과 이론에 대한 교육훈련은 팀원들이 무엇을 왜 배워야 하는지를 알고 견고한 기초가 확립된 후에야 진행되었다. 학습이 워크숍에서 멈추지 않고 계속해서 적용되도록 하기 위해 맥킨리는 "학습 루프Learning Loops"를 도입했다. 이는 짧은 후속 과제로, 워크숍에서의 주요 개념들을 강화하기 위해 간격을 둔 학습과 전파교육을 활용하고 더 중요하게는 액션플랜을 개발하여 실행하는 책임을 포함한다.

맥킨리 솔루션즈의 사장 겸 최고 몰입 임원Chief Engagement Officer인 마크 톰슨Mark Thompson은 프로세스를 다음과 같이 설명했다: "우리가 중점을 두는 것 중 하나는 직원들이 '왜?'와 연결하도록 도움을 줄 필요가 있다는 것입니다. 학습 루프의 예는 교육참가자들에게 다음을 요청하는 것입니다. (1) 사이먼 사이넥Simon Sinek의 TED 강연 '왜로 시작하라Start with Why'를 시청한다. (2) 자신의 개인적인 '왜?'를 정의한다 – 왜 아침에 일어나서 일하러 가는가? (3) 그것을 동료와 공유한다. (4) 그 동료로부터 피드백을 받는다. (5) 다음 경영진 회의에서 더 큰 그룹과 공유할 수 있도록 준비한다."

"또 다른 예는 다음을 하도록 하는 것입니다: (1) 교육과정 자료에 있는 특정 주제의 내용을 검토한다-예를 들어, 회피 경향 (2) 이 주제에 대해서 부서에서 어떤 모습인지 3~5개의 글머리 기호로 작성한다. (3) 그 이론 및 이론에 대한 이해를 직속 팀원들과 공유한다. (4) 부서에서 그러한 경향을 줄이기 위해 작업할 세 가지 사항을 가지고 돌아온다."

"학습 루프의 아름다움은 학습자들이 세션에서 얻은 내용을 다시 되돌아보게 하고, 관련 자료들을 검토하게 하고, 그 이론을 가르치게 하고 -이는 학습의 강력한 형태입니다-, 실행 계획을 개발하고 공유하도록 하여 책임감을 갖도록 하는 것입니다."

"20분도 채 걸리지 않는 활동으로 배운 내용을 강화reinforce하고 리더십 팀이 실행에 대해 서로 책임을 질 수 있는 형식으로 합니다. 45일 기간 동안 5~7개의 학습 루프를 수행하려고 하는데, 이는 우리가 망각 곡선에 맞추어 일하기 때문이죠. 아시다시피 망각곡선에서 가장 큰 기억의 감소는 교육 후 처음 30일에서 90일 사이에서 일어납니다."

"우리가 정말 신나는 것은 클라이언트가 학습 루프 프로세스에서 너무 많은 가치를 발견하여 스스로 계속하고 확장했다는 것입니다. CEO는 맥킨리가 시작한 추진력을 유지하기로 결정했습니다. 그래서 매달 그는 임원진 각각에게, 리더십 프로그램의 내용을 기반으로 다음 경영진 회의를 위한 학습 루프 과제를 개발하도록 지시합니다. 그런 다음 팀은 2주 동안 작업하고 경영진 월례회의에서 논의합니다. 모범을 보이기 위해 그는 첫 번째 것을 직접 수행했습니다."

"우리가 제공한 강화 프로세스를 고객이 수용하여 실행했다는 것은 컨설턴트로서 매우 보람된 일입니다. 리더십 개발의 진정한 가치는 후속 조치와 적용에 있다는 것을 알고 있기 때문이죠. 학습 루프 프로세스는 학습에 대한 투자가 의미 있는 변화와 비즈니스 가치로 이어지도록 하는 간단하고 효과적이며 효율적인 방법입니다."

교육참가자 그룹을 다시 소집하는 것은 또한 초기 배운 것을 다시 살펴보고 적용하는 강력한 자극이 될 수 있다. 특히 그 세션이 그들이 이룬 진척 현황, 직면했던 장애, 이를 통해 학습한 내용 및 앞으로 수행할 계획에 대한 교육참가자의 보고로 시작되는 경우 특히 그렇다. 물리적인 재소집이 불가능할 때 원격 회의나 웹 회의를 효과적으로 사용할 수 있다.

> 교육참가자들을 다시 소집하는 것은 배운 것을 다시 살펴보고 적용하는 강력한 자극이 될 수 있다.

Practical Application

- 학습을 강화하고 적용을 지원하기 위한 활동 일정을 계획하고 커뮤니케이션한다. 이를 포함하지 않는 학습 계획은 거부한다.
- 회상recall, 처리processing 또는 성찰reflection과 같이 적극적인 참여를 요구하는 활동들을 목표로 한다.

미리 알림. 학습 전이의 근본적인 장애물은 "눈에서 멀어지면 마음에서 멀어진다"는 문제이다. 직원들은 다른 업무에 대해서 지속적으로 미리 알림이 되지만 배운 내용을 적용할 필요성에 대해서는 미리 알림이 거의 없다. 대부분의 교육 활동에서 참가자들은 다음 과정에 대한 등록 안내를 받을 때까지는 학습에 대해 다시 듣는 것이 없다.

문제는 마케터들이 "마음 점유"라고 부르는 것과 관련이 있다. 컨설턴트이자 동료인 쟈넷 레트만Janet Rechtman은 "맥도날드는 햄버거를 판다고 한 번만 말하지 않는다"고 지적했다. 맥도날드는 이미 세계에서 가장 유명하고 가장 인정받는 브랜드 중 하나라는

> 맥도날드는 햄버거를 판다고 한 번만 말하지 않는다.

것이 의심할 여지가 없지만 매년 광고에 수억 달러를 계속 지출하고 있다(Hume, 2014). 왜 그런가? 광고를 중단하면 소비자가 더 자주 접하게 되는 메시지를 가진 경쟁업체에 빠르게 마음을 빼앗길 수 있다는 것을 알고 있기 때문이다. 그래서 맥도날드는 사람들의 마음을 사로잡고 시장 점유율을 유지하기 위해 막대한 양의 창의적 에너지와 자원을 투자한다.

마케팅에 관한 고전적인 책인 *포지셔닝: 당신의 마음을 빼앗기 위한 전투* Positioning: The Battle for Your Mind에서 라이즈와 트라웃Ries and Trout(2001)은 경쟁하는 아이디어들의 어수선함을 극복하려면 동일한 메시지를 여러 번 반복해야 한다고 강조한다. 교육과정이 끝나자마자 커뮤니케이션이 중단되면, 직원들이 매일 직면하는 경쟁하는 우선순위들 속에서 전이 및 적용의 중요성에 대한 메시지가 사라질 것이다. 학습부서는 학습 전이를 위한 마음과 시간을 확보하고 행동을 취

하도록 하기 위해 맥도날드로부터 교훈을 얻고 학습자들에게 계속 상기시켜 주어야 한다. 시의적절한 알림이 없으면 좋은 의도도 쉽게 잊혀지기 마련이다(그림 D4.13).

그림 D4.13. 시의 적절한 미리 알림이 없으면 좋은 의도를 잊는 것은 쉽다.

"내가 그것을 한다고 말했잖아요. 6개월마다 상기시켜 줄 필요가 없다구."

일부 교육과정에서는 교육참가자들이 현업 적용을 위한 목적을 작성하여 몇 주 후에 우편으로 발송한다. 경험상 이것만으로는 너무 부족하고 또 너무 늦다. 망각 곡선이 초기에 가장 가파르기 때문에 미리 알림 및 강화 활동을 즉시 시작해야 한다. 그런 다음 새로운 행동을 습관으로 확립하는 데 도움이 될 만큼 충분히 오래 계속되어야 한다.

교육과정 이후의 미리 알림은 우편, 이메일, 전화 통화, 자동화된 캘린더 항목 또는 이들의 조합 등 다양한 형태를 취할 수 있다. 가장 중요한 이슈는 목표가 잊혀지지 않도록 미리 알림 리마인더가 있다는 것이다. 윌 탈하이머Will Thalheimer 가 본서의 후기(p. 359)에서 언급했듯이, 우리의 행동은 우리 대부분이 깨닫는 것보다 훨씬 더 환경적 요인에 의해 좌우된다. 결과적으로 모든 미리 알림 리마인더는 가치가 있다. 예를 들어, 레빈슨과 그라이더Levinson & Greider(1998)는 모티브에이더MotivAider®라는 간단한 디바이스를 개발했는데, 이것은 설정된 일정에 따라 진동하는 것뿐이었다. 그럼에도 불구하고 그 단순하고 주기적인 알림은 사람들이 다양한 목적을 달성하는 데 매우 효과적이었다. 레빈슨과 그라이더는 효과적인 알림 시스템의 두 가지 주요 속성을 "(1) 확실하게 주의를 끌 수 있어야 하고 (2) 유용한 단서 역할을 할 만큼 충분히 자주 발생해야 한다"(1998, p. 173)로 규정했다.

이메일은 보편성과 저렴한 비용을 고려할 때 확실한 선택이다. 예를 들어 롭 바트렛Rob Bartlett(2014)은 1인 교육 부서로서 어떻게 이메일을 사용하여 비용과 노력이 적게 드는 후속 조치 시스템을 만들 수 있었는지 설명했다. 놀랍게도 우리 모두가 경험하는

> 가장 중요한 것은 미리 알림 리마인더가 있다는 것이다.

이메일 과부하에도 불구하고 이메일 미리 알림은 여전히 작동한다. 플로트니코프Plotnikoff와 동료들(2005)은 캐나다의 5개 직장에서 2,000명 이상의 직원을 대상으로 한 연구에서 운동 및 영양과 관련된 행동을 변화시키는 데 도움이 되는 이메일 알림의 효능을 테스트했다. 대조군에 비해 12주 동안 매주 이메일 알림을 받은 직원들은 신체 활동과 건강한 식습관이 모두 개선된 것으로 나타났다. 미국 질병통제센터가 자금을 지원한 카이저 페르마넨테Kaiser Permanente의 유사한 연구에서는 작고 실용적인 제안이 포함된 주간 이메일 알림을 받은 직원들이 그러한 메시지를 받지 않은 직원들보다 생활 습관이 훨씬 더 개선되었음을 발견했다(Pallarito, 2009). 이는 이메일을 통한 주기적인 알림의 힘에 대한 추가적인 증거이다.

Practical Application

- 마음 점유를 유지하기 위해 학습 활동 후에 일련의 미리 알림 리마인더를 예약한다.
- 이 목적을 위해 특별히 개발된 상용 시스템 사용을 포함하여 다양한 선택지를 탐색한다.

책무성. 잘 관리되는 회사에서는 비즈니스 목표를 구현하고 진척 상황을 모니터링하며 성취에 대한 보상을 보장하기 위한 책임 시스템이 마련되어 있다. 학습 전

이를 실현하고 모니터링하고 보상하려면 이와 유사한 시스템이 필요하다.

미리 알림만으로도 전이가 개선되지만 조치에 대한 명확한 책임이 뒷받침될 때 훨씬 더 효과적이다. 교육참가자들은 책임을 지고, 새로운 학습과 스킬을 사용한 것에 대해 보상을 받고, 그렇게 하지 않을 경우 질책을 받을 것이라는 것을 알 때 학습을 적용하기 위해 더 많은 노력을 기울인다(그림 D4.9, p. 215). 참가자가 "내가 할 것인가?" 질문은 "누군가 알아차릴까?"의 질문인 것이다.

회사가 비용을 지불하는 학습을 효과적으로 사용하도록 참가자에게 책임을 묻는 것은 좋은 비즈니스 관행이다. 잘 운영되는 모든 비즈니스에서 직원은 자신의 시간과 기타 회사 자원을 잘 활용할 책임이 있다. 교육훈련 및 개발 프로그램은 투자를 의미하기 때문에 대출을 받는 것과 같다. 은행에서 돈을 빌리면 (이자와 함께) 갚아야 할 의무를 지게 된다. 정해진 상환 일정이 있으며 은행은 연체될 경우 주저하지 않고 상기시켜 준다. 투자금을 갚지 못하면 앞으로 돈을 빌리기가 훨씬 더 어려워진다.

우리는 직원들에게 학습 프로그램에 참여할 기회가 주어졌을 때 그들이 사실상 계약을 체결하고 그들이 배운 것을 사용하여 투자금을 지불할 책임이 있음을 알려야 한다고 믿는다(포인트 사례 I.2 p. 44 참조). (자신에게 돌아오는 최선의 이익에도 불구하고) 그렇게 하기를 꺼리는 사람들은 추가 교육 투자를 받기에 부적합한 후보자로 간주되어야 한다. 학습 민첩성, 즉 "경험을 통해 배우고 이후에 새롭거나 처음 경험하는 환경에서 성공적으로 수행하기 위해 학습을 적용하는 능력과 의지"(Korn Ferry, 2014)가 성공적인 리더의 핵심 속성이기 때문에 그들은 승진에 적합하지 않을 수 있다.

불행히도 대부분의 학습 관리 시스템은 이러한 작업에는 적합하지 않다. 사람들이 실제로 그것을 적용하는지 여부가 아니라 학습 이벤트에 대한 참여를 기록하도록 설계되었기 때문이다. 온라인 학습 전이 지원 시스템은 바로 이러한 요구를 충족시키기 위해 개발되었다. 성과 관리 시스템과 유사하게 참가자들이 학습 전이를 위한 목표를 만들고 진척 상황을 기록하며, 관리자 및 다른 코치들을 참여시킬 수 있도록 한다.

피드백과 코칭. 인간의 전문성에 대한 연구는 피드백과 코칭의 중요성을 강조해 왔다. 어떤 형태의 피드백 없이 스킬을 향상시키는 것은 사실상 불가능하다. 눈가리개를 하고 양궁을 배운다고 상상해 보자. 화살이 어디로 떨어졌는지 알 수 없고 아무도 알려주지 않는다면 만 발을 쏘아도 이 필수적인 피드백이 없 다면 결코 나아지지 않을 것이다. 피드백은 긍정적인 행동을 강화하고 비효율 적이거나 부정적인 행동을 수정하는 데 필수적이다. 피드백이 없으면 직원들은 자신의 강점을 극대화하거나 비생산적인 혹은 문제 있는 행동을 수정할 수 없다.

이러한 이유로 피드백과 코칭을 강화하는 방법을 찾는 것이 전이 풍토 개선의 중요한 측면이다. 이를 달성하는 방법에 대해서는 D5: 성과 지원 도입 장에서 자 세히 설명한다. 이 시점에서는 학습 부서가 피드백 제공자 및 도구를 이용가능하 도록 조치를 취함으로써 새로운 스킬과 행동의 숙달을 가속화할 수 있다고 말하 는 것으로 충분하다.

성과 지원. 성과 지원(D5)을 도입하는 것도 전이를 보장하는 데 기여한다. 학습 을 전이하려는 동기는 성공적으로 수행할 수 있는 자신의 능력에 대한 교육참 가자의 자신감에 의해 영향을 받는다는 점을 기억하자. 현업 적용(D3)을 촉진 하는 방식으로 교육과정을 전달하면 이 자신감을 구축하는 데 도움이 된다. 지 속적인 성과 지원은 성과를 증진시킨다.

효과적인 성과 지원을 도입하는 방법은 D5장에서 설명한다. 여기서 포인트는 성 과 지원이 학습 전이 과정의 필수 요소이며 D4와 시너지 효과가 있다는 것이다.

결승선. D2 완전한 경험 설계에서 우리는 학습의 네 번째이자 마지막 단계가 추구할 목적의 결승선인 성취에 대한 평가, 즉 교육훈련에 참석하고 이를 적용 한 결과로 성취된 것을 압축해서 보여주는 것이라 제안했다. 이는 대부분의 사 람들, 특히 커리어로서 비즈니스에 매력을 느 끼는 사람들은 성공에 대한 강력하고 내재적인 추진력을 가지고 있기 때문이다. 우리는 학습 부서가 "만족의 조건"을 미리 알지 못하면 성공

> 사람들에게는 성공하려는 강력하고 내재적인 추진력이 있다.

할 수 없다고 주장했는데, 교육참가자들도 마찬가지이다. 그들은 결승선이 어디

에 있고 성공이 어떻게 정의되는지 알아야 한다.

성취가 검토되어 인정되는 명확한 시점을 갖는 것은 긍정적인 전이 풍토에 기여한다. 이러한 이유로 많은 선진 회사들은 몇 주에서 몇 달의 전이 기간을 포함하고 평가가 뒤따라오도록 프로그램들을 재설계하고 있다.

예를 들어 HP의 현장 감독자들을 위한 학습 경험에는 공통의 리더십 도전들을 해결하는 데 서로 도움을 주기 위해 10주 동안 5회 만나는 "소규모 모임"(협업 그룹)에 참여하도록 하고 있다. 이 프로그램은 각 소규모 그룹이 지난 10주 동안 그룹의 학습, 통찰, 취한 조치 및 성취한 결과를 공유하는 웹 컨퍼런스로 마무리된다(Goh, 2014).

허니웰Honeywell에서 전략적 마케팅 프로그램 참가자들은 보고해야 할 필수 사항이 명확하게 정의된 프로젝트 팀으로 나뉜다. 전 CLO인 로드 매기Rod Magee는 프로세스를 다음과 같이 설명했다: "프로그램이 끝날 때, 각 팀은 결과물과 향후 90일 동안의 액션플랜을 정의해야 합니다. 그들이 교육이 끝나고 현업에서 적용할 것이라고 가정하는 대신, 우리는 원격 컨퍼런스를 예약함으로써 그들이 책임을 지도록 합니다. 팀은 프로그램을 떠날 때 30일, 60일, 90일 후에 경영진에게 보고해야 한다는 것을 알고 있습니다. 90일이 지나면 각 팀은 약속한 결과물 대비 어떤 성공을 이루었는지 보고해야 하죠. 각 원격 컨퍼런스에서는 팀이 프로그램 중에 함께 했던 코치가 합류하여 지원합니다."

이러한 접근의 공통점은 교육참가자들이 자신이 성취한 것을 설명해야 하는 특정 시간과 포럼이 있음을 미리 알고 있다는 것이다. 가장 효과적인 포럼에는 적절한 "우려의 수준"(p. 170 참조)을 창출하고 인정 및 결과와 관련된 동기 요인을 극대화하기 위해 교육참가자들에게 중요한 사람들을 포함한다. 명확한 기대치와 평가 시점을 알고 있으면 학습 전이를 추진하는 데 도움이 된다.

Practical Application
- 학습 사이클을 완료하기 위한 기준에 학습 전이가 포함되어 있음을 처음부터 설정하여 커뮤니케이션한다.

요약
Summary

지금까지 최소 50년 동안, 학습전이를 향상시키는 것이 학습을 비즈니스 결과로 전환하기 위한 핵심이라고 인정되어 왔다. 교육과정, 이러닝 모듈, 시뮬레이션 또는 기타 학습 경험이 아무리 우수하더라도 새로운 지식과 스킬을 업무에 전이하여 사용하지 않는 한 비용이 많이 드는 학습 불량일 뿐인 것이다. 오늘날의 경쟁 환경에서 어떤 회사도 모든 비즈니스 프로세스, 특히 학습에서 불량을 생성할 여유는 없다. 학습 전이를 향상시키기 위해 아무것도 하지 않는 것에 대한 비용은 실제로 높다.

학습 불량의 근본 원인은 다양하며 학습부서 내부와 외부 모두에서 발생한다. 따라서 해결책에는 학습 부서와 현업 경영진 간의 철저한 접근과 협력이 필요하다. (학습 불량을 줄이는) 학습 전이 향상은 비즈니스 목적을 정의하는 것으로 시작하여 교육과정 설계 및 전달을 통해 계속되며 가장 중요한 것은 일터에서 의도적인 적용을 지원하고 추진하는 시스템과 프로세스를 포함하는 것이다.

베스트 프랙티스 학습 부서들은 교육과정 이후의 마무리 프로세스를 적극적으로 관리하여 학습 전이를 추진한다. 시스템과 절차를 사용해서, 기대치를 설정하고, 미리 알림을 발행하고, 책임을 확인하고, 지원을 제공함으로써 교육참가자들이 학습한 것을 업무에 적용할 수 있도록 한다. 학습 전이 지원 활동을 실행했던 회사들은 교육과정 이후의 상당히 높은 수준의 노력과, 성취 및 투자 수익을 경험했다(Leimbach & Maringka, 2014). 효과적이고 효율적으로 도입할 수 있는 전이 지원 시스템의 출현은 기업 교육의 획기적인 발전과 그 가치를 높일 수 있는 강력한 기회를 나타낸다.

자료 D4.2의 체크리스트를 사용하여 전이계획을 검토한다.

자료 D4.2
D4 체크리스트

아래 체크리스트를 사용하여 학습 경험의 가치를 유지하기 위해 학습 전이 및 적용을 보장하는 강력한 계획을 수립하십시오.

	요소	기준
☐	목적	교육참가자들은 학습 전이와 적용이 필요한 강력한 도전 목적을 설정하거나 제공받는다.
☐	미리 알림	학습은 교육 프로그램의 내용, 교육참가자의 개인적인 목적 및 목표, 새로운 지식과 스킬을 계속 실천해야 할 필요성에 대한 주기적인 알림을 통해 최고의 마음 점유를 유지하고 있다.
☐	관리자 책임	관리자들에게 교육 프로그램의 목표를 상기시켜주고 직속 부하 직원들의 개인적인 현업 적용의 목적에 대해 알려주고 있다.
☐	교육참가자 책임	학습자들의 목표와 진척 사항은 비즈니스 목표 및 진척 사항과 유사하게 최소한 관리자와 동료 학습자들에게 공개된다.
☐	새로운 결승선	행동과 성찰의 필요를 강조하기 위한 메커니즘과 미리 결정된 보고 스케줄이 마련되어 있다. 여기에는 어디까지가 마지막인지 정의되어 있고 성취를 평가할 방법이 포함되어 있다.
☐	피드백	교육참가자들이 자신의 노력과 진척 상황에 대해 의미 있는 피드백을 받을 수 있게 하는 구조가 있다.
☐	인정	큰 발전을 이루거나 자신의 목표를 완수하는 사람에게 적절한 인정이 제공된다.

혁신적 기업교육의 여섯 가지 원칙: 6D

권장사항
Recommendations

교육 부서 리더를 위한 권장사항

- 부서에서 제공하는 각각의 주요 프로그램에 대해 다음 질문에 답한다:
  - 당신의 조직은 학습 전이 추진에 적극적으로 참여하고 있는가?
  - 교육과정 설계의 일부로 전이 단계를 적극적으로 계획하는가?
  - 교육참가자들의 학습 전이 목표가 무엇인지 알고 있는가?
  - 교육참가자들에게 적극적으로 미리 알림을 주고 지원하는가?
  - 관리자들은 학습 전이 지원에 적극적으로 참여하고 있는가?
  - 후속 조치와 전이 및 지원을 관리하는 시스템이 있는가?
- 이러한 질문 중 어느 것에라도 "아니오"라고 대답한 경우 당신은 궁극적으로 비즈니스 결과에 따라 평가되므로 이 이슈를 해결하기 위한 계획을 수립해야 한다.
- 교육참가자들에게 설문조사하여 관리자로부터 어느 정도 지원을 받았는지 확인한다.
  - 고위 경영진과 결과를 공유하고 교육참가자의 관리자가 학습의 가치를 어떻게 향상시키거나 혹은 파괴할 수 있는지 설명한다.
- 경영진과 협력하여 학습 전이가 이루어지도록 한다. 이것은 팀 노력이 필요한 공동 책임이기 때문이다.
  - 관리자들에게 엘드리지 클리버Eldridge Cleaver가 말했듯이 "당신은 해결책의 일부이거나 문제의 일부입니다."를 설명한다.

비즈니스 리더를 위한 권장사항

- 학습 및 개발 프로그램에 대한 자신의 경험을 성찰한다.
  - 당신이 현업에서 교육 이후의 전이를 지원하여 회사의 투자에 대한 수익을 창출하도록 기대되었는가?
  - 아니면 교육과정의 마지막 날이 결승선인 것처럼 취급되었는가?
- 최근에 교육 프로그램에 참석했거나 혹은 프로그램에 참석한 직속 부하를 둔 직원을 인터뷰한다.
  - 당신의 사업 부문에서 개발 목표가 진지하게 받아들여지고 있는가 혹은 그렇지 않은가?
  - 실행의 문화가 있는가 아니면 무관심의 문화가 있는가?
- 최근 프로그램 참가자의 관리자를 인터뷰한다.
  - 그들은 프로그램의 비즈니스 목표를 인지하고 있었는가?
  - 그들은 직속 부하 직원들의 개인적인 목표가 무엇인지 알고 있었는가?
  - 그들은 교육 투자에 대한 수익을 창출하기 위해 배운 내용을 적용하도록 직속 부하 직원에게 책임을 갖도록 했는가?
- 개발 목표가 다른 일들과 동등하게 다루어지지 않고 교육참가자들과 관리자 모두가 교육훈련을 자주 묵살하고 있다는 것을 발견하면, 당신은 교육훈련에 시간과 비용을 낭비하고 있는 것이다.
- 리더십을 발휘하여 교육 프로그램의 참가자가 개인 성과와 비즈니스 결과를 향상시키는 방식으로 학습한 내용을 회사 업무에 적용하고 전이하는 데 책임을 지도록 한다.
  - 학습 부서와 협력하여 문제를 해결한다.
  - 학습 효과를 극대화하기 위해 코칭에 대한 책임을 관리자에게 부여한다.

성과 지원 도입

DEPLOY PERFORMANCE SUPPORT

D5: 성과 지원 도입

"직원 성과를 향상시키는 것이 주요 목적인 경우
교육담당자로서 우리의 영향력은 극적으로 확장된다."
–데이비드 켈리IDAVID KELLY

우리가 일단 교육훈련 전달에서 향상된 성과 전달로 마인드를 바꾸면, 다섯 번째 원칙인 *성과 지원 도입*의 중요성이 분명해진다. 성과 지원은 현업 적용을 확장, 증폭, 보장하고 경우에 따라 다른 형태의 학습을 대체하기도 한다. 이는 교육참가자들이 "내가 할 수 있나?"라는 질문에 "그래"라고 대답하는 데 도움이 된다.

마이클 왓킨스Michael Watkins는 자신의 저서 *90일 안에 장악하라*.The First 90 Days: Critical Success Strategies for New Leaders at All Levels(2003)의 서문에서 이 주제에 흥미를 느끼게 된 계기에 대해 다음과 같이 설명한다. "나는 회사의 귀중한 리더십 자산이 실질적으로 성공적인 리더로 이행하도록 돕는 데 투자하는 회사가 너무도 적다는 사실에 놀랐다. 이행하는 시기는 리더의 경력에서 가장 결정적인 분기점이라고 할 수 있다. 회사는 왜 직원들이 가라앉거나 홀로 헤엄치도록 내버려 두는 것일까? 새로운 직책을 시작하는 관리자들이 보다 빠른 시일 안에 통제력을 발휘할 수 있다면 회사에 얼마나 가치가 있겠는가?"(p. xii).

이와 같은 질문은 기업 학습 활동에도 동시에 적용된다. 대부분의 조직은 왜 사람들이 강의실과 현업 사이의 간극을 좁히는 데 투자하는 대신 교육훈련 후에 가라앉거나 헤엄치도록 내버려 두는가? 직원들이 지속적으로 새로운 학습 내용을 업무에 적용한다면 회사에 어떤 가치가 있을 것인가? 이미 학습에 시간, 노력 및 돈을 투자했는데 왜 더 많은 회사가 적용을 보장하기 위해 약간의 투자를 더 하지 않는가?

갓프렛슨과 모셔Gottfredson & Mosher(2014)는 다음과 같이 답을 제시한다. "우리는 집단적 마인드셋에 뿌리박힌 형식 학습 행사 패러다임을 흔들 수 없는 것 같습니다 … 학습자가 현업에서 성공적으로 성과를 달성하고 유지하는 데 필요한 지원 인프라를 적절하게 설계, 구축 및 도입하지 못하고 있습니다." 우리의 개인적인 경험을 확인시켜 주는 연구에 의하면, 지원은 특히 전이 단계의 처음 몇 주 동안은 업무 완료 시간을 단축하는 동시에 성과를 개선함으로써 학습에 대한 투자 수익을 크게 향상시킨다(Nguyen & Klein, 2008).

새로운 테크놀로지와 인터넷 자원에 대한 거의 보편적인 접근은 일터에서의 학습을 강화, 증폭 및 확장하는 성과 지원을 제공하는 기회를 크게 확대했다. 이 장의 주제는 다음을 포함한다:

- 성과 지원의 힘
- 성과 지원이란 무엇인가?
- 어떻게 작동하는가?
- 언제 가장 가치가 있는가?
- 무엇이 훌륭한 지원을 만드는가?
- 지원이 완전한 학습 해결책의 필수적인 부분이 되어야 하는 이유
- D5 체크리스트
- 학습 및 비즈니스 리더를 위한 권장사항

성과 지원의 힘
Power of Performance Support

외과 팀은 틀림없이 지구상에서 가장 고도로 훈련된 전문가 중 일부일 것이다. 외과의, 마취 전문의, 외과 간호사 또는 수술 팀의 구성원이 되려면 수년간의 고급 교육, 훈련 및 실습이 필요하다. 그들은 또한 경험이 풍부하고 1년에 수백 가지 절차를 수행한다. 하지만 그들은 실수를 한다. 실수를 하면 사람이 다치거나 죽는다. 이러한 오류는 상대적으로 드물지만 연간 비용은 수백만 달러이다. 환자와 그 가족의 감정적 비용은 헤아릴 수 없다. 따라서 수행을 개선해야 하는 강력한 이유가 있지만 추가적인 교육훈련이 답은 아닐 수 있다.

세계보건기구(WHO)는 브링험 여성 병원The Brigham and Women's Hospital의 외과의인 아툴 가완데Atul Gawande에게 수술 후 합병증과 사망을 줄이는 데 도움이 되기 위해 한 팀을 이끌도록 요청했다. 그는 회의적이었지만 그럼에도 불구하고 시도하기로 하고 그 후 결과를 엄격하게 테스트하는 데 동의했다. 전체 이야기는 그가 읽기 쉽게 설명한 더 체크리스트 매니페스토The Checklist Manifesto(2008)에 나와 있다. 우리는 이것을 성과 지원의 힘의 예시로 여기에서 언급했다. 가완데와 그의 팀이 고안한 해결책은 간단하며 19개 항목으로 구성된 세 부분(수술 전, 수술 중, 수술 후) 체크리스트로 주요 합병증을 1/3 이상 줄이고 사망을 거의 절반으로 줄였다. 가완데는 다음과 같이 썼다. "체크리스트는 우리가 생각한 것보다 더 많은 작업에서, 경험이 있는 사람을 포함하여 모든 사람에게 실패를 방지하는 데 도움이 될 수 있는 것 같다"(p. 48).

성과 지원이 고도로 훈련되고 경험이 풍부한 팀의 성과를 개선하는 데 그토록 큰 영향을 미칠 수 있다면 상대적으로 경험이 부족한 직원이나 역할을 처음 접하는 직원에게 얼마나 더 큰 영향을 미칠 수 있는지 생각해 보라. 메시지는 분명하다. 성과 지원은 모든 학습 및 성과 향상 활동의 필수적인 부분이어야 한다.

고객 및 제품 지원의 비유

오늘날 회사는 사용자 가이드에서 온라인 도움말, 제품 지원 무료 전화번호, 전문가와의 실시간 온라인 채팅에 이르기까지 고객 지원을 제공하기 위해 상당한 자원을 투자하고 해당 지원의 품질에 대한 고객 피드백을 요청한다. 왜 그런가? 그들은 고객 만족이 제품 자체의 기능뿐만 아니라 지원의 품질을 포함하는 "전체 제품" 경험에 달려 있다는 것을 알고 있기 때문이다(그림 D5.1 참조). 제품이 얼마나 좋은지보다는, 고객이 사용 방법을 알 수 없거나 문제가 발생했을 때 명확하고 시기적절한 답변을 얻을 수 없다면 더 불만을 갖게 될 것이다.

그림 D5.1. 고객만족은 지원이 가능한지와 그 품질을 포함하는
전체 제품 경험에 달려 있다.

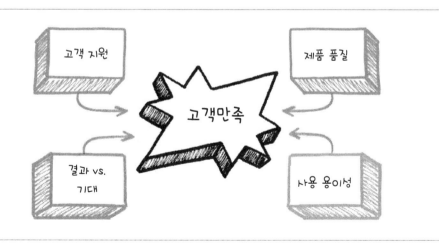

따라서 제품 지원은 만족한 고객이 추가적인 제품이나 서비스를 구매하고 가족과 친구에게 브랜드를 추천할 가능성이 높기 때문에 중요하다. 반면에 불만족한 고객은 더 많은 제품이나 서비스 구매를 거부할 뿐만 아니라 주위 사람들에게 불만을 토로할 것이다.

기업 학습과의 유사성은 명백하다. 교육훈련 및 개발에 대한 참가자의 만족도는 *전체 학습 경험*에 따라 달라진다. 여기에는 성과를 개선하고 개인적 목적을 달성하는 데 도움이 되는 방식으로 학습을 사용할 수 있는지 여부가 포함된다. 시의적절하고 유용한 지원은 학습한 내용을 사용하는 사람들의 능력을 향상시켜 학습 경험에 대한 만족도를 향상시킨다.

소비자 제품과 마찬가지로 만족한 학습자와 관리자는 더 많은 학습 기회를 추구하고 다른 사람에게 프로그램을 추천하는 경향이 있다. 불만족한 학습자, 특히 어떤 성과 향상도 보지 못한 불만족한 관리자는 자신의 불만을 광범위하고 큰 소리로 표명할 가능성이 높다. 이러한 부정적인 홍보는 학습에 대한 지원을 약화시키고 교육 부서가 미래에 사명을 완수하는 것을 더욱 어렵게 만든다.

요컨대, 특히 중요한 학습 전이 단계에서 수행을 위한 효과적인 지원을 제공하는 것은 학습자, 회사 및 학습 부서 모두에게 가장 큰 이익이 된다. 성과 지원을 개선하는 것은 교육훈련 효과성을 높이기 위한 상당한 잠재력을 갖고 있으면서 아직 많은 연구가 되어 있지 않은 영역이다.

Practical Application
- 배운 내용을 적용하는 학습자들의 능력과 받은 지원에 대한 만족도를 점검한다.
- 적어도 외부 고객에게 제공하는 지원만큼 좋은 지원을 내부 고객에게 제공한다.

성과 지원이란 무엇인가?
What Is Performance Support?

성과 지원은 직원이 항상 적시에 올바른 일을 할 수 있도록 도와주는 모든 것이다. 종이 기반 체크리스트처럼 간단할 수도 있고 전자적 성과 관리 시스템처럼 정교할 수도 있다. 성과 지원에는 자동화된 오류 검사(예: 철자 검사도구)에서부터 올바른 방식으로만 사용할 수 있도록 설계된 도구에 이르기까지 모든 것이 포함된다. 여기에는 자료, 시스템 및 사람(동료에서 관리자, 전문가에 이르기까지)이 포함된다.

최적의 성과 지원 유형은 작업의 성격, 작업자가 있을 위치, 그 순간 수행할 작업이 무엇인지에 따라 다르다. 가장 간단하고 가장 비용 효율적인 해결책을 찾아야 하고, 과도한 기술적 구축에 대한 유혹을 피한다. 간단한 종이 목록을 게시하는 것으로 충분하다면 그렇게 한다.

성과 지원이 효과적인 이유
Why It Works

올바른 유형의 성과 지원이 그토록 큰 영향을 미칠 수 있는 이유는 무엇인가? "학습에서 제공되는 내용을 숙달하는 것과 해당 내용을 업무에 효과적이고 생산적인 방식으로 적용할 수 있는 것 사이에는 큰 격차가 있기" 때문이다(Gottfredson & Mosher, 2011, p. 4). 성과 지원은 오류가 있는 것으로 잘 알려진 인간의 기억에 대한 의존도를 줄여준다. 인간은 세부 사항을 기억하는 것보다 사물의 "요점"을 기억하는 데 훨씬 더 능숙하다. 따라서 사람들은 일반적으로 작업 수행 방법을 꽤 잘 기억하지만 항상 수행하지 않는 한 모든 단계를 올바른 순서로 기억하는 데 어려움을 겪는다(그림 D5.2). 체크리스트, 단계별 절차 또는 이와 유사한 기억 도우미를 제공하면 작업이 완전하고 올바른 순서로 완료되도록 하여 성과가 향상된다.

둘째, 작업을 자주 수행하여 기억에 남게 되더라도 환경적 요인에 의해 성과가 손상될 수 있으며 때로는 비극적인 결과를 초래할 수 있다. 베테랑 조종사 제이콥 밴 잔텐Jacob Van Zanten은 수백 번 이착륙을 했기 때문에 루틴을 외우고 있었지만 허용 비행 시간이 만료되기 전에 빨리 이륙해야 한다는 생각에 정신이 팔렸다. 그는 테네르이페 섬에서 활주로를 출발하기 전에 이륙 허가를 받는 한 단계만을 간과했다. 그의 747기는 다른 비행기와 충돌하여 584명이 사망했다(Brafman & Brafman, 2009). 오류 비용이 높을수록 성과 지원은 더 가치 있게 된다.

그림 D5.2. 사람들은 절차의 세부 사항을 기억하는 데 어려움을 갖는다.

셋째, D3에서 논의한 것처럼 작업 기억의 용량은 한정되어 있다. 사람들이 새로운 스킬을 습득하려고 할 때 성과 지원을 제공하면 인지 부하가 줄어들어 모든 단기(작업) 기억을 실제 수행에 집중할 수 있도록 해준다.

교수설계자는 학습자가 정보를 저장하기 위해서가 아닌 정보를 처리하는 데 작업 기억을 사용하도록 권장해야 한다. 예를 들어, 학습자가 처음으로 새로운 절차를 실천할 때 모든 작업 기억이 그 절차를 실행하는 데 향하도록 명확하며 글로 표현된 간략한 단계에 대한 접근을 제공한다. 서면 절차 표의 형태로 업무보조도구를 사용하는 것은 이러한 목적을 위해서라면 특히 강력할 수 있다.

-클라크Clark, 1986, p. 19

비슷한 이유로 성과 지원은 많은 요인과 단계 또는 고려 사항이 관련된 작업에 유용하다. 성과 지원을 이용하면, 직원들이 관련 요소들을 모두 기억해 내서 머릿속에 유지해야 하는 동시에 수행하는 노력을 하지 않아도 되므로, 작업 자체에 정신적 역량을 집중할 수 있다.

태블릿 컴퓨터, 스마트폰 및 이와 유사한 장치를 통해 쉽게 접근할 수 있는 비디오의 출현으로 무엇을 할지에 대한 지침을 제공하는 것 이상으로 어떻게 작업을 수행하는지를 설명할 수 있게 되었다. 어플리케이션들은 결함 부품을 찾거나 변경하는 방법에서부터 효과적이고 적절한 면접을 수행하는 방법에 이르기까지 모든 것들을 포함하고 있다. 특히 젊은 직원들은 지침을 찾기 위해 그러한 디바이스를 먼저 살펴보도록 습관화되어 있다. 미쉘 베이커Michelle Baker(2014)는 타이어가 펑크났을 때의 일이 이것에 대해 상기시켰다고 했다. 그녀가 타이어를 보기 위해 밖으로 나가는 동안 그녀의 열세 살짜리 아이는 이미 스마트폰으로 다음에 해야 할 일에 대한 온라인 사용자 매뉴얼과 튜토리얼을 살펴보고 있었던 것이다.

마지막으로, 다른 방식이 이미 습관이 되었을 때 새롭거나 익숙하지 않은 방식으로 작업을 수행하기가 어렵다. 사람들이 골프 스윙을 바꾸거나 프레젠테이션 방식을 바꾸는 등 새로운 접근 방식을 시도하면, 이 새로운 접근 방식이 궁극적으로 더 나은 결과를 가져오긴 하지만, 일시적으로 성과는 떨어진다. 성과 지원은 직원들이 처음으로 새로운 스킬과 지식을 적용하려고 시도할 때 성공할 가능성을 높여 학습 전이를 지속하는 데 도움이 된다. 초기에 성공을 경험한 사람들은 처음 몇 번의 시도에서 실패한 사람들보다 ("내가 할 것인가?"에 "그래"라고 대답하는) 변화를 위한 노력을 지속할 가능성이 더 높다. "방대한 연구에 따르면, 작은 성공이 엄청난 힘을 갖고 있으며, 그 승리 자체의 조그만 성취에 어울리지 않는 파격적인 영향력을 갖고 있다는 것을 보여주었다"(Duhigg, 2012, p. 112).

그림 D5.3. 성과 지원은 "조기 승리"와 새로운 스킬 및 지식을 적용하려는
지속적인 노력의 개연성을 높인다.

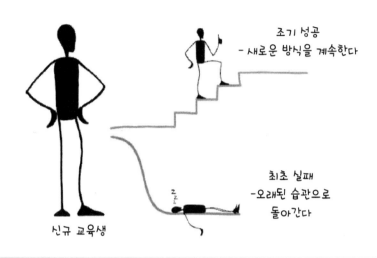

 ## 성과 지원은 언제 가장 가치가 있는가?
When Is Performance Support Most Valuable?

성과 지원이 특히 가치 있는 상황들은 보이드Boyd(2005), 갓프렛슨과 모셔Gottfredson &
Mosher(2011), 로젯과 섀퍼Rossett & Schafer(2006) 및 윌모어Willmore(2006)가 일일이
예를 들고 있다. 그것은 다음과 같은 경우를 포함하고 있다:

- 새로운 절차나 스킬을 숙달하려고 노력할 때
- 자주 사용하지 않는 절차를 수행할 때
- 많은 단계 또는 요인을 포함하는 복잡한 작업을 수행할 때
- 절차가 자주 변경될 때
- 작업이 간단하고 교육을 받을 시간이나 필요가 없을 때
- 오류가 매우 심각하거나 비용이 많이 들 때

각각의 경우에 업무보조도구 및 기타 형태의 성과 지원은 교육참가자들에게 어떻게 학습한 것을 적용하는지, 절차를 실행하는지 또는 문제에 접근하는지를 상기시키거나 알려준다. 이것들은 다른 형태의 학습에 따라붙는 중요한 부속물이다. 강의실 실습 중에 분명해 보였던 것이 일상 업무의 분주함에서는 종종 훨씬 덜 분명하기 때문이다. "강의실에서 할 수 있다고 해서 바깥 현업에서도 할 수 있다고는 전혀 의미하지 않는다"(Rossett, 개인적인 커뮤니케이션, 2009).

성과 지원은 또한 교육훈련의 요구를 감소시키거나 경우에 따라 완전히 제거할 수 있다. 예를 들어, 어떠한 회사도 종이가 잼 걸린 복사기를 수리하는 방법을 직원에게 교육하는 데 시간을 낭비하는 회사는 없다. 왜냐하면 내장형 성과지원의 예로써, 소프트웨어 및 하드웨어에 지침사항이 임베디드되어 있기 때문이다. 마찬가지로 직원 이직률이 높은 패스트푸드점은 작업을 단순화하고 각 워크스테이션에 필수 단계를 눈에 띄게 게시하여 교육훈련의 필요성을 최소화하고 있다.

미국 해안 경비대에 따르면:

- 업무보조도구는 동일한 작업에 대한 교육훈련 자료를 개발하는 것보다 3~4배 빠르게 개발될 수 있다.
- 업무보조도구 사용 방법을 교육하는 것이 업무를 수행하는 방법을 교육하여 그 지식이 인간의 기억에 저장되기를 기대하는 것보다 3~4배 빠르다.
- 게다가 업무보조도구는 교육훈련 자료보다 훨씬 더 빠르고 저렴하게 수정될 수 있다 (U.S. Coast Guard, 2009, p. 2).

성과 지원은 필요하고 원하는 정확한 시간인 "가르칠 수 있는 순간teachable moment"에 관련 정보를 제공하기 때문에 그 자체로 강력한 학습의 형태인 것이다. 기술의 발전과 함께 역사상 처음으로 우리는 거의 모든 곳에서 항상 정보를 이용할 수 있다. 알고 싶은 것을 정확히, 알고 싶을 바로 그때 찾을 수 있다. 이상적인 학습 상황인 것이다.

예를 들어, 우리는 농장 뒷 베란다에서 친구들과 저녁을 먹고 있었다. 어떻게든 대화는 "행거 스테이크"가 어떤 부위의 쇠고기인지에 대한 질문으로 바뀌었다. 오시니^{Orsini} 박사는 스마트폰을 꺼내고 몇 분 안에 답을 얻었다. 그것은 소 횡경막의 중앙 부분에서 나온다. 그 정보는 당시 우리가 궁금해 했던 질문에 답했기 때문에 우리의 기억에 남아 있다. 이는 사람들이 묻지 않았고 또 특별히 알기를 원하지 않은 질문에 대한 답변을 제공하는 대부분의 교육훈련과는 대조적이다.

성과 지원의 다양한 범위
Range of Performance Support

성과를 향상시킬 수 있는 지원의 종류와 제공할 수 있는 방법은 거의 무한하며 지원을 학습의 필수적인 부분으로 보는 우리의 창의성과 의지가 어떠하냐에 따라 제한될 뿐이다. 가장 일반적인 종류의 지원에는 다음을 제공하는 것이 포함된다.

- 미리 알림
- 단계별 안내
- 순서도 및 의사 결정 트리
- 템플릿
- 체크리스트
- 동영상 또는 삽화
- 코칭
- 정보 접근
- 전문가의 도움

이 목록이 완전하지는 않다. 표 D5.1은 성과 지원의 가장 일반적인 형태의 많은 예를 제공하고 있다. 여기에는 종이 또는 컴퓨터 기반 양식, 템플릿 등과 같은 자료뿐만 아니라 코칭, 멘토링 및 전문가 지원과 같은 사람 관련 지원도 포함된다.

Practical Application

- 성과 지원을 도입하기 위한 다양한 방식이 있으므로 광범위하고 창의적으로 생각한다.
- 지원을 제공하는 효과적이고 혁신적인 방법에 대해 더 많이 알려면 소비자 제품 산업을 살펴본다.

표 D5.1. 성과 지원의 일반적인 종류와 용도

유형	특히 효과적인 경우
미리 알림	회의 참석, 청구서 납부 등과 같이 시간에 쫓기는 행동을 놓치지 않도록 할 때. 미리 알림은 가장 단순한 형태의 성과 지원이며 가장 널리 사용되는 것 중 하나이다. 오늘날 거의 모든 사람이 자신의 전자 캘린더의 미리 알림에 의존하고 있다. 학습 전이에서 미리 알림의 중요성은 D4(p. 231)에서 논의된다.
핵심 정보	핵심 정보를 필요로 하는 시점과 장소에 제공할 때. 예를 들어, 타이어 측벽에 최대 공기압을 주입하는 것
임베디드 디자인	기계, 부품 또는 소프트웨어가 올바르게 사용되도록 보장할 때. 항목이나 프로그램은 적절한 방식으로만 사용될 수 있도록 설계된다. 예를 들어, 잘못된 액체나 가스를 넣는 것을 방지하기 위해 각기 다른 저장 탱크에 대해 각기 다른 부속품을 사용하는 것. 임베디드 디자인은 오류로 인한 비용이 많이 들거나 위험할 수 있는 경우 특히 중요하다.
체크리스트	절차의 모든 주요 항목이 포함되거나 완료되도록 보장할 때. 많은 조치가 필요하거나 누락이 심각한 불리한 결과를 초래할 수 있는 경우에 특히 중요하다.
단계적 절차	절차가 올바른 순서로 수행되도록 보장할 때. 복잡하거나 거의 수행되지 않는 절차, 누군가가 새로운 절차를 배우고 있을 때, 그리고 잘못된 순서 때문에 올바른 단계가 실패나 피해를 유발할 때 특히 유용하다. 요리 레시피가 일반적인 예이다.
워크시트	다양한 단계에서 계산을 요구하는 절차들을 완료할 때. 세금 양식은 (비록 인기는 없지만) 좋은 예이다.
순서도/ If-Then 다이어그램	별개의 선택으로 나눠질 수 있는 잘 정의된 문제에 대한 의사 결정이나 고장수리를 안내할 때. 문제에 대한 논리적이고 단계적인 접근을 보장하는 데 도움이 된다.
사진이나 다이어그램	특정 부품이나 항목의 위치를 표시할 때
"How-to" 비디오	특정 절차 또는 순서를 수행하는 방법을 정확하게 시연할 때

스크립트	일관성을 유지할 때. 예를 들어 모든 고객이 동일한 마케팅 메시지를 받도록 하거나 비행기의 안전 기능을 설명할 때. 신입 사원이 회사 절차를 배우는 데 도움이 된다.
검색 가능한 데이터베이스	방대한 양의 정보에 신속한 접근을 제공할 때. 제품, 모델 및 부품의 온라인 데이터베이스가 좋은 예이다.
동료나 전문가 코치	거래의 팁, 성과에 대한 정성적 평가, 코칭 지침 및 격려를 제공할 때
헬프데스크/ 전문가 접근성	단순한 업무보조도구 및 문제 해결 가이드로는 해결하지 못하는 복잡한 문제에 대한 지원을 제공할 때

성과 지원 기회 규명하기

*6D 현장가이드*The Field Guide to the 6Ds(Pollock, Jefferson, & Wick, 2014)에 성과 지원이 언제 그리고 어디서 가장 가치 있는지를 규명하기 위해 다음과 같은 제안을 제시하였다:

- 교육에서 배운 작업을 현업에서 수행하는 사람들과 대화한다. 처음 수행하려고 했던 때를 회상해 보라고 한다. 그들은 어디에서 힘들었는가? 기억하는 데 어려움을 겪은 것은 무엇이었는가? 빨리 속도를 내는 데 무엇이 도움이 되겠는가?

- 교육과정이 이전에 제공되었다면, 최근 교육생들을 인터뷰한다. 적용하기 가장 어려웠던 점은 무엇이며 그 이유는 무엇인가? 무엇이 새로운 학습의 적용을 더 쉽게 만들 것인가?

- 직원들에게 스티커 메모, 스프레드시트, 미리 알림 등과 같은 업무보조도구를 직접 개발했는지 물어본다. 직원들은 종종 단순하지만 효과적인 도구를 개발하여 기꺼이 공유하려고 한다. 스티브 로젠바움Steve Rosenbaum이 가르쳐 준 것처럼: 누군가가 효과적인 업무보조도구를 개발했다면 모든 사람이 사용할 수 있도록 하는 것이 어떤가?

- 업무를 수행하는 직원의 관리자를 인터뷰한다. 그들의 경험에 비추어 볼 때 업무를 처음 접하는 직원이 가장 어려움을 겪을 가능성이 높은 곳은 어디

혁신적 기업교육의 여섯 가지 원칙: 6D

인가? 회사, 직원의 경력 또는 고객 신뢰에 막대한 비용을 초래할 수 있는 중요한 실패 지점이 있는가? 이것들을 성과 지원의 대상으로 삼는다.

- 교육담당자들의 전문성을 활용한다. 교수설계자들의 경험과 성과에 대한 지식에서 볼 때, 어디에서 사람들이 "무엇을 해야 하는지"와 "어떻게 해야 하는지"를 동시에 기억하는 데 어려움을 겪을 가능성이 있다고 예상하는가? 강사들에게 롤플레이 및 기타 다른 형태의 실습 중에 학습자들이 교육 과정에서 가장 어려움을 겪는 곳은 어디인가를 확인한다.

훌륭한 성과 지원의 특징
Characteristics of Great Performance Support

효과적인 성과 지원에는 다음과 같은 특징이 있다:

- **필요한 시간과 장소에서 쉽게 사용할 수 있다.** 목적은 현업 수행을 촉진하는 것이므로 지원은 그것이 무엇이든 작업이 수행되는 동일한 시간 및 동일한 장소에서 빠르고 쉽게 접근할 수 있어야 한다. 그것이 성과 지원의 최적의 형태와 전달 방식을 결정한다. 예를 들어 스마트폰 앱은 스마트폰 사용이 위험하거나 금지된 상황에서는 아무 소용이 없을 것이다. 인터넷 연결 문제 해결을 위한 온라인 헬프는 잘못된 아이디어이다. 가능하면 지침을 최대한 많이 임베드시킨다. (자동차 배터리 충전용) 점퍼 케이블에 첨부된 설명서는 사용 매뉴얼 중간에 묻힌 설명서보다 더 자주 사용될 것이다.

- **구체적이다.** 좋은 성과 지원은 해당 작업에 대해 구체적이다. 이슈, 대상 또는 이론에 대해 알려진 모든 것에 대한 개요서가 아니라 기억을 돕기 위한 것이다. "좋은 체크리스트는 … 적확하다. 모든 것을 상세히 설명하려고 하지 않는다. 체크리스트로 비행기를 조종할 수는 없다. 대신 가장 결정적이고 중요한 단계만 상기시켜 준다. … "(Gawande, 2008, p. 120).

- **실용적이다.** 성과 지원은 사람들이 업무를 정확하고 효율적으로 수행할 수

있도록 돕기 위해 설계된다. 성과 지원을 사용할 사람들이 가지고 있는 시간과 자료로 실행할 수 있는지 확인하기 위해 설계하고 테스트해야 한다.

- **명확하다.** 업무보조도구 및 기타 형태의 성과 지원은 사용자가 빠르고 명확하게 이해할 수 있어야 한다. 예를 들어, 비원어민 직원이 많은 호텔의 업무보조도구는 거의 삽화에만 의존한다.

- **경제적이다.** 성과 지원은 단어의 두 가지 의미에서 경제적이어야 한다. 즉, 비용에서 저렴하고 단어 선택에서 조심스럽다. 작업을 수행하는 데 필요한 것만 제공해야 한다: 그 이상도 그 이하도 아니다. 정보를 찾거나 핵심 포인트를 얻는 데 너무 오래 걸리면 사용되지 않을 것이다.

- **효과적이다.** 지원도구는 무엇이든 실제 업무 상황하에서 작동해야 하며 베스트 프랙티스에 기반해야 한다. 설계한 해결책이 효과적인지 확인하는 유일한 방법은 테스트하는 것이다. "업무보조도구 초안의 초기 테스트 및 파일럿 테스트는 항상 예상치 못한 요인들을 드러낸다"(Willmore, 2006, p. 63). 최상의 지원도구는 실행 전에 시범 운영을 거쳐 수정되며 그 다음 경험이 축적되고 개선을 위한 제안에 따라 다시 수정된다.

- **최신 상태를 유지한다.** 기업과 개인이 경쟁력을 유지하기 위해 학습하고 적응해야 하는 것처럼 성과 지원 시스템도 조건이 변화하고 새로운 베스트 프랙티스가 등장하면서, 시간이 지남에 따라 진화하고 개선되어야 한다. 컴퓨터 기반 시스템의 장점 중 하나는 비교적 쉽게 최신 상태로 유지할 수 있다는 것이다.

이러한 기준을 고려할 때 교육 프로그램 바인더가 업무보조도구가 아닌 이유는 분명하다. 그것은 전이와 적용을 위한 성과 지원을 제공하기보다는 수업을 지원하도록 설계되었다. 바인더는 크고 번거로운 경향이 있고, 특정 주제나 행동을 위한 제안을 쉽게 찾을 수 없다. 그렇기 때문에 우리가 인터뷰한 참가자들은 대부분의 교육 프로그램 바인더는 교육이 끝나자마자 단순히 먼지만 쌓인다고 말했다.

교육훈련 자료가 성과 지원으로써 효과적이려면 작업에 맞게 다시 맞춤화되어야 한다. "지원도구가 더 임베디드되고, 직관적이며, 맞춤화될수록 업무수행자가 그 안에 있는 가치를 보고 또 다른 시간에 다시 그 지원도구를 사용할 개연성이 더 높아진다"(Gottfredson & Mosher, 2011, p. 130).

Practical Application

- 해당 작업에 대해 구체적인 지원도구를 설계한다. 교육훈련에서와 동일한 개념과 그림을 사용한다. 하지만 교육 프로그램 바인더는 업무보조도구가 아님을 기억한다.
- 일터에서 성과 지원도구를 엄격하게 테스트하여 이해하기 쉽고 예상대로 작동하는지 확인한다.
- 불필요한 단어, 단계, 정보를 가차없이 제거하여 지침을 핵심적인 내용으로 축소시킨다.
- 지원도구의 효과성과 유용성에 대해 참가자들에게 설문조사하고, 필요하다면 수정한다.

성과 지원 개발
Build it in

우리의 관점에서 성과 지원은 모든 학습 활동의 일부가 되어야 한다. 만약 드물게 불필요한 것으로 간주되어 지원을 제공하지 않기로 선택한다면, 단순히 간과한 것이 아닌 적극적이고 합리적인 결정이어야 한다. 베스트 프랙티스는 학습 설계를 승인하기 위한 체크리스트에 성과 지원을 필수 항목으로 만드는 것이다. 지원은 단순히 나중에 생각하는 것이 아니라 학습의 진정한 통합 부분으로 인식되고 실행될 때 가장 효과적이다. 완전히 통합된 접근 방식에는 다음과 같은 특징이 있다:

- 성과 지원이 학습 경험의 일부로 설계된다.
- 성과 지원이 교육훈련 중에 소개되어 사용된다.
- 성과 지원은 교육 프로그램에 사용된 동일한 개념, 용어 및 삽화를 활용한다.
- 성과 지원은 진정으로 베스트 프랙티스를 대표한다.

교육과정 중 소개하기

교육이 끝날 때 업무보조도구를 소개하는 것이 여전히 일반적인 관행이다. "아, 그건 그렇고, 이것이 유용할 수 있어요."라고. 이것은 실수이다. 업무보조도구 및 기타 형태의 성과 지원은 교육 전반에 걸쳐 소개되고 사용되도록 해야 하며, 이를 통해 현업에서의 사용이 권장되고 기대된다는 메시지를 강화해야 한다(그림 D5.4). 실제로 에머슨社 기업 학습 담당 이사인 테렌스 도나휴^{Terrence Donahue}는 먼저 업무보조도구를 만든 다음 사람들에게 이를 효과적으로 사용하는 방법을 가르치기 위한 교육훈련을 설계해야 한다고 생각한다. 어플라이 시너지스社^{Apply Synergies}의 최고 학습 전도사인 밥 모셔^{Bob Mosher}도 이에 동의한다. 내용을 교육훈련에서 성과 지원 시스템으로 옮기면 인지 부하가 줄어들고 더 많은 실습을 위해 교육 시간을 확보할 수 있다고 그는 지적한다(Mosher, 2014). 학습 경험은 교육 과정에서 답과 해결책을 찾는 책임이 퍼실리테이터에서 학습자로 옮겨지도록 설계되어야 한다. 교육과정이 끝날 즈음이면 학습자들이 자기 의존적일 수 있도록 하는 것이 목적이다. 이는 강력한 성과 지원 시스템이 갖춰졌을 때에만 가능하다.

그림 D5.4. 교육과정 중 업무보조도구 소개 및 사용

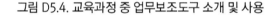

어떤 스킬에 대해서는, 교육훈련 이전에 업무보조도구를 소개하여 사람들에게 해당 업무보조도구에 익숙해질 수 있는 기회(특히 테크놀로지 기반인 경우)를 제공하여 물어볼 질문을 구성할 시간을 주는 것이 합리적일 수도 있다. 우리 고

객 중 한 명이 태블릿 기반 업무보조도구로 실제로 이렇게 했고, 업무지원도구를 소개하는 데 소요되었을 수업 시간을 절약할 수 있을 뿐만 아니라 수업이 훨씬 더 효과적이라는 것을 알게 되었다.

일관성 유지하기

최대의 효과를 위해 성과 지원은 교육과정 중에 사용되는 방법과 접근 및 프로세스와 일치해야 하고 또 강화해야 한다. 직원들은 배운 개념이나 프로세스에 대해 다른 용어를 사용하는 업무보조도구를 제공받을 때 혼란스러울 수 있다. 서로 상충되는 용어와 개념이 많으면 지원도구의 효과성을 떨어뜨린다. 효용성을 극대화하기 위해 현업 가이드를 포함한 모든 학습 자료가 일관된 용어, 개념 및 삽화를 사용하도록 노력한다. 마찬가지로 성과 지원 도구에 설명된 프로세스는 교육과정에서 가르치고 업무에서 실제로 사용되는 프로세스와 일치해야 한다. 이러한 일관성은 교육과정과 지원도구가 동시에 개발되어서 두 가지가 다르지만 상호 강화하는 학습 형태로 보여진다면 일관성을 달성하기가 분명히 더 쉽다.

베스트 프랙티스 보장하기

훌륭한 성과 지원을 위한 세 번째 기준은 그것이 진정으로 "베스트 프랙티스"를 제시한다는 것이다. 한 가지 접근은 교육담당자들이 해당 작업이나 스킬에 대한 베스트 프랙티스를 조사한 다음 이를 교육훈련 및 성과 지원 시스템에 구축하는 것이다. 또 다른 방법은 이 일을 하는 사람들을 초대하여 베스트 프랙티스들을 "크라우드 소싱crowdsourcing"하는 것이다.

한 가지 예는 에이페리안 글로벌社Aperian Global의 글로브스마트GlobeSmart 웹 도구는 가장 효과적으로 의사소통하고, 직원들을 관리하고, 테크놀로지를 전수하고, 전 세계 국가의 고객 및 공급업체와의 관계를 개선하는 방법에 대한 정보를 제공한다(Aperian Global, 2012). 이 시스템은 특정 문화에서 일한 경험이 있는 임원들을 초대하여 아이디어와 통찰을 제공함으로써 계속해서 더 똑똑해진다.

이것은 점검되고, 편집되어 데이터베이스에 추가되므로 시스템은 계속해서 점점 더 풍부하고 깊이 있고 구체적인 것으로 성장한다. 기업은 이 접근을 응용함으로써 관리, 컨설팅 또는 판매와 같은 미묘한 스킬에 대해 조직 특화 지식을 크라우드 소싱하는 유사한 시스템을 구축할 수 있다.

또 다른 예는 와글Waggl®이다. 이것은 회사에서 다양한 학습 및 변화 활동 후에 베스트 프랙티스들을 수집하고 전파하는 데 사용할 수 있는 범용 온라인 "크라우드 소싱" 도구이다. 개인들은 자신의 가장 효과적인 행동들을 입력하고 짝을 이루어 다른 사람의 아이디어에 순위를 매긴다. 가장 많은 점수를 얻은 아이디어들이 상위권에 올라가고 모든 참가자들 사이에 공유된다.

Practical Application

- 수업 중에 성과 지원도구를 소개한다.
- 성과 지원의 내용이 베스트 프랙티스 및 현업 적용을 진정으로 대표하도록 한다.

새로운 테크놀로지, 새로운 가능성
New Technologies, New Possibilities

새로운 기술과 어디에서나 가능해진 인터넷 접근이 제공하는 기능은 더 풍부하고 휴대 가능하며 더 구체적이고 더 개인화된 적시적Just-In-Time 성과 지원을 제공할 수 있는 흥미진진한 가능성을 열어준다. 그것은 학습과 일 사이의 경계를 모호하게 만들고 있다. 오드리스콜O'Driscoll은 이러한 컨버전스convergence를 예견하여 다음과 같이 썼다:

기술 변화의 속도가 빨라짐에 따라 학습과 일의 구분이 사라질 것이다. 교육훈련을 현업 활동과 통합하는 추세가 그 결과가 될 것이다. 이러한 추세는 별개의 조직기능으로서의 교육훈련이 더 이상 주요 학습 수단이 되지 않을 정도로까지 확장될 것이다. 직원들은 대신 업무현장에서의 정보 시스템을 사용할 것이다.

-오드리스콜O'Driscoll, 1999

교육훈련 전달에서 성과 전달로의 패러다임 전환이 교육담당자들에게 주는 도전은 새로운 테크놀로지와 가능성을 활용하여 교육훈련이 불필요할 때는 교육훈련을 제거하고, 필요할 때는 교육훈련을 확대시키는 방법에 대해 창의적으로 생각하는 것이다.

한 장소에서 다른 장소로 방향을 잡을 때 일어난 혁명을 생각해 보라. 몇 년 전까지만 해도 지도를 사서 가고자 하는 길을 찾아갔다. 또는 현지 사람에게 방향을 물어보고 그것을 적어놓았다. 이는 잘못된 방향으로 돌았거나, 어쩔 수 없이 우회했거나 하지 않을 때까지는 또는 도로가 바뀌어 있기 전까지는 꽤 잘 작동했다. 잘못된 길로 들어선 다음 올바른 고속도로로 돌아가려는 시도는 악몽이 될 수 있다.

이제 GPS 및 지도 앱의 결과로 목적지까지의 단계별 지침을 받는다. 의도적이든 아니든 원래 계획에서 벗어나면 시스템은 정상 궤도로 돌아가기 위해 해야 할 일을 신속하게 다시 계산한다.

자기 개발personal development의 은유를 여정journey으로 사용하여 지도 앱app과 유사한 기능을 수행하는 성과 지원을 목표로 해야 한다. 교육참가자가 목적지를 지정한 다음 대안을 포함하여 최상의 경로를 선택하고 경로를 이탈할 경우 경로를 다시 지정하도록 안내해야 한다.

테크놀로지를 사용하여 *정보를 제공하고 계획 및 조치를 안내하는* 능력은 다음과 같은 상황에 특히 적합하다:

• 성과는 매우 방대한 양의 정보(예: 국가의 모든 도로 파악)에 대한 접근성에 달려 있다.

- 정보나 절차가 자주 변경된다(보험 청구 처리 또는 약물 상호작용 확인).
- 정보가 개인화되어야 한다(예: 개인적인 재무 목적 및 자기개발 목적을 충족시키는 것과 같이).

사람들이 협력하도록 도와주기

테크놀로지는 또한 사람들이 협력하고 조직의 암묵적 지식을 더 많이 활용할수 있도록 도와줌으로써 소셜 러닝을 촉진한다. 또는 전 휴렛 패커드 CEO인루 플랫Lou Platt이 농담처럼 말했듯이, "만약 HP가 알고 있는 것을 HP만 알았다면 우리의 생산성은 3배가 되었을 것이다." 소셜 네트워킹 도구는 같이 교육받은 동기 학습자들이 새로운 스킬과 지식을 실행하기 위해 작업할 때 연결 상태를 유지하여 서로를 지원하도록 도움으로써 계획된 교육과정을 보완하고 확장하는 데 사용할 수 있다(뒤에 나오는 학습 커뮤니티 참조).

조직에서의 두 가지 추세는 전자적 협력을 촉진하는 것을 더욱 실현 가능하고더욱 중요한 것으로 만들고 있다. 첫 번째는 디지털 소셜 미디어와 함께 성장하고 그런 방식으로 소통하고 협업하는 데 익숙한 젊은 직원들인 "디지털 원주민"의 수가 증가하고 있다는 것이다. 두 번째는 적어도 일부 시간 동안 재택 근무하는 사람들의 수가 증가하는 것으로, 이는 더 많은 전통적인 형태의 연결 및 협업을 더 어렵게 한다는 것이다. 이러한 추세는 학습과 학습 전이 모두를 위한 디지털 소셜 네트워킹의 역할이 계속해서 증가할 것임을 확실히 해준다.

소셜 러닝은 물론 항상 조직에서 진행되어왔지만 일반적으로 바로 근처나 현장에 있는 동료로 제한되었다. 디지털 네트워킹 기술은 시간과 공간의 장벽을 제거하여 지속적인 학습의 잠재력을 크게 확장한다(Gottfredson & Mosher, 2011). 직원들은 이제 시설, 국가, 심지어는 회사에 상관없이 다른 사람에게 연락할 수있다. 소프트웨어 개발자들은 일반적으로 서로에게 도움을 요청하고 들어본 적이없는 회사에서 전혀 만난 적이 없는 사람들로부터 도움받는 경우가 많다. 사람들은 다른 사람들이 상호 주고받을 것으로 기대하기 때문에, 그리고 네트워크의 모든 사람이 열린 교환을 통해 학습하기 때문에 솔루션을 자유롭게 공유한다.

교수 설계자들은 디지털 소셜 네트워크의 힘을 활용하여 다른 종류의 학습을 확장시키는 방법을 찾아야 한다. 하지만 "커뮤니티를 만들면, 사람들이 올 것이다if you build it, they will come"라는 것이 반드시 사실은 아니다. 그 네트워크가 참가자들에게 진정한 가치를 제공하는 경우에만 생존하고 성장할 것이다.

성과 지원으로서의 사람
People

지금까지 D5에 대한 논의는 주로 성과 지원 자료 및 시스템에 초점을 맞추었지만 어떤 종류의 성과 지원은 사람에 의해서만 제공될 수 있다. 동료, 멘토, 코치 및 기타 사람들은 아무리 정교한 시스템이라도 완전히 대체할 수 없는 방식으로 공감, 지혜, 피드백, 격려, 공동 문제 해결 및 동기 부여와 같은 인간 고유의 능력을 제공할 수 있다. "교육과정이 내용을 알려주고 공유하는 데 초점을 맞추는 반면, 실제 코칭은 변화에 대한 주인의식을 창출하는 진정한 협력이다" (Weber, 2014b).

따라서 인간 지원 시스템을 만드는 데 시간, 계획 및 에너지를 쏟는 것은 다섯 번째 원칙을 실천하고 완전한 학습 경험을 설계하는 데 중요한 부분이다. 관리자에서부터 교육참가자들의 친구 또는 파트너에 이르기까지 다양한 사람들이 학습 전이를 지원하는 역할을 할 수 있다. 관리자, 강사, 동료 및 코치의 네 가지 요소는 특별한 영향을 미치며 아래에서 자세히 설명한다.

관리자

학습 전이를 촉진하는 관리자의 중요한 역할은 D4에서 강조되었다. D5와 관련된 핵심포인트는 관리자도 자신의 역할을 잘 수행하기 위해 성과 지원이 필요하다는 것이다. 어떤 사람이 관리자로 승진했다고 해서 그가 코칭하는 방법을 알고 있거나 혹은 효과적으로 코칭할 수 있다는 의미는 아닌 것이다(그림 D5.5).

그림 D5.5. 관리자는 효과적인 코칭를 위한 성과 지원이 필요하다.

"계속해서 좋은 일을 하게나, 그것이 무엇이든, 자네가 누구이든."

이상적인 세상에서는 관리자들이 일반적으로 어떻게 코칭하는지뿐만 아니라 구체적으로 어떻게 특정 학습 활동의 결과를 극대화하는지에 대한 교육훈련을 받을 것이다. 불행히도 이것은 종종 불가능하거나 실용적이지 않다. 이를 감안할 때, 우리의 많은 고객들은 직속 부하 직원을 위해 학습의 이점

> 사용하기 쉬운 양식, 단계별 프로세스와 예시를 제공한다.

을 극대화하기 위한 간단한 "how-to" 가이드를 관리자에게 제공함으로써 관리자 지원의 빈도와 효과성을 모두 높일 수 있다는 사실을 발견했다.

관리자들이 학습 전이에서 자신의 역할을 수행하는 데 도움이 되는 효과적인 성과 지원은 다음과 같다:

- **간결하다.** 요즘 관리자들이 시간에 쫓기는 상황을 감안할 때 관리자를 위한 코칭 지원의 가장 중요한 특징은 간결함이다. 대부분의 사람들은 긴 이메일이나 여러 페이지로 된 문서를 읽는 데 시간을 들이지 않는다. 가이드에는 필수 요소만 남기도록 한다.

- **효율적이다.** 지침이 간결해야 하는 것과 같은 이유로 권장하는 프로세스는 효율적이어야 한다. 최소의 시간 투자로 가장 큰 영향을 미치는 행동을 권장한다. 예를 들어 교육훈련 이전 5분 전화 통화를 하는 것 등이다.

- **구체적이고 행동 지향적이다.** 관리자가 무엇을 언제 수행하기를 원하는지 구체적으로 지정한다. 단순히 더 많은 코칭을 하라고 권유하지 않는다. 그들이 따라야 할 프로세스를 제공하고, 물어볼 특정 질문 또는 논의를 안내하는 데 사용할 대본을 포함한다.

- **다층적이다.** 원하는 사람들을 위해 자세한 예제나 설명에 쉽게 접근할 수 있게 하는 상위수준의 개요로 지원을 구조화한다.

- **접근가능하다.** 모든 성과 지원과 마찬가지로 안내서를 인쇄 버전과 온라인 버전으로 필요한 시간과 장소에서 쉽게 사용할 수 있도록 보장한다.

고객의 요청에 따라 우리는 학습을 지원하는 관리자와 교육참가자 상호작용을 어떻게 촉진하는지 자세히 설명하는 워크북인 *교육훈련 및 개발에서 당신의 돈의 가치 얻기*Getting Your Money's Worth from Training and Development(Jefferson, Pollock, & Wick, 2009)를 개발했다. 그림 D5.6에 예가 제시된다. 우리는 출판사를 설득하여 두 권의 책을 하나로 인쇄했다: 한 면은 관리자용, 다른 한 면은 교육참가자용으로 각각 상대방이 어떤 조언을 받았는지 볼 수 있도록 했다.

가장 중요한 것은 모든 계층의 관리자가 학습 활동에서 배운 원칙에 따라 일관되게 행동함으로써, 본보기를 보여줘야 한다는 것이다. 그렇지 않으면 그 학습은 의미 있는 변화를 가져오지 못할 것이며 실제로 아무것도 하지 않는 것보다 더 나쁠 수 있다(포인트 사례 D5.1).

강사 및 퍼실리테이터

학습 전이를 지원하는 또 다른 중요한 원천은 학습 및 개발 부서 자체이다. 교육참가자들은 종종 교수진과 지속적으로 연락하고 싶다는 욕구를 표현한다.

강사의 지속적인 지원이 포함된 프로그램을 시작한 지 3개월 후 교육참가자를 대상으로 설문조사를 실시했을 때 그들은 학습 전이 단계에서 강사에 대한 접근성이 중요한 가치가 있다고 평가했다.

그림 D5.6. 교육참가자-관리자 대화를 촉진하기 위한 양식 예시

이름: 팻 오브라이언				
교육과정 이름: 하이 임팩트 마케팅			교육과정 날짜: 2023년 4월 1일	
	나의 비즈니스/조직 단위의 가장 중요한 결과물	내가 개인적으로 책임지는 가장 중요한 결과	어떤 새로운 혹은 향상된 스킬/지식이 더 나은 결과를 전달하는 데 도움이 될 것인지	교육훈련 또는 개발 프로그램에서 다루어지는 주제들	그러므로 교육에서 내가 얻고자 하는 것(더 잘하거나 다르게 할 수 있는 것)
입력 내용	- 매출성장 - 지속적 수익성	- 효과적인 마케팅 프로그램 - 강력한 브랜딩 인지된 가치	- 더 나은 세그먼트 구분 및 타겟팅 - 더 효과적인 프로젝트 매니지먼트	- 포지셔닝 - 세그멘테이션/타겟팅 - 제품수명주기 관리 - 벤더 선정	- 영향을 증대시키기 위해 내가 캠페인을 세그먼트하고 타겟팅하는 방식을 개선하는 것
관리자의 리뷰	☐ 작성 내용 동의 ☐ 편집 내용 참조 ☐ 논의 요망	☐ 작성 내용 동의 ☐ 편집 내용 참조 ☐ 논의 요망	☐ 작성 내용 동의 ☐ 편집 내용 참조 ☐ 논의 요망	☐ 작성 내용 동의 ☐ 편집 내용 참조 ☐ 논의 요망	☐ 작성 내용 동의 ☐ 편집 내용 참조 ☐ 논의 요망
	코멘트:	코멘트:	코멘트:	코멘트:	코멘트:

Jefferson, Pollock & Wick, 2009에서 허가를 받아 사용함.

혁신적 기업교육의 여섯 가지 원칙: 6D

포인트 사례 D5.1
비디오(행동)가 오디오(말)와 일치하지 않을 때

한 생명 공학 회사가 10년 동안 극적인 성장을 유지했다. 관리자들은 성장의 기세에 따라 움직였고 비즈니스가 성장함에 따라 빠르게 승진했는데, 그들은 공식적인 매니지먼트 교육훈련을 거의 못받았으며 또한 성장 속도로 인해 현장 경험과 멘토링이 제한적이었다.

그 결과 대부분의 중간 관리자들은 창업자의 기업가적 스타일을 모방하여 직감으로 이끌었다. 그 다음 회사는 마켓 불안정에 직면하여 회사의 매출 전망을 크게 놓쳤고, 주식은 급격하게 떨어졌다. 고위 리더들은 전문적인 관리의 부족이 지속적인 번영에 심각한 장애가 된다는 것을 깨달았다. 그래서 그들은 교육훈련 업체와 협력하여 관리자가 팀워크의 효과성을 높이고, 혁신을 촉진하고, 효율성을 개선하고, 위임을 통해 결과에 대한 주인의식을 창출하도록 돕는 5일 짜리 프로그램을 설계하여 제공했다.

고위 경영진은 이 프로그램을 강력하게 지지하고 회사의 미래에 대한 중요성에 대해 고무적인 연설을 했다. 그런데 교육에 참가할 시간이 되었을 때 경영진은 "너무 바빠서" 참여할 수 없었다. 그들은 특별 차수로 반나절 "임원용 프로그램"을 요청했다.

결과는 예측 가능했다. 고위 관리자들은 학습자료를 숙달하지 못했고 프로세스와 용어를 자신의 리더십에 통합하지 못했다. 예를 들어, 중간 관리자들은 특정한 방식으로 브레인스토밍 세션을 수행하여 창의적 사고를 육성하도록 교육받았지만 그들의 관리자는 그렇게 하지 못했다. 사실, 회사 고위 경영진의 많은 행동은 중간 관리자들이 배운 것과 정반대였다.

말할 필요도 없이 이 프로그램은 기대하는 변화를 일으키거나 투자 수익을 창출하지 못했다. 실제로 고위 경영진의 "내가 하는 대로 하지 말고 내가 말하는 대로 하라"는 태도는 프로그램의 효과를 약화시켰을 뿐만 아니라 중간 관리자들 사이에서 고위 리더들의 진정성과 교육훈련 및 개발의 가치에 대해 냉소를 불러일으켰다.

교훈은 분명하다. 성과에 영향을 미치려면 학습 활동은 말과 행동 모두에서 경영진 지원이 필요하다는 것이다.

그것은 테레사 로슈Teresa Roche가 설명한 대로 일리가 있다: 즉, "퍼실리테이터는 뛰어난 지식과 교수 능력으로 선정된다. 프로그램이 진행되는 동안 교육참가자들은 퍼실리테이터의 지식, 의견 및 조언을 가치 있게 여기게 된다. 그러나 그동안 그래왔듯이 교육훈련은 교육과정이 끝나면 끝나버렸고, 커뮤니케이션은 두절되었다. 결과적으로, 자료에 대한 가장 큰 통찰력을 갖고 있고 학습자가 가장 중요하게 생각하는 의견을 가진 바로 그 사람들인 퍼실리테이터로부터 학습 전이에 대한 지원이 없었다"(Roche & Wick, 2005, p. 6). 강사는 교육참가자들에게 신뢰할 수 있는 자원이므로 학습 전이를 지원하는 데 사용할 수 있는 효율적인 방법을 찾고 강사에게 그렇게 할 시간과 책임을 제공하면 건강한 학습 전이 환경에 기여할 것이다.

그렇지만 퍼실리테이터가 지속적인 성과 지원을 제공할 수 있도록 하려면 퍼실리테이터의 역할과 자원의 재할당에 대한 보다 광범위한 개념화가 필요하다. 퍼실리테이터는 강의실이나 가상 세션에서만이 아니라 학습 프로세스의 네 단계 전체에서 자신의 전문성을 공유할 시간과 책임을 부여받아야 한다. 관리자와 마찬가지로 퍼실리테이터는 자신이 가르치는 가치와 행동을 자신의 일에서 보여줌으로써 모범을 보여야 한다(포인트 사례 D5.2 참조).

퍼실리테이터의 역할에 대한 이러한 재정의는 교육담당자가 "엄격한 강사/발표자에서 현업에서 *행동 변화의 퍼실리테이터*로 진화해야 한다"(1992, p. 113)는 브로드와 뉴스트롬Broad & Newstrom의 주장과 "성과 컨설턴트"로서의 워크플레이스 러닝 담당자라는

> '무대 위의 현자'에서
> '곁을 지키는 안내자'로.

로빈슨즈Robinsons(2008)의 개념을 뒷받침한다. 로슈와 윅Roche & Wick(2005)은 그것을 이렇게 표현했다: "퍼실리테이터는 '무대 위의 현자'에서 '곁을 지키는 안내자'로, 학습의 퍼실리테이터에서 성과의 퍼실리테이터로 나아가야 한다"(p. 13).

포인트 사례 D5.2
YMCA WAY 모델링하기

YMCA는 10,000개 이상의 지역사회에서 사람과 지역사회가 배우고, 성장하고, 번영할 수 있도록 돕는 데 전념하는 미국의 선진적인 비영리단체이다. Y는 조직의 모든 수준에서 영감을 받은 리더십이 필요하며 서비스를 제공하는 지역사회에 대한 가치와 열망을 반영하는 종류의 업무 환경을 내부적으로 창출해야 한다는 것을 이해하고 있다.

짐 카우프만Jim Kauffman은 미국 YMCA의 리더십 및 자원봉사자 개발 담당 선임 관리자이다. 그와 그의 팀은 로컬 조직을 지원하기 위해 사용할 수 있는 리더십 프로그램과 자료를 만든다. 그러나 그들은 개발 프로그램이 효과적이기 위해서는 원칙이 관리자의 일상 업무에 적용되고 문화에 내재화되어야 한다는 것을 알고 있다.

"우리는 대의명분 중심의 조직입니다."라고 짐이 말했다. "그리고 그 대의는 지역사회를 개발하고, 아이들을 더 튼튼하게 양육하며, 사람들이 이웃에게 나눠 주고 지원하도록 돕는 것입니다. 우리 직원들이 명령하고 통제하는 환경에 있다면 그런 것을 할 수 없죠. 모든 관리자와 감독자가 각 개인에게는 재능이 있고 그들의 임무는 사람들이 최선을 다하도록 도움을 주는 질문을 하는 것임을 이해하는 경우에만 가능할 것입니다."

"우리가 제공하는 교육에서 그러한 행동의 모범을 보이는 것은 강사로서 우리의 의무입니다. 우리는 '내가 전문가이고 지휘자이며 당신이 무엇을 해야 하는지 알려줄 것이다.'에서 벗어나야 했습니다. 우리 교육과정들은 이제 훨씬 더 학습자 중심입니다. 위에서 강의하는 대신 우리는 다음과 같은 강력한 질문을 하고 있습니다: '그 실습에서 무엇을 알게 되었나요?' '이것을 어떻게 돌아가서 기억할 것인가요?' '방금 배운 것에서 당신의 인생에 주는 선물은 무엇인가요?'"

"여름 캠프 카운셀러를 교육할 때 우리는 '여러분이 여기에서 교육받은 대로 하면 여러분 그룹의 아이들이 학교에서 잘하고 더 건강하게 먹고 싶어할 것입니다.'라고 말했다. 그러자 그들은 우리를 바라보며 말하죠, '하지만 나는 아이들에게 수영을 가르치러 여기에 왔다고 생각했어요.' 그리고 우리는 그들에게 말하죠', '맞습니다, 그렇긴 하지만 여러분의 영향력은 그 이상입니다. 여러분이 자신의 일에 올바르게 접근하면, 여러분 그룹의 아이들은 학교에서 더 잘하고 싶어할 것이고 어떤 직업에 대해 관심을 갖게 될 것이며 자신에 대한 자신감과 탁월함에 대한 열망을 갖게 될 것입니다.'"

"그러면 '와, 내가 그 만큼의 영향을 미칠 수 있겠어?' 하는 표정이 있어요. 그리고 그들은 '이게 내가 여기 있는 이유구나!'라고 생각합니다."

"그리고 그것이 바로 우리가 모든 로컬 Y들이 하도록 격려하는 것이죠: 활동 수, 담당하고 있는 아이들의 수, 비용, 파트너가 얼마나 많은지에 대해 이야기하는 것을 그만두고, 결과, 즉 개인과 지역 사회를 위해 만든 변화에 대해 이야기하기 시작하십시오. 사람들이 자신의 일이 그러한 결과에 어떻게 기여하는지 이해하고, 그들 자신의 가치를 이해하고, 그들 자신의 성과를 평가하고, 비전을 달성하기 위해 원하는 변화를 만들 수 있도록 도와주십시오."

카이저 페르마넨테社의 학습 및 개발 담당 부사장인 밥 삭스Bob Sachs는 다음과 같이 동의했다. "그것은 우리가 얼마나 많은 프로그램을 갖고 있느냐의 문제가 아닙니다. 많은 프로그램을 운영하는 것이 적은 수의 프로그램으로 더 큰 영향을 미치는 것보다 덜 중요하다는 아이디어에 대해 계속 노력하고 있습니다. 그러기 위해서는 강사의 역할을 변경하여 강사가 강의실 전달에 대한 책임만 있는 것이 아니라 실제로 교육참가자 그룹을 후속 단계로 이끌도록 해야 합니다. 즉, 더 적은 수의 프로그램을 수행하지만 더 많은 영향을 미치는 강사를 가질 것을 의미합니다."

퍼실리테이터의 시간이 소중하고 제한적이라는 점을 인식하고, 전자적 전이 지원 시스템과 같은 프로세스를 효율적이고 효과적으로 만드는 테크놀로지를 사용하라. 이는 퍼실리테이터가 그룹과 비실시간으로 효율적으로 상호작용할 수 있게 하고 퍼실리테이터에게 그룹이 어떻게 진행되는지 보여주는 대시보드를 제공한다.

동료: 학습 커뮤니티

지속적인 지원을 위해 강력하지만 아직은 활용도가 낮은 세 번째 자원은 학습 프로그램의 다른 교육참가자들이다. 동료 코치 또는 "학습 버디"를 사용하는 것은 종종 입문교육 또는 기본적인 스킬 교육으로 제한되지만 이는 고위 임원 교육 프로그램을 포함하여 다양한 범위의 교육과정 전반에 걸쳐 가치가 있다. 예를 들어, 린다 샤키Linda Sharkey는 제너럴 일렉트릭General Electric의 리더십 개발

혁신적 기업교육의 여섯 가지 원칙: 6D

이사였을 때 GE의 유명한 리더십 개발 프로그램에서 동료 대 동료 코칭peer-to-peer coaching의 가치를 다음과 같이 언급했다. "리더십 팀이 자신의 개발 요구를 서로 공유하고 이 코칭 모델을 사용할 때, 그들은 종종 세 가지를 발견합니다: (1) 그들이 비슷한 이슈를 갖고 있고, (2) 서로에게서 훌륭한 개선 제안을 받고, (3) 개선을 위해 서로에게서 지원을 받습니다"(2003, p. 198). 누군가가 이슈나 도전을 통해 생각하도록 돕는 것은 그 자체가 훌륭한 학습 경험이기 때문에 학습 짝의 구성원 모두에게 이익이 된다.

학습 활동은 전체 학습 프로세스에서 공유 학습을 장려함으로써 그룹의 집단적 지식과 경험을 활용해야 한다. 실천공동체Community of Practice를 연구하는 에티엔 벵거Etienne Wenger는 이것이 왜 그렇게 강력한지 설명했다: "동료인 누군가의 말을 듣는 것은 당신이 얻는 지식의 관련성을 매우 직접적인 것으로 만드는 무언가가 있습니다. 그래서 저한테는 이것이 동료 대 동료 네트워크의 근본적인 가치 제안인 것입니다"(Dulworth & Forcillo, 2005, p. 111에서 인용).

보잉, 시스코 시스템즈 및 홈 디포에서 학습 부서를 이끌었던 개리 후셀라Gary Jusela는 다음과 같이 말했다: "내가 좋아하는 것은 사람들을 다시 한데 모아 소그룹에서 자신의 경험을 성찰하고 더 큰 방에서 그중 일부를 함께 공유하게 하는 것입니다. 사람들이 발견하는 것은 자신이 그렇게 외롭거나 그렇게 이상하지 않다는 것입니다. 모든 사람이 이러한 문제로 어려움을 겪고 있으며 서로에게서 배우고 가장 당혹스러운 어려움을 극복하는 방법에 대한 팁을 얻을 수 있습니다."

학습 및 개발은 대면 또는 비대면으로 그룹을 재소집함으로써 학습 커뮤니티를 구축하고 유지하는 데 도움을 줄 수 있다. 우리는 6D 워크숍 2개월 후 교육참가자들을 웹 컨퍼런스로 다시 소집하고 그들의 경험, 성공 또는 실패, 배운 교훈을 공유하도록 요청

> 교육참가자들의 행동이 항상 자신의 좋은 의도와 일치하는 것은 아니다!

하고 있다. 이것은 워크숍 그 자체를 넘어 프로그램의 결승선을 설정하고 교육참가자들은 서로에게서 계속해서 배우는 이점이 있다. 커완Kirwan(2009)은 "교육참가자들의 행동이 항상 자신의 좋은 의도와 일치하는 것은 아닙니다!"라고 지적하면서 네트워킹을 운에 맡기기보다는 교육참가자들이 교육과정을 떠나기 전에

학습 부서가 학습 커뮤니티를 설정할 것을 권장한다(p. 60).

임계치. 새로 배운 것을 적용하려는 어떤 직원의 노력에 동료들이 어떻게 반응하는지는 학습 전이 환경에 대한 핵심 기여자이다(그림 D4.9). 직원들의 동기그룹이, 특히 같은 팀인 경우 동일한 학습 기회를 동시에 경험할 때 임계치가 생긴다. 공통 경험에 의해 생성된 상호 지원은 학습자들이 상호 지원을 제공하고 새로운 언어, 개념 및 행동 사용을 강화할 수 있는 환경을 만든다(Kirwan, 2009, p. 82). 이는 "내가 할 것인가?"라는 질문에 대한 답변에 긍정적인 영향을 미친다. 예를 들어, 모든 팀원이 6D 워크숍에 동시에 참석한다면, 학습 팀이 *여섯 가지 원칙*을 실행하는 데 더 성공적이라는 것을 알 수 있다.

특정 부서, 사업부 또는 작업 그룹을 대상으로 하여 해당 직원들의 상당수를 신속하게 교육훈련하는 것이 여기서 하나, 저기서 하나의 "산탄총" 접근보다 성공 가능성이 더 크다. 한 번에 그룹 내 소수의 개인만 교육을 받으면 새로운 접근 방식을 위해 갓

> 많은 사람들이 비슷한 것을 동시에 배워야 한다.

만들어진 "전도사"로 업무에 복귀했을 때 예전 방식을 따르도록 엄청난 압력을 받는다. "회사 성과를 크게 향상시키려면 많은 사람들이 동시에 비슷한 것을 배워야 한다"(Bordonaro, 2005, p. 162). 휴렛 패커드가 *다이나믹 리더십* 프로그램을 통해 내부 커뮤니케이션의 효과성을 혁신하기 시작했을 때 그들은 불과 몇 달 만에 수천 명의 직원들을 교육하여 임계치에 도달했다. 그 노력은 향상된 숙련도로 여러 번 보상받았다(Burnett & Connolly, 2003).

지정 코치

지정 코치는 적극적인 지원의 또 다른 잠재적 원천이다. 예를 들어, 경험이 많은 직원은 경험이 적은 직원이 실제 이슈를 해결해 나가면서 실시간으로 어떻게 그 업무가 수행되는지에 대해 "요령을 익히도록" 도울 수 있다. 그러나 이러한 짝을 만드는 페어링pairing을 최대한 활용하려면 코치와 코칭을 받는 사람 모두 사전에 숙고하고 준비해야 한다(포인트 사례 D5.3 참조).

포인트 사례 D5.3
성과 지원을 운에 맡기지 않는다

"가서 조Joe와 함께 작업하고 그가 어떻게 하는지 지켜보세요." 경험이 적은 직원을 경험이 많은 직원과 짝을 만드는 직무 섀도잉job shadowing은 귀중한 학습 경험이 될 수 있으며 신입 직원이 업무 속도를 높이는 데 중요한 부분이 될 수 있다.

러닝 패쓰 인터내셔널社Learning Paths International의 스티브 로젠바움Steve Rosenbaum 회장은 "이것이 가능하긴 하지만 보통은 되고 있지 않습니다."라고 말한다. 그 이유는 대부분의 기업이 직무 섀도잉의 경험을 학습경로에 어떻게 통합하고 보완하는지 모르기 때문이다. 보통 우연과 개인의 주도권에 맡기는데, 이는 사람마다 다른 경험을 하게 하고 최적화되지 못한 프로세스를 운영한다는 의미이다.

게다가 짝을 만들어 주는 페어링은 일반적으로 그냥 편의적으로 예약된다. "매리가 오늘 오후에 시간이 있으니 그녀와 함께 일하면 어떤가?" 그러나 매리에게 시간이 있는 시점은 신입 사원에게 실제로 그 스킬이 필요한 시점보다 2주 늦을 수 있다.

로젠바움은 "직무 섀도잉의 가치를 극대화하려면 단지 편리할 때가 아니라 신중하게 계획하고 가장 큰 가치를 추가할 시간을 계획해야죠. 숙련된 직원에게 상호작용에 대한 명확한 지침(목적, 다룰 내용, 디브리핑 방법)을 제공해야 합니다. 그렇지 않으면 맹인이 맹인을 인도하는 것으로 끝날 것입니다."

로젠바움은 그의 고객들이 섀도잉이 숙련도에 이르는 전체 경로에 어떻게 적합한지 정의하도록 돕는다. 그들은 신입 사원이 각 상호작용에서 제거해야 하는 것을 엄밀하게 정의한다. 그런 다음 아래에 대한 지시사항을 포함하는 자세한 지침을 준비한다:

- 신입사원이 세션 중 반드시 관찰해야 할 것은 무엇인지
- 핵심 교육 포인트를 흡수하고 내면화했는지 확인하기 위해 어떤 질문들을 할지

"우리 고객들이 비공식 학습에 대한 그들의 접근에 대해 좀 더 공식화하도록 돕기 시작한 이후 고객은 학습 짝을 함께 모아 최선을 다하길 바랄 때보다 훨씬 더 빠르게 직원들을 더 높은 수준의 숙련도에 도달할 수 있도록 할 수 있었습니다. 멘토와 교육생 모두의 시간을 절약할 수 있으며 이는 조직의 실질적인 가치로 이어집니다."

멘토는 전문적인 코치가 음악가, 배우, 운동선수 등이 그들의 기량을 습득하도록 돕는 것과 같은 방식으로 직원들이 기술을 습득하도록 도울 수 있다. 다니엘 코일Daniel Coyle(2009)은 전 세계에서 뛰어난 성과자들을 파격적으로 많이 배출해낸 곳인 "탤런트 핫스팟"을 연구했을 때 항상 다른 사람들이 자신의 최고 기록을 달성하도록 돕는 데 재능과 애정을 가진 "마스터 코치들"을 발견했다.

레버-트랜스퍼 오브 러닝社Lever-Transfer of Learning의 설립자인 엠마 베버Emma Weber는 훈련된 코치와 정의된 프로세스를 사용하는 것이 관리자에게 의존하는 것보다 상당한 이점이 있다고 믿는다. 학습을 액션으로 바꾸기Turning Learning into Action®라고 불리는 그녀의 접근은 훈련된 코치를 사용하여 12주 동안 일련의 구조화된 ACTION 논의에 교육참가자들을 참여시킨다(Weber, 2014a). 특별한 후속 노력이 없는 그룹에 비해 코칭 그룹에 속한 교육참가자들이 더 나은 결과를 얻었다.

전문 코치들은 교육참가자들이 공식 교육훈련, 360도 피드백 및 현장 학습 경험의 가치를 극대화하도록 돕는 데 매우 중요하다. 코치가 있다는 것은 그 자체로 따라하고, 연습하고, 성찰하기 위한 인센티브이기도 하다. 피델리티 인베스트먼스社Fidelity Investments의 인적 자원 담당 부사장인 매리 제인 크누드슨Mary Jane Knudson에 따르면 "거의 모든 주요 기업과 진보적인 중소기업들은 임원 코칭을 중요한 임원 및 리더십 개발 활동 중 하나로 인정한다"(2005, p. 40).

임원 계층 코치를 사용하는 것은 대부분의 학습 및 개발 프로그램에서 비용이 많이 든다. 그렇지만 이것이 항상 필요한 것은 아니다. 골드스미스, 모간, 에프론Goldsmith, Morgan, Effron(2013)은 5개 회사의 개발 프로그램 결과를 비교했다. 일부는 유료 외부 코치를 사용했고 다른 일부는 내부 코치를 사용했다. 내부 및 외부 코치 모두 가치를 더했다. 그들은 "코칭은 교육훈련에 대한 훌륭한 보완책이 될 수 있다" 그리고 "리더는 코칭을 통해 분명히 이익을 얻을 수 있지만 반드시 외부 코치가 수행할 필요는 없다"라고 결론지었다. 우리가 함께 작업한 일부 프로그램들은 최근 프로그램 졸업생을 멘토로 사용했는데, 이는 교사와 학생 모두의 지식을 풍부하게 하고 심화시키는 프로세스이다.

호주의 학습 담당자 연구소Institute of Learning Practitioners의 연구 책임자인 제프 립Geoff Rip은 "능숙도 코칭proficiency coaching"이라고 부르는 프로세스를 권장한다(Rip, 2014). 다른 참가자, 과거 참가자, 퍼실리테이터 또는 관리자를 포함하는 다양한 사람들에 의해 코칭이 운영될 수 있다. 이 프로세스에는 다음 4단계가 포함된다.

- *단계 1: 준비*. 교육훈련의 인지된 관련성과 중요성을 높이기 위함.
- *단계 2: 교육과정/워크숍(워밍업)*. 라이브 워크숍, 이러닝 모듈, 버추얼 세션 및 체험학습의 모든 조합.
- *단계 3: 능숙도 개발(워크아웃)*. 최소 3개의 능숙도 코칭 세션.
- *단계 4: 능숙도 스토리*. 참가자들은 능숙 (성취) 스토리를 제출해야만 교육을 이수함.

학습 전이 지원 및 온라인 코칭 테크놀로지는 상호작용을 촉진하는 동시에 코칭 제공자들의 시간 투입을 줄이는 흥미롭고 새로운 형태의 코칭을 가능하게 한다. 우선, (상대방의 부재로) 연락을 취할 수 없어 여러 번 전화하면서 낭비되는 시간을 줄일 수 있다. 둘째, 코칭이 전이 지원 시스템의 일부인 경우 코치는 서로 교류하기 전에 교육참가자의 목표, 가장 최근의 활동, 성공, 이슈 및 통찰 등을 검토할 수 있다. 이는 구두로 다시 말하는 것보다 더 효율적이고 정확할 뿐만 아니라 코치가 준비 없이 즉석에서 실시간으로 응답해야 하기보다는 가장 유용한 조언이나 질문들을 성찰하고 구성하는 데 더 많은 시간을 할애할 수 있다.

특히 흥미롭고 혁신적인 테크놀로지의 사용은 알레고Allego 시스템으로, 예를 들어 영업 대표가 영업 홍보의 짧은 세그먼트를 녹화하고 검토를 위해 관리자에게 보낼 수 있다. 관리자는 시간이 있을 때 비디오 클립을 검토하고 언제든지 녹화 영상을 중지하여 강점과 개선 기회에 대한 피드백을 제공할 수 있다. 버텍스파마스티컬스社Vertex Pharmaceuticals는 이 시스템을 사용하여 곧 출시될 제품에 대해 영업대표들을 준비시켰다(Short & Plunkett-Gomez, 2014). 그 결과는 놀라웠다. 승인 후 24시간 이내에 이전에 사용했던 접근 방식보다 훨씬 적은 시간과 비용으로 영업 인력 100%의 자격을 갖추는 것이 가능했다. 아마도 가장 중요한 것은 많은 녹화영상들에서 "테이크 10", "테이크 16" 또는 심지어 "테이크 35"라는 라벨이 붙어 있었다는 것이다. 다시 말해, 실질적이고 예상치 못한 이점은 그 영업대표들이 자신이 관리자와 공유할 가치가 있는 수준의 성과를 달성했다고 느낄 때까지 녹화하고, 시청하고 또 재녹화하는 것과 같은 많은 셀프 코칭을 수행하고 있다는 것이다.

피드백은 학습 전이를 지속시킨다

피드백은 학습 전이를 지원하고 일반적으로 직원의 헌신과 열정을 유지하는 데 중요하다. 켄 블랜챠드Ken Blanchard는 대부분의 직원이 자신이 일을 잘하고 있다는 것을 알 수 있는 유일한 방법은 "최근에 아무도 나에게 소리를 지르지 않았을 때"라고 넋두

> 노력에 대한 간단한 인정은 강력한 인센티브이다.

리를 늘어놓았다(Blanchard, 2004). 특히 배운 내용을 전이하고 적용하려는 교육참가자의 노력에 대한 관리자로부터 간단한 인정은 이러한 노력을 지속할 수 있는 강력한 인센티브이다.

지속적인 피드백은 습관을 바꾸려는 시도에서 특히 중요하다(Duhigg, 2012). 연료 소비에 대한 지속적인 피드백이 있는 자동차를 운전했거나 피트비트Fitbit®와 같은 차세대 디지털 만보계 중 하나를 착용한 사람은 피드백이 행동에 얼마나 강력한 영향을 미칠 수 있는지 직접 알고 있다. 피드백이 학습 전이에 미치는 영향에 대한 직접적인 증거는 우리가 국제적인 테크놀로지 회사와 함께 수행한 작업에서 설명된다. 우리는 전사적 역량 프로그램에 참여한 5,000명 이상의 직원을 대상으로 학습 전이 지원 시스템의 기록을 검토했다. 피드백을 요청하여 받은 사람들과 받지 못한 사람들의 행동을 비교했다.

그 차이는 컸다. 피드백을 받은 그룹은 피드백을 요청했지만 피드백을 받지 못한 그룹보다 평균적으로 두 배 더 많은 후속활동을 실행했다(그림 D5.7).

혁신적 기업교육의 여섯 가지 원칙: 6D

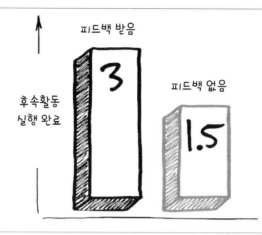

그림 D5.7. 피드백을 받은 참가자는 피드백을 받지 않은 참가자보다
두 배 많은 후속활동을 실행했다.

이는 일리가 있으며 D3(p. 136)에서 논의한 아리엘리와 아마빌레 및 크래머 Ariely & Amabile & Kramer의 연구 결과들을 뒷받침한다. 직원들이 관리자에게 학습 전이에 대한 도움을 요청하고 관리자가 이를 제공한다면 직원들이 하는 일이 관리자에게 중요하며 직원들이 시간을 할애할 가치가 있다는 명확한 신호를 보내는 것이다. 반대로 피드백을 요청했는데 요청이 무시된다면 관리자가 노력을 중요하게 여기지 않으며 다른 일에 시간을 할애해야 한다는 분명한 신호(의도적이든 아니든)를 보내는 것이다.

결론은 자신의 노력이 실제 비즈니스 결과를 창출하는 것을 보고자 하는 교육담당자들은 과정 후 코칭 및 피드백의 양과 질에 주의를 기울이고 촉진할 방법을 찾아야 한다는 것이다.

Practical Application

- 효과적인 성과 지원은 사람을 통해서만 가능한 경우가 있다.
- 동료와 이전 교육참가자를 코치로 사용한다. 성과 지원의 매우 효과적인 원천이 될 수 있다.

요약
summary

혁신적인 교육훈련 및 개발 프로그램을 특징짓는 다섯 번째 원칙은 전통적인 "코스"가 끝난 후 적극적이고 지속적인 성과 지원을 제공한다는 것이다. 지원은 학습자의 성공 확률을 높이고, 학습 기간을 늘리고, 동기부여를 증진시키고, 학습 전이를 가속화하여 성과 향상으로 이어진다.

최고의 기업 학습 프로그램들은 최고의 소비자 브랜드 회사에서 제공하는 고객 지원과 동일한 수준의 성과 지원을 제공하고 있다. 고품질의 적시적 성과 지원이 학습 전이와 학습 활동의 가치를 향상시킨다는 것을 이해하고 있는 것이다.

매우 효과적인 프로그램들은 직원들이 학습을 적용하고 성공을 달성할 수 있도록 적절한 업무보조도구, 스마트폰 앱, 온라인 헬프, 전문가에 대한 접근성 및 기타 형태의 지원을 제공하고 있다. 필요에 따라 프로세스 전반에 걸쳐 지원을 제공하도록 관리자를 참여시키며, 학습 및 코칭 전문가에 의해 보완한다. 또한 소셜 네트워킹과 소프트웨어를 통해 협력 학습을 촉진한다.

성과 지원에 자원의 일부를 투자하여 완전한 학습 경험을 효과적으로 관리하는 회사는 교육과정과 강의실에만 생각과 투자를 제한하는 행사 사고방식을 가진 회사보다 학습 투자에 대한 더 큰 수익을 얻게 된다. 자료 D5.1의 체크리스트는 교육과정 이후 성과 지원을 위한 탄탄한 계획을 개발하는 데 도움이 될 수 있다.

자료 D5.1
D5 체크리스트

아래 체크리스트를 사용하여 학습 경험의 가치를 극대화하기 위해 교육과정 이후 코칭 및 성과 지원을 제공하기 위한 견고한 계획을 마련하도록 하십시오.

	요소	기준
☐	통합	성과 지원은 프로그램 설계의 필수적인 부분이다. 교육생이 직면할 수 있는 어려움이나 기억의 망각이 예상되어 지원된다.
☐	통합	업무보조도구 및 기타 형태의 지원이 학습 프로세스에 소개되고 사용되며 교육종료시까지 미루지 않는다.
☐	도구	학습자들은 교육과정에서 배운 원리들을 강화하고 적용을 지원하기 위해 업무보조도구, 온라인 자료, 참고 업무 등을 제공받는다.
☐	협력	공식 교육과정 기간 이후에도 동료 간 학습 및 공유를 계속하는 것이 권장되고 촉진된다.
☐	피드백	학습자들이 새로운 습관을 확립하는 데 도움을 주기 위해 성과에 대한 피드백을 받는 메커니즘이 마련되어 있다.
☐	코칭	전이 및 적용 과정에서 관리자, 내용전문가, 강사, 동료 또는 기타 자문을 참여시킬 수 있는 쉽고 효율적인 방식들이 학습자에게 제공된다.
☐	관리자 지원	관리자는 코칭을 제공하도록 권장되며 성공 확률을 극대화하기 위해 간단하고 효율적이며 분명한 코칭 가이드가 제공된다.
☐	지속적 개선	이전 교육참가자들에게 어떤 추가적인 지원이 도움이 되었는지 알아보기 위해 설문조사를 실시한다. 또한 그들이 스스로 개발한 업무보조 도구가 있다면 향후 프로그램에 통합한다.

권장사항
Recommendations

교육 부서 리더를 위한 권장사항

- 모든 학습 계획의 일부로 성과 지원에 대한 논의를 요구한다.
  - 거의 모든 프로그램은 성과 지원을 통해 이익을 얻을 것이다.
  - 세 가지 종류의 성과 지원 모두를 포함한다: 자료, 시스템, 사람
  - 성과 지원을 제공하지 않기로 결정한다면 간과한 것이 아닌 능동적인 결정 이어야 한다.
- 교육보다는 성과에 중점을 둔다.
  - 업무보조도구 또는 기타 성과 지원 도구로 충분하다면, 교육을 제공하기보다는 지원도구를 사용한다.
- 필요한 지원을 받았는지 알아보기 위해 학습 활동 후 3개월 정도 후에 교육참가자들을 샘플링하여 인터뷰한다.
  - 만약 그들이 성과 지원 도구를 자체적으로 개발한 경우 이를 응용하여 모든 참가자에게 배포하는 것을 고려한다.
- 업무보조도구 및 기타 성과 지원을 파일럿 테스트한다. 피드백을 바탕으로 수정하고 지속적으로 개선한다.
- 관리자와 코치들의 효과성을 극대화하기 위해 그들에게 성과 지원을 제공하는 것을 기억한다.

비즈니스 리더를 위한 권장사항

- 회사의 학습 활동 계획을 검토하고 성과 지원을 위한 적절한 시스템과 자원이 포함되도록 한다.
  - 성과 지원을 포함하지 않는 제안을 거부하여 학습부서가 교육훈련보다는 성과에 집중하도록 돕는다.
  - 학습 부서가 성과 지원을 보다 창의적이고 혁신적으로 사용하도록 도전한다.
- 동시에 자신과 팀의 행동을 검토한다.
  - 학습 투자 수익을 극대화하기 위해 성과 지원을 제공할 책임을 관리자에게 부여하는가?
  - 직속 부하 직원을 개발하는 데 탁월한 업무를 수행하는 관리자를 인정하고 보상하는가?
  - 고과 및 성과 관리 시스템은 올바른 행동에 대해 보상하는가?
  - 그렇지 않다면 직속 조직 내부를 제대로 정돈한다. 그렇지 않으면 직원들은 당신의 말과 행동 사이의 단절을 감지할 것이다.

결과 입증

DOCUMENT RESULTS

D6: 결과 입증

"당신과 당신의 리더 그리고 투자자들은 성과를 개선하고
비즈니스 결과를 얻는 경우에만 학습에 관심이 있다."
-마이클 덜워스와 프랭크 보르도나로MICHAEL DULWORTH AND FRANK BORDONARO

교육담당자들의 하루가 끝났을 때, 모든 학습 활동에 대해서 생각해야 하는
질문들은 다음과 같다.

- 잘 되었는가?
- 그만한 가치가 있었는가?
- 잘 되었다면 어떻게 더 효과적으로 만들 수 있는가?
- 잘 되지 않았거나 투자를 정당화할 만큼 충분한 가치를 창출하지 못했다면 그 이유는
  무엇이며 이에 대해 우리는 무엇을 할 것인가?

여섯 번째 원칙인 결과 입증의 실천은 향후 행동을 결정하는 데 필수적인 정

보를 제공한다. 즉, 학습 활동을 계속해야 하는가, 확장해야 하는가, 수정해야 하는가, 아니면 폐기해야 하는가? 이러한 질문에 답하려면 학습의 효과성에 대한 적절하고 신뢰할 수 있는 증거가 필요하다. 성공 또는 실패에 기여한 요인들에 대한 평가는 반복할 것인지와 개선할 것인지의 전제 조건이 된다.

가장 효과적인 학습 부서들은 투자 결정에 필요한 정보를 제공하고 지속적인 개선을 지원하는 방식으로 학습 활동의 결과를 입증하고 있다. 도전은 무엇을, 언제, 어떻게 결과를 측정하여 어떻게 그 결과를 보고해서, 정보에 입각한 효과적인 조치로 이어지도록 하는가이다.

이 장에서는 다음에 대해 논의한다:

- 왜 결과를 입증하는가?
- 효과적인 평가를 위한 기본 원칙
- 무엇을 측정할 것인가
- 언제 측정하는가
- 6단계 프로세스
- 학습 브랜드 관리
- D6 체크리스트
- 학습 및 비즈니스 리더를 위한 권장사항

왜 결과를 입증하는가?
Why Document Results?

학습 활동의 결과를 입증하는 것은 교육훈련의 가치를 증명하고 향후 활동을 개선하는 데 필요하다. 그 활동이 가치 있다는 것을 증명하는 것은 리더들이 조직의 자산을 책임감 있게, 즉 사명을 완수하고 목표를 달성할 수 있는 능력을 극대화하는 방식으로 사용해야 하는 의무가 있기 때문에 필수적이다. 그렇게 하려면 자산 배분에 대한 결정을 내려야 한다:

- 가용 자원(시간, 돈, 시설 및 인력) 중 얼마만큼을 마케팅에, 얼마만큼을 영업, 연구, 제조, 인프라 등에 할당해야 하는가?
- 단기적 현실과 장기적 기회의 균형을 가장 잘 맞추는 분배는 무엇인가?
- 어떤 투자의 조합이 주주, 직원 및 고객에게 가장 큰 장기적 가치를 창출할 것인가?

자원 배분을 올바르게 – 혹은 잘못되게 – 하는 것은 조직과 직원들의 미래에 중대한 영향을 미친다.

그러한 선택을 해야만 하는 것을 회피할 수는 없다. 가장 좋은 시기에도 실제 들어가는 시간과 돈을 효율적으로 사용하는 더 좋은 아이디어가 항상 존재한다. 경제가 둔화되면 자원 배분 결정이 훨씬 더 어렵고 중요해진다. 교육담당자들은 비즈니스 리더가 자원 배분에 대해 정보에 입각한 결정을 내릴 수 있도록 교육을 통해 창출되는 가치에 대한 적절하고 신뢰할 수 있는 데이터를 제공해야 한다.

따라서 평가의 가장 중요한 목적은 조직에 가장 이익이 되는 정보에 입각한 결정을 뒷받침하는 *건전한 증거*를 제공하는 것이다. 모든 평가에는 결과에 기반한 조치를 위한 명확한 권장사항이 포함되어야 한다. 건전하지 않거나, 실행 가능하지 않거나, 영향을 미치지 못하거나, 잘못되고 해로운 결정으로 이어진다면, 평가는 효과적이지 않다는게 우리의 생각이다.

> 비즈니스 리더들은 현명한 결정을 내리기 위해 연관되고 신뢰할 수 있는 데이터가 필요하다.

학습은 자원을 놓고 경쟁한다

학습 및 개발 활동에는 시간과 비용이 소요된다. 따라서 좋든 싫든 학습은 기업 자원에 대한 다른 부서 요구 및 투자 기회와 경쟁한다. 비즈니스 리더들은 예를 들어 미래 성장을 촉진할 수 있는 유망한 신제품 아이디어에 자금을 지원하거나, 매출을 즉시 개선하기 위해 더 많은 영업 대표들을 고용하거나, 비용을 절감하기 위해 기술에 투자하거나, 관리 능력을 향상시키기 위한 교육훈련 프로그램을 제공하는 것 중에서 어려운 선택을 해야 한다.

혁신적 기업교육의 여섯 가지 원칙: 6D

이러한 모든 제안에는 장점이 있지만 주어진 연도에 모든 가치 있는 활동에 자금을 지원하는 것은 거의 불가능하다. 자금이 있어도 이를 실행할 시간이나 인력이 충분하지 않을 수 있다. 따라서 선택을 해야 한다. 리더들은 이러한 모든 본질적으로 다른 기회들의 전략적 중요성, 상대적 기여도 및 성공 확률의 균형을 맞춰야 하며, 이

> 학습은 다른 부서, 요구 및 기회와 경쟁한다.

것들을 자금 지원, 축소 또는 거부할 기회로 걸러내야 한다(그림 D6.1). 비즈니스 리더는 또한 자신의 선택에 근거가 있어야 한다는 것을 알고 있다. 그들이 어떻게 결정하든 그것은 상위 리더들과 궁극적으로 주주들에 의해 의구심이 들 것이기 때문이다. 예를 들어 광고 캠페인 대신 교육 자금을 지원하기로 선택한 경우 특히 매출이 목표에 미치지 못하는 경우 합당한 이유가 있어야 한다.

그림 D6.1. 경영진은 어느 활동에 자금을 지원할지 어느 활동을 축소, 제거 또는 연기할지 결정해야 한다.

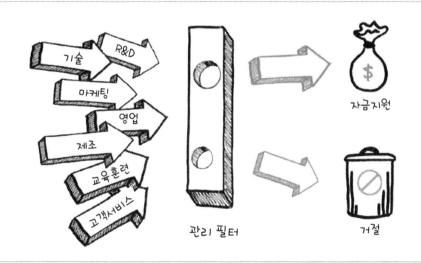

일부 학습 및 인재 개발 담당자들은 이러한 방식으로 자원을 놓고 경쟁한다는 생각을 불쾌하게 여긴다. 아이달린 케스너Idalene Kesner의 *하버드 비즈니스 리뷰* 사례인 *"리더십 개발: 특전인가 우선순위인가?*Leadership Development: Perk or Priority?"에

서 학습 책임자는 이렇게 불평한다. "사람들이 그런 종류의 비교를 할 때 정말 싫습니다. 첫째, 우리는 사람들에 대해 이야기하고 있는 겁니다. 그것은 기계에서 투자 회수를 계산하는 것과는 *다릅니다*"(2003, p. 31). 우리는 학습의 가치를 입증하는 것이 기계의 투자 회수를 계산하는 것과 다르다는 데 동의한다. 실제로 동일한 방법론을 무비판적으로 두 가지 모두에 적용하려는 것은 실수라고 생각한다. 그러나 *가치*를 입증해야 하는 의무에서 면제되는 것은 아니다. 학습활동은 다른 곳에서 사용할 수 있는 자원을 소비하는 것이다. 그 학습활동이 창출할 것으로 기대되는 가치에 대한 설득력 있는 비즈니스 가치가 있어야 한다.

리더들은 오늘날 대부분의 교육 부서에서 제공하는 것보다 학습의 가치에 대한 더 나은 증거를 원한다. "CEO들은 모든 조직 활동에 대한 책무성이 증가하는 추세에 따라, 각 조직이 성과향상을 위한 활동에 투자하는 것이 성과를 내고 있다는 정보를 원한다"(Rothwell, Lindholm, & Wallick, 2003, p. 218). 포춘 선정 500대 CEO들은 자신이 원하는 가장 중요한 데이터가 비즈니스 효과의 증거라고 말했다(Phillips & Phillips, 2009). 하지만 이는 가장 적게 측정되고 보고되는 결과이다(American Society for Training and Development, 2011).

> 리더는 오늘날 대부분의 교육 부서에서 제공하는 것보다 더 나은 증거를 원한다.

일부 조직의 경영진은 여전히 만족도와 "참석률" 숫자에 만족하지만 경영진이 결과를 입증하도록 요구할 때까지 기다리는 것은 실수이다. "CEO가 교육 부서에게 회사에 어떻게 가치를 더하는지 입증하는 ROI 조사를 요청할 때까지 기다리는 것은 너무 늦습니다. 이 경우, CEO는 이미 예산을 대폭 삭감하거나 교육 부서를 완전히 없애기로 결정한 것입니다 … "(Tobin, 2009).

경제적 제약이 있는 시기에 학습 및 개발 예산을 위한 최선의 방어책은 교육이 가치를 더하고 있다는 것을 보여주는 것이다(포인트 사례 D6.1 참조). 학습의 가치에 의문을 제기하기 전에 학습의 기여에 대한 확실한 증거를 확고히 하기 위해 지금 결과 입증을 시작하라.

포인트 사례 D6.1
학습활동 입증하기

로스 타텔Ross Tartell이 화이자Pfizer 학습 센터의 리더십, 교육 및 개발 그룹인 LEADLeadership, Education And Development의 팀 리더였을 때 그는 해당그룹이 비즈니스 성공에 어떻게 기여하는지 입증해야 한다는 것을 알고 있었다. 그는 교수 설계 전문가들과 지표 및 전략적 평가 그룹을 하나로 모으는 파트너십을 구축했다. 이 통합된 파트너십은 사업이 직면하고 있는 이슈에 연관되며 화이자의 비즈니스 전략을 지원하는 핵심 목표에 연결되는 지표 전략을 만들고 실행했다. 이 연구 및 자연스러운 현장 실험은 수년에 걸쳐 실시되었고 개인 및 조직 성과를 지원하기 위해 LEAD 그룹이 개발하여 전달한 학습 프로그램의 유형 및 무형의 효과를 모두 입증하였다.

제약 시장과 회사의 포트폴리오의 변화로 인해 회사에 상당한 축소가 발생했을 때 LEAD 그룹은 사실상 다른 모든 기능과 마찬가지로 축소되었지만 입증된 가치에 대한 명확한 실적이 없는 다른 기능들이 축소된 만큼 축소되지는 않았다.

현재 컬럼비아 대학교 사범대학 겸임 부교수인 타텔Tartell은 "지금이 학습 브랜드를 구축하여 그 가치를 보여주는 것을 시작할 최적의 시간입니다"라고 말했다. "이걸 시작하면, 학습기능의 기여도에 대한 인식을 강화하고 비즈니스에 대한 가치를 보여줄 시간이 생깁니다. 궁극적으로 조직이 어려운 시기를 헤쳐나가야 할 때 학습기능은 견고한 기반을 갖고 있으므로 미래의 핵심 기여자로 여겨질 것입니다."

Practical Application

- 요청을 받기 전에 학습의 가치를 입증하기 시작한다.
- 자신이 항상 시간과 자원을 놓고 경쟁하고 있다는 점을 기억하고, 교육에 대한 투자를 위해 설득력 있는 비즈니스 가치가 있도록 확실히 한다.

지속적인 개선

경쟁이 치열하고 급변하는 오늘날의 글로벌 경제에서 어떤 조직도 가만히 있을 여유가 없다. 경쟁자들이 개선하는 동안 당신이 개선하고 있지 않다면, 당신은 뒤처지고 있는 것이다. 경쟁력을 유지하려면 회사의 모든 기능이 작년보다 올해, 올해보다 내년에 더 나은 성과를 내야 한다. 결과를 평가하는 것은 프로세스 개선의 핵심이다. "어떠한 비즈니스 프로세스라도 그것을 측정하는 목적은 개선을 위한 실행 가능한 정보를 얻기 위한 것이다"(Bersin, 2008, p. 13). "우리는 학습 리더들이 학습 능력을 개발하고 강화하여 조직이 학습 투자에서 지속적으로 더 나은 결과를 얻을 수 있도록 하는 이 사명을 달성하는 데 사용할 수 있는 주요 도구를 평가라고 생각한다"(Brinkerhoff & Apking, 2001, p. 165).

지속적인 개선 도구 및 실천은 처음에 제조 분야에서 개발되었으며, 그 결과 품질이 크게 향상되었고 동시에 비용이 절감되었다. 이 방법은 이후 다른 비즈니스 프로세스에 적용되어서 유사한 성공을 거두었다. 잭 웰치는 GE 성공의 상당 부분을 공격적인 식스 시그마 개선 프로그램 덕분이라고 그 공을 돌렸다(Welch & Welch, 2005). 학습을 프로세스로 접근하는 것은 프로세스 개선 기법을 교육훈련 및 개발에 적용하는 것을 포함한다. 워크플레이스 러닝 담당자들은 접근 방식을 계획하고, 수행하고, 확인하고, 조정하는 끝없는 사이클의 역할 모델이 되어야 한다.

> 평가는 조직의 역량 강화를 위한 주요 도구이다.

Practical Application
- 지속적인 개선의 핵심 프랙티스를 학습 활동에 적용하는 방법을 배운다.
- 학습-성과 프로세스를 어떻게 개선했는지 질문을 받을 것을 예상하고 증거를 제공할 준비를 한다.

개선을 위한 모델 랭글리와 동료들Langley & Colleagues(2009, p. 24)은 프로세스 개

혁신적 기업교육의 여섯 가지 원칙: 6D

선의 토대로 세 가지 근본적인 질문을 제안했다:

- 우리는 무엇을 성취하려고 하는가?
- 변화되었다는 것을 어떻게 알 것인가?
- 개선을 위한 우리의 선택은 무엇인가?

첫 번째 질문 "우리는 무엇을 성취하려고 하는가?"는 대단히 중요하다. 무엇을 산출해야 할 것인지를 알기 전에는 프로세스를 평가하거나 개선할 수 없다. 분명히 명백해 보이지만 가장 일반적인 평가 오류 중 하나는 프레치틀링 Frechtling(2007)이 언급한 대로 "성공을 달성한다는 것이 무엇을 의미하는지에 대한 공유된 정의를 하지 않는 것"이다(p. 12). 학습을 보다 효율적이고 효과적으로 만드는 것은 회사가 결과로서 달성하고자 하는 것이 정확히 무엇인지 정의함으로써 시작된다(D1).

두 번째 질문 "우리가 어떻게 알 것인가?"는 D6의 핵심에 있다. 현재 접근 방식이 효과적인지 여부와 변화가 긍정적인지, 부정적인지 또는 불필요한지 여부를 알 수 있는 유일한 방법은 결과를 평가하는 것이다.

세 번째 질문 "우리의 선택은 무엇인가?"는 지속적인 개선의 기본 전제를 반영한다. 즉, 현재 프로세스가 아무리 우수하더라도 이를 개선하기 위해 수행할 수 있는 무언가는 항상 있는 것이다. 기업 학습의 맥락에서 볼 때, 이는 교육담당자들이 좋은 프로그램을 훨씬 더 좋게 만드는 방식을 지속적으로 찾아야 한다는 도전을 준다.

PDCA 사이클 계획–실행–점검–행동(Plan–Do–Check–Act)의 PDCA 사이클은 프로세스 개선 및 전체 품질 운동에 가장 중요한 초창기 기여자 중 한 명인 에드워드 데밍W. Edwards Deming 박사에 의해 대중화되었다. PDCA 사이클은 위의 세 가지 근본적인 질문과 결합되어 개선을 위한 모델을 구성한다(그림 D6.2). PDCA 사이클의 네 가지 요소는 다음과 같다:

1. 계획 – 추진활동을 설계하거나 기존 프로세스를 변경한다.
2. 실행 – 계획을 실행한다.

3. 점검 - 목표 대비 결과를 측정한다.

4. 행동(개선) - 앞 단계에서 얻은 통찰을 활용하여 그 다음 사이클을 시작한다.

PDSA 또는 계획(Plan)-실행(Do)-조사(Study)-행동(Act) 사이클이라고도 언급되는 PDCA 사이클은 학습을 포함한 어떠한 프로세스에라도 적용될 수 있는 간단하지만 강력한 도구이다. 식스 시그마 품질 활동은 관련 DMAIC 사이클(정의-Define, 측정-Measure, 분석-Analyze, 개선-Improve 및 제어-Control)을 사용한다(Islam, 2006). 점검(측정) 단계의 중요성이 분명할 수밖에 없다. 결과를 평가하고 의도한 성과와 비교하지 않는 한 이러닝으로 전환하거나, 시뮬레이션 추가 또는 게임 메커니즘 도입과 같은 변경 사항들이 결과를 개선했는지, 효과가 없었는지 또는 실제로 더 나쁘게 만들었는지 알지 못한다. "예를 들어, 직감으로, 경험에 의해, 패턴 인식을 통해 측정하지 않고도 성과를 향상시킬 수는 있다. 하지만 안정적으로 또는 반복 가능한 방식으로 그렇게 할 수는 없다…"(Gaffney, 2007).

그림 6.2 개선 모델

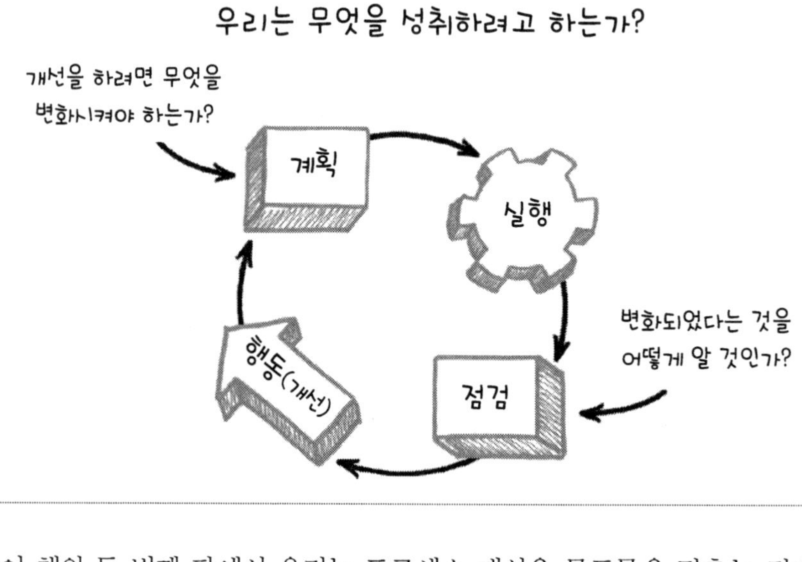

우리는 무엇을 성취하려고 하는가?

개선을 하려면 무엇을 변화시켜야 하는가?

계획

실행

변화되었다는 것을 어떻게 알 것인가?

점검

행동(개선)

이 책의 두 번째 판에서 우리는 프로세스 개선을 목표물을 맞추는 것에 비유했다:

혁신적 기업교육의 여섯 가지 원칙: 6D

프로세스 개선은 대포로 목표물을 맞추는 것에 비유할 수 있다. 처음 몇 발은 "원거리 사격"이다. 각각의 사격 후, 포탄이 실제로 떨어진 위치와 목표물을 비교한다. 결과는 다음 사격을 하기 전에 조준을 조정하는 데 사용된다. 조준, 발사, 측정 및 평가의 각 주기마다 정확도가 향상된다. 결국 모든 사격은 정확하게 목표물에 맞지만 상황이 변함에 따라 목표물에 계속 맞도록 확인하고 조정하는 주기를 반복해야 한다.

이제 최고의 대포, 풍부한 탄약, 강력한 간부진의 지원을 받았지만 사격에 너무 바빠서 포탄이 어디에 떨어지는지 알아내려 하지 않는 포병 대원의 결과를 상상해 보라. 그들은 사격의 수, 사격당 비용, 시간당 사격 등을 주의 깊게 추적하지만 사격이 목표물에 맞았는지 또는 1마일 너비에 있는지에 대한 피드백은 없다. 사격을 할 때마다 도움이 될 것이라고 생각하는 방향으로 컨트롤을 변경하지만 결과를 개선하는지 여부에 대한 신뢰할 수 있는 정보가 없기 때문에 가끔 목표물을 맞힐 뿐이다. 그렇게 할 때 어떤 요인들이 성공했는지 모르기 때문에 사격을 반복할 수 없다. 신뢰할 수 있는 결과 데이터가 없으면 성과를 개선할 수 없다.

- 윅과 폴락 및 제퍼슨Wick, Pollock, and Jefferson, 2010, p. 261

안타깝게도 많은 기업 교육담당자들은 위에서 기술한 포병 대원과 같다. 목표물이 무엇인지 알고 있고, 자원이 있고, 조정할 수도 있다. 하지만 관련 결과를 평가하지 못하거나 더 나쁜 것은 목표물을 맞추는 것과는 거의 또는 아무 상관이 없는 (즉각적인 반응평가 같이) 오해의 소지가 있는 "편의성 척도"에 의존하고 있다는 것이다. 윌 탈하이머Will Thalheimer는 신뢰할 수 있는 측정의 부재가 직업으로서 우리의 발전을 저해했다고 주장한다: "사실은 우리가 학습 및 성과 담당자로서 어떻게 하고 있는지에 대한 유효한 피드백을 거의 받지 못하고 있다는 것입니다. 우리의 빈약한 피드백 루프는 우리를 아무것도 모른 상태로 두고 있습니다. 우리는 성과를 향상시키기에 충분한 피드백을 받지 못하고 있습니다"(Thalheimer, 2008).

UPS社는 학습 활동이 목표를 달성했는지 여부를 평가하는 것의 중요성을 인식하고 있다: "우리는 전략 실행을 추진하는 학습 및 개발 프로그램을 개발할 수 있어야 합니다. 그러한 프로그램을 개발한 후에는 우리는 비즈니스 효과를 측정해야 합니다"(Ann Schwartz, Margolis에서 인용, 2010).

지속적인 개선을 하려면 교육과정의 효과성뿐만 아니라 *완전한* 학습 경험을 평가해야 한다. "내가 할 수 있는가?"와 "내가 할 것인가?" 질문 모두에 대한 답변에 영향을 미치는 모든 요소를 고려해야 한다. 예를 들어:

> 측정 없이 성과를 향상시킬 수는 있지만 안정적으로 수행할 수는 없다.

- 필요한 사람들이 교육을 받았는가?
- 적절하게 준비되었는가?
- 그들의 관리자가 현업 적용을 적극적으로 지원했는가?
- 학습 내용을 적용하는 데 필요한 도구, 시간 및 지원이 주어졌는가?
- 학습은 필요한 시간에 이루어졌는가?

문제는 학습-결과 프로세스의 어느 곳에서나 발생할 수 있다. 평가는 가장 약한 고리를 찾아내어 해결될 수 있도록 해야 한다. 성공 사례 방법Success Case Method(Brinkerhoff, 2003)의 강점 중 하나는 의도적으로 장애물을 식별하고 성공을 입증하는 것이다(그림 D6.13).

Practical Application

- 모든 학습 활동에 대해 세 가지 질문을 한다. "우리는 무엇을 성취하려고 하는가?" "변화가 일어났는지 어떻게 알 것인가?" 그리고 "개선을 위한 우리의 선택은 무엇인가?"
- 점검 단계에 특별한 강조를 두고, 각각의 새로운 학습 활동 또는 중요한 변화에 PDCA 사이클을 적용한다.

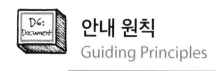

안내 원칙
Guiding Principles

H.L.멘켄^{H. L. Mencken}(1917)은 "모든 복잡한 문제에는 명확하고 단순하며 *잘못된* 답이 있다."라는 유명한 말을 했다. 조직 목적의 범위와 이를 달성하기 위해 취한 다양한 학습 활동을 고려할 때 모든 학습 활동에 대해 동일한 평가 기법을 사용하는 것은 의심할 여지 없이 "명확하고 단순하며 잘못된" 것으로 판명될 것이다. 리지^{Ridge}(2013)가 주목한 것처럼, "프로그램 평가, 평가 도구 또는 결과에 대한 아무런 정해진 공식은 없다. 대부분의 프로그램을 고유하게 만드는 변인들이 너무 많기 때문에 어떠한 다른 프로그램을 평가한 것과 동일한 방식으로 평가할 수 없다."(p. 29)

한편, 어떤 활동의 평가 설계와 실행을 안내하는 데 사용할 수 있는 작은 일련의 보편적인 원칙을 정의하는 것은 가능하다. 학습 효과성을 증명하고 *개선*하려면 평가가 다음의 네 가지 기준을 충족해야 한다:

- 연관성
- 신뢰성
- 설득력
- 효율성

평가 전략이 정보에 입각한 결정을 지원하려면 네 가지 장애물(그림 D6.3)을 모두 뛰어넘어야 한다. 예를 들어, 대상 고객이 데이터를 믿지 않는다면 데이터가 얼마나 연관성이 있는지 또는 데이터가 얼마나 효율적으로 수집되는지는 중요하지 않다.

연관성. 효과적인 평가의 첫 번째 특징은 지표가 연관성이 있다는 것이다. 즉, 비즈니스 목적(D1) 및 학습 활동의 논리 모델이 직접적이고 명확한 관계가 있다. 평가 문헌에서는 이를 *안면 타당도*^{face validation}라고 한다(Russ−Eft & Preskill, 2009, p. 219). 지표가 비즈니스 목적과 관련되어야 하는 점은 너무도 명백해서, 이 원칙이 위반되는 경우가 아니라면 언급하기가 거의 당황스러울 정도이다.

그림 D6.3. 평가가 성공적이려면 네가지 장애물을 뛰어넘어야 한다.

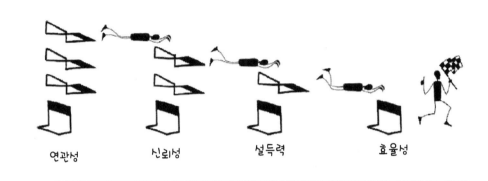

연관성   신뢰성   설득력   효율성

프로그램 평가에서 연관성 원칙에 대한 가장 일반적인 위반은 1수준 평가인 긍정적인 반응 점수를 마치 프로그램이 효과적이라는 증거인 것처럼 제시하는 것이다. 반응 데이터는 영화, 테마파크 또는 축구 경기와 같은 엔터테인먼트 행사와 같이

> 무엇이 측정되어야 하는지는 프로그램의 목표를 반영해야 한다.

사람들이 더 많은 것을 위해 다시 방문하도록 하는 것이 목적인 경우에만 연관된 결과 지표이다. 기업 학습 활동은 엔터테인먼트 가치를 위해 자금이 조달되는 것이 아니다. 성과 이슈를 해결하고, 비즈니스 기회를 포착하고, 서비스를 개선하고, 효율성을 높이고, 혹은 다른 방식으로 기업의 생산성을 향상시키기 위해 시작되는 것이다. 사람들이 학습을 좋아했는지 또는 가치 있다고 인식했는지 측정하는 것은 경영진의 핵심을 찌르는 질문인 비즈니스 목적을 달성했는가, 아니면 달성하지 못했는가?를 해결하지 못하는 것이다(포인트 사례 D6.2 참조).

포인트 D6.2의 사례
진정한 경종Wake-Up Call

크리스 고인즈Chris Goins가 와이어스Wyeth의 영업 교육 및 경영진 개발 담당 전무이사였을 때, 결과를 입증하는 것이 얼마나 중요한지 알려주는 진정한 경종이 울렸다. 어느 날 크리스의 상사가 그를 사무실로 불러서 말했다. "크리스, 내가 자네 부서 전체를 아웃소싱할 생각이라고 말하면 뭐라고 말할텐가?"

처음에 크리스는 무슨 말을 해야 할지 몰랐다. 그런 다음 그는 말을 더듬기 시작했고 아웃소싱이 나쁜 생각이 될 모든 이유를 생각해내려고 노력했다. "직원들은 우리 교육을 정말 좋아합니다." "우리 부서는 좋은 사람들이 많고, 좋은 인재가 많습니다." "우리가 얼마나 많은 교육과정을 운영했는지 보십시오." 기타 등등. 교육훈련을 아웃소싱하면 안 되는 이유를 설명하려고 하면 할수록 설득력 있는 증거가 없다는 사실을 그는 깨달았다.

그의 상사는 얼마동안 그가 끙끙거리며 고민하게 둔 후, "크리스, 진정하게. 내가 정말로 자네들을 아웃소싱하려고 생각하고 있지 않네. 하지만 요즘 내가 왜 아웃소싱해야 하는지에 대해 항상 권유하는 외부업체들이 있네. 그리고 그들은 자신의 제안을 뒷받침할 사실과 데이터를 가지고 오네."

"내가 항상 이 자리에 있지 않을 수도 있고, 다음 상사가 다른 관점을 가질 수도 있다는 점을 기억하게. 따라서 다음 번에는 방금 대답한 것보다 더 나은 답변을 준비하는 것이 좋겠네. 내가 자네라면 '그들이 우리를 정말 좋아합니다'라는 것보다는 교육훈련에 대한 훨씬 더 강력한 기업효용을 뒷받침할 데이터를 준비하겠네."

반응점수는 대체로 연관성이 없다. 거의 보편적인 사용에도 불구하고 반응 점수(커크패트릭의 1수준 평가)는 본질적으로 행동 변화나 비즈니스 임팩트와 아무런 상관관계가 없다. 예를 들어, 딕슨Dixon(1990)은 교육과정 후 테스트 점수와 프로그램의 연관성, 학습량에 대한 추정, 즐거움 또는 강사의 스킬에 대한 교육참가자들의 인식 사이에 아무런 유의미한 상관관계가 없음을 발견했다. 알리거와 동료들Alliger & Colleagues(1997)은 34건의 선행 연구들을 분석하여 반응 데이터, 학습의 객관적 척도 및 현업 학습 전이 사이에 매우 빈약한 상관관계를 발견했다. 루오나와 동료들Ruona & Colleagues(2002)은 학습자 반응과 학습 전이 사이의 관계를 연구했다. 그들은 "이 연구의 결과는 반응 지표의 역할과 가치에 대한 의문을 계속 제기한다"(p. 218)라고 결론지었다. 학습 전이에 영향을 미치는 무수한 요인들을 고려할 때 이는 놀라운 일이 아니다(p. 209 참조).

교육 효과에 대한 여덟 가지 가능한 지표들 중에서 CEO들은 자신이 알고 싶은 데이터 측면에서 1수준 반응평가에 꼴등 순위를 매겼다(Phillips & Phillips, 2009). 그

> CEO들은 과정 후 반응 평가에 꼴등 순위를 매겼다.

렇다면 교육 제공자들이 반응 데이터를 수집, 분석 및 보고하는 데 고집을 부리는 이유는 무엇인가? 첫째, 그것이 중요할 것 같기 때문이다. 사람들이 자신이 높게 평가한 경험에서 더 많은 것을 배웠다는 것은 논리적으로 보인다. 그러나 그 가정은 잘못되었을 뿐만 아니라 잠재적으로 위험할 수 있다. 반응 점수를 최대화하는 것은 실제로는 학습을 차선의 상태로 둘 수 있기 때문이다(포인트 사례 D6.3).

포인트 사례 D6.3
더 나은 반응 점수가 더 나은 것이 아닐 수 있다.

유럽의 한 테크놀로지 회사는 강사들 중 한 명에 대해 심각한 우려를 갖고 있었다. 그 강사는 과정 종료 설문지에서 "강사에 대해 어떻게 느끼십니까?"와 "강사가 효과적이었다고 생각합니까?"라는 질문에 지속적으로 낮은 평가를 받았다. 그래서 그들은 *스핀 셀링*SPIN Selling의 베스트셀러 작가인 닐 랙햄Neil Rackham에게 조언을 구했다. 그가 반응이 아닌 효과성의 관점에서 문제를 들여다보았을 때 놀라운 결과가 나왔다.

강사들이 학습자들의 학습 향상에 따라 순위가 매겨졌을 때 도리어 그 낮은 등급의 강사는 실제로 직원 중 최고에 속했다. 랙햄은 말했다. "결국, 1수준 만족도 조사가 경영진에게 정확히 잘못된 인상을 주었네요"(Boehle 인용, 2006).

랙햄의 이야기는 센츄리 21 부동산Century 21 Real Estate의 로저 슈발리에Roger Chevalier의 작업으로 확증되었다. 슈발리에와 그의 팀은 *비즈니스 결과*(매물 수, 판매 및 교육 후 생성된 커미

션 수)를 기반으로 각 과정의 이수한 사람들을 추적했다. 그는 1수준 만족도 조사에서 학습자들이 평가한 모든 강사들 중 하위 3분의 1에 해당하는 강사들이 학습자들이 이수 후 처음 3개월 동안 수행한 성과 면에서 가장 효과적인 강사들 중 한 명이라는 사실을 발견했다. 슈발리에에 따르면 "1수준 평가와 현업에 돌아갔을 때 사람들이 실제로 얼마나 잘했는지 사이에는 상관관계가 거의 없는 것으로 밝혀졌다"(Boehle 인용, 2006).

불일치 이유는 무엇인가? 강사를 *효과적*으로 만드는 것(롤 플레이를 하도록 하고, 교육참가자들에게 생각하도록 도전하고, 솔직한 피드백 제공하기 등)이 반드시 그를 인기 있게 만드는 것은 아니기 때문이다.

반대로, 강사 및 교수 설계자들은 과도한 유머, 사람들을 일찍 내보내고, 평가를 쉽게 하고, 재미있지만 무의미한 게임 등을 포함하여 실제로 학습 및 적용에 역효과를 내지만 반응 평가를 높이기 위한 것을 할 수 있다. 강사들이나 교육제공업체들에게 높은 반응 점수에 대한 보너스를 지불하면 실제로는 덜 효과적인 학습으로 이어질 수 있다(Wick, Pollock, & Jefferson, 2010, p. 269).

요점은 "당신이 측정하는 것이 당신이 얻는 것"이라는 것이다. 가장 높은 반응 평가를 달성하는 것이 교육훈련에서 가장 높은 가치를 전달하는 것과 것과는 동일한 것이 아니다.

물론 매우 낮거나 부정적인 반응 점수는 문제를 강조할 수 있다. 어떤 CLO는 "사람들이 파일럿 프로그램을 싫어한다면 운영하지 않을 겁니다"라고 말했다. 그러나 그 반대라도 사실은 아니다. 즉, 사람들이 파일럿 프로그램을 좋아했다고 해서 반드시 개설해야 한다는 의미는 아닌 것이다. 반응에만 의존한다면 학습의 실체보다 엔터테인먼트를 좋아하도록 만들게 될 것이다.

1수준 반응 데이터가 그렇게 흔한 주된 이유는 아마도 수집하기 쉽고 낮은 비용 때문일 것이다. 뱅크 오브 아메리카의 기업 조직개발 및 어낼리틱스의 스티브 린디아Steve Lindia는 이것을 "편의성 척도"라고 부른다(포인트 사례 D6.4 참조). 자동화된 시스템은 1수준 평가를 훨씬 더 쉽고 보편적으로 만들었다. 대부분의 조직은 "1수준 반응이 우리가 얻을 수 있는 전부이며 없는 것보다 낫다"고 생각한다. 그러나 포인트 사례 D6.3에서 알 수 있듯이 없는 것보다 반드시 나은 것은 아니다. 어쨌든 우리는 더 잘할 수 있고 더 잘해야 한다.

포인트 D6.4의 사례
교육과 인사의 파이프 연결하기

스테판 린디아Stephen Lindia가 금융 서비스 회사의 인재 평가 책임자였을 때 CLO는 그를 "배관공"이라는 별명으로 불렀다. 인재 지표 파이프를 연결하는 것, 즉 HR의 한 부분-예를 들어, 학습-에서 사용되는 지표가 다른 곳 -성과 관리에서의 역량 모델 또는 조직 평가 및 문화 설문 조사에서 직원 지표같이-에서 사용되는 지표와 연결되어야 한다는 그의 주장 때문이다. 그는 항상 "학습이 더 큰 인재 개발/직원 라이프사이클 구조에 어떻게 부합하는가?"를 알고 싶었다. 그는 HR 기능이 서로 대화하지 않고 있고 그들의 노력과 지표를 조정하지 않는 것이 여전히 놀랍다고 말한다.

스테판은 현재 뱅크 오브 아메리카에서 기업 조직개발 및 어낼리틱스를 담당하는 임원으로 15년 동안 인재 개발 노력을 평가하면서 얻은 인사이트 중 일부를 우리와 공유했다.

그는 "한 걸음 물러서서 실제로 변화시키려고 하는 행동에 대해 생각하고 제공하는 경험이 영향을 미치고 있는지 확인하려면 시간이 지남에 따라 그것을 측정해야 합니다. '핵심 성과 지표는 무엇인가? 그것이 비즈니스 및 고객 결과에 어떤 영향을 미치는가?'에 대해 생각해야 합니다. 반응 점수와 같이 쉽게 얻을 수 있는 데이터 또는 프로그램의 내용이나 목표에 연결되지 않는 또는 특정한 조직 활동에 직접적으로 연결되지 않는 직원 참여 설문 조사 결과와 같은 '편의성 척도'에만 의존할 수는 없죠."

"또한 타당한 비교를 구성하는 것이 무엇인지도 생각해야 합니다. 프로그램에 참여한 사람들의 결과를 '다른 모든 사람'과 비교하고 싶은 유혹이 들지만 프로그램에 참여한 사람들은 '다른 모든 사람'과 비교할 수 없으며 그렇게 하면 거의 확실히 실제 효과를 모호하게 만들 것입니다. 학습활동에 참여한 사람들의 결과를 그들과 비슷한 사람들(동일한 계층, 근무연한, 지역 등)과 비교하여 실제로 변화를 가져오는지 확인해야 합니다."

"평가에 대해 생각할 때 저는 '여기서 해결하려는 문제는 무엇인가?'를 생각합니다. 원하는 행동 변화를 명확하고 간단한 용어로 설명할 수 있으면 평가가 훨씬 더 쉬워집니다."

"또한 관리자가 조치를 취할 수 있도록 정보를 제공해야 합니다. 제가 가진 가장 보람 있는 경험은 회사의 승계 계획 프로세스의 일환으로 신임 관리자 평가 결과를 검토할 때였습니다. 저는 하위 10%에 속하는 관리자들을 살펴보았고, 어려움을 겪고 있는 직속 부하 직원들이 있다는 사실에 대해 그들의 관리자들과 얘기하는 시간을 가졌습니다. 저는 주의를 기울여야 할 필요가 있는 영역을 짚었고 그들이 직속 부하들에게 추천할 수 있는 구체적인 교육 훈련을 제안했습니다."

"실제로 여러 고위 관리자들이 저에게 전화를 걸어 주의를 기울일 수 있게 해줘서 감사해 합니다. 물론 그들도 결과를 보긴 했지만, 너무 많은 데이터가 책상 위에서 왔다 갔다 하므로 조치를 취하기 위한 중요한 지점을 끌어내는 데 도움이 필요했죠. 경력 초기에 고군분투하는 젊은 관리자들을 고위 관리자들이 지원하는 것은 중요했습니다. 저는 데이터를 유용한 정보로 해석하여 이를 용이하게 할 수 있었습니다. 저는 그것이 우리가 훨씬 더 큰 기여를 할 수 있는 곳이라고 생각합니다."

무엇이 연관성 있는 것인가? 반응이 기업 학습 활동의 관련 결과 척도가 아니라면 무엇이 연관성 있는 것인가? 연관성 있는 지표는 비즈니스 목표와 직접 관련이 있고 경영진이 관련이 있다고 동의하는 지표이다. 가치의 주관적 특성을 고려할 때 후자는 중요하다(p. 318 참조). 그렇기 때문에 경영진의 성공 기준에 대한 논의가 D1의 일부가 되어야 한다는 것이다. 입증할 결과에 대한 결정은 항상 비즈니스 리더와 협력하여 이루어져야 한다. 교육담당자들은 고객이 원하거나 가치를 두는 것이 무엇인지 알고 있다고 가정해서는 안 된다.

교수 설계의 일관성 원칙은 학습 목표와 학습 평가를 일치시키도록 하고 있다(Washburn, 2010). 일관성 원칙은 전체적으로 학습 활동의 평가에 동일하게 적용된다. 비즈니스 목적과 측정되는 것 간에 완전한 합의가 있어야 한다. D1 및 D6은 모든 학습 활동의 양쪽 끝을 받치는 북엔드bookend여야 한다(그림 D6.4).

그림 D6.4. D1 및 D6의 실천은 전체 학습 활동을 지원하는 북엔드이다.

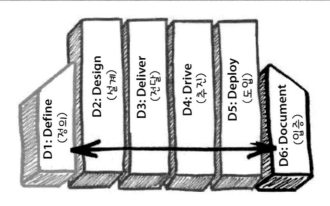

프로그램의 목표에 따라 연관성 있는 결과에는 관찰, 의견, 비즈니스 지표, 예시나 추정치 또는 이들의 조합이 포함될 수 있다(표 D6.1). 예를 들어, 원하는 결과가 고객 만족도를 향상시키는 것이라면 어떤 방식으로든 고객이 받은 서비스 품질에 대한 의견과 같은 고객 만족도의 변화를 측정해야 한다. 목표가 SOP Standard Operation Procedure 준수를 높이는 것이라면 준수 여부 등을 측정해야 한다. 결과를 재무적 수익으로 전환하거나 ROI를 계산하는 것이 항상 필요하거나 바람직한 것은 아니다. 경영진이 그러한 분석을 중시하는지 여부에 따라 다르다(p. 319 포인트 사례 D6,6 참조). 예를 들어, 애쉬리지 비즈니스 스쿨 Ashridge Business School의 연구에 따르면 학습 효과성의 지표로 재무적 ROI에 대한 비즈니스 리더의 관심을 교육담당자들은 과대평가하는 것으로 나타났다(Charlton & Osterweil, 2005).

측정할 연관성 있는 매개변수와 사용할 적절한 데이터 수집 방법은 학습 활동마다 다르지만 원칙은 동일하다: 성공의 정의(예를 들어, 더 나은 고객 서비스란 무엇을 의미하는가?)에 동의하고, 그 다음 가능한 한 안정적이고 정확하며 효율적으로 성공을 측정하는 방법을 찾거나 개발해야 한다.

혁신적 기업교육의 여섯 가지 원칙: 6D

표 D6.1. 증거의 종류 및 데이터 수집 방법

데이터 종류	예시	수집방법
비즈니스 지표	매출 생산량 품질지수 손실일 이직률	회사 시스템에서 추출
관찰	적합한 절차 사용 전화 에티켓 판매 기법 코칭 기법 자기평가	관찰자 설문조사 직접 관찰(공개적/비공개적) 녹화 시연/롤 플레이 시뮬레이션
추정치	절약된 시간 이용횟수 재무적 이익	설문조사 인터뷰
의견	서비스 품질 순위 리더십 효용성 프리젠테이션 품질 향상 정도 프로그램 가치	설문조사 인터넷 리뷰 평가 서비스 인터뷰 포커스 그룹 학습 전이 지원 시스템
사건	소환 소송 부정적 리뷰	규제기관 법무팀 인터넷
예시	성공스토리 결정적 사건 성취물	설문조사 인터뷰 학습 전이 지원 시스템
작업 산출물	사업계획 컴퓨터 코드 문서	감사(audit) 전문가 분석 지시문 대비 평가

결론. 연관성은 효과적인 평가의 필수 조건이다. 만약 경영진이 측정 지표를 "교육이 잘 되었는가?"라는 질문에 대한 대답에 연관된 것으로 여기지 않는다면, 그러면 얼마나 많은 데이터를 갖고 있는지 혹은 그 결과가 얼마나 인상적인지

는 중요하지 않다. 평가는 실패인 것이다.

Practical Application

- D1을 잘 실행한다. 연관성은 그것에 달려 있다.
- 상식을 이용한다. 합리적인 사람이라면 "교육이 잘 되었는가?"라는 질문에 대답하는 것과 직접적으로 연관된 지표 제안에 동의할 것이다.
- 제안된 지표가 증거 측면에서 이해당사자들이 알고자 하는 것과 연관성이 있다고 동의하는지 확인하기 위해 그들과 함께 점검한다.

신뢰성. 효과적인 평가를 위한 두 번째 기준은 의사결정자가 데이터, 분석 및 결론을 신뢰할 수 있는 것으로 여기는지에 대한 것이다. 지표가 연관성 있고 결과가 인상적일지라도 의사결정자가 데이터, 분석 또는 결론의 타당성에 의문을 제기한다면 평가는 정보에 입각한 의사결정을 안내하기 위한 것이라는 그 목적을 달성하지 못할 것이다.

우리는 아마도 경험을 통해 신뢰성이 무엇을 의미하는지 꽤 잘 알고 있을 것이다. 우리는 매일 무언가를 팔고 싶어하는 사람들, 자신에게 투표하기를 원하는 사람들, 그렇지 않으면 그들이 추천하는 어떤 행동을 취하기를 바라는 사람들의 메시지로 폭격을 받고 있다. 일부는 믿고, 일부는 회의적이며, 일부는 거부한다. 사용하는 기준은 아마도 우리의 이해관계자들이 권장사항을 평가할 때 사용할 기준과 유사할 것이다.

인식하지 못할 수도 있지만 신뢰성을 평가하는 데 사용하는 핵심 요소 중 하나는 결과가 이미 자신이 믿고 있는 것과 얼마나 잘 일치하는지이다. 사람들은 선입견에 도전하는 정보보다 이미 가지고 있는 관점을 뒷받침하는 데이터를 더 쉽게 받아들인다(Kahneman, 2013). 이것이 교육담당자에게 의미하는 바는 교육훈련의 가치에 대해 회의적인 사람들이 그것을 지지하는 사람들보다 결과에 대해 훨씬 더 비판적이라는 것이다. 그것은 교육훈련이 비즈니스 요구에 부합한다고 확신하는 경영진이 요구하는 데이터가 더 적다는 버신Bersin의 관찰을 설명할 것이다(Bersin, 2008).

모든 평가는 돈, 권력, 평판, 권위가 항상 걸려 있기 때문에 정치적이라는 점을 기억하라(Patton, 2008). 학습 활동의 장점에 대해 제안 단계에서 열띤 토론을 벌였다면 교육결과가 더 면밀히 검토될 것이고 평가의 신뢰성이 확실히 도전받을 것이라고 확신하면 된다.

> 모든 평가는 정치적이다.

신뢰성 평가에 기여하는 추가적인 요인들은 데이터의 양, 결과의 합리성, 인식된 편견, 이해 가능성 및 평가자의 평판이 포함된다.

데이터의 양. 일반적으로 연구에 포함될 수 있는 피험자가 많을수록 신뢰도가 높아진다. 100명의 참가자에 대한 연구에 기반한 권장사항은 6명에 기반한 권장사항보다 더 신뢰할 수 있다. 두 가지 이유가 있다. (1) 비교되는 그룹의 크기가 클수록 진정으로 비교할 만한 가능성이 더 높으며 (2) 그룹 크기가 클수록 어떤 차이라도 단순한 우연이 아닌 교육훈련에 기인하는 것일 수 있다는 확신이 더 커진다.

그러나 추가 데이터 수집 비용이 이해와 신뢰성에 대한 기여하는 것보다 더 큰 지점이 있다. 롭 브린커호프Rob Brinkerhoff는 "합리적 의심을 넘어"라는 법적 기준을 적용할 것을 제안했다. 다른 말로 해서, 교육훈련의 효과에 대한 사례를 조금도 의심할 여지없이 입증할 필요는 없다는 것이다. 경영진이 자신의 결정에 대한 확신을 제공하는 데 필요한 엄격함 수준까지만 입증하면 된다. 절대적인 증명은 필요하지도 획득할 수도 없다.

합리성. 신뢰성에 영향을 미치는 두 번째 요소는 결과가 합리적으로 보이는지 여부이다. 해당 분야의 표현으로 이것은 "스니프 테스트sniff test" 혹은 "만약 그것이 사실이라고 믿기에 너무 좋아 보인다면, 아마도 그것은 사실이 아닐 것이다."라는 표현으로 알려져 있다. 이는 흥미로운 역설로 이어진다. 즉, 결과가 좋을수록 경영진이 신뢰할 가능성이 낮아진다. 신뢰성은 ROI 연구에 대한 특별한 도전인데, 종종 사업 그 자체가 얻는 것보다 몇 배 더 높은 수익을 보고하는 경우가 많고, 따라서 이를 비즈니스 관리자들이 믿지 못하게 된다.

마찬가지로, 보고하는 모든 것이 항상 뛰어난 성공이라면 여러분의 신뢰도는 떨어질 것이다. 비즈니스에서 모든 것이 다 작동하는 것은 아니다. 특히 처음에는 그렇지 않다. 성공뿐만 아니라 실패와 결점을 보고함으로써 신뢰성을 쌓게 될 것이다.

편향성. 청중이 데이터 수집, 분석 또는 보고 방식에서 편향성을 인식한다면 신뢰도가 손상된다. 다음과 같은 편향성에 영향을 주는 요인들을 피하기 위해 피험자 및 데이터를 선택할 때 주의를 기울이고 또는 전문가의 조언을 구한다:

- *선택 편향* – 긍정적인 응답을 산출할 가능성이 있는 사람들만 포함하는 것. 예를 들어, 잘한 사람에게만 학습활동을 평가하도록 요청하거나 "하이 포텐셜" 후보자들만 교육한 다음 교육을 받지 않은 보다 일반적인 직원들과 비교하는 것
- *설문지 또는 면접관 편향* – 긍정적으로 답하는 것을 더 쉽게 만드는 "유도 심문하는" 격인 데이터 수집 양식 또는 프로세스를 설정하는 것
- *응답 편향* – 특히 응답률이 낮은 경우 설문조사에서 항상 문제가 된다. 설문조사에 응답한 사람이 소수일 경우 전체 그룹을 대표하지 못할 수도 있다는 우려가 제기된다.
- *보고자 편향* – 직원이 자신의 신원이 알려지고 부정적인 응답이 보복으로 이어질 수 있다고 생각한다면 (사실이 아닌 경우에도) 응답을 "슈가 코팅"하거나 "정치적으로 올바른" 답변을 선택하는 경향이 있다. 예를 들어 참가자들은 퍼실리테이터가 있을 때 그의 감정을 상하게 할까봐 두려워서 프로그램을 더 높게 평가한다는 증거가 있다.

프로그램이 정치적인 "뜨거운 감자"인 경우 신뢰성을 높이기 위해 독립적인 평가자를 사용하는 것을 고려한다.

이해하기 쉬움. 신뢰성은 또한 이해 가능성에 달려 있다. 특히 자신이 모르고 있다는 느낌을 받고 싶어하는 사람은 아무도 없다. 사람들이 평가가 수행된 방식이나 보고서에 사용된 용어를 이해하지 못하면 보고서의 신용을 떨어뜨리는 경향이 있다. 절대적으로 필요한 경우가 아니면 지나치게 복잡한 디자인이나 난해한 분석 기술을 피하고 비즈니스 리더에게 친숙한 용어와 개념을 사용한다. 학습 전문 용어를 피하고 교육 부서의 전문적 용어를 피한다.

평판. 마지막으로, 결과를 믿을 수 있는지 여부는 보고자의 개인적 신뢰성과 속해 있는 학습부서의 신뢰성에 달려 있다. 쿠즈 포스너Kouzes-Posner 리더십의 첫 번째 법칙은 다음과 같이 말한다. "전령을 믿지 않으면 메시지를 믿지 않을 것이다"(Kouzes & Posner, 2008,

> 전령을 믿지 않으면 메시지를 믿지 않을 것이다.

p. 38). 다른 것들이 동일하다면 과거에 신뢰할 수 있다고 알려진 출처의 보고서는 알려지지 않았거나 이전에 신뢰할 수 없었던 출처의 동일한 보고서보다 더 신뢰할 수 있는 것으로 여겨질 것이다.

신뢰성에 대한 평판을 얻는 데는 시간이 걸린다. 이를 유지하려면 경계가 필요하다. "신뢰성은 얻기 가장 어려운 속성 중 하나이다. 그리고 그것은 인간의 특질 중 가장 연약한 것이다. 그것은 분 단위로, 시간 단위로, 월 단위로, 연도 단위로 적립된다. 그러나 그것은 아주 짧은 시간 순으로 사라질 수 있다 … "(Kouzes & Posner, 1990, p. 24). 주요 의사결정 자리와 전략적 토론에서 목소리를 내고, 임무를 달성하는 데 필요한 자원을 얻으려면 학습 기능은 부서의 성과에 대한 신뢰할 수 있는 증거를 지속적으로 제공해야 한다.

Practical Application
- 자신의 접근 방식이 충분히 엄격하고 이해 가능하며 편견이 없다는 것을 이해 관계자에게 확실히 설명한다.
- 좋은 결과와 나쁜 결과를 보고할 때 솔직함을 통해 신뢰성에 대한 명성을 쌓고 유지하기 위해 열심히 노력한다.

설득력. 효과적인 평가의 세 번째 속성은 학습 활동을 지속, 확장, 수정 또는 중단하는 것과 같은 특정 조치에 대해 설득력 있는 사례를 만드는 것이다. 평가가 처음 두 가지 기준(연관성 및 신뢰성)을 충족하더라도 충분히 설득력 있지 않으면 여전히 실패할 수 있다.

그렇다면 무엇이 설득력 있는 사례를 만드는가? 최소한 모호하지 않고, 기억하기 쉽고, 영향력 있고, 간결한 것이다.

모호하지 않음. 우리의 견해로는 모든 평가에는 조치에 대한 명확한 권장사항이 포함되어야 한다. 만약 그것이 여러분 자신의 프로그램이라면 여러분 자신이 전문가인 것이다. 향후 조치와 관련하여 데이터가 말하는 바를 경영진에게 명확하게 해야 한다. 이것은 신속하고 효과적인 결정을 확보하기 위해 제2차 세계 대전 중 군대에서 개발된 "참모 작업의 완수Completed Staff Work"의 개념이다. 스미스 클라인 앤 프렌치Smith, Kline & French의 CEO인 작고한 프란시스 보이어 Francis Boyer는 자신의 운영 위원회에 보낸 메모에서 그 개념을 이렇게 요약했다. "여러분의 임무는 여러분이 고려한 모든 것 중에서 제안할 가장 좋은 하나의 조치로 발전시킬 때까지 연구하고, 쓰고, 다시 연구하고, 다시 쓰는 것입니다."

권장사항이 궁극적으로 받아들여지든 아니든, 당면한 증거를 기반으로 수행되어야 한다고 생각하는 것을 구체적으로 제시함으로써 전략적으로 사고하고 행동하는 사람으로서 존중을 받게 될 것이다. 보고서 개요에서 권장사항을 맨 앞에 배치하라. 권장사항을 명확하고 대담하게 진술하고 그 뒤에 결과들이 권장사항들을 어떻게 뒷받침하는지 보여준다. 보고서가 끝날 때쯤까지 묻어두지 말라. 그렇게까지 끝까지 읽는 사람은 거의 없다. 그리고 "고려하는 것이 좋을 것 같다"와 같은 "회피하는 듯한 단어"를 사용하여 가치를 떨어뜨리지 않는다. 의견을 가져야 한다. 그것이 바로 제값을 하는 것이다.

기억에 남게 하기. 관리자들은 우리보다 훨씬 더 많은 수백 개의 (종종 상충되는) 메시지에 끊임없이 시달리고 있다. 대부분은 즉시 잊혀지고, 몇 개만 남는다. 메시지가 모든 배경 소음보다 잘 기억되도록 눈에 잘 띄도록 해야 한다.

칩 및 댄 헤쓰Chip and Dan Heath(2008)는 그들의 베스트 셀러 책인 메이드 투 스틱Made to Stick에서, "왜 어떤 메시지는 남아 있고 어떤 메시지는 사라지는가?"라는 질문에 답하기 시작했다. 도시 전설에서 이솝 우화에 이르기까지 수많은 "남아 있는" 메시지를 검토한 후 그들은 기억에 남는 메시지에는 여섯 가지 속성이 있다는 결론을 내렸다(p. 16):

- 단순한
- 예상치 못한
- 구체적인
- 신뢰할 수 있는
- 감정적인
- 스토리 형식

이러한 속성은 복잡하고, 예측 가능하고, 추상적이며, 지루하고, "그냥 사실에 불과한" 경향이 있는 일반적인 기업 프레젠테이션 및 보고서와 뚜렷한 대조를 이룬다. 설리반Sullivan은 "대부분의 교육 부서의 보고서는 너무 길고 지루하며 흥미롭지 못하다"(Sullivan, 2005, p. 282)라고 직설적으로 표현했다.

> 대부분의 교육 부서의 보고서는 너무 길고 지루하며 흥미롭지 못하다.

설득력 있는 평가를 작성하려면:

1. *단순화한다.* 분석 결과에 따르는 단순하고 분명하며 모호하지 않은 권장사항이 있도록 한다.

2. *놀라움.* 예상치 못한 요소나 각도가 있는지 찾거나, 혹은 예상치 못한 방식으로 정보를 제시한다. 후자의 접근 방식은 주의해서 사용한다. 흥미롭고 예상치 못한 방식으로 정보를 제공하는 것과 "관심을 끌기 위한 술책"으로 인식되거나 심각하게 받아들여지기에는 너무 영악한 것으로 인식되는 것 사이에는 미세한 경계가 있기 때문이다.

3. 스토리를 사용하여 *결과를 구체적이고 정서적으로* 흥미롭고 기억에 남도록 한다. 확실한 양적 데이터가 있더라도 더 기억에 남도록 하는 몇 가지 엄선된 이

야기를 포함한다(포인트 사례 D6.5 참조).

포인트 사례 D6.5
너무 많은 숫자, 충분하지 않은 스토리

우리는 초기 컨설팅 업무 중 하나에서 너무 형식적이고 너무 과학적이라는 실수를 저질렀다. 우리는 한 회사에서 주요 교육훈련/변화 관리 활동의 효과를 평가하도록 도와 달라는 요청을 받았다. 효과를 측정하는 데 도움이 되도록 교육참가자들에게 배운 내용을 활용하여 달성한 결과(있는 경우)의 예시를 제공하도록 요청했다.

우리는 교육훈련이 프로세스를 가속화하고, 낭비를 제거하고, 고객을 만족시키는 데 도움이 된 방법에 대한 수백 가지의 풍부하고 상세하며 구체적이고 사실에 의거한 예시들을 수집했다. 재무 부서의 도움으로 신뢰할 수 있는 달러 가치를 이들에 할당하고 그 결과를 프로그램 비용과 비교했다. ROI는 인상적이었다.

우리는 강력한 차트, 표 및 슬라이드 세트라고 생각되는 것을 준비했다. *그러나 우리는 스토리를 포함하지 못했다.*

이 프레젠테이션은 결국 포춘 50대 기업의 이사회에게 하였고, 이사회는 긍정적인 인상을 받았다. 그러나 그들 중 누구도 다음 날 단 하나의 그래프나 통계를 기억하지 못했을 것이다. 우리가 몇 가지 주목할 만한 성공 스토리를 포함했다면 그 스토리는 몇 년이 지난 지금도 여전히 전달되고 있었을 것이다. 이것이 스토리의 힘이다.

얻을 수 있는 교훈은 스토리만으로는 정량적 분석을 대체할 수는 없지만, 스토리는 잊어버리기 쉬운 프레젠테이션을 기억에 남는 프레젠테이션으로 바꾸는 발효제 역할을 한다는 것이다.

비즈니스에서는 스토리를 엉터리, 일화로 치부하고 경영진에 대한 보고서나 프레젠테이션에 포함할 만큼 심각하지 않은 것으로 치부하는 경향이 있다 (Denning, 2011). 그것은 심각한 실수이다. 이는 사물을 기억에 남게 만드는 것에 대해 알려진 것과 정면으로 충돌한다. "말할 가치가 있는" 스토리의 식별, 수

집, 확인 및 사용은 기억에 남고 설득력 있는 방식으로 결과를 입증하고 "교육훈련 스토리를 들려 주는" 성공 사례 방법Success Case Method의 핵심이다(Brinkerhoff, 2003, p. 19). 다니엘 핑크Daniel Pink는 *새로운 미래가 온다*A Whole New Mind(2006)에서 "스토리는 기억하기가 더 쉽다. 스토리는 우리가 기억하는 방식이기 때문이다" (p. 101)라고 말했다.

사용하는 다른 데이터 수집 및 분석 방법에 관계없이 결과를 보고할 때 실제 예시가 되는 스토리를 포함할 수 있는 기회를 찾는다. 이는 메시지를 더 기억에 남게 만들 것이다. 그 스토리에 정서적인 요소가 있다면 훨씬 더 좋다.

임팩트 있는. 임팩트는 실체와 스타일 모두의 문제이다. 실체가 전제 조건이다. 권장되는 행동 방침을 추구하는 (또는 추구하지 않는) 것의 결과가 의사결정을 내리는 사람들에게 상당한 영향력 있는 것임을 보여주어야 한다.

스타일은 메시지를 어떻게 전달하는지에 관한 것이다. 즉, 청중이 사용하는 언어로 결과를 전달하고 그들이 가장 중요하게 생각하는 것을 강조한다. 발견한 것의 가치를 떨어뜨리지 말아야 한다. 훌륭한 결과를 얻은 다음 영향력 있게 전달하지 못하는 것은 비극이다.

> 훌륭한 결과를 효과적으로 전달하지 못하는 것은 비극이다.

간결함. 마지막으로, 설득력 있는 평가는 짧고 핵심적이다. 사람들은 길고 복잡한 분석보다 짧고 예리한 분석에 흔들릴 가능성이 더 크다. 일련의 추론이 따라가기 쉬운지 확인하고 비즈니스 가치를 만드는 데 필요한 만큼의 세부 사항만 포함한다. 다른 모든 내용은 부록이나 백업 슬라이드에 넣는다.

Practical Application

- 보고서는 모호하지 않고 기억하기 쉽고 임팩트있고 간결해야 한다.
- 스토리를 사용하여 결과에 생명을 불어넣는다.
- 평가는 실행 가능한 수준 만큼만 유용하므로 결과에 기반한 구체적인 권장사항을 포함한다.

효율성. 효율성은 모든 비즈니스 프로세스에서 중요하지만 항상 마지막으로 고려해야 한다. 평가의 효율성은 처음 세 가지 원칙이 충족되는 경우에만 중요하다. 즉, 잘못된 것을 측정하는 것은 아무리 저렴하게 또는 신속하게 수행할 수 있더라도 결코 효율적이지 않다. 드러커가 말했듯이 "전혀 하지 말아야 할 일을 효율적으로 하는 것만큼 쓸모없는 일은 없다."

> 하지 말아야 할 일을 효율적으로 하는 것만큼 쓸모없는 일은 없다.

평가 자체가 시간과 자원을 소비하기 때문에 효율성이 중요하다. 기본 규칙은 평가에서 생성되는 정보의 가치보다 평가에 더 많이 투자하지 않는 것이다 (Phillips, Phillips, & Aaron, 2013, p. 26). 평가는 관련 비즈니스 결정을 지원하고 대상 고객을 만족시키는 데 필요한 엄격한 수준으로만 수행되어야 한다. 목적은 가능한 최저 비용으로 연관성 있고 신뢰할 수 있으며 설득력 있는 정보를 생성하는 것이다.

효율성은 평가 결과가 시간에 민감한 것이기 때문에 또한 중요하다. "평가 노력의 성공에 영향을 미치는 요소 중 하나는 평가 결과의 적시성이다. … 때때로 이러한 [시간 제약]은 예산 주기, 자금 지원 요청 마감일, 생산 및 배송 시작 날짜 또는 다른 조치를 취하기 전에 '알아야 할 필요성'과 관련이 있다. 평가가 이 마감일을 놓치면 평가 결과의 사용이 제한적일 수 있다"(Russ-Eft & Preskill, 2009, p. 29).

효율성은 일반적인 비즈니스 운영과 개인 평가 또는 학습 전이 추진의 일부로 이미 수집되고 있는 데이터를 사용하여 얻을 수 있다. 성과의 추가적인 측면들을

혁신적 기업교육의 여섯 가지 원칙: 6D

평가해야 한다면, 데이터 수집을 자동화하는 방법을 찾는다. 대규모 프로그램의 경우 전체 모집단의 무작위 하위 표본을 사용한다. 모든 교육참가자들을 포함하려고 하면 비용이 증가한다. 그런데 특정 지점을 넘어서면 추가적인 인사이트가 더해지지 않는다. 모집단 표본 추출의 미묘한 차이와 잠재적 위험에 익숙하지 않다면 전문가 도움을 찾는다.

설문 조사. 간단하고 저렴한 온라인 설문 조사 도구의 출현으로 많은 사람들로부터 정보를 수집할 수 있는 효율성이 크게 향상되었다. 불행하게도 이러한 도구는 설문조사가 종종 오용되거나 잘못 구성되거나 관리되기 때문에 타당도와 신뢰도를 떨어뜨리는 데에도 기여하였다.

예를 들어, 사람들에게 그들이 얼마나 배웠다고 생각하는지 평가하도록 요청하는 것은 실제로 일어난 학습의 양을 측정(2수준 평가)하는 것과 *동일하지 않다.* 그것을 마치 2수준 평가인 것처럼 나타내면 안 된다. 마찬가지로 사람들에게 교육이 얼마나 가치 있을 것으로 *기대하는지* 묻는 것은 실제 결과가 얼마나 가치 있는지 평가하는 것과 동일하지 않다.

설문조사 구성 방식(질문의 문구, 질문 수, 평가 척도 선택 등)은 타당도, 신뢰도 및 완료율에 상당한 영향을 미친다(Babbie, 2012). 필립스 및 필립스와 아론Phillips, Phillips & Aaron(2013)은 설문조사 설계, 실시 및 분석에 대한 유용한 입문서를 제공했다. 사회학적 조사 방법에 정통하지 않는다면, 마케팅 조사 부서 또는 기타 데이터 수집 및 분석 전문가에게 도움을 요청한다.

> 설문조사 구성 방식은 타당도와 신뢰도에 영향을 미친다.

표준화를 향하여

인재 리포팅 센터 CTRCenter for Talent Reporting는 "중요한 비즈니스 가치를 전달하기 위해 인적 자본의 측정, 보고 및 관리를 "개선하고 표준화"하기 위해 만들어진 업계 주도 비영리 조직이다(Center for Talent Reporting, 2014). 재무 데이터의 표준화된 보고 및 분석을 제공하는 데 사용되는 일반적으로 인정되는 회계 원칙GAAP-Generally Accepted Accounting Principles과 유사하게 인재 관리에 대해 일반적으로 인정되는 일련의 정의 및 원칙을 개발하는 것이 센터의 목적이다. 그 근거는 "학습 및 개발 분야 직업 종사자들이 일련의 안내 원칙에서뿐만 아니라 규모 및 비율 척도의 정의, 계산, 보고를 표준화함으로써 상당히 이익을 얻을 것"이라는 점이다(Barnett & Vance, 2012).

이를 위해 센터는 학습 및 개발 활동을 포함하여 여섯 가지 주요 HR 프로세스에 대한 표준 정의 및 보고서를 개발했다. 센터는 웹사이트www.centerfortalentreporting.org를 통해 자세한 지침, 샘플 보고서 및 템플릿을 무료로 제공한다. 핵심 인재 개발 보고 원칙은 D6의 원칙들과 긴밀하게 연결되어 있고, 특히 다음과 같이 좀 더 비즈니스와 유사한 방식으로 학습 노력을 실행해야 할 필요성과 긴밀히 연결된다:

- 핵심 회사 목적을 규명한다.
- 학습을 핵심 회사 목적과 연계하고 이 학습 활동이 비즈니스 결과에 미치는 기대효과를 설정한다.
- 가장 중요한 효과성 및 효율성 지표를 규명하고, 보고하며 관리한다.
- 계획된 결과를 제공하기 위해 연중 핵심 학습 활동을 관리한다(Center for Talent Reporting, 2013).

이 접근의 논리는 논쟁의 여지가 없고 또 캐터필라 대학교Caterpillar University를 관리하는 데 효과적이었지만(Vance, 2010) 이것이 일반적으로 받아들여지는 표준이 될지는 두고 봐야 한다. 일부 얼리 어답터는 이 접근, 특히 학습을 비즈니스 요구에 맞추는 데 중점을 둔 접근에서 큰 가치를 발견한 반면 다른 사람들은 이 접근 방식이 과잉이라고 생각한다(Kuehner-Hebert, 2014).

특히 제안된 유효성 지표는 문제가 있다. 이는 교육과정이 끝날 때 완료된 설문 조사를 기반으로 한다. 저자들이 주장하는 바는 "응답자가 아직 학습 내용을 적용할 시간이 없었지만, 적용하려는 의도와 가능한 임팩트 및 가치를 제공할 수 있다는 것이다. 이러한 질문에 대한 답변은 실질적인 수준 3과 5 평가 결과의 우수한 지표 혹은 예측변수가 되는 경향이 있다"(Barnett & Vance, 2012, p. 31). 우리는 그 주장을 뒷받침하는 잘 설계된 연구에 대해 아는 바가 없으며 교육참가자의 적용 의도와 "가능성 있는 임팩트 및 가치"에 대한 예측이 특히 핵심 또는 전략적 프로그램에 대한 신뢰할 수 있는 효율성 지표로서 경영진에 의해 수용될 것인지에 대해 의문을 제기한다.

기본 원칙 요약

광범위한 목표, 유형 및 다양한 학습 활동을 평가하는 데 단일 접근 방식을 사용할 수는 없다. 그러나 네 가지 원칙이 평가를 설계할 때 보편적으로 적용될 수 있으며 표 D6.2에 요약되어 있다.

표 D6.2. 효과적인 평가의 속성

연관성	교육과정 목표(원하는 비즈니스 결과)에 고객에게
신뢰성	충분한 데이터 포인트 편향되지 않은 합리적인 이해할 수 있는 신뢰할 수 있는 출처에서
설득력	모호하지 않은 기억에 남는 임팩트 있는 간결한
효율성	앞의 세 가지 기준을 충족한다. 의사결정을 위한 가치보다 더 많은 시간과 돈을 사용하지 않는다.

평가라는 난제
The Evaluation Challenge

이 주제에 관한 수십 권의 책과 학습의 효과를 어떻게 측정하는지에 대한 수많은 세미나에도 불구하고 평가는 대부분의 학습 부서에게 여전히 좌절의 원천으로 남아 있다. 1/3 이상이 그들의 평가 노력에 만족하지 못하고 있다(ASTD Research, 2009). 와튼 비즈니스 스쿨의 연구에서 교육 부서 임원들은 "어떻게 가치를 측정하고 커뮤니케이션 하는지"를 최우선 도전으로 꼽았다(Betoff, 2007).

세 가지 주요 원인이 있다고 생각한다:

- 무엇을 측정할 지 분명하게 정의하기 전에 어떻게 측정할 지에 대해 걱정하는 것
- 프로세스 지표와 비즈니스 결과를 혼동하는 것
- 스스로 평가하는 DIY 방식을 고수하는 것

무엇을 측정할 것인가

6D 워크숍에서 우리는 사람들에게 다음 중 "어느 것이 최고의 측정 도구인가요?"라고 묻기를 좋아한다.

- 눈금 실린더
- 줄자
- 전자 저울

물론 대답은 로프의 길이, 액체의 부피 또는 코끼리의 무게를 측정해야 하는지 여부에 따라 다르다. 이렇게 제시될 때 명백하듯이, 무엇이 측정되어야 하는지에 대해 먼저 구체화하지도 않은 채, 교육담당자들 사이에서 평가에 대한 수많은 논의가 브링커호프의 성공 사례 방법, 필립스의 ROI 또는 커크패트릭의 뉴월드 모델의 상대적인 장점에 대한 논쟁으로 악화되는 것은 놀라운 일이다.

실제로 교육 부서가 저지르는 가장 흔한 실수는 *무엇을*을 *어떻게*와 혼동하는 것이다. 평가라는 주제가 나오자 마자 "그것"이 무엇인지 정의하기도 전에, "그런데 우리는 그것을 측정할 방법을 모르겠습니다!"라고 말한다. 우리의 경험에 비추어 볼 때, 일단 무엇을 측정하고자 하는지 명확하게 진술할 수 있으면 보통은 도움을 줄 누군가 혹은 응용할 수 있는 어떤 방법을 찾

> '무엇에' 대해 명확해질 때까지 '어떻게'에 대해 걱정하지 말라.

을 수 있다. 그러나 무엇을 측정해야 하는지 명확해질 때까지는 어떻게 결과를 측정하는지에 대한 어떠한 논의도 말 앞에 수레를 두는 것과 같다.

무엇이 측정되어야 하는지는 해당 학습 활동의 논리 모델에 의해 (그림 D6.5) 결정되며 다음을 나타낸다:

- 기대되는 결과 및
- 활동(activity), 산출물(output) 및 결과(outcome) 사이의 관계

그림 D6.5. 학습 활동의 논리 맵은 측정되어야 하는 결과와
핵심 산출물 변인을 분명하게 보여준다.

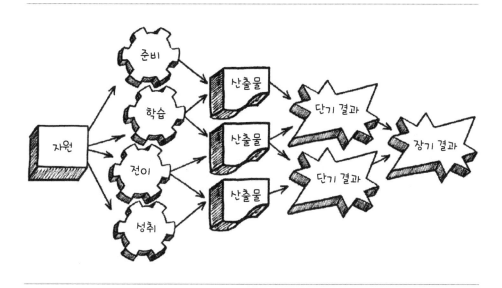

기대되는 결과. 기대되는 결과를 아는 것의 중요성은 명백하다. 먼저 "우리가 성취하고자 하는 것이 무엇인가?" 질문에 우선적으로 대답하기 전까지는 해당 학습활동이 성공적인지를 유의미하게 측정할 수 없다는 것이다. 달성하려고 했던 결과가 바로 궁극적으로 측정되어야 하는 것이다.

필수 산출물. 논리 모델이 원하는 결과를 달성하는 데 필수적인 것으로 보여주는 여러 주요 산출물(프로세스 지표)들을 측정하고 싶을 것이다. 예를 들어 이러닝 모듈을 완료하는 것이 실습 중심 학습 경험을 위한 필수 준비로 여겨진다면, 프로세스의 이 부분이 작동하는지 이해하기 위해 실제로 완료한 참가자 수를 추적하는 것이 중요할 수 있다. 그렇지만, 그 산출물(output) – 교육받은 사람의 수, 학습한 양, 완료한 모듈 등은 비즈니스가 추구하는 행동 및 결과에서의 변화와 같은 *결과(outcome)*와 똑같지 않다(아래 참조).

이해관계자들이 가치를 두는 것. 마지막으로 무엇을 측정하는 가는 이해관계자의 가치에 따라 다르다. 평가는 이름에서 알 수 있듯이 가치 또는 값어치에 대한 평가이다. 그러나 가치는 킬로그램이나 줄joule처럼 보편적으로 합의된 척도가 아니다. 같은 물건이라도 사람에 따라, 심지어는 같은 사람이라도 시간에 따라 다른 가치를 갖는다. 예를 들어, 10미터 길이의 로프의 척도는 일정하지만 그 *가치*는 상황에 따라 다르다. 즉, 8미터를 하강해야 하는 경우

> 같은 물건이나 수량이라도
> 사람마다 다른 가치를 갖는다.

는 높은 가치이고 20미터를 하강해야 하는 경우는 가치가 없는 것이다. 마찬가지로, 와인 감정가라면 빈티지 보르도에 대해 (그 가치에 대한 당신의 감각을 나타내는) 최고 가격을 기꺼이 지불할 수 있다. 그러나 이 동일한 와인은 와인 스펙테이터가 얼마나 높게 평가했는지에 관계없이 술을 마시지 않는 어떤 동료에게는 가치가 0이 될 것이다(그림 D6.6).

그림 D6.6. 가치는 주관적이고 상황적이다.

혁신적 기업교육의 여섯 가지 원칙: 6D

요점은 무엇을 측정해야 하는지 결정하기 전에 이해관계자들이 가치를 어떻게 정의하는지 그들과 논의해야 한다는 것이다. 한 고위 경영진은 재무 ROI 분석을 고집할 수 있지만 다른 고위 경영진은 그러한 접근 방식에서 가치를 찾지 못할 수 있다(포인트 사례 D6.6 참조).

포인트 사례 D6.6
먼저 문의하라

자동차 산업의 한 대기업은 우선 순위가 높은 학습 활동의 ROI를 평가하기 위해 십만 달러 이상을 지출했다. 결과는 인상적이었고 여러 배의 수익을 암시했다. 교육 부서는 의기양양했다. 경영진에게 결과를 발표하기 전까지는 말이다. 최고 재무 책임자는 분석을 한 번 보고 이렇게 말했다. "이것은 내가 ROI를 정의하는 방식이 전혀 아니네요. 이 결과는 가치가 없습니다."

이야기의 요점은 그들이 사용한 특정 방법론이 *개략적으로* 옳았는지 틀렸는지가 아니다. 요점은 그들의 *상황에서* 올바른 접근이 아니었다는 것이다. 조사를 시작하기 전에 교육담당자들은 제안하는 평가가 연관성 있고 신뢰할 수 있으며 설득력이 있는지 여부를 경영진에게 문의해야 한다.

고객의 목소리는 항상 들린다. 단지 언제인지 시기의 문제일 뿐이다. 조사를 수행하기 위해 시간, 자금, 노력을 투입하기 *전에* 이해관계자에게 물어보는 것이 너무 늦은 *후에* 하는 것보다 훨씬 낫다.

Practical Application
- '어떻게'에 대해 걱정하는 시간을 보내기 전에 항상 무엇이 측정되어야 하는지 파악한다.
- 이해관계자들에게 가치 있을 것으로 가정한 것이 아니라 그들이 실제로 가치로 정의한 것을 측정해야 한다.
- 평가의 일부로 전이 풍토의 핵심 요인들을 포함한다.

산출물output vs. 결과outcome

아인슈타인은 셀 수 있는 모든 것이 반드시 중요한 것은 아니라는 유명한 말을 남겼다. 프로그램 평가와 관련하여 이것이 의미하는 바는 무언가에 숫자를 매길 수 있다고 해서 그것이 학습 활동이 가치가 있었는지 여부에 대한 질문에 대한 답을 의미하지는 않는다는 것이다.

교육 부서에서 측정할 수 있는 항목에는 산출물(프로세스 지표)과 결과라는 두 가지 광범위한 범주가 있다(표 D6.3). 교육을 받은 사람의 수, 비용, 반응과 같은 프로세스 지표는 학습 기능을 관리하고 개선 기회를 규명하는 데 중요하다. 그러나 이것은 *경영진에게 관심이 있는 결과가 아니므로*(그림 D6.7) 그렇게 나타내서는 안 된다.

표 D6.3. 내부 학습 프로세스 지표 대 비즈니스 결과의 예시

산출물 (outputs)	결과 (outcomes)
교육참가자 수	긍정적 행동의 증가
제공된 과정	생산성 향상
개발된 이러닝 프로그램	고품질 / 오류 감소
완료된 과정의 수	고객 만족 개선
교육 시간	직원 몰입도 향상
프로그램, 참가자, 혹은 시간당 비용	사고 및 다운타임 감소
사후 검사 점수	생산성 향상 시간 단축
만족도 점수	더 효과적인 프레젠테이션
비즈니스 얼라인먼트	생산 비용 절감
완료된 평가	영업 효과성 증진
코칭 상호작용의 수	시장 출시 시간 단축

혁신적 기업교육의 여섯 가지 원칙: 6D

그림 D6.7. 반응 및 습득한 지식과 같은 산출물 지표는
경영진에게 관심 있는 결과가 아니다.

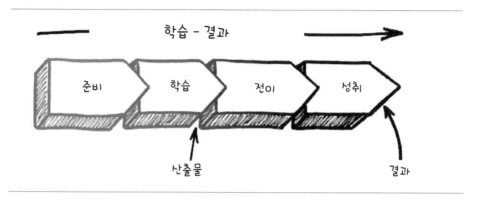

활동이 성공적인 결과(비즈니스 요구를 충족시키는 것)에 기여했는지 여부를 알지 않고는 학습 활동의 가치를 평가하는 것이 불가능하기 때문에 산출물 측정만으로는 충분하지 않다. 예를 들어 올해 직원들이 작년보다 두 배 많은 이러닝 모듈을 이수했다고 가정한다(산출물 100% 증가). 이러닝 모듈을 완료하는 것이 더 나은 성과에 기여하는 경우에만 좋은 일이다. 반면에 이러닝의 결과로 가시적인 결과(성과의 변화)

> 경영진이 관심을 갖고 있는
> 결과를 입증한다.

가 없다면 올해는 지난 해보다 두 배의 시간을 낭비한 것이다. 축하할 이유가 없다. 밴 아델스버그와 트롤리Van Adelsberg & Trolley(1999)는 다음과 같이 말했다: "교육에 1달러만 지출하고 있지만 그 대가로 아무런 비즈니스 가치를 얻지 못한다면 그것은 지출을 초과한 것이다"(p. 75).

마찬가지로 과정 종료시 지식 테스트는 규제 요구 사항을 충족하거나 최소한 자료 내용을 기억할 수 있는지 확인하는 데 중요할 수 있지만 그와 같은 학습-2수준 평가-은 비즈니스 목표가 아니다. 이것은 성과 향상을 위한 논리 맵의 이정표일 뿐이다. 아마도 이러한 이유로 미 육군 교훈lessons learned 센터는 행동 *변화를 가져오지 않는* 한 무언가를 학습했다고 생각조차 하지 않는다(Darling & Parry, 2001). 교육참가자들이 "내가 할 수 있나?"에 "그래"라고 대답할 수 있더라도 "무엇을 해야 할지에 대해 아는 것이 그에 일치하는 조치나 행동을 초래

하지 못하는 경우가 종종 있다"(Pfeffer & Sutton, 2000, p. 4).

얼마나 많은 비용을 사용하든, 얼마나 바쁘든, 심지어 사람들이 얼마나 많이 학습했는지는 중요하지 않다. 중요한 것은 제공하는 교육훈련이 가치 있는 결과 (비용 이상의 가치)를 만들어내는 것이다. 이를 제공하려면 단지 활동과 산출물 만이 아니라 D1에서 정의된 결과를 평가해야 한다.

Practical Application

- 결과와 프로세스의 산출물을 모두 측정하되 혼동하지 않는다.
- 결과 지표를 최종 결과로 보고한다.
- 프로세스 지표를 사용하여 학습 기능을 관리하고 효율성을 측정하며 개선 기회를 규명한다.

"Do-It-Yourself" 접근 방식을 고집하는 것

학습 활동의 효과적인 평가에 대한 마지막 장애물은 교육담당자가 "혼자서" 모든 것을 스스로 하려고 하는 경향이다. 평가는 전문적인 스킬이다. 이 주제에 관한 수많은 장편의 책(예를 들어, Russ-Eft & Preskill, 2009), 평가에 관한 대학교 교육과정, 심지어 평가자를 위한 인증 프로세스(George Washington University, 2014)도 있다. 모든 교육담당자들이 성인 학습, 교수 설계, 퍼실리테이션 및 기타 여러 스킬뿐만 아니라 평가의 전문가가 될 것이라고 기대하는 것은 비합리적이다.

자신이 혹은 부서의 누군가가 평가에 대한 특정 전문 지식이 없다면 도움을 받아야 한다. "타당한 측정을 수행할 수 있는 교육이나 경험이 없다면 조직에서 측정 및 통계 교육을 받은 다른 사람을 참여시킨다. 보통은 품질 부서에서 찾을 수 있다"(Rosenbaum, 2014). 전문가들과의 계약은 우수한 평가를 산출할 뿐만 아니라 그들과 함께 작업함으로써 담당자 자신의 이해와 전문성을 심화시킬 수 있다.

Practical Application

- 모든 일에 전문가가 되어야 한다고 느끼지 않는다. 시장 조사 또는 프로세스 개선 전문가들로부터의 평가 지침을 구한다.
- 간단하게 시작하여 실행하며 배운다.

6단계 평가 프로세스
A Six-Step Process of Evaluation

D6 결과 입증의 실천에는 6단계가 있다(그림 D6.8):

1. 진정으로 중요한 결과가 무엇인지 확인한다.
2. 프로젝트 계획을 수립한다.
3. 데이터를 수집하고 분석한다.
4. 조사 결과를 보고한다.
5. 조사 결과를 마케팅한다.
6. 개선 사항을 실행한다.

그림 D6.8. 결과 평가를 위한 6단계 프로세스

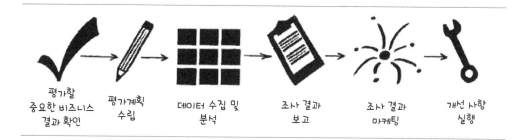

1. 평가할 중요한 비즈니스 결과 확인

무엇을 측정할지 결정하는 것은 학습 활동을 평가하는 과정에서 단 하나의 가장 중요한 결정이다. 이상적으로는 성공의 정의가 경영진과의 D1 논의의 일부였어야 한다. 결과 플래닝 휠(그림 D6.9)을 사용한다면, D6에서 무엇을 측정할지 결정하는 것은 단순히 논의의 요약을 검토하면 된다. 만약 해당 프로그램에 변화가 생겼다면, 성공 기준을 재확인하는 것으로 이루어진다. 결과에 대한 기준이 아직 지정되지 않았다면, 논리 모델링(Frechtling, 2007; Parskey, 2014; Ridge, 2013), GAPS! 방법론(Robinson & Robinson, 2008), QFD(Quality Functional Deployment)와 같은 6시그마 도구(Islam, 2006) 또는 가장 중요한 결과를 규명하기 위한 기타 방법들을 사용한다. 성공의 열쇠는 경영진이 성공을 어떻게 정의하는지와 측정해야 할 것이 무엇인지 알 때까지 데이터 수집을 시작하지 않는 것이다.

그림 D6.9. 결과 플래닝 휠

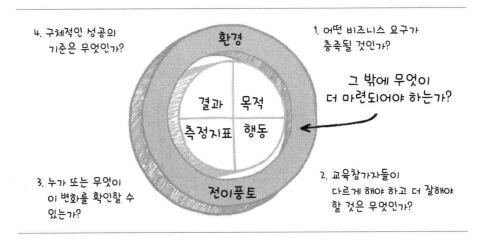

물론 어떤 개입에 대해서라도 많은 것들이 측정될 수 있을 것이다. 도전은 측정할 수 있는 "결정적 소수"로 측정할 수 있는 사물의 우주를 줄이는 것이다. 더 많은 것이 반드시 더 좋은 것은 아니다. 더 많은 매개변수를 추적할수록 더 많은 비용(시간과 돈)이 들고 더 많은 설명을 해야 하며 설명할 수 없는 상황에 직면할 가능성이 높아진다. 이러한 이유로 우리는 커크패트릭 4수준 평가를 모두 순차적으로 평가해야 한다는 제안에 동의하지 않는다.

"증거의 사슬"을 구축하는 것은 이론적으로는 의미가 있지만 비용이 많이 들고 번거롭고 불필요하다. 그렇기 때문에 커크패트릭 뉴월드 모델은 1수준과 2수준을

> 더 많은 것이 반드시
> 더 좋은 것은 아니다.

덜 강조하고 "기대 대비 수익ROE Return on Expectation"(3과 4수준)을 측정하는 데 중점을 둔다. 만약 연관성 있는 결과가 달성되었다는 것을 보여줄 수 있다면, 교육참가자들이 무언가를 배웠다는 것을 증명할 필요가 없다. 그들이 학습한 것이 분명하기 때문이다.

반면에 하나의 매개변수만 측정하여 "모든 달걀을 한 바구니에 담는" 것을 원하지는 않을 것이다. 모든 조사 과정에서 데이터 수집 또는 분석에 예기치 않은 문제가 발생할 수 있으므로 일부 보완 또는 대체 조치를 마련해야 한다. 그림 D6.10에서의 흐름도를 사용하면 도움이 된다.

그림 D6.10. 무엇을 측정할지 선택하는 데 도움을 주는 흐름도

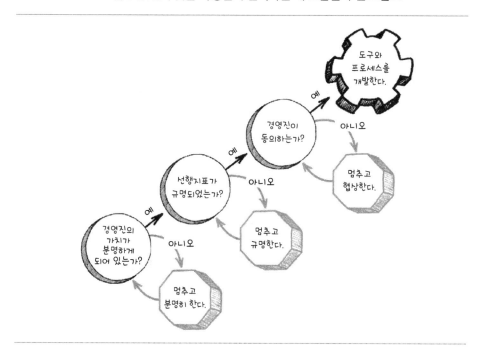

또한 효율성을 판단하고 개선의 기회를 규명하기 위해 훈련된 사람의 수 등을 넘어 어떤 산출물 지표를 평가해야 할 것인지 결정해야 한다. 결과에 영향을 미칠 핵심 요인들에 대한 논리 모델 또는 가치 사슬을 검토한다.

우리가 성공적으로 사용한 한 가지 접근은 평가를 *수행하기 전에* 평가 개요를 작성하는 것이다. 경영진과 초안을 공유하여 그러한 분석이 경영진에게 가장 중요한 결과를 다루는지 확인한다. 물론 결과 섹션은 비워 두지만 방법론, 수집된 데이터의 종류와 방법, 도출할 수 있을 것으로 예상되는 일종의 결론을 기술한다. 요약된 형태로 작성된 것을 보면 경영진으로 하여금 이 평가가 자신의 요구를 충족시킬지 여부를 결정하는 데 도움이 된다.

Practical Application
- "학습 활동이 잘 되고 있는가?"라는 질문에 답할 최소한의 결과 지표를 선정한다.
- "프로세스의 어떤 부분을 더 개선할 수 있는가?"라는 질문에 답할 최소한의 산출물 (프로세스 지표)을 선정한다.

2. 평가 프로젝트 계획 수립

일단 평가할 결정적인 몇 가지 지표를 선택했다면, 소매를 걷어붙이고 상세한 평가 프로젝트 계획을 세울 때이다. 그것은 다음을 포함한다:

    A. 데이터 수집 시기 결정
    B. 비교 대상 선정
    C. 데이터 수집 기법 선정
    D. 분석 계획
    E. 프로젝트 일정표 작성

A. 데이터 수집 시기 결정. 데이터를 *언제* 수집할 지 결정하는 것은 거의 무엇을 수집할지 결정하는 것만큼이나 중요하다. D6는 비즈니스와 연관된 결과를 입증하는 것이기 때문에 교육참가자들이 새로운 지식과 스킬을 업무에 적용하고 결과가 분명해질 만큼 충분히 오래 적용할 수 있는 충분한 시간을 가진 *후에만*

관련 결과를 수집할 수 있다. 고객 서비스 또는 제조 기계 작동과 같은 일부 유형의 교육훈련의 경우 수일 내에 입증 가능한 개선이 나타날 수 있다. 전략적 영업, 관리 또는 리더십 교육과 같은 다른 유형의 경우에는 원하는 결과를 입증하기까지 몇 주 또는 몇 달이 걸릴 수 있다.

> 언제를 결정하는 것은 거의 무엇을 결정하는 것만큼이나 중요하다.

시간이 본질이다. 효과를 빨리 평가할수록 데이터는 활동을 확장, 지속, 수정 또는 중단할지 여부를 결정하는 데 더 유용하다. 결과가 나타나기까지 오랜 시간이 필요한 프로그램의 경우 선행 지표를 찾는다. 선행 지표의 개념은 카플란과 노튼Kaplan & Norton의 "BSCBalanced Scorecard"에 대한 신기원을 이룬 작업에서 비롯되었다(Kaplan & Norton, 1992). 아이디어는 고객 만족도 점수 및 파이프라인에 있는 신제품 수와 같은 미래 지향적 지표가 과거 실적만 반영하는 재무제표보다 회사의 미래 성과를 더 잘 예측한다는 것이다.

교육훈련 성공의 "선행 지표leading indicators"는 행동에서의 변화이다(그림 D6.11). 사람들이 성과를 개선하려면 새롭고 더 나은 방식으로 자신의 업무를 수행해야 하기 때문이다. 길버트Gilbert(1978)는 진정한 목적은 눈에 보이는 행동 그 자체가 아니라 성취라고 일찍이 지적했지만, 행동에서의 변화는 반드시 성과에서의 변화에 선행한다. 많은 경우, 행동에서의 의미 있는 변화를 보여주는 것이 경영진이 요구하는 효과성 증거의 전부이기도 하다. 왜냐하면 논리 모델에서 설명된 것처럼 경영진은 특정 행동과 비즈니스 결과 사이의 상관관계를 이미 받아들였기 때문이다.

그림 D6.11. 행동에서의 변화는 결과에서의 변화에 선행한다.

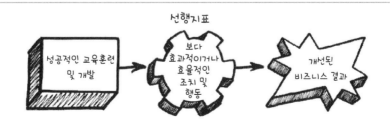

아스트라제네카의 CEO인 데이빗 브레넌은 이를 다음처럼 설명했다:

"분명히 사람들은 비즈니스 결과를 정량화하기를 원합니다. 그것이 중요한 척도이지만 훨씬 더 측정 가능한 것은 교육 프로그램의 행동적 결과의 질이라고 생각합니다."

"코칭이 성과 관리 프로세스의 중요한 부분이라고 믿고 코칭 프로그램을 시행한다면 우리가 측정하고자 하는 것은 코치가 인식하는 것이 아닌 코칭을 받는 사람들이 인식하는 코칭의 품질입니다."

"승리를 향한 팀의 열정에 대한 행동을 보여주는 것이 우리에게 중요하다고 말한다면, 우리가 해야 할 일은 그러한 행동이 사람들에 의해 나타나고 경영진에 의해 강화되고 있는지 알아보기 위해 환경을 테스트하는 것입니다. 우리가 마련할 수 있는 다른 더 어려운 지표들이 있습니다 … 하지만 조직의 운영 환경 측면에서 평가는 추진하고 있는 행동적 결과에 훨씬 더 집중할 필요가 있습니다."

논리 모델은 일반적으로 단기 결과와 장기 결과를 구별한다(Frechtling, 2007). 행동 변화는 단기적인 결과이다. 조기에 이용가능하다는 것 외에, 행동 변화를 효과성 지표로 사용하는 또 다른 이점은 학습 및 성과 지원 이외의 요인에 덜 영향을 받는다는

> 평가는 행동적 결과에 더 집중해야 한다.

것이다. 매출, 직원 유지 또는 브랜드 평판과 같은 광범위한 비즈니스 지표에 대한 교육훈련 효과를 분리하는 것은 매우 어려울 수 있다. 따라서 판매를 늘리기 위해 고안된 프로그램의 이상적인 지표는 언뜻 판매 실적인 것처럼 보이지만 문제는 영업 매출이 교육훈련 외에도 광고 효과, 계절성, 경쟁업체의 조치, 제조 이슈 등 수많은 요인들에 의해 영향을 받는다는 것이다. 판매가 증가하면 모든 부서가 자신의 공적을 주장하려고 하고, 그렇지 않으면 교육훈련의 잘못으로 돌린다.

행동에서의 변화를 평가하는 것은 학습이 기여한 바에 대해 보다 직접적인 증거를 제공한다. 학습 활동의 목표가 영업 홍보를 시작하기 전에 더 많은 탐색 질문을 하도록 영업사원을 교육하여 판매를 촉진하는 것이라고 가정해 보겠다. 따

라서 성공의 초기 결과 측정은 영업 담당자가 고객과의 실제 논의에서 묻는 질문의 수와 질이 증가하는 것이다. 바람직한 행동에서의 상당한 증가를 입증하는 것이 판매 결과보다 교육훈련 및 성과 지원의 영향에 대한 더 신뢰할 수 있는 지표가 될 것이다.

Practical Application

- 학습 활동이 잘 되고 있는지 확인하기 위해 결과가 명백할 것으로 예상되는 시점에서 즉시 평가한다.
- 경영진이 동의하면, 행동을 결과 지표로 사용한다. 행동이 더 빨리 측정가능하고 외부 요인의 영향을 덜 받기 때문이다.

B. 비교 대상 선정. 학습 활동이 성과를 개선했다고 주장한다면 다음과 같은 질문이 생긴다. "무엇과 비교해서 그런가요?" 그 주장은 사람들의 성과가 교육훈련 후 전보다 더 좋아졌다는 건가요? 아니면 교육훈련을 받은 사람들이 받지 않은 사람들보다 더 잘 수행했다는 주장인가요? 어떤 식으로든 평가는 항상 어떤 형태의 비교를 의미한다.

> 평가는 항상 어떤 형태의 비교를 의미한다.

따라서 프로그램 평가를 설계하거나 또는 외부와 계약할 때 포함되는 것은 효과성을 입증하기 위해 어떤 비교를 할 것인지 결정하는 것이다. 이 결정은 비교를 할 때마다 그것이 타당하다는 것을 보여주도록 도전받을 수 있기 때문에 중요하다.

비교는 역사적이거나 동시적일 수 있다. 전형적인 역사적 비교는 교육훈련 전후에 각 개인의 성과를 측정하는 것이다. 또 다른 접근은 사람들에게 누군가의 현재 성과를 과거 성과와 비교하도록 요청하는 것이다. 이것은 후속 조치의 중요성을 보여주기 위해 골드스미스와 모건Goldsmith & Morgan(2004)이 사용한 접근이다.

각 개인은 자신의 "통제집단" 역할을 하기 때문에 역사적 비교는 두 그룹의 사람들을 비교할 때 발생할 수 있는 편향성의 많은 잠재적 원천을 피한다. 이는 높은 안면 타당도를 가지고 있다. 즉 대다수의 직원들이 교육훈련 후 더 나은 성과를 보인다면 학습이 가치를 더했다는 꽤 설득력 있는 주장이다.

그렇지만 이 접근이 완벽하지는 않다. 어쨌든 사람들의 성과는 경험과 함께 향상되는 경향이 있으므로 두 번째 관찰에서 개선의 일부 또는 전부는 단순히 학습 활동 그 자체가 아니라 더 많은 경험의 이점을 반영할 수 있다. 마찬가지로 사람들에게 누군가의 현재 성과를 과거 성과와 비교하도록 요청하는 접근 방식은 분명히 오류가 있는 인간의 기억에 의존한다. 마지막으로 시간 경과에 따른 개선은 학습과 무관한 환경 변화의 결과일 수 있다. 그럼에도 불구하고 사전사후 비교는 비즈니스 리더가 잘 이해하고 수용하기 때문에 일반적으로 좋은 선택이라고 할 수 있다.

동시적 사례–대조군 평가는 역사적 비교에 대한 많은 우려를 제거한다. 사례–대조군 접근은 실험 집단(이 경우 교육훈련을 받은 사람들)의 성과를 유사한 통제집단(교육훈련을 받지 않은 사람들)과 비교하는 고전적인 실험실 연구이다. 이상적으로는 체계적 차이(편향성)를 피하기 위해 피험자를 한 그룹 또는 다른 그룹에 무작위로 할당한다. 하지만 그러한 엄격함은 기업 교육 프로그램에서는 거의 실용적이지 않으며 두 그룹이 유사하게 구성되도록 노력하는 한 실용적인 목적으로는 아마도 그러한 엄격함은 불필요할 것이다.

평가에 관한 교과서(예: Russ–Eft & Preskill, 2009) 또는 실험 설계(Ryan, 2007)에 대한 보다 철저한 논의를 참조하라. 중요한 점은 평가를 신뢰할 수 있으려면 모든 비교가 정당한 것으로 인식되어야 한다는 것이다. 편향을 완전히 제거할 수 없는 경우 편향성과 그 편향성이 결론에 미칠 수 있는 잠재적 영향을 인정한다.

많은 글들이 교육훈련의 효과를 분리하는 것의 중요성에 대해 쓰여졌다. 우리의 관점은 브링커호프(2006)의 관점과 유사하다. 즉, 우리는 교육훈련에 기인할 수 있는 개선의 비율을 계산하려고 시도하는 것은 무의미한 관행이라고 느끼

혁신적 기업교육의 여섯 가지 원칙: 6D

고 있다. 첫째로, 교육훈련의 효과는 전이풍토와 결코 분리될 수 없다. 교육훈련이 성공하면 교육훈련 자체와 전이 지원의 결과이다. 실패하면 보통은 전이 프로세스에서의 문제이다. 이 둘은 뗄래야 뗄 수 없는 관계이다. "교육 프로그램을 평가할 때 이는 사실상 성과 시스템의 임팩트를 평가하는 것이다. … "(Binder, 2010).

따라서 교육참가자들에게 학습으로 인한 비율을 추정하도록 하여 교육훈련의 영향을 분리하려고 시도하지 않는 것이 좋다. 이러한 추정치의 신뢰성은 엄격하게 입증된 적이 없다. 그것들을 사용하는 것은 잠재적으로 전체 평가 활동의 신뢰성과 유용성을 훼손한다.

이와 같은 고려 사항은 단순히 학술적인 것이 아니다. 평가의 목적은 정보에 근거한 의사 결정을 지원하는 것이다. 잘못된 측정 기준이나 잘못된 비교 기준을 선택하면 잘못된 결론으로 이어져 해로운 결정을 내릴 수 있다. 프로그램의 진정한 가치를 과대평가

> 평가의 목적은 정보에 근거한 의사 결정을 지원하는 것이다.

하는 평가는 프로그램을 지속하려는 낭비적인 결정으로 이어질 것이다. 반대로, 효과적인 프로그램의 진정한 가치를 과소평가하는 잘못 설계된 평가는 프로그램을 축소하거나 제거하는 비극적인 결정에 기여할 수 있다.

Practical Application

- 학습 활동의 결과를 무엇과 비교할지 결정한다.
- 학습 기여도의 비율을 계산하려고 하지 않는다. 이는 특별히 연관성 있거나 신뢰할 수 있거나 유용하지 않기 때문이다.

C. 데이터 수집 기법 선정. 선정한 그룹 및 지표에 대한 데이터를 어떻게 수집할 것인가? 언제나 그렇듯 "악마는 디테일에 있다." 무엇을 측정하기로 선택했는지는 평가의 연관성을 결정하고, *어떻게* 측정하는지는 신뢰성에 영향을 미친다. 따라서 *무엇을* 평가하려고 제안하는지뿐만 아니라 *어떻게* 그 정보를 수집할 것

인지에 대해서도 고객이 동의하는지 확인해야 한다.

예를 들어 경영진은 행동의 특정 변화가 특정 활동의 성공을 구성한다는 데 동의할 수 있다. 그러나 행동을 입증할 수 있는 방법에는 여러 가지가 있다. 자기보고("나는 그 일을 훨씬 더 많이 하고 있다")로 충분한가? 감독관의 확인이 필요한가? 아니면 제3자가 행동을 관찰하고 행동을 세거나 점수를 매기도록 해야 하는가?

마찬가지로 경영진이 효과에 대한 재무적 분석을 보고 싶어할 수도 있다. 그 분석은 얼마나 엄격해야 하는가? 교육참가자 스스로의 추정으로 충분한가, 아니면 재무 부서에서 분석을 가져와야 하는가? 이러한 질문에 대한 "올바른" 대답은 상황에 따라 다르다. 이는 가용 자원으로 실현 가능한 것이 무엇인지 *그리고* 고객이 수용할 수 있는 것이 무엇인지에 달려 있다.

수집할 수 있는 데이터에는 비즈니스 지표, 관찰, 추정, 의견 및 예시의 다섯 가지 기본적인 종류가 있다. 측정하려는 결과가 어떤 범주에 속하는지 명확해지면 각각에 대한 제한된 수의 방법이 있기 때문에 수집하는 방식을 선택할 수 있다(표 D6.4).

표 D6.4. 증거의 종류 및 데이터 수집 방법

데이터 종류	예시	수집 방법
비즈니스 지표	제품 매출 직원 유지율 최초 품질 보고가능한 사고 재구매율	비즈니스 정보 시스템에서 추출
관찰	고객 상호작용 질문에 대한 응대 판매 기법 직원 상호작용 과제수행	직접 관찰 시연/롤 플레이 시뮬레이션

추정	사용 빈도 시간 절약 재무적 이익	설문조사 인터뷰
의견	지원의 품질 리더십 순 추천 고객지수 팀웍 작업 결과물의 품질	설문조사 인터뷰 포커스 그룹 전문가 검토
예시	성취 스토리 결정적 사건 작업 결과물	설문조사 인터뷰 제출된 계획, 보고서 등의 검토

비즈니스 지표. 비즈니스 지표는 회사가 지속적인 운영의 일부로 일상적으로 수집하는 데이터이다. 여기에는 판매(품목 및 금액)에서 오류 수 또는 불량 비용, 제조 비용, 리드 타임, 품절, 축소, 예측 정확도 등에 이르기까지 모든 것이 포함된다. 기존 비즈니스 지표가 프로그램의 연관성 있는 결과의 기준을 충족하고 다른 요인들에 의해 완전히 판단을 흐리게 하지 않는다면 반드시 사용한다. 비즈니스 지표는 즉시 신뢰할 수 있고 비즈니스와 연관성 있다는 장점이 있다. 이미 수집 중이기 때문에 추가적인 수집 비용은 없다.

비즈니스 지표를 결과 지표로 사용할 계획이라면, 필요한 세부 수준(개별 교육참가자)에서 접근할 수 있는지 확인한다. 교육훈련 전후 또는 교육훈련 받은 사람들과 받지 않은 사람들 간의 비교를 하기 위해서는 그 정도의 특이성이 필요하다. IT, 재무 또는 데이터를 소유한 사람과 만나 필요한 사항, 직원, 기간을 설명한다. 개인정보보호가 문제라면, 교육참가자에 대해 가명이나 코드 번호를 사용한다.

관찰. 교육훈련 프로그램의 결과가 현업에서의 변화나 조치라면, 가장 연관성 있고 신뢰할 수 있는 데이터는 직접 관찰이다(그림 D6.12). 이는 신뢰도의 낮은 수준에서는 자체 관찰부터 높은 수준에서는 "미스터리 쇼핑객"과 같이 고객 서비스를 평가하는 훈련된 관찰자에 의한 수행 체크리스트까지 다양하다 (Donohoe, Beech, Bell-Wright, Kirkpatrick, & Kirkpatrick, 2014). 고객에게 "매장에 들어왔을 때 직원이 반갑게 맞이했습니까?" 또는 "영업 사원이 귀하의 질문이나 우려 사항을 적절하게 해결했습니까?"를 묻는 것과 같이, 보통 중간 수준의 엄밀함이면 충분할 것이다. 다른 예로는 특정 행동에 대해 관리자, 동료 또는 부하 직원에게 질문하는 것을 포함할 수 있을 것이다. 개수, 등급 척도 또는 특정 예시에 대한 요청을 포함하여 다양한 형식들을 사용할 수 있다.

그림 D6.12. 행동에 대해 가장 연관되며 신뢰할 수 있는 척도는 직접 관찰이다.

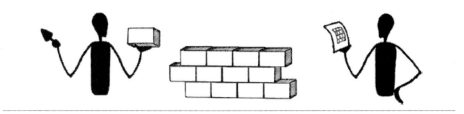

관찰 데이터가 타당하려면 평가자들은 그 행동을 개인적으로 관찰할 기회가 있어야 하고, 요청하는 내용을 명확하게 이해해야 하며, 타이밍은 그들이 정확하게 기억할 수 있는 정도여야 한다. 평가자들에게 무엇을 찾고 어떻게 평가하는지를 구체화한 루브릭을 제공함으로써 신뢰도는 높아질 수 있다(Goodrich, 1997).

추정. 추정은 "얼마나 걸릴 것 같은가?" "다음 분기 매출 전망은?"과 같이 계획을 목적으로 비즈니스에서 널리 사용된다. 추정은 때때로 "프로그램에서 배운 것을 몇 번이나 사용했는가?"와 "얼마나 가치가 있다고 생각하는가?"와 같이 평가에 사용하기 위해 선택된다.

그렇지만 그것은 추정치이기 때문에 비즈니스 지표나 직접 관찰보다 신뢰성이 떨어진다. 추정치를 신뢰할 수 있으려면 응답자가 합리적인 추정치를 제공할 수 있는 충분한 지식과 전문 지식이 있어야 한다. 클레임 처리자는 클레임을 처리하는 데 걸리는 시간을 아마도 안정적으로 추정할 수 있을 것이다. 반면에 클레임 처리 교육 프로그램으로 회사가 얼마나 많은 돈을 절약했는지에 대한 클레임 처

혁신적 기업교육의 여섯 가지 원칙: 6D

리자의 추정은 매우 부정확할 가능성이 높다.

평가에서 결과 척도 중 하나로 추정을 사용하기로 결정한다면, 고객이 동의하는지 확인한 다음 사람들에게 그들의 관점과 전문성에 적합한 추정을 제공하도록 요청하는 설문지 또는 인터뷰 가이드를 설계한다.

의견. 의견 또는 인식은 가장 낮은 신뢰도를 가진 것처럼 보인다. 그러나 의견이 측정해야 할 가장 신뢰할 수 있고 가장 중요한 결과인 경우가 있다. 사람들은 객관적인 현실이 아니라 인식에 따라 결정을 내린다는 점을 기억하라. 따라서 고객의 의견은 해당 서비스를 다시 사용하거나 다른 사람에게 해당 기업을 추천하려는 의지를 나타내는 선행 지표이다. 의견 데이터는 보통 일종의 평가 척도를 통해 설문조사나 인터뷰를 통해 수집된다.

예를 들어 사람들에게 제품이나 서비스를 추천할 가능성을 0~10점으로 평가하도록 요청할 수 있다. 실제로 순 추천고객지수 NPS^{Net Promoter Score®} 개발자는 그 질문이 회사의 미래 성장에 대한 가장 중요한 단일 예측 변수라고 주장한다(Reichheld, 2003).

> 때로는 의견이 가장 중요하고 가장 신뢰할 수 있는 결과이다.

GE 크로톤빌 리더십 센터의 실바인 뉴튼^{Sylvain Newton}은 NPS를 사용하여 리더십 개발 활동이 이해 관계자들의 요구를 얼마나 잘 충족하고 지속적인 개선을 추진하는지 측정했다(Newton, 2014).

전문가 의견. 의견 척도의 특별한 하위 범주는 "전문가 의견", 즉 "해당 분야에 숙련된" 사람에 의한 결과 평가이다. 전문가 의견은 프레젠테이션, 컴퓨터 코드 또는 전략 계획과 같은 "업무 산출물"을 개선하려는 학습 활동에 적합한 척도가 될 수 있다. 프레젠테이션, 소프트웨어 및 전략 기획 분야에 숙련된 사람만이 학습 활동에 의해 결과물의 품질이 개선되었는지 여부를 적절하게 판단할 수 있는 위치에 있다. 바람직한 결과가 향상된 작업 산출물인 경우 측정 전략은 산출물의 품질에 대해 정보에 입각한 의견을 제시할 수 있는 사람(또는 가능한 경우 객관적인 평가 시스템)을 찾는 것이다.

예시. 다섯 번째 범주는 학습 또는 개발 기회의 결과로 교육참가자들이 성취한 것에 대한 스토리 형식의 내러티브인 사례 예시이다. 빛을 비추고, 교육하고, 동기를 부여하고, 지속적인 인상을 남기는 스토리의 힘에 대한 기업의 인식이 높아지고 있다(Denning, 2011).

스토리는 롭 브링커호프가 개발한 성공 사례 방법 SCM의 핵심이다(그림 D6.13). 과정은 간단한다. 교육 후 적절한 시간에 (특성 및 목표에 따라) 교육참가자들이 설문조사에 참여한다. 그들은 프로그램의 특정 측면을 사용했는지 여부와 그들의 성공을 "없음"에서 "측정 가능한 결과가 있는 명확한 성공"까지 평가하도록 질문한다(Brinkerhoff, 2003, p. 102). 실제 성공을 거두었다고 주장하는 사람들의 일부를 인터뷰하여 세부 정보를 수집하고 주장을 확인하며 적절한 경우 재무적 효과를 입증하거나 추정한다.

그림 D6.13. 브링커호프의 성공 사례 방법, SCM

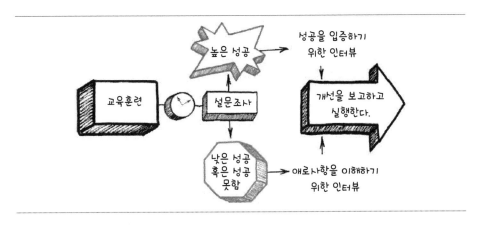

성공적인 결과를 달성할 수 없었던 이유를 이해하기 위해 성공하지 못했다고 응답한 사람들의 일부도 인터뷰한다. 그들이 규명하는 장애물은 지속적인 개선의 목표 대상이다. 성공한 참가자의 비율과 성공하지 못했다고 보고한 비율을 비교하면 경영진이 학습 불량에 든 실제 비용과 "탁자 위에 남겨진" 잠재적 가치가 얼마나 되는지 파악하는 데 도움이 된다.

성공 스토리는 기억에 남고 설득력이 있다. 그렇지만 이 접근을 사용할 때 중요한 주의 사항은 좋은 예시로 사용하려고 계획하는 사례를 항상 독립적으로 확인해야 한다는 것이다. 만약 교육참가자들이 교육훈련 내용을 적용하여 중요한 신규 고객을 확보했다고 보고하는 경우 판매 기록을 확인하거나 고객에게 연락한다. 또 다른 사람이 그만두려는 핵심 직원을 만류하여 남게 했다고 주장한다면, 해당 직원에게 확인한다. 왜? 성취를 과장하는 것은 인간의 본성이며 나중에 크게 과장된 것으로 판명된 학습의 성공 사례를 제시하는 것보다 더 빨리 당신의 신뢰를 파괴하는 것은 없기 때문이다.

> 성공 사례 스토리는 기억에 남고 설득력이 있다.

Practical Application

- 기대되는 결과와 가장 잘 일치하고 연관성 있고 신뢰할 수 있으며 설득력 있는 데이터를 생성할 가능성이 가장 높은 데이터 수집 방법을 선택한다.
- 신뢰성과 비용 절감을 위해 가능한 경우 일상적으로 추적되는 비즈니스 지표를 사용한다.
- 설득력 있고 기억에 남을 만한 예시들을 스토리 형식으로 포함한다.

D. **분석 계획**. 효과적인 평가 설계의 중요한 측면은 *미리* 분석을 통해 생각하는 것이다. 즉, 어떻게 데이터를 수집하고 필요한 경우 인코딩하고 수치를 계산하고 요약할 것인가? 어떤 통계(있는 경우)를 사용할 것인가? 계획을 실행하기 전에 회사 내부의 통계전문가, 시장 조사자 또는 평가에 숙련된 외부 컨설턴트와 상의하여 차이를 찾아내고 신뢰할 수 있고 편향되지 않은 결과를 생성할 수 있는 충분한 힘을 가질 수 있는 평가 설계인지 확인한다.

E. **프로젝트 일정표 작성**. 마지막으로 모든 주요 활동(설문조사 및 알림 전송 시기, 후속 인터뷰 예약, 분석 완료 등)을 포함하는 간트 차트 또는 유사한 프로젝트 일정표를 작성한다. 마이크로소프트 프로젝트와 같은 도움이 되는 수많은 상용 소프트웨어 프로그램들이 있다. 평가가 처음이거나 어떤 접근을 처음

사용하고 있다면, 전문가에게 계획을 검토하도록 하는 것이 현명할 것이다. 프로세스를 간소화하거나 분석을 강화하는 방법이 있을 수 있다.

Practical Application
- 결과 데이터를 수집을 시작하기 '전에' 어떻게 결과를 분석할 계획인지 생각한다.
- 데이터를 분석할 수 있도록 전문가의 도움을 구한다.

 3. 데이터 수집 및 분석

일단 평가 계획이 검토되고 합의되면 실행할 때이다. 예를 들어 내부 고객의 의견을 수집하는 것과 같이 상대적으로 단순한 평가 설계에도 상당한 일이 일어나야 하기 때문에 누군가는 프로젝트 관리 및 계획 실행에 대한 책임을 배정받아야 한다.

프로젝트 관리를 위한 전용 자원이 가용하지 않은 경우, 프로젝트를 직접 관리하거나 계약을 체결해야 한다. 어느 경우든 올바르게 수행하는 것의 중요성을 과소평가하지 않는다. 잘못된 실행은 잘못된 계획보다 비즈니스 실패의 더 일반적인 원인이다(Bossidy, Charan, & Burck, 2002).

데이터 수집. 새로 개발된 설문지 또는 데이터 수집 시스템을 사용하는 경우 먼저 테스트하여 질문을 이해할 수 있고 답변이 올바르게 기록되고 있는지 확인한다(Phillips, Phillips, & Aaron, 2013). 인터뷰를 사용하는 경우 바비 Babbie(2012)와 같은 질적 연구에 대한 글에서 논의된 대로 일관성과 공정성을 보장하기 위해 예방 조치를 취한다. 그 외에, 데이터 수집은 주로 응답률이 적절하고 시스템이 작동하는지 확인하기 위해 들어오는 정보를 주기적으로 모니터링하는 문제이다.

데이터 분석. 데이터가 수집되면 가장 흥분되는 단계가 시작된다. 즉, 교육 프로그램이 달성하겠다고 한 약속을 어느 정도 이행했는지 확인하기 위해 결과를 분석하는 것이다. 이 프로세스에는 한 세트의 결과(예를 들어, 교육훈련 이후)를 다른 세트(예를 들어, 교육훈련 이전 또는 교육훈련받지 않은 사람들의 결과)와 비교하는 작업이 포함된다. 데이터가 정량적(개수, 등급 척도, 금액 등)인 경우 차이가 단순한 무작위 편차가 아님을 확인하기 위해 일정 수준의 통계 분석이 필요하다. 결과가 정성적이라면 주제와 예시에 대해 분석해야 한다. 개선 기회를 찾아내기 위해 주요 프로세스 결과를 분석하는 것도 중요하다. 예를 들어: 관리자들이 적극적으로 참여했는가? 학습이 연관성 있는 것으로 인식되었는가? 성과 지원이 활용되었는가?

프로그램이 입증할 수 있는 이익을 제공하지 않았거나 이익이 너무 작아 비용을 정당화할 수 없다는 평가 결과가 나타날 가능성이 항상 있음을 명심한다. 부정적인 결과를 어떻게 처리할지 결정하는 시간은 평가가 시작되기 전이다. 계획을 실행에 옮기기 전에 "평가가 호의적이지 않다면 어떻게 할 것인

> 평가가 가치가 있다는 것을 입증하지 못할 가능성이 항상 있다.

가?"라는 질문에 답한다. 일단 데이터가 수집되면 "매장"하거나 무시할 수 없다. 부정적인 결과와 긍정적인 결과를 모두 보고하고 데이터와 일치하는 권장사항을 작성해야 하는 도덕적 및 관리적 책임이 있다. 프로그램을 수정하거나 진정으로 "도그Dog"(p. 101 참조)인 경우 제거한다.

부정적인 결과도 여전히 가치가 있다. 결과가 좋지 않을 가능성이 있다고 해서 학습 부서가 어려운 질문을 하는 것을 단념해서는 안 된다. 제너럴 밀즈General Mills의 CLO인 케빈 와일드Kevin Wilde는 다음과 같이 설명했다. "어떤 조사들은 잘 되지 않았고 또 어떤 것들은 잘 되었습니다. 그러나 내가 묻고 있지 않는 한 그 가치가 정확히 어디에 있는지 알 수가 없죠. 이렇게 질문을 하고 분석을 함으로써 나는 CEO가 다른 모든 비즈니스 리더에게 기대하는 매우 비즈니스적인 방식ー결과를 얻고 통찰을 생성하는 방식ー으로 CEO와 상호작용하고 있습니다. 어떤 것은 잘 되고 어떤 것은 안 됩니다. 용기를 내어 물어보고 알아내야 합니다."

Practical Application

- 평가를 시작하기 전에 어떻게 데이터를 분석할 것인지 고려한다.
- 부정적인 결과나 효과가 없다는 증거를 어떻게 처리할 것인지 미리 생각한다.

4. 조사 결과 보고

일단 결과-좋음, 나쁨 또는 차이 없음-를 얻고나면, 정보에 입각한 의사 결정으로 이어지는 방식으로 보고해야 한다. 결과를 커뮤니케이션하는 것은 두 가지 목적이 있다. 첫 번째는 경영진에게 보고하는 것이고 두 번째는 학습 브랜드를 구축하는 것이다(다음 섹션에서 우리는 "조사 결과의 마케팅"이라고 함).

경영진은 학습 활동에 투자한 시간과 자원에 대한 대가로 어떤 가치를 얻었는지 알고 싶어 한다. 그들은 적절한 행동 방침을 결정하는 데 도움이 되는 연관되고 신뢰할 수 있으며 설득력 있는 증거를 필요로 한다(그림 D6.14). 물론 결과가 아무리 좋아도 경영진은 앞으로 어떻게 더 잘할 계획인지 알고 싶어할 것이다. 비즈니스에서는 오랫동안 우승의 월계관에 안주할 수 없기 때문이다.

그림 D6.14. 경영진은 평가 결과에 기반하여 네 가지 선택을 할 수 있다.

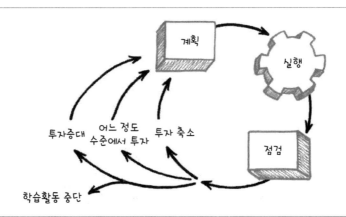

경영진에 대한 보고서는 권장사항과 함께 간결하고 사실에 입각한 실리적인 분석이어야 한다. 비즈니스 리더에게 친숙한 언어로 작성해야 하며 학습 전문 용어(예: "3수준" 평가 등)를 피해야 한다. 설리반[Sullivan](2005)은 다음과 같이 분명하게 표현했다: "관리자가 당신의 언어를 배우거나 당신의 초점으로 이동하지 않을 것이라는 것을 역사가 입증했다. 따라서 적응해야 하는 것은 바로 당신이다"(p. 283).

유사한 경고가 통계 사용에도 적용된다. 대부분의 분석은 결과가 우연 이상이라는 것을 보여주기 위해 일정 수준의 통계 분석이 필요하다. 그렇지만 통계에 대한 지식과 신뢰는 비즈니스 리더마다 크게 다르다. 복잡한 분석으로 현혹시키려 하지 말라. 무엇을 하든 발표하는 모든 분석에 대해 자신 있게 토론할 수 있어야 한다. 자신이 제시하고 있는 것을 설명할 수 없는 것만큼 신뢰성을 훼손시키는 것은 없다.

> 자신 있게 설명할 수 없는 것은 제시 안 한만 못하다.

마지막으로, 신속하게 요점을 언급한다. 비즈니스 리더들은 "운전자"가 되는 경향이 있다. 실행 가능한 정보를 찾기 위해 문서 페이지나 수십 개의 슬라이드를 헤쳐나갈 시간도 인내심도 없다. 첫 번째 단락이나 두 단락에서 문제의 핵심을 찾을 수 없으면 보고서를 한쪽으로 치워 두거나 폐기할 가능성이 높다. 따라서 항상 첫 페이지를 핵심 개요로 만든다. 그것이 많은 고위 관리자들이 읽을 전부인 것이다. 핵심적인 평가 결과 및 권장사항을 명확하고 간결하며 모호하지 않게 설명한다. 읽는 사람을 감질나게 하지 않는다.

보고서 본문에는 전체 학습 경험의 설계, 평가 방법론, 데이터 표, 성공 사례 및 분석을 포함하여 첫페이지 핵심 개요에 포함된 권장사항을 뒷받침하는 데이터를 제공한다. 비즈니스 관리자들은 숫자를 다룬다. 잘 구성되고 명확한 표와 그래프로 양적 정보를 표시한다. 교육참가자들의 상사가 기여한 바를 인정하고 평가 또는 결론의 한계에 대해 솔직하게 설명한다. "교훈"과 후속 프로그램을 더욱 효과적으로 만들기 위한 계획을 설명한다. 스토리 형식에 예시를 포함하는 것을 잊지 않는다(p. 310 참조).

고위 경영진에 대한 공식 서면 보고서가 필요하지만 그것만으로는 충분하지 않다. 여러분의 메시지가 경쟁하는 모든 소음들 사이에서 확실히 들리게 하려면 메시지를 강화해야 한다. 가능하면 결과에 대한 간단한 프레젠테이션을 직접 한 다. 신속하게 요점을 언급한다. 절대적으로 필요한 만큼의 시간과 슬라이드만 사 용한다. 메시지를 간결하게 전달한다. 그리고 주어진 시간보다 빨리 끝낸다.

Practical Application

- 평가 결과를 경영진에게 명확하고 간결하게 보고한다.
- 한 페이지 핵심 개요 안에 결과 및 조치를 위한 권장사항을 요약한다.

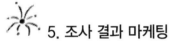 5. 조사 결과 마케팅

뛰어난 결과를 입증한 평가라도 아무도 모른다면 별 가치가 없다. 결과를 효과 적으로 전파하고 마케팅하는 것은 학습 브랜드를 구축하는 데 매우 중요하다. 학습을 위한 "브랜드"의 개념이 이상하게 보일 수 있지만 사내 대학 익스체인지 Corporate University Xchange의 백서에 잘 나와 있다:

> 모든 것에 브랜드가 있으며 학습 부서도 예외는 아니다. 왜냐하면 브랜드는 의견으로 구 성되어 있고 사람들이 의견을 갖는 것을 막을 수 없기 때문이다.
>
> – 드레스너 및 레만Dresner and Lehman, 2009

리더가 학습의 "브랜드"에 대해 가지고 있는 의견은 학습 활동에 돈, 시간 및 노력을 투입하려는 의지를 형성한다. 그렇기 때문에 조직에서 학습의 브랜드가 무엇인지 알고 적극적으로 관리하는 것이 중요하다. "조사 결과를 마케팅하고" 학습의 가치를 홍

> 모든 것에는 브랜드가 있으며 학습 부서도 예외는 아니다.

보해야 한다. "관리자들이 측정 지표에 주의를 기울이기를 원한다면 은근하거나 순진해서는 안 된다"(Sullivan, 2005, p. 282).

전문가들은 일반적으로 자신이 하는 일의 가치가 스스로를 대변해야 한다고 믿는다. 그들은 마케팅이 자신의 품위를 떨어뜨리는 것으로 생각하는 경향이 있다. 이는 매우 순진한 관점이다. 임프린트 러닝 솔루션즈Imprint Learning Solutions의 사장인 크리스 퀸Chris Quinn에 따르면, "브랜드란 제품의 특성, 이점 및 가치를 요약한 고객의 마음속에 존재하는 것입니다. 브랜드는 중요합니다. 그리고 브랜드는 중요하기 때문에 관리되어야 합니다. 전략적 마케팅은 가치에 대한 인식에 긍정적인 영향을 미치는 목표를 둔 활동 및 커뮤니케이션의 통합된 세트입니다"(Quinn, 2009).

수 토드Sue Todd가 지적한 것처럼 "관리하든 아니든 그 여부에 관계없이 학습 부서는 브랜드를 가지고 있다"(Todd, 2009). 학습이 제공하는 이점을 전략적으로 마케팅하지 못하면 학습 브랜드가 과소평가된다. 릴라이언스 인더스트리즈 Reliance Industries의 사장 겸 그룹 최고 인사 책임자인 프라비르 자Prabir Jha는 우리에게 이렇게 말했다: "스스로 뿔나팔을 불지 않으면 다른 누군가가 그것을 침을 뱉는 도구로 사용할 것입니다."

마스Mars는 마케팅 전문 지식을 적용하여 마스 유니버시티Mars University에 대한 브랜드를 만들었다. 이는 학습 부서와 회사 전체 모두에 이익이 되었다: "더 예리한 초점을 갖고서, 우리는 우리가 무엇을 대표하는지와 우리가 할 것과 하지 않을 것을 명확히 할

> 브랜드는 고객의
> 마음속에 존재한다.

수 있었습니다. 우리는 회사에서 직원들이 어떤 역할을 맡고 있든 관계없이 사람들의 주의를 끌고 모든 직원들의 마음과 정신을 사로잡을 수 있는 스토리 형식으로 우리의 전략을 바꾸었습니다. 이는 우리가 주목받도록 하는 데 도움이 될 것입니다"(Grigorova & Moffett, 2014).

"그런데, 브랜딩은 로고, 재치 있는 태그 라인 또는 아름다운 디자인 그 이상이다"(Anand, 2012). 브랜드 인지도는 제품 또는 서비스에 대한 사람의 모든 상

호작용의 총합에 따라 달라진다. 고품질 학습 브랜드를 구축하려면 모든 과정, 모든 자료, 각 지원 도구 및 모든 보고서와 같은 모든 결과물이 고품질이어야 한다. 신뢰성과 마찬가지로 브랜드를 구축하는 데는 시간과 노력이 필요하고 브랜드를 유지하려면 조금도 방심하지 않아야 한다. 단 한 번의 나쁜 경험, 피상적인 평가 또는 잘못 작성된 보고서는 브랜드에 심각한 손상을 줄 수 있다.

긍정적인 브랜드 평판을 얻으려면 계속 메시지를 전달해야 한다. 광고주들은 제품이 아무리 매력적이더라도 브랜드를 구축하고 사람들의 마음을 점유하려면 반복이 필요하다는 것을 이해하고 있다. 마케팅에 능한 회사는 다양한 매체(잡지, 텔레비전, 다이렉트 메일 등)와 다양한 방식으로 동일한 핵심 메시지를 계속해서 반복한다. 효과적인 CEO들도 비슷한 접근을 사용한다. 회사의 모든 사람이 메시지를 이해할 때까지 몇 가지 핵심 주제를 반복해서 강조하는 것이다.

학습 제공자들도 "메시지 전달"을 보장하기 위해 동일한 작업을 수행해야 한다. 다양한 설정과 형식으로 학습 및 개발 활동의 가치를 여러 번 전달한다.

Practical Application

- 원하는 학습 브랜드(무엇으로 알려지고 싶은 지)를 결정한다. 그런 다음 그 평판을 적극적으로 구축한다.
- 교육훈련 결과를 광범위하고 효과적이며 반복적으로 커뮤니케이션한다.

6. 개선 사항 실행

프로세스의 마지막이자 중요한 단계는 평가 과정에서 규명된 개선 사항을 실행하는 것이다. 결과가 얼마나 훌륭하든, 성공 사례가 얼마나 설득력이 있든, 학습 전이가 얼마나 효율적이든 상관없이 항상 개선의 여지가 있다. 개선 사항을 지속적으로 찾고 실행하는 것은 진정으로 뛰어난 조직과 단순히 좋은 조직을 구별하는 것이다. 시간이 지남에 따라 일본의 카이젠(작고 점진적이며 지속적인 개선) 관행은 상당한 경쟁 우위를 제공한다(Imai, 1986; Liker, 2004).

가장 효과적인 학습 부서는 모든 프로그램의 산출물 및 결과 지표를 주기적으로 검토하고 개선을 위한 구체적인 액션플랜을 개발하는 프로세스를 갖추고 있다.

지속적인 개선 실행 계획을 개발하는 데 도움이 되는 질문은 다음과 같다.

1. **이것이 추세인가, 아니면 고립된 개별 의견인가?** 모든 개별 학습자의 요구나 선호하는 바를 모두 충족시킬 수는 없을 것이다. 프로세스 지표 분석에서 규명되었거나 상당수의 교육참가자들이 제기한 이슈에 노력을 집중한다. 완전한 학습 경험을 확실히 고려한다.

2. **수정할 가치가 있는가?** 개선할 수 있다고 모두 개선해야 하는 것은 아니다. 비즈니스에 영향을 미칠 가능성이 가장 큰 영역을 찾는다.

3. **근본 원인은 무엇인가?** 표면 아래를 보라. 교육참가자들이 학습의 유용성이 낮다고 느낀다면 그 배후에는 무엇이 있는가? 정말 내용 때문인가? 잘못 선정된 교육참가자였거나 아니면 올바른 교육참가자인데 교육시기가 잘못되었는가? 해결책 고안을 시작하기 전에 진정한 문제를 규명한다.

4. **어떤 옵션이 있는가?** "바퀴를 재발명"해야 한다고 느끼지 말라. 문헌을 읽고 유사한 문제를 해결했던 다른 교육담당자들과 이야기한다.

5. **어떤 것을 먼저 다루어야 하는가?** 먼저 처리할 영역을 하나 또는 두 개 선택한다. 상대적으로 쉽게 해결하거나 비용이 적게 들지만 상당한 투자 회수 가능성이 있는 "낮게 매달린 열매"를 찾는다.

6. **어떻게 알게 될지 방법을 결정한다.** 계획의 일부로 PDCA 사이클의 점검 단계를 포함한다. 실제로 상황을 개선했는지, 악화시켰는지 또는 아무런 영향을 미치지 않았는지 알기 위해 무엇을 측정할지 결정한다.

7. **반복한다.** 각 학습 활동에 대해 그 사이클을 반복하여 부서의 경쟁 우위를 단계적으로 구축한다.

마지막으로 지속적인 개발을 위한 주도적인 접근을 취한다. 일상적인 실행에서 주기적으로 물러나 학습 부서가 성찰할 시간, 승인 및 공간을 제공한다. 현재 하고 있는 일에 도전하고 파괴적 혁신의 새로운 기회나 개발을 위한 환경을 살펴본다(포인트 사례 D6.7 참조). 호기심, 성실성, 지적 정직성, 변화에 대한 개방성은 진정한 전문가의 특징이다.

포인트 사례 D6.7
성실성Integrity

아시아의 L&OD(학습 및 조직개발) 라운드테이블에서 "학습 권위자Learning Luminary"로 선정된 애질런트 테크놀로지스Agilent Technologies의 오랜 CLO인 테레사 로슈Teresa Roche에게 진정으로 변화를 만들기 위해 노력하는 교육담당자에게 어떤 조언을 해줄 것인지 물었다. 그녀는 조직 수준에서 개인 수준에 이르기까지 성실성의 중요성에 대해 이야기했다. 그녀는 이렇게 설명했다:

"애질런트는 우리 팀과 저에게 인력 개발에 중요한 역할을 할 수 있는 자원을 제공하고 있습니다. 그래서 저는 도덕적으로 윤리적으로 우리가 이 놀라운 선물을 잘 사용하도록 해야 한다는 강박감을 느낍니다. 여기에는 사람들의 소중한 시간, 즉 교육참가자와 우리와 함께 이끄는 리더 모두가 포함됩니다. 사람들이 학습 경험에 시간을 할애할 때 저는 그 경험이 그들의 목적과 열망을 달성할 수 있는 역량을 구축할 수 있는 기회를 제공해야 하는 빚을 각 개인에게 지고 있는 것이죠. 그리고 그 자원을 우리가 잘 사용해야 하는 빚을 회사에게 지고 있는 것이죠. 저는 이것이 정말 중요하다고 생각합니다. 전 세계 신입사원의 95%가 60일 이내에 오리엔테이션 경험을 얻는다고 말할 수 있다는 것은 좋은 일이지만 이는 운영 지표일 뿐입니다. CEO가 우리에게 책임을 지도록 하는 것은 우리가 신입 사원의 성과 달성 시간을 가속화했는지 여부입니다. 당신이 성실하다면, 당신이 하려는 일에 정말로 관심이 있다면, 당신은 마무리단계까지 끝까지 가야 합니다."

테레사는 또한 교육담당자와 교육 부서가 현재 자신의 실력과 변화하는 환경이 우리가 하는 일에 어떻게 영향을 미치는지에 대해 능동적으로 생각할 시간을 가질 필요성을 강조했다: "우리가 수년 동안 해 온 가장 위대한 일 중 하나는 시간을 내어 다음과 같이 말한 것입니다. 우리는 무엇을

알고 있는가? 우리가 알고 있는 것이 변하고 있는가? 그리고 그 변화들 중에서 우리가 다르게 해야 할 것이 있는가?' 그리고 우리는 그것을 커뮤니티에서 합니다. 제가 진정으로 배운 한 가지는 자기개발이 커뮤니티에서 일어난다는 것입니다. 개발이 사람들 사이의 공간에서 일어납니다. 우리는 개인적인 성찰을 위한 시간을 갖지만, 대화는 공동 분위기에서 이루어집니다."

"실행 제어(과제 지향)는 우리 뇌의 한 부분입니다. 그러나 우리 뇌의 다른 부분을 사용하여 성찰하고 숙고하고 의미를 만드는 데 시간을 들이지 않는다면 우리는 우리 자신과 세상에 폐를 끼치는 것입니다. 교육 기회를 창출하고 있는 우리 모두의 도전은 모든 경험의 과정에서 성찰을 하기 위해 테크놀로지에서 벗어나는 시간을 확보하는 것입니다. 이것이 가장 중요합니다. 우리의 뇌는 성찰을 필요로 하기 때문입니다. 그렇게 하지 않고서 우리가 의미를 만들고, 패턴을 보고, 통찰력을 얻을 수 있는 방법이 있는지는 모르겠습니다. 최고의 인재 개발자는 사람들이 자신의 인사이트를 만들 수 있는 환경을 조성하는 것이라고 생각합니다."

Practical Application

- 평가에서 얻은 통찰력을 행동으로 전환하여 경쟁 우위를 창출한다.
- 요구되는 노력 대비 얻을 수 있는 보상의 잠재력이 가장 높은 영역에서 변화를 만든다.
- 성찰하는 시간을 갖고, 위협과 기회가 어디에 있는지 환경을 살펴본다.

요약
Summary

여섯 가지 원칙 중 마지막인 결과 입증은 이전에 수행한 모든 노력과 투자로 창출된 가치를 보여주고 미래에 훨씬 더 큰 가치를 창출할 수 있는 기회를 규명하는 데 필수적이다. 결과에 대한 엄격한 평가는 학습의 신뢰성을 확립하고 그 가치를 보여준다. 이는 학습 포트폴리오를 최적화하기 위한 전제 조건이다.

평가는 처음부터 프로그램 계획의 일부로 포함될 때 가장 효과적이다(D1). 지표 및 분석은 목표 고객에게 연관성 있고 신뢰할 수 있으며 설득력이 있는 것으로 보여야 한다. 평가에 투자되는 시간과 자원은 그 정보에 입각하여 이루어질 의사결정이 얼마나 중요한지에 따라 달라질 수 있다.

이론적 이상보다는 이해 관계자의 요구와 가치 정의, 프로그램의 특성, 의도한 비즈니스 결과를 기반으로 평가를 설계한다. 활동에 대한 지표나 학습 목표 달성보다는 비즈니스에 대한 결과에 초점을 맞춘다. 주요 프로세스 지표와 결과를 평가하여 개선 기회를 찾아낸다.

성공뿐만 아니라 프로세스 실패와 최적이 아닌 결과도 또한 보고한다. 결론을 더 기억하기 쉽고 설득력있게 만드는 예시를 포함한다. 최종 보고서를 간결하고 요점을 유지하도록 한다. 핵심적인 결론과 권장사항을 핵심 개요에 적어 놓는다.

마지막으로 결과를 마케팅한다. 학습을 위한 긍정적인 브랜드를 구축하고 유지하기 위해 다양한 매체를 통해 광범위하게 소통한다. 평가에 대한 접근을 평가하려면 자료 D6.1의 체크리스트를 사용한다.

자료 D6.1
D6 체크리스트

아래 체크리스트를 사용하여 결과를 입증하고, 학습 경험의 가치를 증명하며 반복되는 운영을 개선하기 위한 견고한 계획을 세우는데 참고하십시오.

측면	기준
☐ 합의	프로그램이 평가되는 방식이 경영진과 논의되었으며 사전에 합의되었다.
☐ 안내 원칙	이 계획은 연관성 있고, 신뢰할 수 있으며 설득력있고, 효율적이라는 기본 원칙을 충족한다.
☐ 선행 지표	프로그램이 효과적이라는 가장 초기(선행) 지표가 규명되었다. 운영 중에 이를 프로세스 점검으로 사용할 계획이 마련되어 있다.
☐ 데이터 출처	평가에 사용될 데이터의 출처가 규명되었고, 그 가용성이 확인되었다.
☐ 데이터 수집	필요한 데이터가 사내 시스템에서 수집되고 있지 않는 경우 데이터 수집 계획이 마련되어 있다.
☐ 비교대상	"더 나은", "개선된" 등의 주장을 하기 위해 학습 후 결과를 무엇과 비교할 것인지 고려하였다.
☐ 신뢰도	경영진이 재무 분석이나 투자 수익을 성공의 기준으로 정의했다면 재무 부서의 지원을 확보하였다.
☐ 개선	평가 계획은 학습활동의 개선 기회를 규명하기 위한 정보를 적극적으로 찾고 있다.
☐ 검토	평가 계획은 타당도와 신뢰도에 대해 "해당 분야에 숙련된" 사람에 의해 검토되었다.
☐ 발표 계획	데이터를 어떻게 보고하고 제시할지를 고려하였다.
☐ 마케팅	평가 결과를 공유할 핵심 대상이 규명되었으며 각각에 대한 커뮤니케이션 계획이 있다.
☐ 지속적 개선	개선 기회를 위해 데이터를 검토하고, 액션플랜을 수립하고, 실행에 옮기도록 보장하는 메커니즘이 마련되어 있다.

권장사항
Recommendations

교육 부서 리더를 위한 권장사항

- 학습 및 개발 결과를 설명하기 위해 현재 있는 증거를 검토한다.
    - 경제적 부가가치(가치 있는 성과)에 대해 설득력 있는 사례를 만들 수 있는가?
    - 학습에 대한 투자를 줄이는 것이 회사의 장기적 성과에 해를 끼치는 이유를 설득력 있게 보여줄 수 있는가?
    - 그렇지 않은 경우 즉시 상황을 바로잡기 시작한다.
- 평가 계획과 성공의 정의가 처음부터 모든 학습 활동 계획의 일부로 포함해야 한다.
- 보고하는 모든 평가 계획 및 결과가 다음과 같은지 확인한다.
    - 연관성 있고,
    - 신뢰할 수 있으며,
    - 설득력있는지, 그리고 이 세 가지를 충족할 경우
    - 효율적인지.
- 주도적으로 행동한다. 요청 받기 전에 결과 측정을 시작한다. ROI 조사를 수행하도록 요구될 때까지 기다리면 너무 늦을 수 있다.
- 결과는 좋든 나쁘든 그저그런 결과이든 명확하고 간결하게 보고한다.
    - 항상 조치를 위한 권장사항을 포함한다.
    - 평가 결과를 한 페이지 핵심 개요로 요약한다.
- 가치를 마케팅한다.
    - 결과가 아무리 좋아도 그것에 대해 아무도 모르면 소용이 없다.

비즈니스 리더를 위한 권장사항

- 학습 및 개발 활동의 결과에 대해 현재 받은 정보를 검토한다.
  - 만족하는가?
  - 연관성 있고, 신뢰할 수 있고, 설득력있다고 생각하는가?
  - 비즈니스 관련 결과를 측정하는가, 아니면 활동만 측정하는가?
  - 유사한 규모의 다른 투자를 평가하는 데 사용하는 기준만큼 엄격한가?
  - 그렇지 않은 경우 학습 책임자를 만나 정보에 입각한 교육 투자 결정을 내리기 위해 무엇이 필요한지 설명한다.
- 모든 학습 및 개발 활동에 대한 계획에는 투자 규모에 상응하는 평가 방법을 논의하는 섹션이 포함되도록 요구한다.
- 필요에 따라 학습 리더에게 평가에 대한 내부 전문가 또는 외부 컨설턴트를 만날 기회를 제공한다.
- 예산 프레젠테이션, 특히 어떤 기대효과를 낳을 것인지 약속하는 부분을 저장해 놓는다. 다음 해에는 새로운 예산 요청을 승인하기 전에 이것이 달성되었는지 여부에 대한 평가를 요구한다.

맺음말

"결국 우리는 배운 것 중에서 실제로 적용하는 것만 기억한다."
-요한 볼프강 폰 괴테JOHANN WOLFGANG VON GOETHE

이 책 전체에서 우리는 네 가지 핵심 테마를 강조했다:

- 학습 및 개발 활동은 조직이 인적 자본에 투자하는 전략적 투자이다. 이는 연구, 신제품 개발, 영업, 마케팅, 인수 등에 대한 투자만큼 회사의 미래에 중요하다.

- 교육훈련 및 개발 활동은 종합적이고 체계적인 방식으로 계획, 전달 및 관리되는 경우 상당한 수익과 경쟁 우위를 창출할 수 있다.

- 기업교육 여섯 가지 원칙은 덜 효과적인 학습 활동에서 매우 효과적인 학습 활동을 구분하게 하는 것이며 지속적인 개선의 싸이클을 지원한다(그림 C.1).

- 학습은 업무에 전이되어 적용될 때에만 가치를 더한다.

마지막 포인트는 이 책을 읽는 데 투자한 시간과 노력에도 동일하게 적용된다. 그 투자가 보상을 받으려면 배운 것을 업무에 적용해야 한다. 그러나 한 번에 모든 것을 하려고 하지 말자. "천 리 길도 한 걸음부터 시작된다"(노자, 기원전 6세기). 각 장의 마지막에 취할 수 있는 단계에 대한 제안을 제공했다.

열정을 가지고 있는 한 두 가지를 선택하고 거기에서 시작하라. 가장 먼저 다루어야 할 가장 중요한 원칙과 이를 수행하는 방법에 대한 세부 사항은 조직에 따라 다르다(포인트 사례 C.1 참조). 진행하면서 실험하고 학습하라. 약간의 저항에 직면할 준비를 하라. 자신이 만들어내고 있는 변화가 실질적이라는 증거이다. 작은 성공을 축하하고 지속적인 개선을 실천하라. 가장 중요한 것은 계속 학습하고 그 여정을 즐기는 것이다!

그림 C.1. 여섯 가지 원칙은 지속적인 개선 사이클을 지원한다.

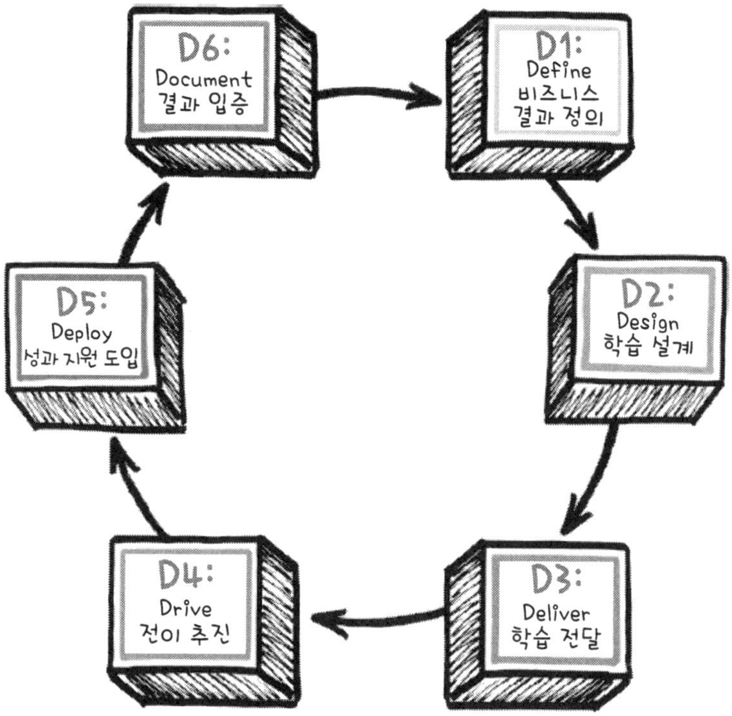

포인트 사례 C.1
동료 여행자로부터

스티브는 국제적인 테크놀로지 회사의 학습 및 개발 관리자이다. 그의 주요 책임은 학습 및 코칭 프로그램이 비즈니스 결과로 전환되도록 하는 것이다. 그는 전통적인 교실 기반 학습뿐만 아니라, 모바일 학습에서 가속 학습과 비공식 및 소셜 학습에 이르기까지, 설계, 개발, 운영 및 평가하는 학습 및 개발의 다양한 분야 전반에 걸쳐 일했다. 스티브는 여전히 6D 프로세스를 자신의 조직에 적용하는 과정에 있으며 "지금까지 배운 교훈"을 우리와 공유했다.

"모든 조직은 독특합니다. 6D 실행을 조직의 문화, 스타일 및 구조에 맞게 맞춤화해야 합니다. 가장 중요하고 분명한 관찰은 프로젝트 계획 템플릿이 필요하다는 것입니다. 이는 일정계획표의 역할을 하고, 프로젝트를 유지시키고, 모든 이해 관계자가 자신의 약속에 대해 책임을 갖도록 합니다."

6D 실행을 확장하기 위한 그의 다른 제안은 다음과 같다:

D1: 비즈니스 결과 정의

- 비즈니스 문제를 한 페이지로 요약한다.
- 이해를 강화하기 위해 시각 자료를 사용하여 비즈니스 문제를 제시한다.
- 현업 관리자들이 인식하는 문제가 상위 리더가 문제를 보는 방식과 일치하는지 확인한다.
- 현업 일선 관리자들과 상대하는 위험을 무릅쓸 필요는 없다! 비즈니스 리더는 자신이 원하는 것에 대한 명확한 비전을 가지고 있을 수 있지만 실행하고 관리해야 하는 것은 현업 일선 관리자이기 때문이다("저는 이것에 대해서 책을 쓸 수도 있을 겁니다!").
- 설계 단계 이전에 전이 풍토를 평가한다.
- LMS, 전화 모니터링 등과 같은 도구를 사용하여 학습 프로그램 및 학습 전이를 지원하는 조직의 능력을 평가한다. 이것이 없으면 실행 가능성에 대해 질문을 해야 한다.

D2: 완전한 경험 설계

- 오너십을 높이기 위해 현업 일선 관리자들을 설계 프로세스에 관여시킨다.
- 이해관계자들에게 상황 변화에 대해 계속 알려주는 피드백 프로세스를 마련한다(예를 들어, 준비 설문 조사 결과를 커뮤니케이션하는 것, 관리자 회의 등).

- 올바른 이해 관계자들에게 마케팅한다. 잘못된 옹호자를 선택하면 프로젝트에 부정적인 영향을 미칠 수 있다.
- 관리자들이 그 프로세스를 지원하는 데 필요한 스킬에 대한 워크숍을 계획한다.

D3: 현업적용을 위한 전달

- 교육 요구 분석의 결과를 교육참가자들에게 공유한다.
- 지식 격차가 아니라 스킬 적용에 중점을 둔다.
- 단지 한번이 아닌 시간이 지남에 따라 펼쳐져 있는 일련의 이벤트를 활용한다. 대부분의 활동은 몇 개월에 걸쳐 진행된다.

D4: 학습 전이 추진

- 관리자가 실행 계획을 관리할 수 있도록 지원 구조/테크놀로지를 제공한다.
- 분리된 학습 및 개발 프로그램을 진행 중인 품질 프로세스로 병합한다.
- 격주 "실행 요약executive summary" 검토 미팅을 설정하고 이해관계자들을 초대하여 그들이 실행을 위해 책임을 지는 조치에 대한 진척상황을 발표한다. 파워포인트 템플릿을 만드는 것은 그들이 해야 할 발표를 구조화하는 데 도움이 된다.

D5: 학습 지원 도입

- 기존 도구 및 기법들을 활용하여 적용을 지원한다.

D6: 결과 입증

- 사후 교육 비교가 가능하도록 사전 교육 기준선을 설정한다.

"우리의 여정은 아직 진행 중입니다. 우리는 우리의 활동이 직원들의 행동과 비즈니스 지표에 바람직한 영향을 미쳤음을 보여주는 증거로 입증해왔습니다. 우리의 접근이 비즈니스 파트너로서의 학습 및 개발 그룹에 신뢰를 더했다고 경영진에게 들었습니다. 수많은 외부 비즈니스 파트너들이 우리의 전략을 적극적으로 실행했으며 이것이 성공적으로 성과를 추진하는 데 있어서 가장 중요한 발전이라고 보고했습니다."

포인트 사례 C.2
시큐리언社에서 대변혁을 일으킨 결과

시큐리언 파이낸셜 그룹Securian Financial Group은 개인과 기업을 위한 보험, 은퇴 계획 및 투자 형태의 금융 보안을 제공하는 미국 최대의 기업 중 하나이다. 크리스 젠킨스Chris Jenkins가 학습 기능의 리더십을 인계받았을 때 그는 어려운 문제에 직면했다: 금융 상담원의 4년 유지율은 업계 표준보다 훨씬 낮았고 새로운 상담원이 "고객에 대해 준비"하는 데 1년 이상이 걸렸다. 이 두 가지 문제는 시큐리언社의 회원사들에게 수십만 달러의 비용이 들게 했다.

크리스와 그의 동료들은 의미 있게 다른 결과를 달성하려면 교육훈련에 접근하는 방식을 크게 바꿔야 한다고 경영진을 설득했다. 그들은 학습 전이(학습에서 성과로의 과정의 단계 III)에 특별히 중점을 두고 여섯 가지 원칙을 엄격하게 적용했다.

- 신규 금융 상담원을 위한 고객 준비 시간이 18개월에서 90일로 단축되었다.
- 새로운 시스템에서 교육훈련을 받은 상담원들은 기존 방식으로 교육훈련을 받은 상담원들보다 100% 더 나은 성과를 보였다.
- 첫해 유지율이 50% 이상 증가했다.
- 회원사의 프로그램 비용이 68% 절감되었다.

그러나 이것이 하룻밤 사이에 일어난 것은 아니었다. 젠킨스는 "정보를 일방향으로 아래로 내리는 오래된 교육훈련 방법에서 실제로 행동을 바꾸고 결과를 제공하는 학습으로 문화적 전환을 달성하는 데 필요한 노력을 과소 평가하지 마십시오."라고 말했다. 놀랍게도 대부분의 저항은 경영진, 심지어 직원 유지와 관련해 가장 큰 도전에 직면한 관리자들에게서 비롯되었다. "'우리는 항상 그렇게 해왔습니다 … 그들이 그렇게 기대하고 있으니까요'라고 말하는 것에 대비하십시오."라고 젠킨스는 조언했다.

변화를 위한 옹호자를 찾기 위해 젠킨스와 그의 동료들은 가장 큰 재정적 어려움을 겪고 있는 회원사를 파악하여 그 회원사의 관리자에게 다른 결과를 원한다면 새로운 것을 시도해야 한다고 설득했다. 그는 가장 고통스러운 상태에 있었고 그래서 얻을 수 있는 가장 많은 것을 가졌기 때문에 기꺼이 협력했고 시간이 지남에 따라 그는 굳건한 옹호자가 되었다.

새로운 접근 방식에는 세 가지 핵심 요소가 있었다:

- 채용 프로세스 중에 프로세스 및 기대치에 대한 (대본이 있는) 토론으로 시작하여 10주 후 엄격한 인증 프로세스를 통해 계속되는 완전한 학습 경험.
- 코칭 및 지원에 대한 책임은 금융 상담원이 근무하는 지역 사무소에 있었다. 중앙 학습 팀은 턴키 프로세스, 대본 등을 제공하고 심지어 관리자와 리허설까지 함으로써 "힘든 작업"을 수행했고, 지역 경영진은 학습이 실행되고 적용되도록 할 책임이 있었다.
- 신규 상담원은 10주간의 교육훈련 및 현업 코칭 후 고위 관리자와의 실시간 인터뷰/시험 중에 토론하고, 설명하고 시연할 수 있음을 보여줘야 하는 잘 정의되고 엄격한 평가(숙달을 위한 체크포인트)가 있었다.

젠킨스에 따르면, "여섯 가지 원칙은 새롭고 보다 효과적인 방식으로 교육훈련에 접근할 수 있는 틀을 제공해 주었습니다. 그 증거는 시큐리언 회원사들이 달성할 수 있었던 결과입니다. 이 경험의 결과로, 저는 전체 프로세스에 대한 헌신이 없으면 프로그램을 수행해서는 안 된다는 결론에 도달했습니다. 그냥 사람들에게 베이글을 보내십시오. 훨씬 저렴하고 그 만큼은 효과적일 것입니다."

지금까지의 여정

혁신적 기업교육의 여섯 가지 원칙 6D가 출판된 이후, 우리는 이 원칙이 전 세계 조직의 학습 활동을 훨씬 더 효과적으로 만드는 데 어떻게 도움이 되었는지 알게 되어 즐거웠다. 적용 및 임팩트에 대한 43가지 사례가 6D에 대한 현장 가이드 The Field Guide to the 6Ds에 포함되어 있다(Pollock, Jefferson, & Wick, 2014).

포인트 사례 C.2는 차라리 "베이글을 보내는 것"이 훨씬 더 나을 수 있는 또 다른 학습 행사를 만드는 대신 기본으로 돌아감으로써 얼마나 많은 것들을 달성할 수 있는지 보여준다. 이는 비즈니스 도전에서 시작한 다음 6D를 사용하여 프로세스적인 해결안을 개발함으로써 가능한 일이다.

우리는 이 사례와 같은 성공 스토리들과 현장 가이드에 있는 성공 스토리에 6D가 기여한 것을 자랑스럽게 생각하지만, 진정한 공로는 현재 상태에 만족하기보다 기꺼이 변화를 옹호한 미래 지향적인 학습 리더들에게 있음을 알고 있다. 우리는 그들과 여러분에게 경의를 표한다.

앞으로의 길

우리는 지금 10년 이상 6D에 대해 작업해 왔으며 그 여정은 끝나지 않았다. 우리는 계속해서 우리의 동료들과 고객으로부터 배우고, 이 접근 방식을 개선하고, 새로운 적용사례를 찾을 것이다.

여기에서 제시된 개념들을 바탕으로 여러분이 더 발전시키고 여러분의 통찰, 성취, 그리고 실패를 공유하여, 우리 모두가 더 현명해지고 우리의 조직과 동료들의 성공에 훨씬 더 크게 기여할 수 있도록 여러분을 초대한다.

여러분의 의견을 기다린다.

후기

월 탈하이머 박사Will Thalheimer, Ph.D.
일-학습 리서치 주식회사 회장Work-Learning Research, Inc.

▬

정말 멋진 여행입니다! 지금은 고전이 된 이 책의 새로운 버전인 혁신적인 학습의 여섯 가지 원칙을 읽으면서 독자로서 우리가 도전적이고 변혁적인 여정을 통해 안내되어 왔다고 상상합니다. 신병 훈련소, 아웃워드 바운드(역자주: 야외에서 도전적 모험을 통해서 청소년에게 사회성, 리더십, 강인한 정신력을 가르치는 조직), 의식 고양 운동 및 하버드 비즈니스 스쿨 임원 교육의 조합처럼 말입니다. 우리는 워크플레이스 러닝 프랙티스를 혁신하는 데 필요한 모든 도구와 통찰력을 얻었습니다.

로이 폴락, 앤디 제퍼슨, 칼 윅은 검증된 개념 구조인 6D를 기반으로 제공했습니다. 우리는 6D 접근이 실제 조직에서 어떻게 작동하는지 보았습니다. 우리는 개선되고 업데이트된 실용적인 도구를 받았습니다. 우리는 지금까지 한 권의 책으로 모아진 업계 최고의 지혜 모음집 중 하나를 접했습니다. 우리는 엄중히 타이름을 받았고, 절대적 진리를 들었으며, 왜 그렇게 많은 사람들이 기본에 실패하고 있는지 놀라워 했습니다. 우리가 옳은 일을 할 수 있는 배짱과 끈기만 있다면 이 책은 우리에게 가는 길을 펼쳐 보여줍니다.

저의 후기는 일부는 모닥불, 일부는 설교, 일부는 행동을 촉구하기 위한 것입니다.

저는 20년 동안 학습 컨설턴트로 일했습니다. 저의 작업은 학습, 기억 및 교육에 관한 세계 최고의 과학 저널에서 연구논문들을 편집하고 컨설팅 작업에서 얻은 지혜를 사용하는 데 중점을 두어 왔습니다. 폴락과 제퍼슨 그리고 윅은 서로 다른 곳에서 기업교육 부문으로 왔지만 그들의 작업은 기업교육에 대한 과학적 연구를 보완하고 있습니다. 그리고 그 자체로도 필수불가결한 작업입니다. 우리가 하는 상당한 투자를 제대로 활용하기 위해서는 연구와 실제가 함께 작동해야 하기 때문입니다.

우리 분야, 즉 워크플레이스 러닝 분야는 변혁의 한가운데에 있습니다. 이 변화는 느리게 일어나고 있으므로, 실제로 변화가 생기고 있음을 우리가 인식하지 못할 수도 있지만 기본 요소는 다음 네 개의 고유한 매개체로 인해 변화하고 있습니다.

첫째, 학습 과학은 몇 가지 근본적인 학습 요인들을 중심으로 합쳐지기 시작했습니다. 저의 책 *결정적 다수*Decisive Dozen부터 루쓰 클락Ruth Clark의 책 요약서, 최근에 출판된 책 *메이크 잇 스틱: 성공적 학습의 과학*Make It Stick: The Science of successful Learning에 이르기까지 연구 기반은 따라야 할 기본 사항을 제안할 만큼 충분히 강력합니다. 여기에는 실제 업무 상황에서의 실질적인 프랙티스, 시간에 따라 간격을 둔 학습 이벤트, 학습자들이 적절한 멘탈 모델을 개발하도록 지원하는 것을 포함합니다. 내용 전달에 초점을 맞추는 경향이 있는 전통적인 교육훈련에서, 연구에 기반을 둔 교육훈련은 더 적은 개념을 가르치지만 가장 중요한 개념들이 이해되고 기억되며 또 실제 적용을 위해 준비될 수 있도록 해줍니다.

두 번째 변화의 힘은 학습 전달이 아니라 성과에 초점을 맞추는 것입니다. 이 유행은 적어도 30년 동안 거품이 일어왔지만 티핑 포인트에 도달하기 시작했습니다. 점점 더 많은 조직이 이를 실현하는 방법을 배우고 있습니다. 더 많은 학습 부서가 성과에 관심을 가집니다. 이 책을 읽으면서 분명히 알 수 있듯이 폴락, 제퍼슨, 웍은 이 매개체의 가장 강력한 지지자 중 하나입니다.

세 번째 힘은 테크놀로지, 특히 표준 이러닝을 훨씬 뛰어넘는 방식으로 학습자/업무수행자와 밀접하게 연결되는 디지털 테크놀로지입니다. 중요한 테크놀로지는 학습자가 준비가 되었을 때 그리고 관련 상황적 단서가 가시적이고 실행 가능할 때 우리가 학습자에게 다가가는 데 도움이 됩니다. 성과 지원은 이것의 일부일 뿐입니다. 구독 학습과 같은 메커니즘(시간이 지남에 따라 연결된 짧은 너겟 상호작용), 통합된 게이미피케이션(게임 분야가 아닌 곳에 활용되는 게임 요소) 및 성과 코칭 도구들은 우리가 과거에 경험한 것보다 더 친밀하게 느껴지는 학습 생태계를 생성할 것입니다.

네 번째 힘은 실제로 첫 번째 힘과 같은 지혜의 샘인 심리학에서 나옵니다. 저는 이 네 번째 힘을 "트리거링triggering"이라고 부르지만 연구자들은 더 강력한 용어를 사용하기도 합니다. 트리거링은 인간이 능동적이기보다 반응적이라는 현실에 기반을 두고 있습니다. 사실, 우리의 작업 기억은 통제하지 않으면 거의 항상 우리가 접하는 환경 신호의 영향을 받습니다. 여기 몇 가지 예가 있습니다: 우리가 음식을 더 작은 접시에 담으면 덜 먹게 됩니다. 작은 접시는 우리가 더 많은 음식을 얻고 있다고 생각하게 만들기 때문입니다. 운전할 때 도로가 좁아지면 운전 속도가 느려집니다. 우리가 쇼핑을 할 때, 절묘한 업셀링은 구매를 촉발하고, 상품 진열통로의 양쪽 끝 진열대는 추가 구매를 고려하게 만듭니다. "세일!" 스티커는 우리가 그렇지 않으면 사지 않을 수도 있는 물건을 사도록 유도합니다.

진실은 점점 더 많은 일상이 다른 것들에 의해 촉발되고 있다는 것입니다. 광고주, 온라인 뉴스 매체, 정당, 웹사이트, 모바일 앱 등 모두 단서를 통해 어떻게 우리의 관심을 끄는지를 배우고 있습니다. 물론 트리거링은 우주의 사실일 뿐이지 좋거나 나쁜 것이 아닙니다. 우리 인간의 인지 아키텍처가 바로 그것입니다. 차이를 만드는 것은 바로 우리가 이 아키텍처를 어떻게 사용하는가입니다. 학습 분야에 있는 우리는 트리거링을 사용하여 학습자의 학습 및 수행을 지원할 수 있습니다. 실제로 트리거링이 가장 큰 힘을 발휘하는 것은 테크놀로지와의 협력 관계가 될 것입니다.

이 네 가지 힘, 즉 학습 과학, 성과 중심, 친밀한 테크놀로지 및 트리거링이 함께 모이면 워크플레이스 러닝 전문가로서 우리는 지금보다 훨씬 더 효과적일 것입니다. 그러나 여기에 비밀이 있습니다. 시작하기 위해 기다릴 필요가 없습니다. 오늘 큰 개선을 만드는 것을 시작할 수 있습니다. 6D를 메타 구조로 사용하십시오. 그런 다음 심리학의 지혜를 통합하십시오. 그중 많은 부분이 이미 6D 사고에 녹아 있습니다. 마지막으로, 학습 및 성과 모두의 측면에서 학습자/업무수행자를 연결하는 테크놀로지를 이용하여 여러분의 노력을 지원할 방법을 찾으십시오.

물론 한 가지 난처한 입장을 다루어야 합니다. 워크플레이스 러닝 및 성과의 미래는 새로운 패러다임, 즉 오래된 멘털 모델과 전통적인 작업 방식에 도전할 새로운 패러다임으로 가득 차 있습니다. 일부 조직에서는 엉망진창이 될 수도 있습니다. 저항은 어디에나 있을 것입니다!

성공하려면 자신과 동료들이 변화 관리 태도를 길러야 합니다. 변화를 옹호하는 방법에 대해 배워야 할 것이 많습니다. 이 공간에서 자세히 설명하기에는 과도한 것이 분명하므로 여기서 몇 가지 사항을 강조하겠습니다. 먼저 동맹을 모으십시오. 변화에는 시간과 끈기가 필요합니다. 여러분은 관념적이고 사회적인 지원이 모두 필요할 것입니다. 변화 옹호자는 다른 사람들이 필요합니다. 즉, 일을 완수하는 데 도움을 줄 뿐만 아니라 혁신을 제시하고 현실 점검을 통해 아이디어와 이니셔티브를 강화하기 위해 필요합니다. 우리의 결의를 유지하는 데 있어 다른 사람들의 중요성이 아마도 가장 자주 무시되는 것 같습니다. 우리는 정말로 서로를 필요로 합니다. 변화의 기나긴 여정을 힘겹게 헤쳐 나갈 때보다 더 서로가 절실히 필요한 때는 없습니다.

둘째, 한꺼번에 열반 경지에 도달할 필요를 느끼지 마십시오. 완벽은 환상의 세계입니다! 지금 할 수 있는 일을 하고 다가올 변화에 대해 이해관계자들을 준비시키십시오. 이를 수행하는 가장 좋은 방법은 중요한 것에 대한 메시지를 보내

혁신적 기업교육의 여섯 가지 원칙: 6D

는 일반적인 관행 내에서 조그마한 것을 행하는 "은근한 메시징"을 사용하는 것입니다. 이 책은 은근한 메시지를 활용하는 여러 가지 방법을 강조합니다. 예를 들어, 사람들이 와서 교육 과정을 개발해 달라고 요청할 때 다른 요인들이 작용하고 있는지에 대해 물어보는 것을 잊지 마십시오. 사람들이 세션 종료 스마일 시트를 결승선으로 생각할 때 진정한 목표는 성과라는 점을 상기시키십시오. 개종시키려 하는 것은 정신적 여과장치를 고조시키고 저항을 강화할 수 있기 때문에 비생산적일 수 있습니다. 가끔씩 이해 관계자들을 부드럽게 교육하십시오. 하지만 설득력을 위한 주장에만 의존하지 마십시오. 여러분의 관행에 은근한 메시지를 통합하는 것이 나을 수 있습니다.

무엇보다도 사람들이 학습하고 성과를 내도록 돕는 것은 고결하고 가치 있는 일임을 기억하십시오. 우리는 그것을 마음에 간직해야 합니다. 우리 조직을 돕는다는 냉정한 논리는 자명한 이치이지만 우리 인간은 종종 더 많은 것을 필요로 합니다. 즉, 더 많은 영감을 받고, 더 인내하고, 서로 더 협력하고, 더욱 혁신하고, 변화와 개선을 추진하기 위한 강철같은 의지를 더 발휘하는 것이 필요합니다. 결국 우리는 우리가 하는 일로 사람들을 돕고 있는 것입니다.

그 다음 단계는 여러분의 것입니다.

참고 문헌

Addison, R., Haig, C., & Kearney, L. (2009). *Performance architecture: The art and science of improving organizations*. San Francisco, CA: Pfeiffer.

Allen, M., & Sites, R. (2012). *Leaving ADDIE for SAM: An agile model for developing the best learning experiences*. Alexandria, VA: ASTD Press.

Alliger, G., Tannenbaum, S., Bennett, W., Jr., Traver, H., & Shotland, A. (1997). A meta-analysis of the relations among training criteria. *Personnel Psychology*, 50(2), 341-358.

Amabile, T., & Kramer, S. (2011). *The progress principle: Using small wins to ignite joy, engagement, and creativity at work*. Boston, MA: Harvard Business Review Press.

American Express. (2007). The real ROI of leadership development: Comparing classroom vs. online vs. blended delivery. Retrieved from www.personneldecisions.com/uploadedfiles/Case_Studies/PDFs/AmericanExpress.pdf

American Society for Training and Development. (2011). *Developing results: Aligning learning's goals and outcomes with business performance measures* (ASTD Research Report No. 191106). Alexandria, VA: Author.

American Society for Training and Development. (2013). *2013 state of the industry*. Alexandria, VA: Author.

Anand, P. (2012). Branding the learning function. *T+D*, 66(9), 49-51.

Anderson, P. J. (2010). *Cognitive psychology and its implications* (7th ed.). New York: Worth Publishers.

Aperian Global. (2012). GlobeSmart. Retrieved September 10, 2014, from http://corp.aperianglobal.com/globesmartn

Ariely, D. (2010). *Predictably irrational: The hidden forces that shape our decisions*. New York: Harper Perennial.

Ariely, D. (2011). *The upside of irrationality: The unexpected benefits of defying logic*. New York: Harper Perennial.

ASTD Research. (2009). *The value of evaluation: Making training evaluations more effective*. Alexandria, VA: ASTD.

Babbie, E. R. (2012). *The practice of social research* (13th ed.). Belmont, CA: Cengage Learning.

Baker, M. (2014). 3 things a flat tire reminded me about how young people learn. Retrieved from http://phasetwolearning.wordpress.com/2014/08/13/3-things-a-flat-tirereminded-me-about-how-young-people-learn/

Baldwin, T., & Ford, J. (1988). Transfer of training: A review and directions for future research. *Personnel Psychology*, 41(1), 63–105.

Baldwin, T., Pierce, J., Joines, R., & Farouk, S. (2011). The elusiveness of applied management knowledge: A critical challenge for management educators. *Academy of Management Learning & Education*, 10(4), 583–605.

Banerjee, S., Wahdat, T., & Cherian, A. (2014). How we turned a "feel good" training program into a successful business transformation. In R. Pollock, A. Jefferson, & C. W. Wick, *The field guide to the 6Ds* (pp. 285–292). San Francisco, CA: Pfeiffer.

Banks, B. (2014). How we fostered a proactive approach to leader development. In R. Pollock, A. Jefferson, & R. Pollock, *The field guide to the 6Ds* (pp. 411–415). San Francisco, CA: Pfeiffer.

Barnett, K., & Vance, D. (2012). *Talent development reporting principles* (whitepaper) (p. 55). Windsor, CO: Center for Talent Reporting.

Bartlett, R. (2014). How we implemented a low-cost, low-effort follow-up. In R. Pollock, A. Jefferson, & C. W. Wick, *The field guide to the 6Ds* (pp. 431–433). San Francisco, CA: Pfeiffer.

Basarab, D. (2011). *Predictive evaluation: Ensuring training delivers business and organizational results*. San Francisco, CA: Berrett-Koehler.

Baumeister, R., Bratslavsky, E., Muraven, M., & Tice, D. (1998). Ego depletion: Is the active self a limited resource? *Journal of Personality and Social Psychology*, 74(5), 1252–1265.

Bell, L. (2008). Raising expectations for concrete results: Leadership development at Holcim. In T. Mooney & R. Brinkerhoff (Eds.), *Courageous training: Bold actions for business results* (pp. 175–193). San Francisco, CA: Berrett-Koehler.

Bersin, J. (2008). *The training measurement book: Best practices, proven methodologies, and practical approaches*. San Francisco, CA: Pfeiffer.

Betoff, E. (2007, September). Profile of the chief learning officer: Executive program in work-based learning leadership. *Paper presented at the Fort Hill Best Practices Summit*, Mendenhall, Pennsylvania.

Binder, C. (2010). Measurement, evaluation, and research: feedback for decision making. In J. Moseley & J. Dessinger (Eds.), *Handbook of improving performance in the workplace: Volume 3, Measurement and evaluation*. San Francisco, CA: Pfeiffer.

Bingham, T., & Galagan, P. (2008). No small change. *T+D*, 62(11), 32–37.

Blanchard, K. (2004). Foreword. In S. Blanchard & M. Homan, *Leverage your best, ditch the rest: The coaching secrets top executives depend on* (pp. ix–xii). New York: HarperCollins.

Blanchard, K., Meyer, P., & Ruhe, D. (2007). *Know can do! Put your know-how into action*. San Francisco, CA: Berrett-Koehler.

Boehle, S. (2006). Are you too nice to train? *Training* , 43(8), 16−22.

Bordonaro, F. (2005). What to do. In M. Dulworth & F. Bordonaro (Eds.), *Corporate learning: Proven and practical guides for building a sustainable learning strategy* (pp. 123−232). San Francisco, CA: Pfeiffer.

Bossidy, L., Charan, R., & Burck, C. (2002). *Execution: The discipline of getting things done*. Princeton, NJ: Crown Business. Boyd, S. (2005). Using job aids. Alexandria, VA: ASTD.

Brafman, O., & Brafman, R. (2009). *Sway: The irresistible pull of irrational behavior*. New York: Broadway Books.

Brinkerhoff, R. O. (1987). *Achieving results from training* . San Francisco, CA: Jossey−Bass.

Brinkerhoff, R. O. (2003). *The success case method: Find out quickly what's working and what's not*. San Francisco, CA: Berrett−Koehler.

Brinkerhoff, R. O. (2006). *Telling training's story: Evaluation made simple, credible, and effective*. San Francisco, CA: Berrett−Koehler.

Brinkerhoff, R. O., & Apking, A. M. (2001). *High impact learning: Strategies for leveraging performance and business results from training investments*. Cambridge, MA: Perseus Publishing.

Brinkerhoff, R. O., & Montesino, M. (1995). Partnerships for learning transfer: Lessons from a corporate study. *Human Resource Development Quarterly*, 6(3), 263−274.

Broad, M. (2005). *Beyond transfer of training: Engaging systems to improve performance*. San Francisco, CA: Pfeiffer.

Broad, M., & Newstrom, J. (1992). *Transfer of training: Action-packed strategies to ensure high payoff from training investments*. Cambridge, MA: Perseus Books.

Brown, P., Roediger, H., III, & McDaniel, M. (2014). *Make it stick: The science of successful learning* . Cambridge, MA: Belknap Press.

Burke, L., & Hutchins, H. (2007, September). Training transfer: An integrative literature review. Human *Resource Development Review*, 6, 263−296.

Burke, M., Sarpy, S., Smith−Crowe, K., Chan−Serafin, S., Salvador, R., & Islam, G. (2006). Relative effectiveness of worker safety and health training methods. *American Journal of Public Health*, 96(2), 315−324.

Burnett, S., & Connolly, M. (2003). Hewlett−Packard takes the waste out of leadership. *Journal of Organizational Excellence*, 22(4), 49−59.

Buzan, T., & Griffiths, C. (2013). *Mind maps for business: Using the ultimate thinking tool to revolutionize how you work* (2nd ed.). New York: FT Press.

Caffarella, R. S. (2009). *Planning programs for adult learners: A practical guide for educators, trainers, and staff developers* (2nd ed.). San Francisco, CA: Jossey−Bass.

Caffarella, R. S., & Daffron, S. (2013). *Planning programs for adult learners: A practical guide* (3rd ed.).

San Francisco, CA: Jossey–Bass.

Center for Talent Reporting. (2013). TDRp: Managing learning like a business to deliver greater impact, effectiveness, and efficiency. Windsor, CO. Retrieved from www.centerfortalentreporting.org/communicating–tdrp–to–others/

Center for Talent Reporting. (2014). About us–Center for Talent Reporting Charter. Retrieved from www.centerfortalentreporting.org/about–us/

Charlton, K., & Osterweil, C. (2005, Autumn). Measuring return on investment in executive education: A quest to meet client needs or pursuit of the Holy Grail? *Ashridge Journal*, pp. 6–13.

Clark, R. C. (1986). Defining the D in ISD. Part I: Task–general instruction methods. Performance and *Instructional Journal*, 25(3), 17–21.

Clark, R. C. (2015). *Evidence-based training methods* (2nd ed.). Alexandria, VA: ATD.

Clark, R. C., & Mayer, R. E. (2011). *e-Learning and the science of instruction: Proven guidelines for consumers and designers of multimedia learning* (3rd ed.). San Francisco, CA: Pfeiffer.

Colvin, G. (2006). What it takes to be great. *Fortune*, 154(9), 88–96.

Colvin, G. (2008). *Talent is overrated: What really separates world-class performers from everybody else.* New York: Penguin Group.

Conklin, T. (2012). *Pre-accident investigations: An introduction to organizational safety.* Burlington, VT: Ashgate Publishing.

Corporate Executive Board. (2009). *Refocusing L &D on business results: Bridging the gap between learning and performance.* Washington, DC: Corporate Executive Board.

Covey, S. (2004). *The 7 habits of highly effective people: Powerful lessons in personal change* (2nd ed.). New York: Simon & Schuster.

Coyle, D. (2009). *The talent code: Greatness isn't born. It's grown. Here's how.* New York: Bantam Dell.

CrossKnowledge. (2014). The C–suite imperative: Workforce development and business outcomes. Retrieved from www.crossknowledge.com/en_GB/elearning/media–center/publications/workforce–development–the–economist/s.html

Crozier, R. A. (2011). The engagement manifesto: A systemic approach to organizational success. Bloomington, IN: AuthorHouse.

Csikszentmihalyi, M. (2008). *Flow: The psychology of optimal experience.* New York: Harper & Row.

Darling, M., & Parry, C. (2001). After–action reviews: Linking reflection and planning in a learning practice. *Reflections*, 3(2), 64–72.

Davachi, L., & Dobbins, I. (2008). Declarative memory. *Current Directions Psychological Sciences*, 17(2), 112–118.

Davachi, L., Kiefer, T., Rock, D., & Rock, L. (2010). Learning that lasts through AGES.

NeuroLeadership Journal, 1(3), 53−63.

De Geus, A. (2002). *The living company.* Boston, MA: Harvard Business Review Press.

Deming, W. E. (1986). *Out of the crisis.* Cambridge, MA: MIT Press.

Denning, S. (2011). *The leader's guide to storytelling: Mastering the art and discipline of business narrative* (2nd ed.). San Francisco, CA: Jossey−Bass.

DeSmet, A., McGurk, M., & Swartz, E. (2010, October). *Getting more from your training programs.* McKinsey Quarterly.

Deutschman, A. (2005, May). *Making change. Fast Company*, pp. 52−62.

DiClemente, C., & Prochaska, J. (1998). *Toward a comprehensive, trans-theoretical model of change.* In W. Miller & N. Heather (Eds.), *Treating addictive behaviours.* New York: Plenum Press.

Dirksen, J. (2012). *Design for how people learn.* Berkeley, CA: New Riders.

Dixon, N. (1990). The relationship between trainee responses on participation reaction forms and posttest scores. *Human Resource Development Quarterly*, 1(2), 129−137.

Donohoe, J., Beech, P., Bell−Wright, K., Kirkpatrick, J., & Kirkpatrick, W. (2014). How we used measurement to drive "SOAR—ervice over and above the rest." In R. Pollock, A. Jefferson, & C. W. Wick, *The field guide to the 6Ds.* San Francisco, CA: Pfeiffer.

Dresner, M., & Lehman, L. (2009, Spring). The astounding value of learning brand. Corporate University Xchange. Retrieved from http://documents.corpu.com/research/CorpU_Astounding_ Value_of_Learning_Brand.pdf

Drucker, P. (1974). *Management: Tasks, responsibilities*, practices. New York: Harper & Row.

Dugdale, K., & Lambert, D. (2007). *Smarter selling: Next generation sales strategies to meet your buyer's needs- very time.* Harlow, UK: Pearson Education.

Duhigg, C. (2012). *The power of habit: Why we do what we do in life and business.* New York: Random House.

Dulworth, M., & Forcillo, J. (2005). Achieving the developmental value of peer−to−peer networks. In M. Dulworth & F. Bordonaro (Eds.), *Corporate learning: Proven and practical guidelines for building a sustainable learning strategy* (pp. 107−121). San Francisco, CA: Pfeiffer.

Dweck, C. (2007). Mindset: The new psychology of success. New York: Ballantine Books. Educase. (2012). 7 things you should know about flipped classrooms. Retrieved from http://net. educause.edu/ir/library/pdf/eli7081.pdf

Elkeles, T., & Phillips, J. J. (2007). The chief learning officer: Driving value within a changing organization through learning and development. Burlington, MA: Butterworth−Heinemann.

Ericsson, K. A., Krampe, R., & Tesch−Romer, C. (1993). The role of deliberate practice in the acquisition of expert performance. *Psychological Review*, 100(3), 363−406.

Feldstein, H., & Boothman, T. (1997). Success factors in technology training (pp. 19−33). In J. J.

Phillips & M. L. Broad (Eds.), *Transferring learning to the workplace*. Alexandria, VA: ASTD.

Fitz−enz, J. (2000). *The ROI of human capital*. New York: AMACOM.

Frechtling, J. A. (2007). *Logic modeling methods in program evaluation*. San Francisco, CA: Jossey−Bass.

Frielick, S. (2004). Beyond constructivism: An ecological approach to e−learning. In R. Atkinson, C. McBeath, D. Jonas−Dwyer, & R. Phillips (Eds.), *Beyond the comfort zone: Proceedings of the 21st ASCILITE conference* (pp. 328−332). Perth, 5−8 December. www.ascilite.org.au/conferences/ perth04/procs/frielick.html

Gaffney, P. (2007). Mind of the manager. In M. Hammer, The seven deadly sins of performance management. *MIT Sloan Management Review*, 48(3), 24.

Gagne, R., Wager, W., Golas, K., & Keller, J. (2004). *Principles of instructional design* (5th ed.). Independence, KY: Cengage Learning.

Gawande, A. (2008). *The checklist manifesto: How to get things right*. New York: Metropolitan Books.

Georgenson, D. L. (1982). The problem of transfer calls for partnership. *Training and Development Journal*, 36(10), 75−78.

George Washington University. (2014). *The Evaluators' Institute*. Retrieved from http://tei.gwu.edu/

Gilbert, T. (1978). *Human competence: Engineering worthy performance*. New York: McGraw−Hill.

Gilley, J., & Hoekstra, E. (2003). Creating a climate for learning transfer. In E. F. Holton III & T. T. Baldwin (Eds.), *Improving learning transfer in organizations*. San Francisco, CA: Jossey−Bass.

Gladwell, M. (2008). *Outliers: The story of success*. New York: Little, Brown and Company.

Godden, D., & Baddeley, A. (1975). Context dependency in two natural environments: On land and underwater. *British Journal of Psychology*, 66(3), 325−331.

Goh, C. S. K. (2014). How we enhanced and stretched our first−level managers' learning experience. In R. Pollock, A. Jefferson, & C. W. Wick, *The field guide to the 6Ds* (pp. 337−343). San Francisco, CA: Pfeiffer.

Goldsmith, M., & Morgan, H. (2004). Leadership is a contact sport: The follow−up factor in management development. *Strategy + Business*, (36), 71−79.

Goldsmith, M., Morgan, H., & Effron, M. (2013). Change leadership behavior: The impact of co−workers and the impact of coaches. In L. Carter, R. Sullivan, M. Goldsmith, D. Ulrich, & N. Smallwood (Eds.), *The change champion's field guide* (2nd ed., pp. 236−245). San Francisco, CA: Pfeiffer.

Goodrich, H. (1997). Understanding rubrics. *Educational Leadership*, 54(4), 14−17.

Gottfredson, C., & Mosher, B. (2011). *Innovative performance support: Strategies and practices for learning in the workflow*. New York: McGraw−Hill.

Gottfredson, C., & Mosher, B. (2014). "We're lost, but we're making good time" : Performance support to the rescue. Retrieved from www.learningsolutionsmag.com/articles/934/were−lost−

but−were−making−good−time−performance−support−to−the−rescue

Govaerts, N., & Dochy, F. (2014, June). Disentangling the role of the supervisor in transfer of training. *Educational Research Review*, 12, 77−93.

Gregory, P., & Akram, S. (2014). How we moved from order takers to business partners. In R. Pollock, A. Jefferson, & C. W. Wick, *The field guide to the 6Ds* (pp. 281−284). San Francisco, CA: Pfeiffer.

Grenny, J., Patterson, K., Maxfield, D., McMillan, R., & Switzler, A. (2013). *Influencer: The new science of leading change* (2nd ed.). New York: McGraw−Hill.

Grigorova, M., & Moffett, R. (2014). How we created a high impact Mars University brand. In R. Pollock, A. Jefferson, & C. W. Wick, *The field guide to the 6Ds* (pp. 523−526). San Francisco, CA: Pfeiffer.

Gupta, K. (1999). *A practical guide to needs assessment*. San Francisco, CA: Pfeiffer.

Haddad, R. (2012, February 8). How to facilitate true learning transfer. Retrieved May 20, 2014, from www.clomedia.com/articles/how−to−facilitate−true−learning−transfer.

Hamdan, N., McKnight, K., & Arfstrom, K. (2013). *Flipped Learning Network*. Retrieved from www.flippedlearning.org/cms/lib07/VA01923112/Centricity/Domain/41/LitReview_FlippedLearning.pdf

Harburg, F. (2004). They're buying holes, not shovels. *Chief Learning Officer*, 3(3), 21.

Harless, J. (1989). *Wasted behavior: A confession. Training*, 26(5), 35−38.

Hattie, J. (2008). *Visible learning: A synthesis of over 800 meta-analyses relating to achievement*. New York: Routledge.

Hayes, W. (2014). How we use alumni to help set expectations for new program participants and their leaders. In R. Pollock, A. Jefferson, & C. W. Wick, *The field guide to the 6Ds* (pp. 319−324). San Francisco, CA: Pfeiffer.

Heath, C., & Heath, D. (2008). *Made to stick: Why some ideas survive and others die*. New York: Random House.

Hewertson, R. B. (2014). Lead like it matters ⋯ .because it does: Practical leadership tools to inspire and engage your people and create great results. New York: McGraw−Hill.

Hinton, D., Singos, M., & Grigsby, L. (2014). How we designed a complete experience to deliver business results. In R. Pollock, A. Jefferson, & C. W. Wick, *The field guide to the 6Ds*. San Francisco, CA: Pfeiffer.

Hodell, C. (2011). *ISD from the ground up: A no-nonsense approach to instructional design* (3rd ed.). Alexandria, VA: ASTD Press.

Holton, E. F., III. (2003). What's really wrong: Diagnosis for learning transfer system change. In E. F. Holton, III, & T. T. Baldwin (Eds.), *Improving learning transfer in organizations* (pp. 59−79).

San Francisco, CA: Jossey-Bass.

Holton, E. F., III, & Baldwin, T. T. (2003). *Improving learning transfer in organizations*. San Francisco, CA: Jossey-Bass.

Holton, E. F., III, Bates, R., & Ruona, W. (2000). Development of a generalized learning transfer system inventory. *Human Resource Development Quarterly*, 11(4), 333-360.

Hughes, G. (2014). How we improved the signal-to-noise ratio to transform the presentation culture at KLA-Tencor. In R. Pollock, A. Jefferson, & C. W. Wick, *The field guide to the 6Ds* (pp. 375-386). San Francisco, CA: Pfeiffer.

Hume, S. (2014, March 20). McDonald's spent more than $988 million on advertising in 2013. Retrieved from www.csmonitor.com/Business/The-Bite/2014/0330/McDonalds-spent-more-than-988-million-on-advertising-in-2013

Hunter, R. (2004). *Madeline Hunter's mastery teaching: Increasing instructional effectiveness in elementary and secondary schools*. Thousand Oaks, CA: Corwin.

Ibarra, H. (2004). Breakthrough ideas for 2004: The HBR list. *Harvard Business Review*, 9(2), 13-32.

Imai, M. (1986). Kaizen: The key to Japan's competitive success. New York: McGraw-Hill/Irwin.

Islam, K. (2006). *Developing and measuring training the six sigma way: A business approach to training and development*. San Francisco, CA: Pfeiffer.

Islam, K. (2013). *Agile methodology for developing & measuring learning: Training development for today's world*. Bloomington, IN: AuthorHouse.

Israelite, L. (Ed.). (2006). *Lies about learning: Leading executives separate truth from fiction in this $100 billion industry*. Alexandria, VA: ASTD Press.

Jaccaci, A., & Hackett, C. (2014). How we achieved lean improvements with learning transfer. In R. Pollock, A. Jefferson, & C.W.Wick, *The field guide to the 6Ds* (pp. 423-430). San Francisco, CA: Pfeiffer.

Jaenke, R. (2013). Identify the real reasons behind performance gaps. *T+D*, pp. 76-78.

Jefferson, A. McK., Pollock, R. V. H., & Wick, C. W. (2009). *Getting your money's worth from training and development: A guide to breakthrough learning for managers and participants*. San Francisco, CA: Pfeiffer.

Kahneman, D. (2013). *Thinking, fast and slow*. New York: Farrar, Straus and Giroux.

Kaplan, R., & Norton, D. (1992). The balanced scorecard-Measures that drive performance. *Harvard Business Review*, 70(1), 71-79.

Kapp, K. M., Blair, L., & Mesch, R. (2013). *The gamification of learning and instruction fieldbook: Ideas into practice*. San Francisco, CA: Pfeiffer.

Karpicke, J. (2012). Retrieval-based learning: Active retrieval promotes meaningful learning. *Current Directions in Psychological Science*, 21(3), 157-163.

Kaufman, R., & Guerra−Lopez, I. (2013). *Needs assessment for organizational success.* Alexandria, VA: ASTD Press.

Kaye, B. (2005, September). *Love it and use it. Learning Alert, 15.* Wilmington, DE: The Fort Hill Company.

Keeton, J. (2014). How we moved the finish line for leadership development. In R. Pollock, A. Jefferson, & C. Wick, *The field guide to the 6Ds* (pp. 333−336). San Francisco, CA: Pfeiffer.

Keith, N., & Frese, M. (2008). Effectiveness of error management training: A meta−analysis. *Journal of Applied Psychology, 93*(1), 59−69.

Keller, G., & Papasan, J. (2013). *The ONE thing: The surprisingly simple truth behind extraordinary results.* Austin, TX: Bard Press.

Kelley, H. (1950). The warm−cold variable in first impressions of persons. *Journal of Personality, 18*(4), 431−439.

Kelly, D. (2014). The importance of adding performance support to the mix. Retrieved from http:// twist.elearningguild.net/2014/07/the−importance−of−addingperformance−support−to− the−mix/

Kerfoot, B. (2013, November/December). Brain science provides new approach to patient safety training. Patient Safety and Quality Healthcare. Retrieved from www.psqh.com/november− december−2013/1794−brain−science−provides−new−approach−to−patient−safety− training

Kerfoot, B., & Baker, H. (2012). *An online spaced-education game for global continuing medical* education: A randomized trial. *Annals of Surgery, 256*(1), 33−38.

Kesner, I. (2003). Leadership development: Perk or priority? *Harvard Business Review, 81*(5), 29−38.

Kirkpatrick, D. L. (1998). *Evaluating training programs* (2nd ed.). San Francisco, CA: Berrett−Koehler.

Kirwan, C. (2009). *Improving learning transfer.* Burlington, VT: Ashgate Publishing.

Knowles, M., Holton, E. F., III, & Swanson, R. (2011). *The adult learner* (7th ed.). Boston, MA: Taylor & Francis.

Knudson, M. (2005). Executive coaching. In J. Bolt (Ed.), *The future of executive development* (pp. 40− 53). San Francisco, CA: Executive Development Associates.

Konkle, T., Brady, T., Alverez, G., & Oliva, A. (2010). Scene memory is more detailed than you think: The role of categories in visual long−term memory. *Psychological Science, 21*(11), 1551−1556.

Kontra, S., Trainor, D., & Wick, C. W. (2007, September 12). Leadership development at Pfizer: What happens after class. Webinar presented at the CorpU. Retrieved from www.corpu.com

Korn Ferry. (2014, August). Learning agility: What LA is and is not. Retrieved from www. kornferryinstitute.com/institute−blog/2012−11−26/learning−agility−what−la−and−not

Kouzes, J. M., & Posner, B. Z. (1990). The leadership challenge: How to get extraordinary things done in organizations. San Francisco, CA: Jossey—Bass.

Kouzes, J. M., & Posner, B. Z. (2008). *The leadership challenge* (4th ed.). San Francisco, CA: Jossey—Bass.

Kuehner—Hebert, K. (2014). The art and science of proving learning value. *Chief Learning Officer, 13*(9), 42—45.

Kuhn, T. S. (2012). *The structure of scientific revolutions: 50th anniversary edition.* Chicago, IL: University of Chicago Press.

Lally, P., van Jaarsveld, C., Potts, H., & Wardle, J. (2010). How habits are formed: Modeling habit formation in the real world. *European Journal of Social Psychology, 40*(6), 998—1009.

Lancaster, S., Di Milia, L., & Cameron, R. (2013). Supervisor behaviors that facilitate training transfer. *Journal of Workplace Learning, 25*(1), 6—22.

Langley, G., Moen, R., Nolan, K., Nolan, T., Norman, C. L., & Provost, L. (2009). *The improvement guide: A practical approach to enhancing organizational performance* (2nd ed.). San Francisco, CA: Jossey—Bass.

Latham, A. (2013, October 2). Why training fails. Retrieved from www.astd.org/Publications/Blogs/Management—Blog/2013/10Why—Training—Fails.

Leimbach, M., & Emde, E. (2011). The 80/20 rule for learning transfer. *Chief Learning Officer , 10*(12), 64—67.

Leimbach, M., & Maringka, J. (2014). *Impact of learning transfer on global effectiveness: Enhancing worldwide collaboration.* Retrieved from www.wilsonlearning.com/wlw/research—paper/hr/global—effectiveness.

Lennox, D. (2014). How we used spaced learning and gamification to increase the effectiveness of product launch training. In R. Pollock, A. Jefferson, & C. W. Wick, *The field guide to the 6Ds* (pp. 435—441). San Francisco, CA: Pfeiffer.

Levinson, S., & Greider, P. (1998). *Following through: A revolutionary new model for finishing whatever you start.* New York: Kensington Books.

Liker, J. (2004). *The Toyota way: 14 management principles from the world's greatest manufacturer.* New York: McGraw—Hill.

Lombardo, M., & Eichinger, R. (1996). *The career architect development planner* (1st ed.). Minneapolis, MN: Lominger.

Lublin, J. (2014, January 10). Do you know your hidden work biases? *Wall Street Journal*, pp. 1, 4.

Maas, J., & Robbins, R. (2011). *Sleep for success! Everything you must know about sleep but are too tired to ask.* Bloomington, IN: AuthorHouse.

Mager, R., & Pipe, P. (1997). *Analyzing performance problems: Or, you really oughta wanna* (3rd ed.).

Atlanta, GA: CEP Press.

Margolis, D. (2010). *Special delivery: Learning at UPS*. Chief Learning Officer , 9(3), 24−27.

Margolis, F., & Bell, C. (1986). *Instructing for results*. San Diego, CA: University Associates.

Mattox, J., II. (2010, Fall). Manager engagement: Reducing scrap learning. *Training Industry Quarterly*, pp. 29−33.

McCall, M. W., Jr., Lombardo, M. M., & Morrison, A. M. (1988). *The lessons of experience: How successful executives develop on the job*. Lexington, MA: Lexington Books McDonald, D., Wiczorek, M., & Walker, C. (2004). Factors affecting learning during health education sessions. *Clinical Nursing Research*, 13(2), 156−167.

Medina, J. (2014). *Brain rules: 12 principles for surviving and thriving at work, home, and school* (2nd ed.). Seattle, WA: Pear Press.

Mencken, H. L. (1917, November 16). *The divine afflatus*. New York Evening Mail.

MindGym (2013). The bite−size revolution: How to make learning stick. Retrieved from uk.themindgym.com/the−bite−size−revolution−how−to−make−learning−stick

Mok, P. (2014). How we use experiential learning to engage learners' hearts as well as minds. In R. Pollock, A. Jefferson, & C. W. Wick, *The field guide to the 6Ds* (pp. 367−374). San Francisco, CA: Pfeiffer.

Morris, C. D., Bransford, J., & Franks, J. (1977). Levels of processing versus transfer appropriate processing. *Journal of Verbal Learning and Verbal Behavior* , 16(5), 519−533.

Mosel, J. (1957). Why training programs fail to carry over. *Personnel*, 34(3), 56−64.

Mosher, B. (2014). Supporting performance: Helping make training stick. *Webinar presented December 6*, 2014. www.l−ten.org/webinararchives

National Research Council. (2000). *How people learn: Brain, mind, experience, and school*. Washington, DC: National Academies Press.

National Weight Control Registry. (n.d.). Research findings. Retrieved from www.nwcr.ws/Research/ published%20research.htm

Newton, S. (2014). How we used NPS to track and improve leadership impact. In R. Pollock, A. Jefferson, & C. W. Wick, *The field guide to the 6Ds* (pp. 513−518). San Francisco, CA: Pfeiffer.

Nguyen, F. (2011). Insights from a thought leader: Dr. Frank Nguyen. In C. Gottfredson & B. Mosher, *Innovative performance support: Strategies and practices for learning in the workflow*. New York: McGraw−Hill.

Nguyen, F., & Klein, J. (2008). The effect of performance support and training as performance interventions. *Performance Improvement Quarterly*, 21(1), 95−114.

O'Driscoll, T. (1999). *Achieving desired business performance*. Silver Spring, MD: ISPI. Pallarito, K. (2009,

May 20). E-mailing your way to healthier habits. Retrieved from http://consumer.healthday. com/health-technology-information-18/misc-computer-health-news-150/e-mailing- your-way-to-healthier-habits-627207.html

Parskey, P. (2014). How we guide our clients to design with the end in mind. In R. Pollock, A. Jefferson, & C. W. Wick, *The field guide to the 6Ds* (pp. 495-502). San Francisco, CA: Pfeiffer.

Pasupathi, M. (2013). *How we learn.* The Great Courses. Chantilly, VA: The Teaching Company.

Patterson, K., Grenny, J., Maxfield, D., McMillan, R., & Switzler, A. (2008). *Influencer: The power to change anything*. New York: McGraw-Hill.

Patton, M. Q. (2008). *Utilization-focused evaluation* (4th ed.). Thousand Oaks, CA: Sage.

Pennebaker, R. (2009, August 30). *The mediocre multitasker.* The New York Times, p. WK5.

Petty, G. (2009). *Evidence-based teaching: A practical approach* (2nd ed.). Cheltenham, UK: Nelson Thornes Ltd.

Pfeffer, J., & Sutton, R. I. (2000). *The knowing-doing gap: How smart companies turn knowledge into action.* Boston, MA: Harvard Business School Press.

Phillips, J. J., & Phillips, P. P. (2002). 11 reasons why training & development fails ···and what you can do about it. *Training*, 39(9), 78-85.

Phillips, J. J., & Phillips, P. P. (2008). *Beyond learning objectives: Develop measurable objectives that link to the bottom line.* Alexandria, VA: ASTD Press.

Phillips, J. J., & Phillips, P. P. (2009). The real reasons we don't evaluate. *Chief Learning Officer*, 8(6), 18-23.

Phillips, P. P., Phillips, J. J., & Aaron, B. (2013). *Survey basics: A complete how-to guide to help you.* Alexandria, VA: ASTD Press.

Pink, D. H. (2006). *A whole new mind.* New York: Riverhead Books.

Pink, D. H. (2008). *Drive: The surprising truth about what motivates us.* New York: Riverhead Books.

Plotnikoff, R., McCargar, L., Wilson, P., & Loucaides, C. (2005). Efficacy of an e-mail intervention for the promotion of physical activity and nutrition behavior in the workplace context. American *Journal of Health Promotion*, 19(6), 422-429.

Pollock, R. (2013, May 9). *Training is not a hammer.* Retrieved from www.hci.org/blog/training-not-hammer

Pollock, R., & Jefferson, A. (2012). *Ensuring learning transfer*. Alexandria, VA: ASTD Press.

Pollock, R., Jefferson, A., & Wick, C. W. (2014). *The field guide to the 6Ds: How to use the six disciplines to transform training and development into business results.* San Francisco, CA: Pfeiffer.

Porter, M. E. (1996). What is strategy? *Harvard Business Review*, 74(6), 61-78.

Porter, M. E. (1998). *Competitive advantage: Creating and sustaining superior performance.* New York: The

Free Press.

Prochaska, J., & DiClemente, C. (1983). Stages and processes of self−change in smoking: Toward an integrative model of change. *Journal of Consulting and Clinical Psychology,* 51(3), 390−395.

Prokopeak, M. (2009). Passion and precision. *Chief Learning Officer* , 8(6), 26−29.

Quinn, C. (2009). Branding: Marketing Foundations Suite. Online course. Durham, NC. Retrieved from http://imprintlearn.com/learn/e−learning/Reichheld, F. F. (2003). The one number you need to grow. *Harvard Business Review*, 81(12), 46−54.

Ridge, J. B. (2013). Evaluation techniques for difficult to measure programs: For education, nonprofit, grant funded, *business and human service programs* (2nd ed.). Bloomington, IN: XLIBRIS.

Ries, A., & Trout, J. (2001). *Positioning: The battle for your mind: 20th anniversary edition.* New York: McGraw−Hill.

Rip, G. (2014). How we use proficiency coaching to improve performance. In R. Pollock, A. Jefferson, & C. W. Wick, *The field guide to the 6Ds* (pp. 475−479). San Francisco, CA: Pfeiffer.

Roam, D. (2013). *The back of the napkin: Solving problems and selling ideas with pictures.* New York: Portfolio Trade.

Robertson, D. (2014, May 12). *70:20:10: Seize the seventy.* Retrieved from www.trainingzone.co.uk/ feature/702010−seize−seventy/186936

Robinson, D., & Robinson, J. (2008). *Performance consulting: A practical guide for HR and learning professionals* (2nd ed.). San Francisco, CA: Berrett−Koehler.

Roche, T., & Wick, C. W. (2005). Agilent Technologies. In L. Carter, M. Sobol, P. Harkins, D. Giber, & M. Tarquino (Eds.), *Best practices in leading the global workforce: How the best global companies ensure success throughout their workforce* (pp. 1−23). Burlington, MA: Linkage Press.

Roche, T., Wick, C. W., & Stewart, M. (2005). Innovation in learning: Agilent Technologies thinks outside the box. *Journal of Organizational Excellence*, 24(4), 45−53.

Rosenbaum, S. (2014). How we bring employees up to speed in record time using the learning path methodology. In R. Pollock, A. Jefferson, & C. W. Wick, *The field guide to the 6Ds* (pp. 345− 351). San Francisco, CA: Pfeiffer.

Rossett, A., & Schafer, L. (2006). *Job aids and performance support: Moving from knowledge in the classroom to knowledge everywhere* (2nd ed.). San Francisco, CA: Pfeiffer.

Rothwell, W. J., Lindholm, J., & Wallick, W. (2003). *What CEOs expect from corporate training: Building workplace learning and performance initiatives that advance organizational goals.* New York: AMACOM.

Rothwell, W., & Kazanas, H. (2008). *Mastering the instructional design process: A systematic approach* (4th ed.). San Francisco, CA: Pfeiffer.

Royer, J. M. (1979). Theories of the transfer of learning. *Educational Psychologist*, 14(1), 53−69.

혁신적 기업교육의 여섯 가지 원칙: 6D

Rummler, G. (2007). *Serious performance consulting according to Rummler.* San Francisco, CA: Pfeiffer.

Rummler, G. A., & Brache, A. (2012). *Improving performance: How to manage the white space on the organization chart* (3rd ed.). San Francisco, CA: Jossey−Bass.

Ruona, W., Leimbach, M., Holton. E. F. III, & Bates, R. (2002). The relationship between learner utility reactions and predicted learning transfer among trainees. *International Journal of Training and Development*, 6(4), 218−228.

Russ−Eft, D., & Preskill, H. (2009). *Evaluation in organizations: A systematic approach to enhancing learning, performance, and change* (2nd ed.). New York: Basic Books.

Ryan, T. P. (2007). *Modern experimental design.* Hoboken, NJ: Wiley−Interscience.

Saks, A., & Belcourt, M. (2006). An investigation of training activities and transfer of training in organizations. *Human Resources Management*, 45(4), 629−648.

Salas, E., Tannenbaum, S., Kraiger, K., & Smith−Jentsch, K. (2012). The science of training and development in organizations: What matters in practice. *Psychological Science in the Public Interest*, 13(2), 74−101.

Schmidt, G. (2013, Summer). Building a world−class training organization. *SPBT Focus*, 23(3), 20−22.

Schwartz, M. (2014). How we engage managers to acknowledge the achievements of leadership program participants. In R. Pollock, A. Jefferson, & C. W. Wick, *The field guide to the 6Ds* (pp. 449−452). San Francisco, CA: Pfeiffer.

Senge, P. M. (2006). *The fifth discipline: The art & practice of the learning organization.* New York: Doubleday.

Seppa, N. (2013, August 24). "Impactful distraction." *Science News*, 184(4), 20−24.

Shapiro, B., Rangan, V., & Sviokla, J. (1992). Staple yourself to an order. Harvard Business Review, 70(4), 113−122.

Sharkey, L. (2003). Leveraging HR: How to develop leaders in "real time." In M. Effron, R. Gandossy, & M. Goldsmith (Eds.), *Human resources in the 21st century* (pp. 67−78). San Francisco, CA: Jossey−Bass.

Short, P., & Plunkett−Gomez, M. (2014, Fall). The power of virtual coaching and mobile video. *SPBT Focus*, 24(4), 44−45.

Simons, D., & Chabris, C. (1999). Gorillas in our midst: Sustained inattentional blindness for dynamic events. *Perception,* 28(9), 1059−1074.

Sinek, S. (2009a). *Start with why: How great leaders inspire everyone to take action.* New York: Penguin.

Sinek, S. (2009b, September). How great leaders inspire action. Retrieved from https://www.ted.com/talks/simon_sinek_how_great_leaders_inspire_action

Smith, R. (2008). Aligning learning with business strategy. *T+D,* 62(11), 40−43.

Smith, R. (2010). *Strategic learning alignment: Making training a powerful business partner.* Alexandria, VA: ASTD Press.

Smith—Jentsch, K., Salas, E., & Baker, D. (1996). Training team performance—related assertiveness. *Personnel Psychology,* 49(4), 909—936.

Sousa, D. (2011). How the brain learns. Thousand Oaks, CA: Corwin. Spitzer, D. (1984). Why training fails. *Performance and Instructional Journal,* 23(7), 6—10.

Stolovitch, H., & Keeps, E. (2004). *Training ain't performance.* Alexandria, VA: ASTD Press.

Subramaniam, K., Kounios, J., Parrish, T., & Jung—Beeman, M. (2009). A brain mechanism for facilitation of insight by positive affect. *Journal of Cognitive Neuroscience,* 21(3), 415—432.

Sullivan, J. (2005). Measuring the impact of executive development. In J. Bolt (Ed.), *The future of executive development* (pp. 260—284). New York: Executive Development Associates.

Tenner, A., & DeToro, I. (1997). *Process redesign: The implementation guide for managers.* Reading, MA: Addison—Wesley.

Thalheimer, W. (2006). Spacing learning events over time: What the research says. Retrieved from http://willthalheimer.typepad.com/files/spacing_learning_over_time_2006.pdf

Thalheimer, W. (2008). We are professionals, aren't we? What drives our performance? In M. Allen (Ed.), *Michael Allen's 2008 e-learning annual* (pp. 325—337). San Francisco, CA: Pfeiffer.

Thalheimer, W. (2009). *Aligning the learning and performance context: Creating spontaneous remembering.* Retrieved from www.work—learning.com/catalog.html

Tharenou, P. (2001). The relationship of training motivation to participation in training and development. *Journal of Occupational and Organizational Psychology,* 74(5), 599—621.

Thiagarajan, S. (2006). *Thiagi's 100 favorite games.* San Francisco, CA: Pfeiffer.

Thull, J. (2010). *Mastering the complex sale: How to compete and win when the stakes are high!* (2nd ed.). Hoboken, NJ: John Wiley & Sons.

Tobin, D. (2009). *Corporate learning strategies.* Retrieved from www.tobincls.com/5346/5367.html

Todd, S. (2009, October). Branding learning and development. *Paper presented at the Fort Hill Best Practices Summit,* Mendenhall, Pennsylvania.

Torrance, M. (2014, November). Agile and LLAMA for ISD project management. *TD at Work,* 21(1411), 1—16.

Tosti, D. (2009). Afterword. In R. Addison, C. Haig, & L. Kearney (Eds.), *Performance architecture* (p. 145). San Francisco, CA: Pfeiffer.

Trainor, D. (2004, February). Using metrics to deliver business impact. *Presented at the Conference Board's 2004 Enterprise Learning Strategies Conference,* New York.

Trolley, E. (2006). Lies about managing the learning function. In L. Israelite (Ed.), *Lies about learning* (pp. 101—126). Alexandria, VA: ASTD Press.

U.S. Coast Guard. (2009). Job aids. In *Standard Operating Procedures for the Coast Guard's Training* System (Vol. 4). Washington, DC: U.S. Coast Guard Headquarters. Retrieved from https://www.uscg.mil/forcecom/training/docs/training_SOP4_May09.pdf

Van Adelsberg, D., & Trolley, E. (1999). *Running training like a business: Delivering unmistakable value*. San Francisco, CA: Berrett−Koehler.

Vance, D. (2010). *The business of learning: How to manage corporate training to improve your bottom line*. Windsor, CO: Poudre River Press.

Van Tiem, D., Moseley, J., & Dessinger, J. (2012). *Fundamentals of performance improvement: Optimizing results through people, process, and organizations* (3rd ed.). San Francisco, CA: Pfeiffer.

Vroom, V. H. (1994). *Work and motivation*. San Francisco, CA: Jossey−Bass.

Waggl. (n.d.). Waggl: Get feedback and spark engagement one question at a time. Retrieved from www.waggl.it/

Washburn, K. D. (2010). *The architecture of learning: Designing instruction for the learning brain*. Pelham, AL: Clerestory Press.

Watkins, M. (2003). *The first 90 days: Critical success strategies for new leaders at all levels*. Boston. MA: Harvard Business School Press.

Weber, E. (2014a). How we turn learning into action. In R. Pollock, A. Jefferson, & C. W. Wick, *The field guide to the 6Ds* (pp. 459−468). San Francisco, CA: Pfeiffer.

Weber, E. (2014b). *Turning learning into action: A proven methodology for effective transfer of learning*. London: Kogan Page.

Welch, J., & Welch, S. (2005). *Winning*. New York: HarperCollins.

Wick, C. W., Pollock, R., & Jefferson, A. (2009). The new finish line for learning. *T+D, 63*(7), 64−69.

Wick, C.W., Pollock, R., & Jefferson, A. (2010). *The six disciplines of breakthrough learning: How to turn training and development into business results* (2nd ed.). San Francisco, CA: Pfeiffer.

Wick, C. W., Pollock, R., Jefferson, A., & Flanagan, R. (2006). *The six disciplines of breakthrough learning: How to turn training and development into business results* (1st ed.). San Francisco, CA: Pfeiffer.

Wik, T. (2014). How to run learning like a business. *Chief Learning Officer*, *13*(6), 48−51, 60.

Wilde, K. (2006). Foreword. In C. W. Wick, R. Pollock, A. Jefferson, & R. Flanagan, *The six disciplines of breakthrough learning* (1st ed., pp. xv−xvi). San Francisco, CA: Pfeiffer.

Wilde, O. (1893). *Lady Windemere's fan*.

Willmore, J. (2006). *Job aids basics*. Alexandria, VA: ASTD Press.

Zenger, J., Folkman, J., & Sherman, R. (2005). The promise of phase 3. *Training and Development*, *59*(1), 30−35.

로이 *V.H. 폴락, D.V.M., Ph.D.*는 6D 컴퍼니의 최고 학습 책임자이자 공동 창립자이며 *혁신적 학습의 여섯 가지 원칙, 6D에 대한 현장 가이드, 교육훈련 및 개발에서 당신의 돈의 가치를 회수하기* 공동 저자이다. 로이는 개인과 팀의 성공을 돕는 데 열정을 갖고 있다. 그는 교육훈련과 개발을 통해 창출된 가치를 향상시키는 것에 대한 유명한 국제적인 연설가이자 컨설턴트이다.

로이는 비즈니스와 교육 분야에서 독특한 경험을 갖고 있다. 그는 포트 힐 컴퍼니Fort Hill Company의 최고 학습 책임자, 스미스클라인 비참 애니멀 헬쓰SmithKline Beecham Animal Health의 글로벌 전략 제품 개발 담당 부사장, 화이자Pfizer반려동물 부문 부사장; 코넬대학교 수의과대학 교과과정 부학장으로 재직했다.

로이는 윌리엄 칼리지에서 우등생으로 학사 학위를 받고 코넬 대학교에서 수의학 박사 학위를 취득했으며, 일리노이 대학교에서 의학교육을 공부했다. 로이는 뉴욕 트루만스버그의 스웸프 칼리지Swamp College in Trumansburg에서 거주하며 가르치고 있다.

앤드류 맥케이. 제퍼슨, *J.D.*는 6D 컴퍼니의 공동 창립자이자 CEO이다. 그는 *혁신적 학습의 여섯 가지 원칙, 6D에 대한 현장 가이드, 교육훈련 및 개발에서 당신의 돈의 가치를 회수하기* 공동 저자이다. 앤디는 기업이 학습 및 개발에 대한 투자를 통해 실현하는 가치를 극대화하도록 돕는 데 탁월한 능력을 발휘하는 인기 있는 발표자이자 세계적인 컨설턴트이다.

그는 또한 심층적인 현장 관리 전문 지식을 갖춘 뛰어난 비즈니스 임원이기도 하다. 6D 컴퍼니를 설립하기 전에 앤디는 더 포트 힐 컴퍼니의 CEO, 바이탈 홈 서비스의 CEO, 아메리스타 테크놀로지의 주식회사의 최고 운영 책임자(COO) 및 법률 고문을 역임했다.

앤디는 델라웨어 대학교를 졸업생이고, 와이드너 대학교의 법학대학에서 파이 카파 파이를 우등으로 졸업하고 학교 감독 위원회에서 봉사했다. 앤디는 우니델 (Unidel) 재단의 이사이며 수많은 이사회에서 활동하고 있다. 그와 그의 가족은 델라웨어 주 윌밍턴에 가정을 꾸리고 있다.

 *칼혼 W. 윅*은 포트 힐 컴퍼니의 창립자이자 *혁신적 학습의 여 섯 가지 원칙*의 공동 저자이자 *학습 엣지: 스마트한 관리자와 스마트한 회사가 앞서가는 방법*의 저자이다. 칼은 관리자와 조 직의 성과를 개선하기 위한 노력으로 국제적으로 인정받고 있다. 2006년에는 학습 제공자 협회, ISA가 선정한 "Thought Leader of The Year"로 선정되었다.

칼은 학습 전이의 중요성과 확장 가능한 전이 솔루션의 필요성을 인식했다. 그는 교육 후 전이 및 적용을 지원하는 테크놀로지 사용의 초기 선구자였다.

칼은 MIT 슬론 매니지먼트 스쿨에서 알프레드 P. 슬론 펠로우로 석사 학위를 취득했다.

The 6D Company 소개

The 6D Company는 조직이 학습 및 개발에 대한 투자를 통해 더 큰 수익을 얻을 수 있도록 돕기 위해 설립되었다. 로이와 앤디 및 6D 인증 파트너들은 전 세계적으로 공개 등록 및 사내 6D 워크숍과 컨설팅 서비스를 제공한다. 2006년 부터 The 6D Compnay는 John Wiley & Sons와 제휴하여 6D를 전 세계 고객에 게 선보였다.

추가 정보는 www.the6Ds.com에서 확인하거나 info@the6Ds.com으로 이메일 을 보내 문의할 수 있다.

THE SIX DISCIPLINES OF
BREAKTHROUGH LEARNING
3RD EDITION